广东省管理会计师协会系列丛书

广州市中晟宏大教育科技有限公司独家资助出版

中级管理会计师能力认证考试用书

管理会计实务

《管理会计实务》编写组　编著

中国财经出版传媒集团

图书在版编目（CIP）数据

管理会计实务 /《管理会计实务》编写组编著.
—北京：经济科学出版社，2020.3
（广东省管理会计师协会系列丛书）
ISBN 978－7－5218－1391－3

Ⅰ.①管… Ⅱ.①管… Ⅲ.①管理会计－教材
Ⅳ.①F234.3

中国版本图书馆 CIP 数据核字（2020）第 041420 号

责任编辑：杜　鹏　张　燕
责任校对：杨　海
责任印制：邱　天

管理会计实务

《管理会计实务》编写组　编著
经济科学出版社出版、发行　新华书店经销
社址：北京市海淀区阜成路甲 28 号　邮编：100142
编辑部电话：010－88191441　发行部电话：010－88191522
网址：www.esp.com.cn
电子邮件：esp_bj@163.com
天猫网店：经济科学出版社旗舰店
网址：http://jjkxcbs.tmall.com
固安华明印业有限公司印装
787×1092　16 开　24.5 印张　510000 字
2020 年 5 月第 1 版　2020 年 5 月第 1 次印刷
ISBN 978－7－5218－1391－3　定价：58.00 元
（图书出现印装问题，本社负责调换。电话：010－88191510）
（版权所有　侵权必究　打击盗版　举报热线：010－88191661
QQ：2242791300　营销中心电话：010－88191537
电子邮箱：dbts@esp.com.cn）

前　言

管理会计是一门实践性非常强的运用学科。在西方市场经济国家，尤其是美国和英国，管理会计已经完全职业化。所谓管理会计职业化，通俗地说，就是会计从业人员将管理会计作为一种谋生的职业。这样，管理会计职业化的主体就是从事管理会计工作的从业人员即管理会计师（management accountants）。

2010 年，中共中央、国务院发布了《国家中长期人才发展规划纲要（2010～2020年）》，对中国当前和未来一个时期内的人才发展做出了总体部署。2010 年，为落实人才强国战略，全面提升会计人才工作总体水平，促进经济社会又好又快发展，财政部制定并发布了《会计行业中长期人才发展规划（2010～2020 年）》，统筹推进会计人才队伍建设。2014 年，财政部发布的《关于全面推进管理会计体系建设的指导意见》使管理会计成为会计发展的重点。2016 年，财政部发布的《会计改革与发展"十三五"规划纲要》更是明确地提出"到 2020 年培养三万名精于理财、善于管理和决策的管理会计人才"的宏伟目标。

2016 年，中共中央办公厅、国务院办公厅印发的《关于改革社会组织管理制度促进社会组织健康有序发展的意见》强调"支持社会组织提供公共服务""结合政府职能转变和行政审批改革，将政府部门不宜行使、适合市场和社会提供的事务性管理工作及公共服务，通过竞争性方式交由社会组织承担"。财政部发布的《关于全面推进管理会计体系建设的指导意见》也明确提出"探索管理会计人才培养的其他途径"。

基于国家人才战略与政策驱动，中国有必要启动由民间组织主导的管理会计师能力认证工作，加快培养胜任管理会计工作的管理会计师，推进管理会计的人才培养，实现会计强国的"中国梦"。

正是基于上述背景，广东省管理会计师协会经过广泛调研和充分酝酿，决定逐步推出包括初级管理会计师、中级管理会计师和高级管理会计师在内的管理会计师能力认证资格考试。为了配合管理会计师能力认证资格考试，广东省管理会计师协会专门成立"管理会计师能力框架研究小组"，致力于"管理会计师能力框架"的研究，向社会各界发布"GAMA 能力框架"。根据"GAMA 能力框架"，广东省管理会计师协会组织专家制定各级别管理会计师能力认证资格考试大纲，并据此编写、出版相应的考试用书系列。

广东省管理会计师协会组织编写的考试用书系列具有以下主要特色。

第一，强调知识转化为能力。尽管"考证"是中国的特色，但对"考证"的争议却从未间断。"考证"备受指责的关键问题在于考试能力与工作能力背离，"持证者"的工作能力未必就强，存在"高分低能"现象。为了克服"考证"存在的这种弊端，将单纯的"考证"转化为"考证"与"考能"相结合，"高分低能"向"高分高能"转变，根据"GAMA能力框架"，围绕"多技能、善沟通、会管理、有远见、敢担当"的基本素质要求，广东省管理会计师协会组织编写的系列考试用书强调知识转化为能力并贯穿始终，致力于锻造管理会计师的工作能力。

第二，立足于中国管理情境。与财务会计不同，管理会计具有技术（technical）、组织（organizational）、行为（behavioral）和情境（contextual）等四个维度。后三个维度统称为"管理情境"，具有鲜明的"本土化"特征，体现中国管理情境。即便是技术维度（管理会计技术方法的现实运用），也强烈地受到组织、行为与情境的影响。从宏观层面看，管理会计师必须"懂中国国情、察中国政情、明中国社情、通中国人情"，从微观层面看，管理会计师必须深刻地理解中国企业的战略、行业特征和商业模式，身临其境地把握其业务流程和管理情境。有鉴于此，广东省管理会计师协会组织编写的考试用书系列始终强调"中国元素"，特别强调管理会计在中国管理情境的现实运用。

第三，培养科技理工艺术素养。管理会计不是单纯意义上的会计，而是会计与管理的有机结合。因此，管理会计师必须立足管理会计，但又超越管理会计。根据管理会计的性质，基于数字化时代，借鉴美国的STEAM（science即科学、technology即技术、engineering即工程、art即艺术、mathematics即数学）教育理念，广东省管理会计师协会组织编写的系列考试用书力图构造STEAM理念，打破学科领域边界，培养科技理工艺术素养，整合STEAM的知识与技能，力求培养能够解决企业管理会计实践问题的能力。

第四，注重职业精神与道德。人才，必须先成人，后成才；先学会做人，再学会做事。有才无德，害人害己。生意的本质是一种道德选择。基于数字化时代，职业精神与职业道德越来越重要。一位合格的管理会计师必须有良好的职业精神与职业道德，诚实守信、忠诚敬业、精益求精、保守秘密。因此，职业精神与职业道德、通用技能和专业技能，"三位一体"，构成管理会计师能力的三维框架。广东省管理会计师协会组织编写的系列考试用书特别凸显了职业精神与职业道德，突出了社会主义核心价值观。

尽管广东省管理会计师协会力图做好系列考试用书的编写工作，但是，由于水平与时间限制，难免存在不妥之处。敬请各位读者批评指正。

胡玉明
2020年4月

目 录

第一章 预算管理 / 1
第一节 预算管理概述 / 1
第二节 经营预算的编制 / 7
第三节 财务预算的编制 / 13
第四节 全面预算的执行 / 18

第二章 成本管理 / 23
第一节 生产成本的归集与分配 / 23
第二节 分批法 / 37
第三节 分步法 / 41
第四节 标准成本法 / 58
第五节 变动成本法 / 75
第六节 作业成本法 / 89
第七节 目标成本法 / 104

第三章 财务管理 / 112
第一节 投资管理 / 112
第二节 筹资管理 / 133
第三节 利润分配管理 / 142
第四节 金融市场与金融工具 / 149

第四章 税务筹划 / 159
第一节 税务筹划理论概述 / 159
第二节 企业融资的税务筹划 / 173
第三节 企业投资的税务筹划 / 182
第四节 企业经营的税务筹划 / 197
第五节 企业收益分配的税务筹划 / 214
第六节 税务沟通 / 225

第五章　内部控制与风险管理 / 235
- 第一节　2013年COSO内部控制基本框架 / 236
- 第二节　COBIT 5.0的基本框架 / 247
- 第三节　2017年COSO风险管理基本框架 / 257
- 第四节　单位层面的内部控制 / 269
- 第五节　业务层面的内部控制 / 272
- 第六节　内部控制建设 / 285
- 第七节　内部控制评价与审计 / 289
- 第八节　企业风险管理 / 292

第六章　内部审计 / 303
- 第一节　内部审计概述 / 303
- 第二节　内部审计职业道德规范 / 310
- 第三节　内部审计程序 / 312

第七章　绩效管理 / 322
- 第一节　绩效管理概述 / 322
- 第二节　绩效评价 / 327
- 第三节　经理人激励薪酬 / 342
- 第四节　绩效管理流程 / 357

第八章　管理会计报告 / 363
- 第一节　行业分析报告 / 363
- 第二节　管理层讨论与分析 / 367
- 第三节　商业计划书 / 372
- 第四节　社会责任报告 / 377

第一章

预算管理

预算管理，一般也称为全面预算管理。为什么要叫"全面预算管理"呢？因为任何一个组织要把预算管理做好，仅仅靠财务部门是不行的。预算管理要做好、做到位，必须是一个组织（特别是企业）所有部门、所有员工都参与。因为企业做任何事情，都需要花钱，都涉及预算问题。全面预算的全面，体现在三个方面：一是全员，即全员参与；二是全部门，即组织的所有部门收支都列入预算管理；三是全流程，即企业的整个业务流程都列入预算管理。在市场经济背景下的今天，可以说，整个宏观经济资源配置，起决定作用的是"市场"，也就是说企业外部资源配置靠市场；企业内部资源配置，主要靠"预算"。

全面预算管理作为对现代企业成熟与发展起过重大推动作用的管理系统，是企业内部管理控制的一种主要方法。这种方法自从20世纪20年代在美国的通用电气、杜邦、通用汽车公司产生之后，很快就成了大型工商企业的标准作业程序。从最初的计划、协调，发展到现在的兼具控制、激励、评价等诸多功能的一种综合贯彻企业经营战略的管理工具，全面预算管理在企业内部控制中日益发挥着核心作用。正如著名管理学家戴维·奥利所说的，全面预算管理是为数不多的几个能把企业的所有关键问题融合于一个体系之中的管理控制方法之一。

第一节 预算管理概述

企业为保证长期战略目标和短期经营目标的顺利实现，要对未来一定时期内的各项经营活动进行统筹安排和规划。这就需要企业根据长期和短期的经营目标，采用一定的方法，按照一定的步骤和程序编制各种预算。所谓预算（budget），就是在预测分析和决策分析的基础上，主要以货币作为计量单位，合理配置企业的各项资源，并以数字和表格形式反映资源的配置，以有效地组织、指挥、协调和控制企业的各项经济活动，完成和实现企业既定的经营目标。

预算按其适用期的长短分为长期预算和短期预算。前者是指时间超过一年或一个营业周期的预算,如建造周期在一年以上的固定资产投资预算、长期性证券投资预算等;后者是指时间在一年或一个营业周期内的预算,如企业编制的经营预算和财务预算。由于企业编制的预算实际上是一个完整的、有机的预算体系,即全面预算,所以下面就全面预算的内容、作用和编制程序作简要的说明。

一、全面预算的内容

全面预算（master budget）是企业未来特定时期各项经济活动实施和执行计划的数量说明。一个完整的全面预算一般包括经营预算、财务预算和专门决策预算三个组成部分。

（一）经营预算

经营预算（operational budget）是企业预算期日常发生的基本业务活动的预算。经营预算主要包括销售预算、生产预算、直接材料预算、直接人工预算、制造费用预算、单位产品成本与期末存货成本预算、销售与管理费用预算等。

（二）财务预算

财务预算（financial budget）是反映企业预算期现金收支、经营成果和财务状况的预算。它包括现金预算、预计利润表、预计资产负债表等。

（三）专门决策预算

专门决策预算（special decision budget）是企业为不经常发生的非基本业务活动所编制的预算。如企业根据长期投资决策编制的资本支出预算，根据融资决策编制的筹资预算，根据股利政策编制的股利分配预算等。在全面预算体系中，各项预算相互衔接，互相对应，构成了一个有机整体。经营预算、财务预算和专门决策预算的相互关系如图 1-1 所示。

由图 1-1 可见，销售预算是全面预算的编制起点，产品成本预算和现金预算是有关预算的汇总，预计财务报表是所有预算的综合反映。

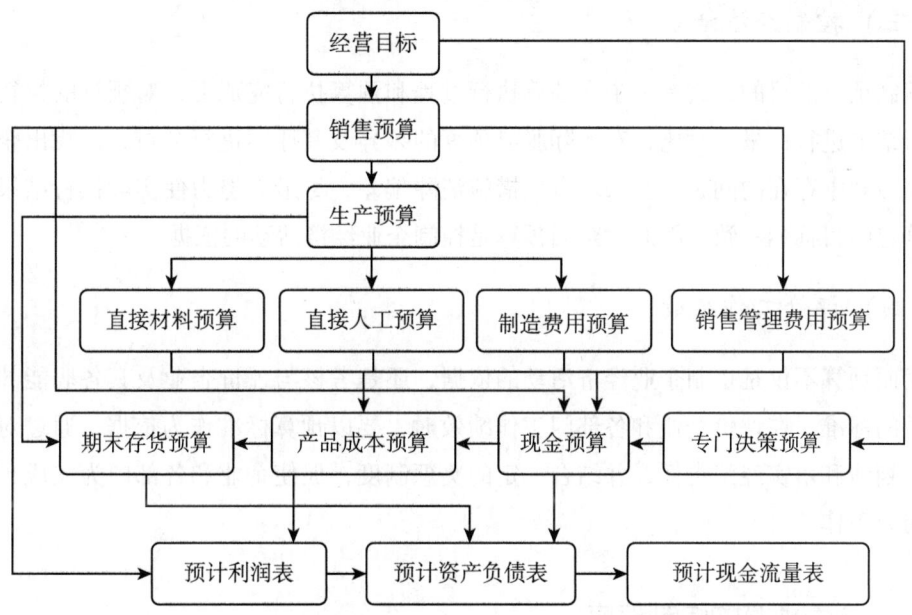

图1-1 经营预算、财务预算与专门决策预算相互关系图示

二、全面预算的作用

全面预算作为企业管理当局对未来生产经营活动的总体规划，其作用主要表现在以下四个方面。

（一）明确工作目标

预算以数量形式规定了企业一定时期的经营总目标，并将经营目标按企业内部各职能部门的职责范围层层落实，使经营总目标成为各职能部门工作的具体目标。这样就保证了经营总目标与部门分管的具体目标的协调一致，使各部门了解和明确自己在完成经营总目标中的职责和努力的方向，从而使企业总目标通过具体目标的实现最终得到实现。

（二）协调各部门之间的关系

全面预算将企业各方面和各部门的工作纳入一个统一的、有序的预算体系中，各部门的预算相互衔接，环环相扣，在保证最大限度实现企业总目标的前提下，有效地组织企业各方面和各部门的生产经营活动。例如，根据以销定产的经营方针，生产预算必须以销售预算为依据，材料采购预算又必须与生产预算相衔接等。

（三）控制经济活动

编制预算的目的，就是为了在预算执行过程和预算执行完成后，对预算的执行情况和执行结果进行计量、对比，对实际脱离预算的差异及其原因进行分析，以找出企业经营管理活动中存在的问题，并采取有效措施消除偏差，尽最大努力使实际执行结果与预算所确定的目标相一致。因此，全面预算是控制企业经济活动的依据。

（四）评价工作绩效

全面预算不仅是控制企业经济活动的依据，还是考核与评价企业及其各职能部门工作绩效的标准。在评价企业和各部门工作绩效时，要以预算标准作为依据，通过对比和分析，划清和落实经济责任，并结合一定的奖惩制度，促使企业和各部门为完成预算目标而努力工作。

三、全面预算的编制程序

全面预算的编制是一项涉及面广、工作量大和时间性强的工作，为保证预算有条不紊地编制和提高编制工作效率，一般采取"自下而上"和"自上而下"相结合的编制方法。预算的具体执行部门（执行人）要参与预算的编制，这样预算才能成为他们自愿努力完成的目标；再经过汇总、平衡，将批准后的预算作为正式执行计划下达给各执行部门（执行人）付诸实施。

为了有效编制和实施全面预算，企业需要设立预算管理委员会和预算管理部或预算管理办公室，赋予其相应的职责，并设计预算工作程序。

（一）预算管理委员会

预算管理委员会的主要职责包括：
1. 拟定企业预算编制与管理的原则和目标。
2. 审议企业预算方案及其调整方案。
3. 协调解决企业全面预算编制和执行中的重大问题。
4. 根据预算执行结果提出考核和奖惩意见。

（二）预算管理部

企业应当设立预算管理部或计划财务部，负责组织全面预算的编制、报告、执行和日常监控工作。预算管理部应当履行以下主要职责：

1. 组织企业预算的编制、审核、汇总工作。
2. 组织下达预算，监督企业预算执行情况。
3. 制定企业预算调整方案。
4. 协调解决企业预算编制和执行过程中可能产生的问题。
5. 分析和考核企业内部各业务部门及所属子公司的预算完成情况。

（三）全面预算的编制程序

预算编制与下达程序一般是"自上而下"，又"自下而上"，再"自上而下"的反复细化与达成的过程。这里的"上"是指上级单位，"下"是指下级单位。一般来讲是上级单位倡导，根据以前年度完成情况和计划年度新情况，下达初步预算指标，然后下级单位根据上级下达的预算指标，再结合自己所在单位实际情况，申报自己在计划年度的预算指标；申报到预算管理办公室后，再统一协调，可能会对相关具体指标与下级单位反复沟通；最后预算管理办公室会确定一个预算方案，再报预算管理委员会批准后下达。预算编制的具体程序如下：

1. 最高管理层根据企业的经营目标和经营方针，提出和明确企业在预算期的预算总目标和预算具体目标。
2. 各业务部门根据分管的预算指标编制本部门的预算。
3. 预算委员会审查、平衡各部门编制的预算，汇总编制出企业的综合预算。
4. 预算委员会将综合预算上报企业最高管理层批准，批准后的预算下达各业务部门具体执行。

延伸阅读 1-1

预算管理的中国实践

中国中化集团公司（以下简称中化集团）为国有大型骨干企业，自 1989 年开始入选《财富》杂志全球 500 强排名，是中国最早进入这一排名的企业之一。中化集团主业分布在农业、能源、化工、地产、金融五大领域，是中国最大的农业投入品（化肥、农药、种子）一体化经营企业、第四大国家石油公司、领先的化工产品综合服务商，并在高端商业地产和非银行金融业务领域具有广泛影响。

1998 年底，受亚洲金融危机和广东国际信托投资公司事件的影响，中化集团的信用额度大幅下降，并发生了公司成立以来最为严重的支付危机。在初步摆脱支付危机后，中化集团聘请了麦肯锡公司对公司的经营管理状况进行了深入诊断，得出的结论是：公司不但没有增加股东价值，反而在破坏股东价值。在对危机产生的根源进行深入反思后，公司认识到支付危机表面上是外部金融危机引起的，实质原因则是企业缺乏先进的管理理念和有效的管控能力与手段，致使企业内控机制薄弱、抵御风险的能力较低。1999 年，中化集团启动了以提高企业管理水平为目的的管理改善工程，经过多年的持续改进，目前中化集团已经形成了一套基于价值创造，以全面预算管理为核心的"点、线、面"相结合的内部控制体系。该体系优化了集团资源配置，帮助管理者更合理地将资金、薪酬等资源重点配置到投入产出水平高、模式创新、符合公司战略发展的重点业务领域；加速了集团整体战略的推进，进一步增强了市场控制力；提高了企业持续盈利能力。

2008 年国际金融危机期间，中化集团营业收入 3 064 亿元，利润总额 87.2 亿元。2009 年，中化集团第 19 次入围《财富》全球 500 强，名列第 170 位，贸易类企业第 3 位。对于中化集团能够抵御这次比 1997 年更为严重的金融危机并持续多年取得优异业绩，以全面预算管理为核心、以风险控制为关键、以资金管理为对象的内控体系可谓功不可没（陈国钢，2010）。

（资料来源：根据中国中化集团公司原总会计师陈国钢
《集团企业风险控制与预算管理体系构建》报告改写）

延伸阅读 1-2

中国石油天然气集团公司的全面预算管理概念

中国石油天然气集团公司把传统全面预算，即全过程、全要素、全员的全面预算打造成基于油气产业链的全面预算管理，包括六个全，即全过程、全要素、全员、全价值链条（全产业链和价值链）、全部经营活动（涵盖各层级与价值相关的一切财务和非财务活动；有事先有预算，有预算才能干事）和全生命周期（涵盖资产、项目的全生命周期）的预算。

（资料来源：根据中石油总会计师刘跃珍《构建与世界一流公司
相适应的财务运营管控体系》报告整理）

> **财眼看问题**
>
> 1. 全面预算涉及整个企业的业务流程，管理会计师务必走出办公室，深入到企业基层，感悟现实的管理情境，熟悉业务流程，让"业财融合"真正落地。
>
> 2. 全面预算是"企业一把手工程"，管理会计师不宜"单打独斗"，要推行全面预算，务必赢得"企业一把手"的认可和其他相关部门的配合。

第二节 经营预算的编制

经营预算是与企业日常经营活动有关的预算,主要包括销售预算、生产预算、直接材料预算、直接人工预算、制造费用预算、单位产品成本与期末存货成本预算、销售与管理费用预算等。

一、销售预算的编制

销售预算（sales budget）是全面预算编制的起点,也是经营预算和财务预算编制的基础。编制销售预算的主要依据是预计的销售量、销售价格和回收货款情况。销售预算通常还包括预计的现金收入,以便作为现金预算的编制依据。

销售预算以销售预测为基础,根据销售预测提供的未来期间预计的销售量和销售单价后,就可以求出预计的销售收入,即:

$$预计销售收入 = 预计销售量 \times 预计销售单价$$

【例1-1】假设甲企业生产和销售A产品,其20×1年和20×2年第1季度和第2季度的销售预测如表1-1所示。其中,在各季度的销售收入中,60%的货款于本季度收到,另40%的货款将于下季度收到。据此编制的销售预算如表1-2所示。

表1-1　　　　　　　销售预测

项目	时间					
	20×1年第1季度	20×1年第2季度	20×1年第3季度	20×1年第4季度	20×2年第1季度	20×2年第2季度
销售数量（件）	100	150	200	180	200	200
销售单价（元）	200	200	200	200	200	200

表1-2　　　　　　　销售预算

项目	第1季度	第2季度	第3季度	第4季度	全年
销售数量（件）	100	150	200	180	630
销售单价（元）	200	200	200	200	200
销售收入（元）	20 000	30 000	40 000	36 000	126 000

续表

项目	第1季度	第2季度	第3季度	第4季度	全年
预计现金流入 单位（元）					
上年应收账款	6 200*				6 200
第1季度（销售20 000）	12 000	8 000			20 000
第2季度（销售30 000）		18 000	12 000		30 000
第3季度（销售40 000）			24 000	16 000	40 000
第4季度（销售36 000）				21 600	21 600
现金流入合计	18 200	26 000	36 000	37 600	117 800

注：*20×0年第4季度销售收入×40% = 6 200（元），假设给定。

其中，每季度预计现金流入 = 上季度销售收入×40% + 本季度销售收入×60%，则：
第1季度预计现金流入　6 200 + 20 000×60% = 18 200（元）
第2季度预计现金流入　20 000×40% + 30 000×60% = 26 000（元）
第3季度预计现金流入　30 000×40% + 40 000×60% = 36 000（元）
第4季度预计现金流入　40 000×40% + 36 000×60% = 37 600（元）

二、生产预算的编制

生产预算（production budget）是在销售预算基础上编制的，用来安排企业在预算期的产品生产。在企业存在不同的产品品种和生产车间的情况下，按照产品品种和生产车间分别编制具体的生产预算。生产预算编制的主要依据是预计销售量、期末预计产品库存量和期初预计产品库存量。计算预算期预计生产量的公式是：

预计生产量 = 期末预计产品库存量 + 预计销售量 - 期初预计产品库存量

【例1-2】甲公司编制的20×1年分季度生产预算如表1-3所示。期末存量按下季度销售数量的10%确定。

表1-3　　　　　　　　　　　　生产预算　　　　　　　　　　　　单位：件

项目	第1季度	第2季度	第3季度	第4季度	全年
产品销售数量	100	150	200	180	630
加：期末存量	15	20	18	20	20
产品需要数量	115	170	218	200	650
减：预计期初存量	10*	15	20	18	10
生产数量	105	155	198	182	640

注：* 10 = 20×0年预计期末产品存量，假设给定。

其中,每季度生产数量 = 本季度产品销售数量 + 下季度销售数量 × 10%(期末存量) - 预计期初存量,则:

第 1 季度生产数量　100 + 150 × 10% - 10 = 105(件)

第 2 季度生产数量　150 + 200 × 10% - 15 = 155(件)

第 3 季度生产数量　200 + 180 × 10% - 20 = 198(件)

第 4 季度生产数量　180 + 200 × 10% - 18 = 182(件)

本季度期末存量就是下季度的期初存量,第 1 季度预计期初存量是全年的期初存量,第 4 季度期末存量是全年的期末存量。

在企业生产和销售业务管理过程中,编制生产预算不仅要以销售预算为基础,还要结合生产能力和仓库容量等条件,同时应考虑成本费用因素。此外,有些生产或销售客观上存在季节性或周期性,需要合理安排生产进度。

三、直接材料预算的编制

直接材料预算(direct material budget)是用来确定预算期材料的采购数量和采购成本。直接材料预算编制的主要依据是产品的预计生产量、单位产品材料耗用量、期末与期初预计的材料库存量、单位材料采购成本和承付材料货款的情况等。预计材料采购量的计算公式如下:

预计材料采购量 = 预计材料耗用量 + 期末预计材料库存量 - 期初预计材料库存量

由于原材料采购需要付出现金,为了便于编制现金预算,直接材料预算通常包括用于材料采购的预计现金支出。

【例 1 - 3】甲公司编制的 20 × 1 年分季度直接材料预算如表 1 - 4 所示。在表 1 - 4 中,材料采购金额(货款)的 50% 在本季度内付清,50% 在下季度付清,期末存量按下季度生产耗用数量的 20% 确定。

表 1 - 4　　　　　　　　　　直接材料预算

项目	第 1 季度	第 2 季度	第 3 季度	第 4 季度	全年
产品生产数量(件)	105	155	198	182	640
单位产品材料用量(千克/件)	10	10	10	10	10
生产耗用数量(千克)	1 050	1 550	1 980	1 820	6 400
加:期末存量(千克)	310	396	364	400[②]	400
合计	1 360	1 946	2 344	2 220	6 800

续表

项目	第1季度	第2季度	第3季度	第4季度	全年
减：期初存量（千克）	300①	310	396	364	300
材料采购总量（千克）	1 060	1 636	1 948	1 856	6 500
材料采购单价（元/千克）	5	5	5	5	5
材料采购金额（元）	5 300	8 180	9 740	9 280	32 500
预计现金流出					
上季度应付采购货款	2 350③				2 350
第1季度（采购5 300元）	2 650	2 650			5 300
第2季度（采购8 180元）		4 090	4 090		8 180
第3季度（采购9 740元）			4 870	4 870	9 740
第4季度（采购9 280元）				4 640	4 640
合计	5 000	6 740	8 960	9 510	30 210

注：①300 = 20×0年预计期末材料存量，假设给定；②的计算如下：20×2年第1季度生产量 = 200 + 200×10% − 20 = 200，20×1年第4季度期末材料存量 = 200×10×20% = 400；③2 350 = 20×0年第4季度材料采购金额×50%，假设给定。

其中：本季度材料采购量 = 本季度产品生产量×单位产品材料耗用量 + 下季度产品生产量×20%（期末材料存量）− 期初材料存量，则：

第1季度材料采购量　105×10 + 155×10×20% − 300 = 1 060
第2季度材料采购量　155×10 + 198×10×20% − 310 = 1 636
第3季度材料采购量　198×10 + 182×10×20% − 396 = 1 948
第4季度材料采购量　182×10 + 200×10×20% − 364 = 1 856

本季度期末材料存量就是下季度的期初材料存量，第1季度预计期初材料存量是全年的期初材料存量，第4季度期末材料存量是全年的期末材料存量。

本季度预计现金流出 = 上季度材料采购金额×50% + 本季度材料采购金额×50%，则：

第1季度预计现金流出　2 350 + 5 300×50% = 5 000（元）
第2季度预计现金流出　5 300×50% + 8 180×50% = 6 740（元）
第3季度预计现金流出　8 180×50% + 9 740×50% = 8 960（元）
第4季度预计现金流出　9 740×50% + 9 280×50% = 9 510（元）

四、直接人工预算的编制

直接人工预算（direct labor budget）是用来确定预算期直接人工成本水平和人工工

时消耗水平的。其编制的依据是预计生产量、单位产品标准或定额工时和小时工资率。如果产品生产需耗用不同工种的人工,则按不同工种各自的小时工资率分别计算,汇总编制直接人工预算。由于直接人工工资一般全部用现金支付,所以无须另外预计现金支出。

【例 1-4】甲公司编制的 20×1 年分季度直接人工预算如表 1-5 所示。

表 1-5   直接人工预算

季度	第 1 季度	第 2 季度	第 3 季度	第 4 季度	全年
产品生产数量（件）	105	155	198	182	640
单位产品工时（小时/件）	10	10	10	10	10
人工工时总量（小时）	1 050	1 550	1 980	1 820	6 400
小时人工费用（元/小时）	2	2	2	2	2
人工费用总额（元）	2 100	3 100	3 960	3 640	12 800

五、制造费用预算的编制

制造费用预算（manufacturing overhead budget）包括固定性制造费用预算和变动性制造费用预算两部分。编制制造费用预算的主要依据是预计生产量或直接人工总工时（在多品种生产条件下一般采用直接人工总工时）、固定性制造费用和变动性制造费用的划分及各自具体的组成项目等。

制造费用项目大部分需要用现金支付,为便于编制现金流量预算,制造费用预算也应包括预计现金支出部分。但有的项目如固定资产折旧不需要用现金支付,因此,需要从各期预计的制造费用中扣除预计折旧费用,从而得到预计付现费用。

【例 1-5】假设甲公司单位产品的间接人工费用为 1 元/件,间接材料费用为 1 元/件,设备修理费用为 2 元/件,水电气费用为 1 元/件,每季度固定制造费用是给定的已知数,甲公司编制的 20×1 年分季度制造费用预算如表 1-6 所示。

表 1-6   制造费用预算   单位:元

季度	第 1 季度	第 2 季度	第 3 季度	第 4 季度	全年
变动制造费用:					
间接人工费用	105	155	198	182	640
间接材料费用	105	155	198	182	640
设备修理费用	210	310	396	364	1 280

续表

季度	第1季度	第2季度	第3季度	第4季度	全年
水电气费用	105	155	198	182	640
小　计	525	775	990	910	3 200
固定制造费用：					
修理费用	1 000	1 140	900	900	3 940
折旧费用	1 000	1 000	1 000	1 000	4 000
固定人工费用	200	200	200	200	800
保险费用	75	85	110	190	460
财产税	100	100	100	100	400
小　计	2 375	2 525	2 310	2 390	9 600
合　计	2 900	3 300	3 300	3 300	12 800
减：折旧费用	1 000	1 000	1 000	1 000	4 000
付现费用	1 900	2 300	2 300	2 300	8 800

六、产品成本与期末存货预算的编制

产品成本预算（product cost budget）根据直接材料预算、直接人工预算和制造费用预算编制。产品成本预算是编制预计利润表和预计资产负债表的依据之一。而期末存货预算（final inventory budget）与产品成本预算密切相关。

【例1-6】甲公司编制的20×1年产品成本与期末存货成本预算如表1-7所示。

表1-7　　　　　　　　产品成本与期末存货成本预算

	单位成本			生产成本（元）	期末存货成本（元）	销货成本（元）
	单价（元）	耗用量	成本（元）			
产品数量（件）				640	20	630
直接材料	5	10 千克	50	32 000	1 000	31 500
直接人工	2	10 小时	20	12 800	400	12 600
变动制造费用	0.5①	10 小时	5	3 200	100	3 150
固定制造费用	1.5②	10 小时	15	9 600	300	9 450
合计			90	57 600	1 800	56 700

注：①0.5 = 变动制造费用分配率 = 3 200/6 400；②1.5 = 固定制造费用分配率 = 9 600/6 400。

其中，单位成本数据来自直接材料预算（表1-4）、直接人工预算（表1-5）和制造费用预算（表1-6），生产数量、期末存量来自生产预算（表1-3），销售数量来自销售预算（表1-2）。产品成本、期末存货成本和销货成本的数据，根据单位成本和有关数据计算得出。

七、销售与管理费用预算的编制

销售与管理费用预算（selling and administrative expense budget）是产品销售过程中发生的费用和企业行政管理开支的预算。销售与管理费用预算的编制方法与制造费用预算编制方法类似，也包括固定性销售与管理费用和变动性销售与管理费用两部分。如果销售与管理费用预算包括非付现项目如折旧和无形资产摊销，也应将其扣除计算确定现金支出。

【例1-7】甲公司编制的20×1年销售与管理费用预算如表1-8所示。

表1-8　　　　　　　销售与管理费用预算　　　　　　　单位：元

项目	金额
销售费用：	
销售人员工资	2 000
广告费用	5 500
包装、运输费	3 000
保管费用	2 700
管理费用：	
管理人员工资	4 000
福利费用	800
保险费用	600
办公费用	1 400
合　计	20 000
各季度支付现金（20 000÷4）	5 000

注：表中的销售费用和管理费用各项数据是给定的已知数。

第三节　财务预算的编制

财务预算是反映企业预算期现金收支、经营成果和财务状况的一种综合性预算，包括现金预算、预计利润表、预计资产负债表等。

一、现金预算的编制

现金预算（cash budget）的编制基础是经营预算和专门决策预算。编制现金预算的目的是为了合理安排现金的收入和支出，并正确计算和确定现金多余或不足的时间与金额，进而确定资金运用或资金筹集的方式、时间和数额。现金预算一般包括以下四个方面的内容。

1. 现金收入。现金收入包括期初现金余额和本期现金收入。本期现金收入包括销售现金收入、收回的应收账款和应收票据贴现收入等。

2. 现金支出。现金支出包括预算期内材料采购现金支出、制造费用现金支出、销售及管理费用现金支出、交纳税金、支付利润、偿还到期借款本息和购置固定资产、长期投资等现金支出。

3. 现金余缺。将各期现金收入与现金支出比较计算现金收支差额。如果现金收入大于现金支出，现金收支差额为正值，则现金有结余；如果现金支出大于现金收入，现金收支差额为负值，则现金短缺。

4. 资金筹集与运用。根据现金余缺可确定筹集资金或运用资金的时间和金额。如果现金不足，可通过向银行借款、发行短期企业债券等方式来弥补现金的短缺；如果有多余的现金，可用于偿还银行借款的本金和利息，或者用于短期投资等。

【例1-8】根据前述经营预算的数据，再假设甲公司 20×1 年 1 月 1 日从银行取得长期借款 9 000 元，三年到期，每年年末付息，到期偿还本金，长期借款年利率为 12%；短期借款在现金短缺期初借入，现金多余期末还款，并且在还本时付息；借款金额为 1 000 元的整数倍；短期借款年利率为 10%。该公司每季度末最低现金余额为 6 000 元；甲公司编制的 20×1 年分季度现金流量预算如表 1-9 所示。

表 1-9　　　　　　　　　现金流量预算　　　　　　　　　单位：元

项目	第1季度	第2季度	第3季度	第4季度	全年
期初现金余额	8 000	8 200	6 060	6 290	8 000
加：销货现金收入	18 200	26 000	36 000	37 600	117 800
可供使用现金	26 200	34 200	42 060	43 890	125 800
减：现金支出					
直接材料采购	5 000	6 740	8 960	9 510	30 210
直接人工工资	2 100	3 100	3 960	3 640	12 800
制造费用	1 900	2 300	2 300	2 300	8 800

续表

项目	第1季度	第2季度	第3季度	第4季度	全年
销售与管理费用	5 000	5 000	5 000	5 000	20 000
所得税费用	4 000	4 000	4 000	4 000	16 000
购买设备		10 000			10 000
股利支付		8 000		8 000	16 000
现金支出合计	18 000	39 140	24 220	32 450	113 810
现金多余或不足	8 200	(4 940)	17 840	11 440	11 990
取得银行借款		11 000			11 000
偿还银行借款			11 000		11 000
短期借款利息（年利率10%）			550		550
长期借款利息（年利率12%）				1 080	1 080
期末现金余额	8 200	6 060	6 290	10 360	10 360

注：表中的数据来源如下。

期初现金余额：第1季度期初现金余额是20×1年期末余额，假设给定，第2季度至第4季度期初余额是上季度期末现金余额。

销货现金收入：根据销售预算表（表1-2）附表预计现金流入合计得到。

$$可供使用现金 = 期初现金余额 + 本期销货现金收入$$

直接材料采购：根据直接材料预算表（表1-4）附表预计现金流出合计得到。
直接人工工资：根据直接人工预算表（表1-5）中"人工费用总额"得到。
制造费用：根据制造费用预算表（表1-6）中"付现费用"得到。
销售与管理费用：根据销售与管理费用预算表（表1-8）中"各季度支付现金"得到。
所得税费用、购买设备、股利支付：是给定的已知数。
现金支出合计：是表中各项现金支出的加总数。

$$现金多余或不足 = 可供使用现金 - 现金支出合计$$

取得银行借款需满足三个条件：一是补足现金缺口；二是补足每季度最低现金余额；三是满足借款金额是1 000元的倍数这个条件。

偿还银行借款：如果现金多余且多余的金额大于每季度最低现金余额，可以考虑偿还银行借款。

短期借款利息：$11\,000 \times 10\% \times 1/2 = 550$（元）

长期借款利息：$9\,000 \times 12\% = 1\,080$（元）

二、预计利润表的编制

预计利润表（budgeted income statement）是以表格形式反映预算期间企业的经营成果。预计利润表编制依据是前述各项经营预算和财务费用预算。预计利润表的编制是全面预算编制过程的一个关键步骤。预计利润表显示了企业的计划利润并且是衡量企业预算期间经营绩效的标杆。

【例 1-9】 甲公司编制的 20×1 年简化的预计利润表如表 1-10 所示。

表 1-10　　　　　　　　　　　预计利润表　　　　　　　　　　单位：元

项目	金额
销售收入	126 000①
销货成本	56 700②
毛利	69 300③
销售费用	13 200④
管理费用	6 800⑤
利息费用	1 630⑥
利润总额	47 670⑦
所得税费用	16 000⑧
税后利润	31 670⑨

注：表中数据来源如下。
①销售收入。根据销售预算表（表 1-2）中"全年销售收入合计"得到。
②销货成本。根据产品成本与期末存货成本预算（表 1-7）中"销售成本合计"得到。
③毛利 = 销售收入 - 销货成本。
④销售费用。根据销售与管理费用预算（表 1-8）中的"销售费用"各项目加总得到：
2 000 + 5 500 + 3 000 + 2 700 = 13 200（元）
⑤管理费用。根据销售与管理费用预算（表 1-8）中的"管理费用"各项目加总得到：
4 000 + 800 + 600 + 1 400 = 6 800（元）
⑥利息费用。根据现金流量预算（表 1-9）中的"短期借款利息""长期借款利息"加总得到：
1 080 + 550 = 1 630（元）
⑦利润总额 = 毛利 - 销售费用 - 管理费用 - 利息费用。
⑧所得税费用：根据现金流量预算（表 1-9）中的"全年所得税费用"得到。
⑨税后利润 = 利润总额 - 所得税费用。

三、预计资产负债表的编制

预计资产负债表（budgeted balance sheet）是反映企业预算期末财务状况的预算报表。预计资产负债表是在预算期初资产负债表的基础上，依据前述各种预算和专门决策预算（如借款预算和利润分配预算等）计算分析填列的。

【例 1-10】 甲公司编制的 20×1 年末简化的预计资产负债表如表 1-11 所示。

表 1–11　　　　　　　　　　　预计资产负债表　　　　　　　　单位：元

资产			负债及所有者权益		
项目	期初	期末	项目	期初	期末
库存现金	8 000	10 360①	应付账款	2 350	4 640⑦
应收账款	6 200	14 400②	长期借款	9 000	9 000
原材料	1 500	2 000③	普通股	20 000	20 000
产成品	900	1 800④	未分配利润	16 250	31 920⑧
固定资产	35 000	45 000⑤			
累计折旧	4 000	8 000⑥			
固定资产净值	31 000	37 000			
资产总额	47 600	65 560	负债及所有者权益总额	47 600	65 560

注：表中的数据来源如下。

资产、负债及所有者权益项目期初数是给定的已知数。

①库存现金期末数。根据现金流量预算（表 1–9）中的"全年期末现金余额"得到。

②应收账款期末数。根据销售预算（表 1–2）中的"第 4 季度销售收入"计算得到：

36 000 × 40% = 14 400（元）

③原材料期末数。根据直接材料预算（表 1–4）中的"第 4 季度期末存量"和"材料采购单价"计算得到：

400 × 5 = 2 000（元）

④产成品期末数。根据产品成本与期末存货成本预算（表 1–7）中"期末存量合计"得到。

⑤固定资产期末数。根据现金流量预算（表 1–9）中的"全年购买设备"和期初固定资产计算得到：

35 000 + 10 000 = 45 000（元）

⑥累计折旧期末数。根据制造费用预算（表 1–6）中"全年折旧费用"和期初折旧费用计算得到：

4 000 + 4 000 = 8 000（元）

⑦应付账款期末数。根据直接材料预算（表 1–4）中的"第 4 季度材料采购金额"计算得到：

9 280 × 50% = 4 640（元）

⑧未分配利润期末数。根据期初未分配利润、现金流量预算（表 1–9）中的"全年股利支付"、预计利润表（表 1–10）中的"税后利润"计算得到：

16 250 + 31 670 – 16 000 = 31 920（元）

财眼看问题

从表面上看，全面预算的编制就是填表格，其实不然。各个预算数字的背后都隐藏着权利、责任与利益。因此，管理会计师务必与各相关部门及其负责人充分协商，根据企业的战略目标，摆平各个预算数字背后的人和事。

第四节　全面预算的执行

全面预算管理是企业在战略目标的指导下，对未来的经营活动和相应财务成果实施充分、全面的预测和筹划，并通过对执行过程的监控，将实际完成情况与预算目标不断对照和分析，从而及时指导经营活动的改善和调整，以帮助经理人更有效地管理企业和最大限度地实现战略目标的系统管理工程。全面预算以企业战略为出发点，通过规划未来指导当前实践，是对企业战略目标的具体落实和再次量化；全面预算运用价值管理手段，使企业内部资源实现高度整合，同时将企业价值与各级部门或责任单位的具体目标、岗位职责联系起来，以增强业绩计量和业绩评价的战略导向性，并通过预算实施过程和结果分析，对企业战略进行必要的修正或再评估，从而全方位地支持企业战略。

一、全面预算的执行

预算执行是预算目标的具体实施过程，也是目标实现的关键，因此，预算编制工作完成后，各部门要按照已制订好的计划严格执行预算。为了保证全面预算管理执行力度，企业必须做好如下六个方面的工作。

1. 健全预算的组织体系和责任体系。健全组织体系，成立预算管理最高权威机构——预算管理委员会，预算管理委员会主任应由企业一把手担任，各部门主管是其企业成员。健全责任体系，明确职责，使企业的生产、计划、采购、销售、技术、设备等部门和所属直属单位、分公司、子公司均能共同参与预算管理，成为预算管理的责任部门。

2. 确保预算执行过程中各种相关信息准确及时地收集、整理和传递。

3. 企业的基层人员和有关部门必须定期地记录各种产量、收入、投资数额、生产消耗、成本费用等数据。

4. 通过分级核算、逐级审核的方式组织预算信息流的传递。

5. 各预算责任单位须及时收集、整理、审核、汇总这些数据，加工整理成各种有用信息，并上报到预算管理部门。预算管理部门据此信息编制预算，经预算管理委员会批准后执行。

6. 预算执行的一个重要保证是企业高层必须高度重视并率先垂范，严格遵守预算纪律，按预算来执行。

二、全面预算的调控

预算调控是预算协调职能及在预算执行过程中的日常调节职能。预算调控也是预算目标顺利实现的必要手段。预算调控过程一般有预算协调和预算调整两种情况。在企业内外环境没有重大变化时，为保证预算的顺利执行，需要在各个预算责任单位之间对人力、物力、财力、时间等资源要素做适当"微调"，以维持整体平衡。但如果企业内外部环境发生了变化，原有预算不能适应时，就需"大调"了，这是在微调失效的情况下进行的。但这种"大调"也必须严格遵守程序，经过法定授权，不得随意调整。预算的调整需要注意以下问题。

1. 严格界定调整范围。只有出现不可控制的因素变化时，如市场需求变化或其他经预算管理委员会同意的原因出现时，才允许调整预算。

2. 规范预算调整的权限与流程，这样才能在出现难以预料的新情况时，使预算调整有序进行。

3. 预算的执行和调控要形成一个执行和监控网络。高度关注重点控制项目，使预算执行中的问题能够得到及时处理，同时，预算调控要将调控的措施及时传达到预算执行部门，使预算调控得到有效执行。

三、全面预算的差异分析

全面预算的差异分析是全面预算管理的重要组成部分，通过对预算差异产生的原因进行分析并提出相应的建议，能够对企业今后的生产经营有所预见与指导。预算的实际执行情况与年度预算之间的差别称为预算差异。预算差异的直接表现形式为实际报表与预算报表对应科目的差值。有利于实现企业年度利润目标的差异（如收入上升，成本下降等）称为有利差异，反之称为不利差异。

预算差异分析指由预算控制部门对预算差异进行计算、分解、判断，并由有关责任部门进行解释以确定差异成因的过程。其目的是为了找出各项业务与预算之间发生差距的原因，并确定其责任归属，从而对预算执行情况进行适当的考核。预算差异分析实际上是一种对历史资料的事后分析，因此，必须及时而又经常地进行，才能发挥其对生产经营业务的指导作用。由管理会计师运用财务会计报告监控预算执行情况，定期、及时地向总经理及各部门经理报告，反馈预算执行进度和执行差异，促进全面预算任务的完成。

在评估与调查差异发生的基本原因时，应当考虑以下因素。

1. 预算的制定与实际脱节，必然导致差异产生。

2. 差异可能是由于报告上的错误所致，因此，管理会计师所提供的预算目标及实际资料，应该检查书写上有无错误。例如，因一笔会计分录误记到某部门，便可能导致该部门发生不利差异，而造成另一部门的有利差异。

3. 差异可能是由于特定的经营决策所致，即为了改善效率，或为了应付某些紧急事故，经理人下达决策而导致差异的发生。例如，经理人可能为了提高某产品的知名度和销售量而投放以往没有规划的特殊广告项目等。

4. 许多差异可能是不可控因素造成的，例如火灾、洪涝损失等。

5. 对于不知道真正原因的差异，应格外小心，且应认真调查。

在分析了预算差异形成原因后，有关责任部门应该采取的措施有：（1）调整经营活动，采取相应的预算控制方式。也就是说，由内部可控因素引起的不利预算差异，应由对应的责任部门调整其经营活动，采取措施消除差异产生的原因，并尽可能在后续月度内消化已形成的预算差异。相应地，预算控制部门对上述责任部门的经营活动要加强预算控制力度。（2）调整后续月度的经营预算。结合企业为消除不利差异所作的调整，由预算部门对初始编定的后续各期预算进行调整，以保证在完成年度预算的目标下，月度预算能够及时反映经营活动的变化，以便于实施控制与考核。（3）记录责任部门的经营业绩。已形成的差异将根据其成因的性质记入对应责任部门的业绩，同时，后续各期的考核指标也要随预算的调整进行相应的调整，以利于责任部门消除不利差异。

实际成果与预算目标的比较，是控制程序的重要环节。如实际成果与预算标准的差异过大，应提醒企业管理当局审慎调查，并判定其发生原因，以便采取适当的矫正行动。

四、全面预算执行结果的考核

全面预算管理是一项全员参与、全面覆盖和全程跟踪、控制的系统工程。为了确保预算各主要指标的完成，必须制定严格的预算考核办法，考核方案要科学、合理、可操作性强；奖惩额度既要考虑激励作用，又要考虑承受能力；对不同费用，依据其性质、特点，确定不同的奖惩比例。在预算考评环节中，要坚持动态考评和综合考评相结合。动态考评是在生产经营活动现场对预算实际执行结果与预算指标之间的差异即时确认和处理；差异确认、处理越及时，预算执行行为的调控越主动，也就越有利于保证预算目标的实现。动态考评强调的是及时反馈、及时处理，把预算执行情况与经营者、职工的经济利益挂钩，使企业、经营者和职工形成责、权、利相统一的责任共同体，最大限度地调动经理人、员工的积极性和创造性。全面预算执行结果的考核措施具体包括以下七点。

1. 实行预算执行责任制,把预算责任落实到各部门和各分、子公司及其属下各责任中心甚至个人,分解落实预算目标,使之在其授权范围内完成本职工作。

2. 在落实责任的同时,在各级预算执行部门中建立从上到下的授权管理机制,使各部门和各分、子公司及属下内部单位和个人对其业务既承担责任又享有一定的权力。

3. 对各预算责任主体建立分级预算、逐级报告制度,定期将预算执行结果,按照统一的要求,上报预算管理办公室;预算管理办公室把预算执行的结果和预算指标进行比较、计算、汇总差异,进行差异分析。

4. 建立预算指标考核体系,根据重要性原则选择预算考核项目指标,并使预算考核公开化、透明化、合理化。

5. 制定公正、合理的预算考核工作程序,避免因考核不公影响预算执行单位的工作,导致其逆反行为,违反预算管理的初衷。

6. 将考核的结果作为评价预算责任人业绩的依据,对各单位业绩做出公正合理的评价,激励责任人加强预算管理工作。

7. 根据预算的执行结果,制定严格的奖惩制度,跟每个人的收入挂钩,作为预算管理保证体系的重要组成部分。

其实,全面预算的编制、执行、调控与考核不可分割,预算的编制体现的是预算的事前预测,信息的反馈和及时纠偏调整反映的是预算的事中控制,而预算执行情况的考核体现的是预算的事后管理。通过信息反馈能了解预算执行情况,通过考核能知道预算执行的效果,进而能及时发现预算执行过程的偏差,以便及时采取措施,保证预算目标的实现。因此,企业必须建立通畅的信息反馈系统,快速反应,而预算的评价系统必须适应和有效,要既能激励和表扬先进,又能鞭策和警戒后进,保证企业预算目标的顺利实现。

> **财眼看问题**
>
> 管理会计师务必清楚,如果全面预算没有得到有效的执行,无论全面预算编制得多么"完美"也无济于事。管理会计师要使全面预算真正落地,一定要建立全面预算的考核与激励制度,做到"人人头上有指标,个个指标连收入"。

参考文献

[1] 财政部:《管理会计应用指引第 200 号——预算管理》,2017 年。

[2] 胡玉明主编:《管理会计应用指引详解与实务》(最新版),经济科学出版社 2019 年版。

[3] 刘运国:《管理会计学》(第 3 版),中国人民大学出版社 2018 年版。

[4] 代宏坤:《有效全面预算控制分析》,载于《生产力研究》2004 年第 6 期。

[5] 徐秋生:《预算差异分析程序与方法》,载于《商业会计》2005 年第 11 期。

[6] 佟成生:《集团公司实施全面预算管理的实例》,载于《财会通讯》2004 年第 5 期。

[7] 李文敏:《全面预算管理的有效执行分析》,载于《管理观察》2009 年第 9 期。

第二章

成本管理

企业通过"预算管理"将"预算"落到实处。常言道"万涓成水,终究汇流成河"。企业的"所作所为"最终都要归结到成本。经理人以不同方式参与成本管理,有效控制成本意味着增加利润。成本计算是成本管理的基础,成本计算与成本管理必须相结合,即"管算结合",以成本信息为基础,强调"不同目的,不同成本"(different costs for different purposes),即成本信息的相关性。事实上,许多成本计算方法已经体现了"管算结合"的精髓。

第一节 生产成本的归集与分配

企业的产品生产过程,既是价值的创造过程,也是生产成本的发生过程。一方面,企业的员工借助于劳动资料对劳动对象进行加工,生产出能够满足社会需要的某种或多种产品;另一方面,企业在生产过程中又必然会发生各种支出。因此,企业需要按照一定的成本计算方法,通过生产成本的归集与分配,确定一定种类和数量的完工产品总成本与单位成本。

一、生产成本的归集与分配概述

企业的生产成本包括直接材料、直接人工和制造费用。企业生产过程中发生的生产成本,根据其用途,直接材料和直接人工记入"生产成本"账户,制造费用记入"制造费用"账户。期末,将"制造费用"账户的数额根据一定的方法分配、结转到"生产成本"账户[①]。至此,企业发生的生产成本已经根据产品类别全部归集到"生产成本"账

[①] 如果企业只生产一种产品,"制造费用"账户的数额不需要根据一定的方法在各种产品之间分配,可以直接结转到"生产成本"账户。

户，从而完成了生产成本的归集过程。

如果企业生产的产品全部没有完工，归集于"生产成本"账户的数额就是企业的未完工产品（unfinished-goods inventory）或在产品存货（work-in-process inventory）的金额；如果企业生产的产品全部完工，归集于"生产成本"账户的数额就是企业的产成品存货（finished-goods inventory）的金额，全部结转记入"库存商品"账户；如果企业生产的产品只有部分完工，归集于"生产成本"账户的数额就要采用一定的方法在完工产品与在产品之间分配。其中，完工产品分配的数额就是产成品存货的金额，结转记入"库存商品"账户。企业对外销售完工产品，根据其成本数额，从"库存商品"账户结转到"主营业务成本"账户，从而转化为"产品销售成本"（cost of goods sold）。

根据上述讨论，企业生产成本的流转过程如图2-1所示。

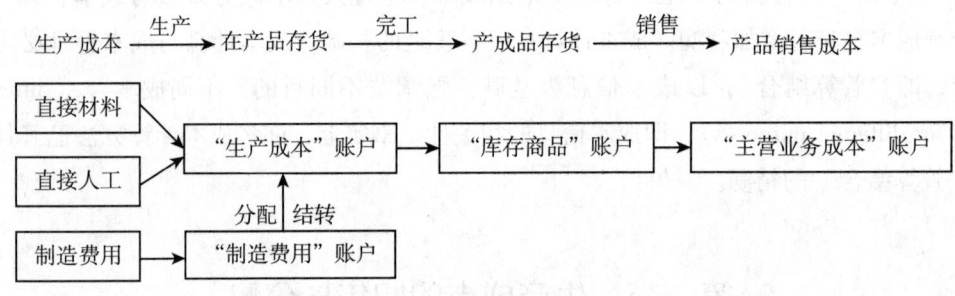

图2-1 企业生产成本的流转过程

由此可见，企业的生产成本通常涉及两次分配问题：（1）制造费用在各种产品之间的分配；（2）生产成本在完工产品与在产品之间的分配。

二、制造费用在各种产品之间的分配

如前所述，企业实际发生的制造费用归集之后，应该在期末将其分配到各种产品。制造费用的分配方法主要包括生产工人工时比例法、生产工人工资比例法、机器工时比例法和按年度计划分配率分配法。

（一）生产工人工时比例分配法

这种方法按照各种产品所耗用生产工人实际工时的比例分配制造费用。按照生产工人工时比例分配制造费用，将劳动生产率与产品负担的费用水平相联系，其分配结果比较合理。

按照生产工人工时比例分配制造费用，其制造费用分配率计算公式为：

制造费用分配率 = 制造费用总额/各种产品生产工人工时总额

某产品应该分配的制造费用 = 该产品生产工人工时 × 制造费用分配率

【例 2-1】大华公司第一车间生产甲、乙两种产品,当期归集的制造费用为 45 000 元。甲产品耗用生产工人工时为 2 500 小时,乙产品耗用生产工人工时为 3 600 小时。那么:

制造费用分配率 = 45 000/(2 500 + 3 600) = 7.377(元/小时)

甲产品应分配的制造费用 = 2 500 × 7.377 = 18 443(元)

乙产品应分配的制造费用 = 3 600 × 7.377 = 26 557(元)

根据上述计算结果,编制制造费用分配如表 2-1 所示。

表 2-1　　　　　　　　　　制造费用分配

车间名称:第一基本生产车间

应借科目		生产工人工时	分配金额(元)
生产成本	甲产品	2 500	18 443
	乙产品	3 600	26 557
合计		6 100	45 000

根据表 2-1,编制如下会计分录:

借:生产成本——甲产品　　　　　　　　　　　　　　　　18 443

　　　　　——乙产品　　　　　　　　　　　　　　　　26 557

　贷:制造费用　　　　　　　　　　　　　　　　　　　　45 000

(二) 生产工人工资比例分配法

这种方法按照计入各种产品成本的生产工人实际工资的比例分配制造费用。企业通常有现成的生产工人工资资料,因而采用这种方法较为简便。但是,采用这种方法,各种产品生产的机械化程度应该差不多,否则,机械化程度高的产品,其生产工人工资较少,分担的制造费用也较少,可能影响制造费用分配的合理性。因为制造费用还包括不少与机械使用相关的费用如机械设备的折旧费、修理费、租赁费和保险费等。产品生产过程的机械化程度高,应该多分担制造费用,而不应该少分担制造费用。

按照生产工人工资比例分配制造费用,其制造费用分配率计算公式为:

制造费用分配率 = 制造费用总额/各种产品生产工人工资总额

某产品应该分配的制造费用 = 该产品生产工人工资 × 制造费用分配率

【例 2-2】承〖例 2-1〗,大华公司第一车间生产甲、乙两种产品,当期归集的制造费用为 45 000 元。如果大华公司第一车间甲产品生产工人工资为 48 000 元，乙产品生产工人工资为 62 000 元。那么：

制造费用分配率 = 45 000/(48 000 + 62 000) = 0.40909（元/小时）

甲产品应分配的制造费用 = 48 000 × 0.40909 = 19 636（元）

乙产品应分配的制造费用 = 62 000 × 0.40909 = 25 364（元）

根据上述计算结果，编制制造费用分配如表 2-2 所示。

表 2-2   制造费用分配

车间名称：第一生产车间

应借科目		生产工人工资（元）	分配金额（元）
生产成本	甲产品	48 000	19 636
	乙产品	62 000	25 364
合计		110 000	45 000

根据表 2-2，编制如下会计分录：

借：生产成本——甲产品   19 636

　　　　　——乙产品   25 364

　　贷：制造费用   45 000

（三）机器工时比例分配法

这种方法按照各种产品生产过程所耗用机器设备运转时间的比例分配制造费用。这种方法适用于产品生产过程机械化程度较高的车间。因为这种车间的制造费用与使用机器设备相关的费用比重较大，而这部分费用与机器设备运转时间存在密切的联系。

按照机器工时比例分配制造费用，其制造费用分配率计算公式为：

制造费用分配率 = 制造费用总额/各种产品耗用机器工时总额

某产品应该分配的制造费用 = 该产品耗用机器工时 × 制造费用分配率

【例 2-3】承《例 2-1》，大华公司第一车间生产甲、乙两种产品，当期归集的制造费用为 45 000 元。如果大华公司第一车间甲产品耗用机器工时为 4 500 小时，乙产品耗用机器工时为 5 500 小时。那么：

制造费用分配率 = 45 000/(4 500 + 5 500) = 4.50（元/小时）

甲产品应分配的制造费用 = 4 500 × 4.50 = 20 250（元）

乙产品应分配的制造费用 = 5 500 × 4.50 = 24 750（元）

根据上述计算结果，编制制造费用分配如表 2-3 所示。

表 2-3 制造费用分配

车间名称：第一基本生产车间

应借科目		生产工人工时（小时）	分配金额（元）
生产成本	甲产品	4 500	20 250
	乙产品	5 500	24 750
合计		10 000	45 000

根据表 2-3，编制如下会计分录：

借：生产成本——甲产品　　　　　　　　　　　　20 250
　　　　　　——乙产品　　　　　　　　　　　　24 750
　　贷：制造费用　　　　　　　　　　　　　　　45 000

（四）按年度计划分配率分配法

这种方法按照预先确定的制造费用计划分配率分配制造费用。各期实际发生的制造费用数额与预定分配额之间的差额，在期末按已分配数额的比例调整。这种方法适用于季节性生产企业。季节性生产企业每期发生的制造费用相差不大，但生产淡季和生产旺季的产量却相差悬殊。如果按照实际制造费用分配，各期单位产品成本的制造费用将随之忽高忽低。显然，这不是由于车间工作本身引起的，因而，不利于企业的成本分析工作。此外，这种方法还可以按旬或按日提供产品成本预测所需要的产品应该分配的制造费用信息，有利于产品成本的日常控制。但是，采用这种方法，企业必须具有较高的计划工作水平。否则，制造费用预算数额脱离实际太大，就会影响成本计算的合理性。

按照年度计划分配率分配制造费用，其制造费用分配率计算公式为：

制造费用计划分配率 = 年度制造费用预算(计划)总额/
年度预计业务量(工时或生产工人工资)

某产品应该分配的制造费用 = 该产品当期实际业务量 × 制造费用计划分配率

【例 2-4】 承〖例 2-1〗，大华公司第一车间生产甲、乙两种产品，当期制造费用预算总额为 48 000 元。当期预计生产各种产品的定额工时总额为 20 000 小时，甲产品实际耗用工时 7 000 小时，乙产品实际耗用工时为 12 000 小时。那么：

制造费用计划分配率 = 48 000/20 000 = 2.40 （元/小时）

甲产品应分配的制造费用 = 7 000 × 2.40 = 16 800 （元）

乙产品应分配的制造费用 = 12 000 × 2.40 = 28 800 （元）

根据上述计算结果，编制制造费用分配如表 2-4 所示。

表 2-4　　　　　　　　　制造费用分配

车间名称：第一生产车间

应借科目		实际耗用工时（小时）	分配金额（元）
生产成本	甲产品	7 000	16 800
	乙产品	12 000	28 800
合计		19 000	45 600

根据表 2-4，编制如下会计分录：

借：生产成本——甲产品　　　　　　　　　　　　　16 800
　　　　　　——乙产品　　　　　　　　　　　　　28 800
　　贷：制造费用　　　　　　　　　　　　　　　　　　　45 600

三、生产成本在完工产品与在产品之间的分配

如前所述，如果企业生产的产品期末没有全部完工，归集于"生产成本"账户的数额就要采用一定的方法在完工产品与在产品之间分配。生产成本在完工产品与在产品之间分配的方法主要包括在产品不计算成本、在产品按所耗用直接材料成本计价、约当产量法、在产品按定额成本计价和定额比例分配法。

（一）在产品不计算成本

这种方法意味着，尽管期末企业存在未完工的在产品，但不计算在产品的成本。这种方法适用于各期期末的在产品数量很小的企业（如自来水公司、供电公司）。其实，如果企业各期的期末在产品数量很小，那么，其期初和期末在产品成本就很少，期初在产品成本与期末在产品成本之间的差额更小，是否计算各期在产品成本对于完工产品成本的影响也很小。因此，为了简化产品成本计算工作，可以不计算在产品成本。也就是说，所有生产成本都由完工产品承担，该期间的生产成本总额就是该期间完工产品成本。

（二）在产品按所耗用直接材料成本计价

如果企业各期在产品数量较大或在产品数量不稳定，直接材料成本占生产成本比重较大，如纺织、造纸和酿酒等制造业，为了简化产品成本计算工作，期末在产品可以只计算其所耗用的直接材料成本，而不计算直接人工和制造费用等加工成本。也就是说，完工产品承担全部加工成本。这样，全部生产成本，减去按所耗用直接材料成本计算的在产品成本，就是完工产品成本。

【例2-5】华南公司生产A产品，期末在产品只计算直接材料成本。其期初在产品直接材料成本（即期初在产品成本）为64 000元。本期发生直接材料成本为168 000元，直接人工和制造费用等加工成本为73 000元。本期完工产品为800件，期末在产品为200件。直接材料在生产过程开始时一次投入，因而，每件完工产品与不同完工程度的在产品所耗用的直接材料数量相同，直接材料成本可以按完工产品与期末在产品的数量比例分配。其直接材料成本分配率计算如下：

直接材料成本分配率 =（64 000 + 168 000）/（800 + 200）= 232（元/件）

完工产品直接材料成本 = 800 × 232 = 185 600（元）

期末在产品直接材料成本（在产品成本）= 200 × 232 = 46 400（元）

完工产品成本 =（64 000 + 168 000 + 73 000）- 46 400 = 258 600（元）

或：完工产品成本 = 185 600 + 73 000 = 258 600（元）

根据上述计算结果，编制如下会计分录：

借：库存商品——A产品　　　　　　　　　　　　　258 600
　　贷：生产成本　　　　　　　　　　　　　　　　　　258 600

（三）约当产量法

如果企业期末在产品数量较大，而且各期末在产品数量变化也较大，直接材料成本与加工成本所占比重相差不大，期末在产品成本就必须按照期末在产品数量具体计算。约当产量法，就是将期末在产品数量按照其完工程度折算为相当于完工产品的数量即约当产量（equivalent unit），然后，按照完工产品数量（也是完工程度为100%的约当产量）与月末在产品约当产量的比例分配计算完工产品成本与月末在产品成本。

由于在产品的各项生产成本项目投入程度不同，因此，必须分别按不同生产成本项目计算约当产量。其中，用于分配直接材料成本的在产品约当产量按其投料程度计算；用于分配直接人工和制造费用等加工成本的在产品约当产量按其加工程度计算。

根据约当产量法，生产成本在完工产品与在产品成本之间分配的计算公式为：

在产品约当产量 = 在产品数量 × 加工程度（或投料程度）

生产成本分配率 = 某项生产成本项目的数额/（完工产品数量 + 在产品约当产量）

完工产品成本 = 完工产品数量 × 生产成本分配率

月末在产品成本 = 在产品约当产量 × 生产成本分配率

由此可见，计算约当产量的关键在于合理测定在产品的加工程度或投料程度。这对于合理计算在产品约当产量，进而合理地分配生产成本具有决定性影响。

1. 确定投料程度。企业生产过程的投料方式不同，其投料程度的确定方式也有所不同。

(1) 如果直接材料在生产过程开始时一次投入，在产品的投料程度为100%。此时，无论在产品的完工程度如何，直接材料成本都可以直接按完工产品数量与在产品数量分配。

(2) 如果直接材料随生产过程陆续、均衡地投入，直接材料的投料程度与生产工时的投入进度基本一致，在产品约当产量按其加工程度折算。

(3) 如果直接材料分阶段投入，并在每道工序开始时一次投入，期末在产品投料程度的计算公式为：

某道工序的投料程度 = 累计到本工序为止材料消耗定额/产品消耗定额

【例2-6】华南公司生产的A产品经过三道工序制成，其直接材料分三道工序并在每道工序开始时一次投入。如果该产品本期完工产品为400件，期初在产品和本期发生的直接材料成本累计为2 856元。该产品材料消耗定额、在产品数量、投料程度和约当产量的计算如表2-5所示。

表2-5　　　　　　　　　在产品约当产量计算

工序	材料消耗定额	各工序期末在产品数量（件）	在产品投料程度	在产品约当产量（件）
1	125	14	125/500 = 25%	3.5
2	200	10	(125 + 200)/500 = 65%	6.5
3	175	10	(125 + 200 + 175)/500 = 100%	10.0
合计	500			20

根据表2-5中的资料，计算如下：

直接材料成本分配率 = 2 856/(400 + 20) = 6.80（元/件）

完工产品的直接材料成本 = 400 × 6.80 = 2 720（元）

在产品的直接材料成本 = 20 × 6.80 = 136（元）

2. 测算在产品完工率。对于直接材料成本以外的项目（如直接人工成本和制造费用等加工成本）通常按加工程度计算其约当产量。

在产品的加工程度通常可以通过技术测定或用其他方法测定。如果生产进度比较均衡，各道工序在产品的加工数量相差不多，由于后续工序的多加工可以抵补前面工序的少加工，此时，全部在产品的加工程度都可以按50%平均计算。否则，各道工序在产品加工程度应该按工序分别测定。为了合理计算成本并加速成本计算工作，可以根据各工序累计工时定额占完工产品工时定额的比率，事先确定各工序在产品完工率。有鉴于此，在产品完工率计算公式为：

某道工序在产品完工率＝（前面各道工序工时定额之和＋本道工序工时定额×50%）
／产品定额工时

在上述公式中，本道工序（即在产品所在工序）的工时定额之所以要乘以50%，是因为该工序各件在产品的完工程度也不同，为了简化完工率的测算工作，都按平均完工50%计算。在产品从上一道工序转入下一道工序时，其上一道工序已经完工。因此，其前面各道工序的工时定额应该按100%计算。

【例2-7】承〖例2-6〗，进一步假设华南公司的完工产品和在产品的数量资料、A产品在三道工序的工时消耗定额、加工程度和约当产量的计算过程如表2-6所示。

表2-6　　　　　　按产品加工程度折算的在产品约当产量计算

工序	各工序工时消耗定额（工时）	各工序月末在产品数量（件）	各工序加工程度	在产品约当产量（件）
1	16	12	(16×50%)/40＝20%	2.4
2	16	20	(16＋16×50%)/40＝60%	12.0
3	8	14	(16＋16＋8×50%)/40＝90%	12.6
合计	40			27.0

如果A产品期初在产品和本期耗用直接人工成本与制造费用等加工成本累计为26 474元，那么：

加工成本分配率＝26 474/(400＋27)＝62（元/件）

完工产品加工成本＝400×62＝24 800（元）

在产品加工成本＝27×62＝1 674（元）

（四）在产品按定额成本计价

在产品按定额成本计价，就是根据期末在产品数量与单位材料消耗定额、工时定额和单位工时的工资定额计算出期末在产品成本。其计算公式为：

在产品直接材料定额成本＝在产品数量×单位直接材料定额成本

在产品直接人工定额成本＝在产品数量×单位直接人工定额成本

在产品制造费用定额成本＝在产品数量×单位制造费用定额成本

在产品定额成本＝在产品直接材料定额成本＋在产品直接人工定额成本
　　　　　　　＋在产品制造费用定额成本

完工产品成本＝生产成本总额－在产品定额成本

【例2-8】大华公司生产A产品的直接材料成本定额为20元/件，每小时直接人工成本定额为3元,每小时制造费用定额为0.40元。原材料在生产过程开始时一次投入。期末 A 产品的完工产品为600件,在产品为100件,单位产品定额工时为10小时。期初在产品的直接材料成本为1 000元,直接人工成本为5 000元,制造费用为600元。本期发生的直接材料成本为10 000元,直接人工成本为30 000元,制造费用为4 000元。

根据上述资料,计算如下:

在产品直接材料定额成本 = 100 × 20 = 2 000(元)

在产品直接人工定额成本 = 100 × 3 × 10 = 3 000(元)

在产品制造费用定额成本 = 100 × 0.4 × 10 = 400(元)

在产品定额成本 = 2 000 + 3 000 + 400 = 5 400(元)

完工产品成本 = (1 000 + 10 000) + (5 000 + 30 000) + (600 + 4 000) - 5 400
= 45 200(元)

在产品按定额成本计价意味着,当期脱离定额的差异全部由完工产品负担。因此,采用这种方法要求各项定额要合理,而且各期在产品数量变动不大。否则,其分配结果就不合理。如果企业修改消耗定额,期末在产品按新定额计价所发生的差额,也由完工产品负担,这并不合理。因此,采用这种方法还要求消耗定额比较稳定,不宜经常修改。

为了简化成本计算工作,企业采用这种方法时,还可根据生产成本各个项目占生产成本比重的具体情况,只计算在产品直接材料定额成本,或只计算在产品直接材料和直接人工的定额成本。其他没有计入在产品的生产成本,由于其比重较小,全部由完工产品负担。

(五) 定额比例分配法

这种方法按照完工产品与在产品的定额消耗量或定额费用的比例分配生产成本。其中,直接材料成本按直接材料定额消耗量或定额费用的比例分配,直接人工和制造费用等加工成本按定额工时的比例分配。直接材料成本按直接材料定额消耗量分配,如果所耗直接材料品种较多,必须分别计算各种直接材料的耗用量及其单价,成本计算工作量较大。为了简化成本计算工作,可按定额费用比例分配。其计算公式为:

$$直接材料成本分配率 = \frac{期初在产品直接材料实际成本 + 本期直接材料实际成本}{完工产品直接材料定额成本 + 在产品直接材料定额成本}$$

完工产品直接材料成本 = 完工产品直接材料定额成本 × 直接材料成本分配率

在产品直接材料成本 = 在产品直接材料定额成本 × 直接材料成本分配率

$$直接人工成本分配率 = \frac{期初在产品直接人工实际成本 + 本期直接人工实际成本}{完工产品定额工时 + 在产品定额工时}$$

完工产品直接人工成本 = 完工产品定额工时 × 直接人工成本分配率

在产品直接人工成本 = 在产品定额工时 × 直接人工成本分配率

$$制造费用分配率 = \frac{期初在产品实际制造费用 + 本期实际制造费用}{完工产品定额工时 + 在产品定额工时}$$

完工产品制造费用 = 完工产品定额工时 × 制造费用分配率

在产品制造费用 = 在产品定额工时 × 制造费用分配率

按定额消耗量比例分配，既可以提供完工产品与在产品的实际成本信息，也可以提供实际消耗量信息，有利于分析和考核各项消耗定额的执行情况。

【例2-9】东南公司生产的A产品由三道工序连续加工制成。本期完工产品为400件，原材料在生产过程开始时一次投入，单位产品直接材料成本定额为180元，每道工序工时定额和在产品数量资料如表2-7所示。

表2-7　　　　　　　　每道工序工时定额和在产品数量

工序	工时定额（小时）	在产品数量（件）
1	10	12
2	16	20
3	18	14
合计	44	46

假定各道工序期末在产品平均加工程度为50%，直接材料成本按定额成本比例在完工产品与在产品之间分配，直接人工和制造费用按定额工时比例分配。其分配计算过程如表2-8所示。

表2-8　　　　　　　　　　生产成本分配表

成本项目	期初在产品成本（元）	本期生产成本（元）	生产成本累计额（元）	分配率	完工产品 数量（件）	完工产品 成本（元）	期末在产品 数量（件）	期末在产品 成本（元）
直接材料	9 294	75 000	84 294	1.05		75 600		8 694
直接人工	23 000	88 060	111 060	6.00		105 600		5 460
制造费用	8 700	56 085	64 785	3.50		61 600		3 185
合计	40 994	219 145	260 139		400	242 800	46	17 339

在表 2-8 中：

直接材料成本分配率 =（9 294 + 75 000）/[（400 + 46）×180] = 1.05（元/件）

完工产品直接材料成本 = 180 × 400 × 1.05 = 75 600（元）

在产品直接材料成本 = 180 × 46 × 1.05 = 8 694（元）

在产品定额工时 = 12 × 10 × 50% + 20 ×（10 + 16 × 50%）+ 14 ×（10 + 16 + 18 × 50%）
　　　　　　　 = 910（小时）

直接人工分配率 =（23 000 + 88 060）/（400 × 44 + 910）= 6.00（元/小时）

完工产品直接人工成本 = 44 × 400 × 6.00 = 105 600（元）

在产品直接人工成本 = 910 × 6.00 = 5 460（元）

制造费用分配率 =（8 700 + 56 085）/（400 × 44 + 910）= 3.50（元/小时）

完工产品制造费用 = 44 × 400 × 3.50 = 61 600（元）

在产品制造费用 = 910 × 3.50 = 3 185（元）

完工产品成本 = 75 600 + 105 600 + 61 600 = 242 800（元）

在产品成本 = 8 694 + 5 460 + 3 185 = 17 339（元）

四、成本计算的基本方法

企业的生产经营特点和管理要求不同，其产品成本计算的方法和步骤也有所不同。因此，企业生产经营特点和管理要求会对成本计算方法产生影响。

（一）企业的生产类型

企业的生产类型可以按照不同标志分类。

1. 企业的生产类型按生产过程的技术特点分类。企业的生产类型按生产过程的技术特点可以分为简单生产和复杂生产。所谓简单生产是指在生产技术上不可间断的生产，也称为单步骤生产。例如，发电、采煤等就属于简单生产。所谓复杂生产是指在生产技术上可间断的生产，也称为多步骤生产。例如，机械制造、炼钢生产等就属于复杂生产。多步骤生产又可以分为连续式生产和装配式生产。

2. 企业的生产类型按生产组织特点分类。企业的生产类型按生产组织特点可以分为单件生产、成批生产和大量生产。所谓单件生产是指按购货单位的订货要求，生产特殊规格的产品。其特点是生产的品种多、数量少、很少重复生产，如造船厂。所谓成批生产是指按"批别""批号"在一定时期内重复地轮换生产多种产品，每次生产的一种或几种产品都不是一件而是成批生产。其特点是生产的品种多、按批投入、定期重复。成批生产又可以按照生产批量的大小分为大批生产和小批生产。所谓大量生产是指不断重复生产同样品种产品的生产，其特点是品种少、比较稳定、不断重复。

上述分类把生产技术特点与生产组织特点区别开来。实际上，生产技术特点与生产组织特点相互联系。企业在组织生产时，必须考虑生产技术特点，以便生产的组织形式符合生产过程的特点。上述两种分类也相互联系，两种分类的关系如图2-2所示。

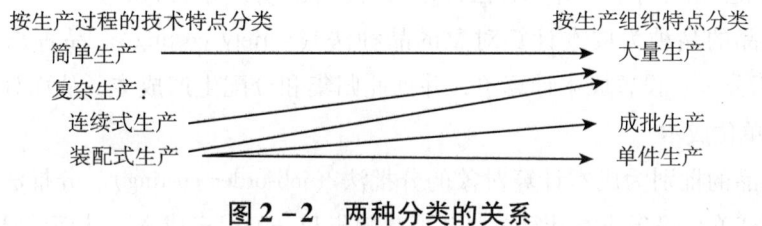

图2-2 两种分类的关系

（二）企业的生产类型及其成本计算对象

企业的生产类型不同，其成本计算对象也不同。

1. 企业的生产类型按生产组织特点分类及其成本计算对象。如前所述，企业的生产类型按照生产组织特点可以分为单件生产、成批生产和大量生产。其中，成批生产又可以分为大批生产和小批生产。大量生产（如化肥的生产）要求连续不断地重复生产一种或若干种产品，因而，管理上只要求，而且也只能够按照产品的品种计算成本。大批生产，由于产品批量大，通常在几个月内不断重复地生产一种或若干种产品，与大量生产一样，也只能按产品品种计算成本。小批生产（如服装的生产），其生产的产品批量小，同一批产品通常可以同时完工，因而，有可能按照产品的批别归集费用，计算各批产品的成本。单件生产（如造船厂），也可以说是小批生产，因而，按件别计算成本，也就是按批别计算产品成本。可见，不同的生产组织特点，其成本计算对象也有所不同。

2. 企业的生产类型按生产技术特点分类及其成本计算对象。如前所述，企业的生产类型按生产过程的技术特点可以分为简单生产和复杂生产。简单生产如发电、采煤，其生产技术上不可间断，生产工艺过程不可能也不必要划分为几个生产步骤，因而，通常也就不可能或不必要按照生产的步骤计算产品成本，只能按照产品的品种计算成本。复杂生产如机械制造和钢铁生产，其生产技术上可间断，生产工艺过程由若干个可间断的、分散于不同地点的生产步骤组成。为了加强各个生产步骤的生产管理，计算各个生产步骤的成本，往往不仅要求按照产品的品种或批别计算成本，而且还要求按照生产的有关步骤计算成本。当然，如果企业的生产规模比较小，管理上又不要求按生产步骤考核生产耗费、计算产品成本，也可以不按生产步骤计算成本，而按品种或批别计算成本。可见，企业的生产技术特点也会影响成本计算对象。

(三) 成本计算的基本方法

产品成本计算过程就是处理生产成本数据的过程。更具体地说，产品成本计算过程是以一定的成本核算对象为依据，归集与分配生产成本并计算产品的总成本和单位成本的过程。实际上，各种成本计算方法都是依据成本核算对象命名的。

1. 以产品的品种为成本计算对象的品种法（variety costing）。品种法按产品品种（不分批、不分步）设置成本计算单，并据此归集和分配生产成本，从而计算每种产品的总成本和单位成本。

2. 以产品的批别为成本计算对象的分批法（job-order costing）。分批法按产品生产的批别（或订单）设置成本计算单，并据此归集和分配生产成本，从而计算每批产品的总成本和单位成本。

3. 以产品的生产步骤为成本计算对象的分步法（process costing）。分步法按每种产品的生产步骤设置成本计算单，并据此归集和分配生产成本，从而反映每种产品在各生产步骤的生产成本发生情况，并最终计算每种产品的总成本和单位成本。按半成品成本是否需要从上一步骤产品成本计算单结转到下一步骤产品成本计算单的半成品成本结转方式的不同，分步法可以分为逐步结转分步法与平行结转分步法。

显然，品种法、分批法和分步法是成本计算的基本方法，[①] 也是计算产品实际成本必不可少的方法。成本计算的基本方法及其适用性归纳如表2-9和表2-10所示。

表2-9　　　　　　　　　成本计算方法的确定

按技术特点分类		按组织特点分类			
		大量生产	成批生产		单件生产
			大批生产	小批生产	
简单生产		品种法	品种法	分批法	分批法
复杂生产	连续式	品种法、分步法（逐步结转分步法）	品种法、分步法（逐步结转分步法）	分批法	分批法
	装配式	品种法、分步法（平行结转分步法）	品种法、分步法（平行结转分步法）	分批法	分批法

---

① 除了这三种基本的成本计算方法之外，还有成本计算的辅助方法（如分类法和定额法等）。基于本书的定位，本章不讨论成本计算的辅助方法。对此有兴趣的读者，可以参阅专门的《成本会计》等相关论著。

表 2-10　　　　　　各种产品成本计算方法的适用范围

成本计算的基本方法	适用范围		成本计算对象
	企业的生产组织方面	企业的生产工艺过程和管理要求方面	
品种法	大量大批生产	简单生产、管理上不要求分步骤计算成本的多步骤生产	产品品种
分批法	小批单件生产	简单生产、管理上不要求分步骤计算成本的多步骤生产	产品生产批别或订单
分步法	大量大批生产	管理上要求分步骤计算成本的多步骤生产	各产品生产步骤

在实践中，经理人需要根据管理需求和行业特征选择适当的成本计算方法。实际上，本节所讨论的"生产成本在完工产品与在产品之间的分配"就是品种法的基本原理及其运用。

> **财眼看问题**
> 1. 在大数据时代，"账户"的设置及其明细程度决定了归集数据渠道和归集数据"颗粒度"的粗细。管理会计应该本着"按需取数"的精神，确定"账户"的设置及其明细程度。
> 2. 在计算机时代，如何分配生产成本并不是问题的关键。问题的关键在于分配的依据。同样的数额，分配的依据不同，其分配结果也不同。管理会计师应该关注如何确定分配依据。

第二节　分批法

分批法，也称为订单法，是指以产品生产批别或订单（job order）作为成本计算对象，归集与分配生产成本，从而计算每批产品的总成本和单位成本的一种成本计算方法。单件、小批量生产的企业通常按批别或用户的订单组织产品的生产。由于各批产品或每份订单的产品的品种、规格、数量、质量、交货日期和要求，甚至所用的原材料和加工制造方法都不一样，为了按要求保质、保量按期交货，并加强对每批产品生产的反映、监督、控制、考核和分析，就应该按产品生产批别或订单计算产品成本。

一、分批法的主要特点

与其他产品成本计算方法相比，分批法具有以下主要特点。

1. 以产品生产的批别或订单作为成本计算对象、设置成本计算单（或"生产成本"明细账），并在成本计算单内按成本项目设置专栏。在实践中，财会部门根据企业生产部门下达的生产通知单的产品批号（或生产令号、工作令号）设置产品成本计算单。

2. 通常不需要定期在完工产品与在产品之间分配生产成本。如果是单件生产，在该产品完工之前，产品成本计算单归集的生产成本都是在产品成本；一旦产品完工，产品成本计算单归集的生产成本就是完工产品成本。因此，期末不需要在完工产品与在产品之间分配生产成本。

3. 产品成本计算期与产品生产周期一致，但与会计报告期通常不一致且不定期，因为完工产品的实际成本要在产品完工之后，才能计算出来。

二、分批法的基本原理及其运用

分批法的基本原理体现于其成本计算程序。分批法的成本计算程序可归纳为以下三个步骤。

（一）按产品的生产批别或订单设置产品成本计算单

在产品生产过程开始时，财会部门根据企业的生产部门下达的每一份生产通知单设置产品成本计算单，并在产品成本计算单中注明产品批号（或生产令号、工作令号）以及生产通知单所提供的其他需要说明的信息。按产品生产的批别或订单设置的产品成本计算单，还应当按企业所确定的成本项目设置专栏，用以归集各批产品在生产过程中所发生的各项成本。

（二）根据相关成本分配的记账凭证归集与分配生产成本

在归集各批产品生产成本时，应当根据分配各成本项目的相关记账凭证，按产品生产的批别或订单，记入"生产成本"账户的借方及其明细账（即按产品生产的批别或订单设置的产品成本计算单）的有关成本项目。

具体地说，应当区别下列情况分别处理。

1. 各批产品（或每份订单产品）各自发生的直接材料成本和直接人工成本（即单独设置成本项目的直接成本）应当直接记入各批产品成本计算单。也就是说，应该将各批产品（或每份订单产品）各自发生的直接材料成本和直接人工成本直接记入"生产成本"账户及其明细账户的借方（在登记产品成本计算单时，应按成本项目登记）。

2. 由多批产品（或多份订单产品）共同负担的直接材料成本和直接人工成本应该采用适当的方法分配记入各批产品成本计算单。也就是说，应该先将共同发生的直接材料成本和直接人工成本采用适当方法分配，然后根据分配结果记入"生产成本"账户及其明细账户的借方（在登记产品成本计算单时，也应该按成本项目登记）。

3. 对于车间、分厂发生的各项制造费用，应该先在"制造费用"账户归集，期末（或待出现某批产品完工时）再将"制造费用"账户归集的生产成本在本车间或分厂所生产的各批产品之间分配，并根据分配结果记入各批产品成本。

（三）计算完工产品总成本和单位成本

如果产品没有完工，在各批产品生产周期内的各期末结账时，产品成本计算单累计归集的生产成本都是在产品成本。产品一旦完工，产品成本计算单累计归集的全部生产成本（包括分配转入的制造费用）就是完工产品总成本，将完工产品总成本除以其产品数量就可以得到单位成本。

【例2-10】南华公司根据顾客订单的要求，小批生产玩具遥控汽车、小汽车模型等玩具产品，采用分批法计算各批产品成本。该公司2019年5月投产玩具遥控汽车5 000件，批号为130501，6月尚未完工。该公司5月还投产小汽车模型3 000件，批号为130502，6月完工产品为2 000件，验收入库，未完工产品为1 000件。该公司发生的直接材料成本按完工产品与在产品实际数量分配，其他成本都按约当产量比例分配。

1. 按产品批次130501和130502开设成本计算单（5月投产时开设），并登记生产成本明细账如表2-11和表2-12所示。

表2-11　　　　　　　　　　"生产成本"明细账

产品名称：玩具遥控汽车　　批次：130501　　开工日期：2019年5月　　　　　单位：元

日期		凭证号码	摘要	直接材料	直接人工	制造费用	合计
月	日						
6	1	略	期初在产品成本	40 000	30 500	25 000	95 500
6	30	略	本期发生额	86 000	78 000	43 080*	207 800
6	30		合计	126 000	108 500	68 080	302 580

注：*参见表2-14。

表 2-12　　　　　　　　"生产成本"明细账

产品名称：小汽车模型　　批次：130502　　开工日期：2019 年 5 月　　单位：元
6 月完工产品：2 000 件，6 月在产品：1 000 件

日期		凭证号码	摘要	直接材料	直接人工	制造费用	合计
月	日						
6	1	略	期初在产品成本	16 000	9 000	13 000	38 000
6	30	略	本期发生额	20 000	15 000	28 720*	63 720
6	30		合计	36 000	24 000	41 720	101 720
6	30		结转完工产品成本**	24 000	17 647	30 676	72 323
6	30		期末在产品成本**	12 000	6 353	11 044	29 397

注：* 参见表 2-14；** 参见表 2-16。

2. 根据相关原始凭证和各种成本分配表登记"制造费用"明细账如表 2-13 所示。

表 2-13　　　　　　　　"制造费用"明细账

车间：基本生产车间　　　　2019 年 6 月　　　　　　　　单位：元

摘要	借方						贷方	余额
	工资及福利费	材料费	折旧费	修理费	办公费	其他		
本期发生额	6 000	3 000	60 000	2 000	500	300		
期末转出额							71 800	0

3. 按照各批产品实际工时分配"制造费用"明细账归集的成本编制"制造费用"分配表，如表 2-14 所示。

表 2-14　　　　　　　　"制造费用"分配表

2019 年 6 月

分配对象	实际工时（小时）	分配率（元/小时）	分配数额（元）
130501	3 000	71 800/5 000 = 14.36	3 000 × 14.36 = 43 080
130502	2 000		3 000 × 14.36 = 28 720
合计	5 000		71 800

根据表 2-14，编制如下会计分录：

　　借：生产成本——130501　　　　　　　　　　　　　　　　　　　43 080

　　　　——130502　　　　　　　　　　　　　　　　　　　28 720
　　贷：制造费用　　　　　　　　　　　　　　　　　　　　　71 800

4. 计算完工产品成本。由于 130501 批次 6 月尚未完工，因此，不需要计算其完工产品成本。130502 批次 6 月已经完工 2 000 件，期末在产品为 1 000 件，因此，130502 批次的生产成本需要在完工产品与在产品之间分配。假设该产品分制模、金工及装配三个步骤生产，期末在产品约当产量计算和产品成本计算单所归集的生产成本如表 2 - 15 和表 2 - 16 所示。

表 2 - 15　　　　130502 批次产品期末在产品约当产量计算表　　　　单位：件

工序	完工程度	盘存数	约当产量
1	30%	200	30% × 200 = 60
2	70%	300	70% × 300 = 210
3	90%	500	90% × 500 = 450
合计		1 000	720

表 2 - 16　　　　　130502 批次产品成本分配计算单　　　　　金额单位：元

项目	直接材料		其他项目			合计
	分配标准	分配数额	分配标准	分配数额		
				直接人工	制造费用	
完工产品	产量 3 000 件	24 000	约当产量 2 720 件	17 647	30 676	72 323
期末在产品		12 000		6 353	11 044	29 397
合计		36 000		24 000	41 720	101 720

　　根据表 2 - 16，编制如下会计分录：
　　借：库存商品——小汽车模型　　　　　　　　　　　　　72 323
　　　　贷：生产成本——130502　　　　　　　　　　　　　　72 323

第三节　分步法

　　分步法是指按各种产品的生产步骤归集与分配生产成本，并计算产品成本的一种方法。如果经理人采用这种成本计算方法，就应该以每一种产品的生产步骤作为成本计算对象，设置产品成本计算单，并借以归集与分配各项生产成本，按月计算产品成本。

一、分步法的主要特点

与其他产品成本计算方法相比,分步法具有以下主要特点。

1. 以各种产品及其生产步骤的半成品作为成本计算对象,设置产品成本计算单。采用分步法,成本计算对象不仅是各种产品,而且还包括各产品生产步骤的半成品。凡是各产品生产步骤直接耗用的材料费用、人工费用和制造费用,直接记入各有关步骤半成品成本计算单;对于产品生产的多步骤共同耗用的直接材料成本、直接人工成本和制造费用,应该采用适当的方法在有关产品的各个生产步骤之间进行分配,然后根据分配结果记入各有关步骤半成品成本计算单。

2. 产品成本计算期与会计报告期一致,但与产品生产周期通常不一致。采用分步法,需要按月定期地计算产品成本,归集各种产品及其各生产步骤的半成品所发生的各项产品成本,计算各种产品及其各生产步骤的半成品的完工产品成本与月末在产品成本。

3. 各月月末需要将产品成本计算单所归集的产品成本在各步骤的完工产品与月末在产品之间进行分配。

二、分步法的基本原理及其运用

与分批法相比,分步法较为复杂。分步法基本原理体现于其成本计算程序。

(一)分步法的成本计算程序

分步法的成本计算程序可归纳为以下两个基本步骤。

1. 按各产品的生产步骤设置产品成本计算单,按成本项目设置专栏归集各生产步骤所发生的各项生产成本。如果企业的一个生产步骤只生产一种产品,就直接按生产步骤设置成本计算单;如果企业的一个生产步骤生产多种产品,就应该按各种产品的生产步骤分别设置成本计算单(即按生产步骤和产品品种分别设置成本计算单,不应该将不同产品的生产步骤合并设置成本计算单)。但是,产品成本计算的分步与实际的生产步骤未必完全一致。为了简化成本计算的工作量,管理会计师应该只对管理上需要分步计算产品成本的生产步骤单独设置产品成本计算单,而对管理上不需要单独计算产品成本的生产步骤,可与其他生产步骤合并设立产品成本计算单。

2. 按照成本项目将各生产步骤的生产成本,分别归集在各步骤的产品成本计算单中。采用分步法计算产品成本时,需要分步计算和结转各种产品成本。但是,分步计算产品成本并不意味着需要分步计算各步骤半成品的成本。

(二) 逐步结转分步法基本原理及其运用

如前所述,按半成品成本是否需要从上一步骤产品成本计算单结转到下一步骤产品成本计算单的半成品成本结转方式的不同,分步法可以分为逐步结转分步法与平行结转分步法。

逐步结转分步法(即顺序结转分步法,或计算半成品成本分步法)是指按产品加工步骤的顺序,逐步计算并结转半成品成本,前一步骤的半成品成本随着半成品实物的转移而结转到后一步骤的产品成本计算单,直到最后步骤累计计算出产成品成本的一种成本计算方法。由于这种成本计算方法能够随时为企业提供各个生产步骤的半成品成本信息,因此,逐步结转分步法适用于大量大批多步骤生产,且管理上要求提供半成品成本信息的企业,尤其是各步骤所生产的半成品具有多种用途且可直接作为商品对外出售的企业,如纺织、钢铁、家用电器等。

1. 逐步结转分步法的成本计算程序。逐步结转分步法的成本计算程序,按半成品实物是否需要经过仓库管理,可以将半成品成本的结转程序分为半成品不入库管理与半成品需要入库管理两种情况。

(1) 半成品不入库管理的产品成本计算程序。由于每个生产步骤各月发生的生产成本,并不都是完工产品成本,通常还有未完工的在产品成本,因此,需要将各步骤产品成本计算单所归集的生产成本(包括月初在产品成本和本月发生的生产成本)在该步骤的完工产品(半成品或产成品)与月末在产品之间进行分配。需要分配的生产成本不仅包括该步骤发生的直接材料成本、直接人工成本和制造费用,而且还包括上一个步骤转来的半成品成本。半成品不入库管理的产品成本计算程序(包括半成品成本的结转程序)如图2-3所示(假设产品的生产需要经过三个生产步骤)。

图2-3 半成品不入库管理的产品成本计算程序

(2) 半成品需要入库管理的产品成本计算程序。由于各个生产步骤已经加工完毕的半成品,并不一定需要全部直接转入下一个生产步骤,而是往往把已经加工完毕的半成品先移送半成品仓库管理。这时,需要通过"自制半成品"账户核算。半成品需要入库管理的产品成本计算程序（包括半成品成本的结转程序）如图2-4所示（假设产品的生产需要经过三个生产步骤）。

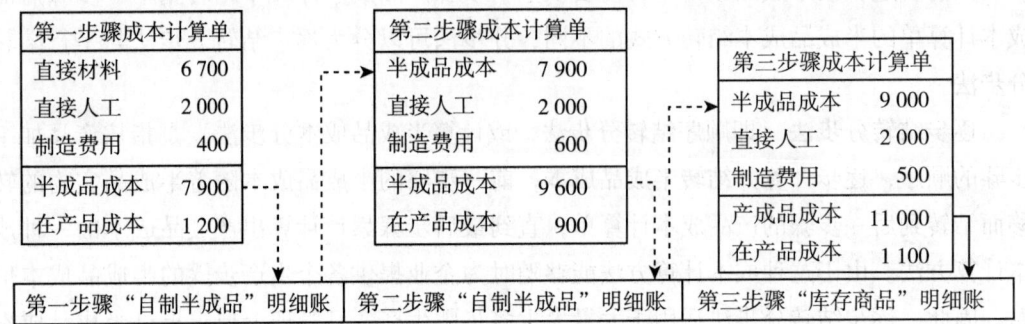

图2-4 半成品需要入库管理的产品成本计算程序

2. 半成品成本的结转方式。按半成品成本在下一个步骤产品成本计算单的反映形式，逐步结转分步法分为综合逐步结转分步法（简称综合结转）和分项逐步结转分步法（简称分项结转）。

（1）综合结转。综合结转是指将各个步骤所耗用上一步骤的半成品成本，以总额的形式结转到各该步骤产品成本计算单的"自制半成品"成本项目。"自制半成品"成本项目综合了上一个步骤生产该半成品所消耗的各项生产成本。

（2）分项结转。分项结转是指将各个步骤所耗用的上一个步骤的半成品成本，按生产成本项目分项从上一个步骤产品成本计算单结转到该步骤产品成本计算单的相应生产成本项目。

无论是综合结转还是分项结转，半成品成本的结转价格，既可以是半成品的实际成本，也可以是半成品的定额成本（或计划成本）。

3. 逐步结转分步法例解。下面以实例说明逐步结转分步法的基本原理及其运用。

【例2-11】华北公司大量生产甲产品，该产品经过三个基本生产车间连续加工，最后形成产成品。该公司按车间（即产品生产步骤）设置产品成本计算单。原材料在生产过程开始时一次性投入。第一车间完成第一个生产步骤，其完工产品称为A半成品；第二车间完成第二个生产步骤，其完工产品称为B半成品；第三车间完成第三个生产步骤，其完工产品就是最终产成品即甲产品。半成品按加工步骤直接转移，半成品成本按实际成本综合结转。各车间在产品成本采用约当产量法计算。该公司2019年6月有关成本计算资料（即产量记录和成本资料）整理如表2-17和表2-18所示（其中，表2-18的"月初在产品成本"根据上月各产品成本计算单的"月末在产品成本"数额填列；"本月发生的生产成本"根据本月各种费用分配表整理取得）。

表 2-17 产量记录

在产品完工率：50%　　　　　　　　　　　　　单位：件

项目	第一车间	第二车间	第三车间
月初在产品	100	70	120
本月投产	400	350	300
本月完工	350	300	350
月末在产品	150	120	70

表 2-18 成本资料

投料方式：一次投料　　　　　　　　　　　　　单位：元

项目	第一车间		第二车间		第三车间	
	月初在产品成本	本月发生的生产成本	月初在产品成本	本月发生的生产成本	月初在产品成本	本月发生的生产成本
直接材料	6 500	28 500	—	—	—	—
自制半成品	—	—	4 550	待定	41 820	待定
直接人工	700	9 925	360	14 040	6 000	40 200
制造费用	1 000	11 750	640	17 360	2 365	26 510
合计	8 200	50 175	5 550	31 400	50 185	66 710

根据上述资料，采用分步法计算各个生产步骤完工产品成本。

根据各个生产步骤的产品成本计算单逐步计算完工产品（最后生产步骤的完工产品即为产成品）成本。由于华北公司按产品生产步骤设置了三个产品成本计算单，因此，应该分三个步骤计算完工产品成本。

（1）第一生产步骤完工产品成本的计算如表 2-19 所示。

表 2-19 产品成本计算单

车间名称：第一车间　　　完工产品：350 件　　　投料方式：一次投料
产品名称：A 半成品　　　在产品：150 件　　　在产品完工率：50%　　　单位：元

2019 年		摘要	直接材料	直接人工	制造费用	合计
月	日					
5	31	在产品成本（100 件）	6 500	700	1 000	8 200
6	30	直接材料	28 500			28 500

续表

2019年		摘要	直接材料	直接人工	制造费用	合计
月	日					
6	30	直接人工		9 925		9 925
	30	制造费用			11 750	11 750
	30	本月生产成本合计	28 500	9 925	11 750	50 175
	30	生产成本累计	35 000	10 625	12 750	58 375
	30	单位产品生产成本	70	25	30	125
	30	转出完工产品成本	24 500	8 750	10 500	43 750
	30	月末在产品成本	10 500	1 875	2 250	14 625

其中：

直接材料分配率 = 35 000/(350 + 150) = 70（元/件）

直接人工分配率 = 10 625/(350 + 150 × 50%) = 25（元/件）

制造费用分配率 = 12 750/(350 + 150 × 50%) = 30（元/件）

完工产品成本 = 350 × (70 + 25 + 30) = 43 750（元）

月末在产品成本 = (35 000 - 24 500) + (10 625 - 8 750) + (12 750 - 10 500)
= 14 625（元）

根据第一车间完工产品入库单和表2-19中计算的完工产品成本，编制如下会计分录[1]：

借：生产成本——第二车间　　　　　　　　　　　　43 750
　　贷：生产成本——第一车间　　　　　　　　　　　　43 750

然后，根据上述会计分录登记相关产品成本计算单（见表2-19）及其相应的总账和明细账[2]。

（2）第二生产步骤完工产品成本的计算如表2-20所示。

---

[1] 如果半成品需要入库管理，半成品入库时，编制如下会计分录：借：自制半成品——A半成品 43 750，贷：生产成本——第一车间 43 750；A半成品转入第二车间进一步加工时，编制如下会计分录：借：生产成本——第二车间 43 750，贷：自制半成品——A半成品 43 750。

[2] 基于本书的定位，这里省略了相应总账和明细账的登记。下同。

表 2-20　　　　　　　　　　　　　产品成本计算单

车间名称：第二车间　　　　完工产品：300 件　　　　投料方式：一次投料
产品名称：B 半成品　　　　在产品：120 件　　　　在产品完工率：50%　　　　单位：元

2019 年		摘要	直接材料（自制半成品）	直接人工	制造费用	合计
月	日					
5	31	在产品成本	4 550	360	640	5 550
6	30	自制半成品成本	43 750			43 750
	30	直接人工		14 040		14 040
	30	制造费用			17 360	17 360
	30	本月生产成本合计	43 750	14 040	17 360	75 150
	30	生产成本累计	48 300	14 400	18 000	80 700
	30	单位产品生产成本	115	40	50	205
	30	转出完工产品成本	34 500	12 000	15 000	61 500
	30	月末在产品成本	13 800	2 400	3 000	19 200

其中：

直接材料（自制半成品）分配率 = 48 300/(300 + 120) = 115（元/件）

直接人工分配率 = 14 400/(300 + 120 × 50%) = 40（元/件）

制造费用分配率 = 18 000/(300 + 120 × 50%) = 50（元/件）

完工产品成本 = 300 × (115 + 40 + 50) = 61 500（元）

月末在产品成本 = (48 300 - 34 500) + (14 400 - 12 000) + (18 000 - 15 000)
　　　　　　　= 19 200（元）

根据第二车间完工产品入库单和表 2-20 计算的完工产品成本，编制如下会计分录：

借：生产成本——第三车间　　　　　　　　　　　　　　61 500
　　贷：生产成本——第二车间　　　　　　　　　　　　　　61 500

然后，根据上述会计分录登记相关产品成本计算单（见表 2-20）及其相应的总账和明细账。

（3）第三生产步骤完工产品成本的计算如表 2-21 所示。

表 2-21   **产品成本计算单**

车间名称：第三车间   完工产量：350 件   投料方式：一次投料
产品名称：甲产成品   在产品：70 件   在产品完工率：50%   单位：元

2019 年		摘要	直接材料（自制半成品）	直接人工	制造费用	合计
月	日					
5	31	在产品成本	41 820	6 000	2 365	50 185
6	30	自制半成品成本	61 500			61 500
	30	直接人工		40 200		40 200
	30	制造费用			26 510	26 510
	30	本月生产成本合计	61 500	40 200	26 510	128 210
	30	生产成本累计	103 320	46 200	28 875	178 395
	30	单位产品生产成本	246	120	75	441
	30	转出完工产品成本	86 100	42 000	26 250	154 350
	30	月末在产品成本	17 220	4 200	2 625	24 045

其中：

直接材料（自制半成品）分配率 = 103 320/(350 + 70) = 246（元/件）
直接人工分配率 = 46 200/(350 + 70 × 50%) = 120（元/件）
制造费用分配率 = 28 875/(350 + 70 × 50%) = 75（元/件）
完工产品成本 = 350 × (246 + 120 + 75) = 154 350（元）
月末在产品成本 = (103 320 − 86 100) + (46 200 − 42 000) + (28 875 − 26 250)
      = 24 045（元）

根据第三车间产成品入库单和表 2-21 计算的完工产品成本，编制如下会计分录：

 借：库存商品——甲产品   154 350
   贷：生产成本——第三车间   154 350

然后，根据上述会计分录登记相关产品成本计算单（见表 2-21）及其相应的总账和明细账。

根据表 2-21，甲产品的总成本和单位成本分别为 154 350 元和 441 元/件（154 350 元/350 件）。

上述【例 2-11】基于半成品成本按实际成本综合结转讨论逐步结转分步法的基本原理。下面基于半成品成本按实际成本分项结转讨论逐步结转分步法的基本原理。

【例 2-12】承【例 2-11】，假设华北公司的半成品成本按实际成本分项结转。

根据各个生产步骤的产品成本计算单逐步计算完工产品（最后步骤的完工产品即为产成品）成本。由于华北公司按产品生产步骤设置了三个产品成本计算单，因此，应该分三个步骤计算完工产品成本。

（1）第一生产步骤完工产品成本的计算如表2－22所示。

表2－22　　　　　　　　　　产品成本计算单

车间名称：第一车间　　　完工产品：350件　　　投料方式：一次投料
产品名称：A半成品　　　在产品：150件　　　　在产品完工率：50%　　　　　单位：元

2019年		摘要	直接材料	直接人工	制造费用	合计
月	日					
5	31	在产品成本（100件）	6 500	700	1 000	8 200
6	30	直接材料	28 500			28 500
	30	直接人工		9 925		9 925
	30	制造费用			11 750	11 750
	30	本月生产成本合计	28 500	9 925	11 750	50 175
	30	生产成本累计	35 000	10 625	12 750	58 375
	30	单位产品生产成本	70	25	30	125
	30	转出完工产品成本	24 500	8 750	10 500	43 750
	30	月末在产品成本	10 500	1 875	2 250	14 625

其中：
直接材料分配率 = 35 000/(350 + 150) = 70（元/件）
直接人工分配率 = 10 625/(350 + 150×50%) = 25（元/件）
制造费用分配率 = 12 750/(350 + 150×50%) = 30（元/件）
完工产品成本 = 350×(70 + 25 + 30) = 43 750（元）
月末在产品成本 = (35 000 - 24 500) + (10 625 - 8 750) + (12 750 - 10 500)
　　　　　　　 = 14 625（元）

根据第一车间完工产品入库单和表2－22计算的完工产品成本，编制如下会计分录：

　　借：生产成本——第二车间　　　　　　　　　　　　　　　43 750
　　　　贷：生产成本——第一车间　　　　　　　　　　　　　　　43 750

然后，根据上述会计分录登记相关产品成本计算单（见表2－22）及其相应的总账和明细账。

(2) 第二生产步骤完工产品成本的计算如表2-23所示。

表2-23 产品成本计算单

车间名称：第二车间　　　完工产品：300件　　　投料方式：一次投料
产品名称：B半成品　　　在产品：120件　　　在产品完工率：50%　　　单位：元

2019年		摘要	直接材料（自制半成品）	直接人工	制造费用	合计
月	日					
5	31	在产品成本	4 550	360	640	5 550
6	30	自制半成品成本	24 500	8 750	10 500	43 750
	30	直接人工		14 040		14 040
	30	制造费用			17 360	17 360
	30	本月生产成本合计	24 500	22 790	27 860	75 150
	30	生产成本累计	29 050	23 150	28 500	80 700
	30	单位产品生产成本	69.16	64.30	79.16	212.62
	30	转出完工产品成本	20 748	19 290	23 748	63 786
	30	月末在产品成本	8 302	3 860	4 752	16 914

其中：

直接材料（自制半成品）分配率 = 29 050/(300 + 120) = 69.16（元/件）
直接人工分配率 = 23 150/(300 + 120 × 50%) = 64.30（元/件）
制造费用分配率 = 28 500/(300 + 120 × 50%) = 79.16（元/件）
完工产品成本 = 300 × (69.16 + 64.30 + 79.16) = 63 786（元）
月末在产品成本 = (29 050 − 20 748) + (23 150 − 19 290) + (28 500 − 23 748)
　　　　　　　 = 16 914（元）

根据第二车间完工产品入库单和表2-23计算的完工产品成本，编制如下会计分录：

借：生产成本——第三车间　　　　　　　　　　　　　　63 786
　　贷：生产成本——第二车间　　　　　　　　　　　　　　63 786

然后，根据上述会计分录登记相关产品成本计算单（见表2-23）及其相应的总账和明细账。

(3) 第三生产步骤完工产品成本的计算如表2-24所示。

表 2-24   **产品成本计算单**

车间名称：第三车间   完工产量：350 件   投料方式：一次投料

产品名称：甲产成品   在产品：70 件   在产品完工率：50%   单位：元

2019 年		摘要	直接材料（自制半成品）	直接人工	制造费用	合计
月	日					
5	31	在产品成本	41 820	6 000	2 365	50 185
6	30	自制半成品成本	20 748	19 290	23 748	63 786
	30	直接人工		40 200		40 200
	30	制造费用			26 510	26 510
	30	本月生产成本合计	20 748	59 490	50 258	130 496
	30	生产成本累计	62 568	65 490	52 623	180 681
	30	单位产品生产成本	148.97	170.10	136.68	455.75
	30	转出完工产品成本	52 139.50	59 535	47 838	159 512.50
	30	月末在产品成本	10 428.50	5 955	4 785	21 168.50

其中：

直接材料（自制半成品）分配率 = 62 568/(350 + 70) = 148.97（元/件）

直接人工分配率 = 65 490/(350 + 70×50%) = 170.10（元/件）

制造费用分配率 = 52 623/(350 + 70×50%) = 136.68（元/件）

完工产品成本 = 350×(148.97 + 170.10 + 136.68) = 159 512.50（元）

月末在产品成本 = (62 568 - 52 139.50) + (65 490 - 59 535) + (52 623 - 47 838)

               = 2 116.50（元）

根据第三车间产成品入库单和表 2-24 计算的完工产品成本，编制如下会计分录：

    借：库存商品——甲产品   159 512.50

        贷：生产成本——第三车间   159 512.50

然后，根据上述会计分录登记相关产品成本计算单（见表 2-24）及其相应的总账和明细账。

根据表 2-24，甲产品的总成本和单位成本分别为 159 512.50 元和 455.75 元/件（159 512.50 元/350 件）。

（三）平行结转分步法基本原理及其运用

平行结转分步法是指半成品成本不随半成品实物在各个步骤之间的转移而结转，

各个步骤不计算半成品成本,不归集所耗用的前面步骤半成品成本,只归集本步骤发生的其他生产成本,并于月末计算这些生产成本应计入产成品成本的份额,然后,在平行结转和汇总相同产品的各个步骤份额的基础上,计算产成品成本的一种成本计算方法。

平行结转分步法适用于不需要提供各个生产步骤的半成品成本的大量大批多步骤生产的企业,尤其是大量大批装配式多步骤生产的企业如某些机械制造企业。在这些企业中,各生产步骤的半成品种类较多,但其用途主要是为下一个生产步骤提供劳动对象,且通常不能直接对外出售,因此,管理上通常不要求单独计算半成品成本。为了简化和加速产品成本计算工作,可以不计算各个步骤所生产的半成品成本,不归集各个步骤所耗前面各个步骤的半成品成本,而只归集各个步骤本身所耗费的其他生产成本,只在月末才计算这些生产成本应计入产成品成本的"份额"。

1. 平行结转分步法的成本计算程序。平行结转分步法的成本计算程序主要包括:

(1) 按各产品的生产步骤设置产品成本计算单,并据以归集各该步骤发生的除自制半成品成本以外的各项生产成本。也就是说,各产品成本计算单分别按成本项目归集各个步骤所发生的直接材料成本、直接人工成本和制造费用,但不包括耗用上个步骤的半成品成本。

(2) 月末,将各个步骤的产品成本计算单归集的各项生产成本,在产成品(即最后步骤的完工产品)和该步骤的广义在产品之间分配,计算出各个步骤生产成本应计入产成品成本的份额。各个步骤的广义在产品包括:尚在该步骤加工的在产品(即狭义在产品);该步骤已加工完毕,并已转入半成品库的半成品;从该步骤直接转入(或已从半成品库转入)其后各个步骤进一步加工、尚未最后完成的在产品。各个步骤的广义在产品数量计算公式为:

$$\text{某个步骤的广义在产品} = \text{正在该步骤加工的在产品} + \text{该步骤已经加工完毕并已转入半成品库的自制半成品} + \text{该步骤已经加工完毕并已转入其后各步骤加工过程的半成品}$$

(3) 将各个步骤生产成本应计入产成品成本的份额,按成本项目平行结转和汇总,从而计算出产成品的总成本和单位成本。

平行结转分步法的成本计算程序如图2-5所示。

2. 计算应计入产成品成本的份额。月末,各个步骤应将其生产成本直接在产成品和该步骤广义在产品之间分配。因此,在月末各个步骤应先分别按成本项目计算其单位完工产品(最后步骤为产成品,其前面步骤为半成品)成本,然后,将这些单位完工产品成本分别乘以产成品所耗用的各该步骤半成品的数量,其乘积就是产成品应负担的各该

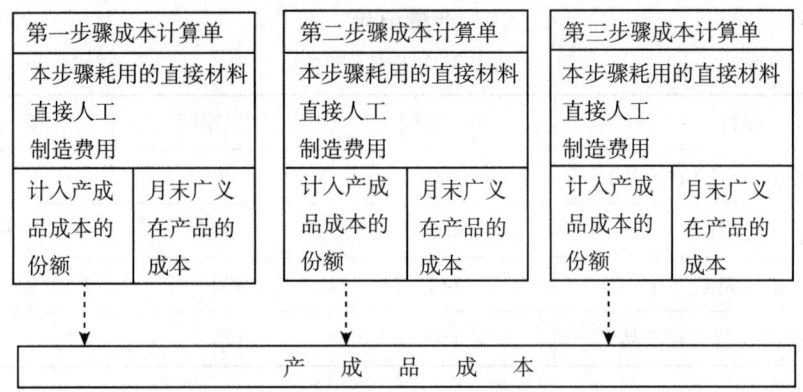

图 2-5 平行结转分步法的成本计算程序

步骤的成本。最后,将这些成本平行汇总,就是产成品的总成本。以约当产量法为例,其计算公式为:

某个步骤单位产品成本

=(该步骤月初广义在产品成本+该步骤本月发生的生产成本)

÷[(产成品数量×单位产成品耗用该步骤的半成品数量)

+正在其后各个步骤加工和半成品仓库的该步骤的半成品数量

+正在该步骤加工的在产品的约当产量]

某个步骤成本应计入产成品成本的份额

=(产成品数量×单位产成品耗用该步骤的半成品数量)×该步骤单位产品成本

某个步骤月末广义在产品成本

=该步骤月初广义在产品成本+该步骤本月发生的生产成本

- 该步骤成本应计入产成品成本的份额

3. 平行结转分步法例解。下面以实例说明平行结转分步法的基本原理及其运用。

【例 2-13】华东公司大量生产甲产品,该产品顺序经过第一、第二、第三基本生产车间连续加工,最后形成产成品(计算各个步骤单位产品成本时,单位产成品耗用各个步骤的半成品数量都按 100% 计算)。原材料在第一步骤生产过程开始时一次性投入,第二、第三步骤不再投料。半成品按加工步骤直接转移。各个步骤正在加工的产品的完工率一律按该步骤完工产品的 50% 计算,采用约当产量法计算在产品成本。该公司 2019 年 6 月有关成本计算资料(即产量记录和成本资料)整理如表 2-25 和表 2-26 所示(其中,表 2-26 的"月初广义在产品成本"根据上月各产品成本计算单"月末广义在产品成本"数额填列;"本月发生的生产成本"根据本月各种生产成本分配表整理取得)。

表 2-25　　　　　　　　　　　　　产量记录

在产品完工率：50%　　　　　　　　　　　　　　　　　　　单位：件

项目	第一车间	第二车间	第三车间
月初在产品（狭义在产品）	100	70	120
本月投产	400	350	300
本月完工	350	300	350
月末在产品（狭义在产品）	150	120	70

表 2-26　　　　　　　　　　　　　成本资料

投料方式：一次投料　　　　　　　　　　　　　　　　　　　单位：元

项目	第一车间		第二车间		第三车间	
	月初广义在产品成本	本月发生的生产成本	月初广义在产品成本	本月发生的生产成本	月初广义在产品成本	本月发生的生产成本
直接材料	12 900	28 500	—	—	—	—
直接人工	5 450	9 925	2 760	14 040	7 925	40 200
制造费用	6 700	11 750	6 640	17 360	8 140	26 510
合计	25 050	50 175	9 400	31 400	16 065	66 710

根据上述资料，先计算各个步骤产品成本计算单所归集的成本应计入产成品成本的份额，然后，再计算产成品的总成本和单位成本。

（1）第一步骤产品成本计算单如表 2-27 所示。

表 2-27　　　　　　　　　　　　　产品成本计算单

车间名称：第一车间　　　　完工产量：350 件　　　　（狭义）在产品：150 件
产品名称：甲产品　　　　　投料方式：一次投料　　　（狭义）在产品完工率：50%　　　单位：元

2019 年		摘要	直接材料	直接人工	制造费用	合计
月	日					
5	31	期初（广义）在产品成本	12 900	5 450	6 700	25 050
6	30	直接材料	28 500			28 500
	30	直接人工		9 925		9 925
	30	制造费用			11 750	11 750

续表

2019 年		摘要	直接材料	直接人工	制造费用	合计
月	日					
	30	本月生产成本合计	28 500	9 925	11 750	50 175
	30	生产成本累计	41 400	15 375	18 450	75 225
	30	单位产品成本	60	25	30	115
	30	计入产成品成本的份额	21 000	8 750	10 500	40 250
	30	月末（广义）在产品成本	20 400	6 625	7 950	34 975

其中：

约当总产量 = 产成品数量 +（本步骤月末在产品的约当产量

+ 以后各个步骤月末在产品数量

+ 仓库中本步骤和以后各个步骤的自制半成品数量之和）

直接材料约当总产量 = 350 +（150 + 120 + 70）= 350 + 340 = 690（件）

加工成本约当总产量 = 350 +（150 × 50% + 120 + 70）= 350 + 265 = 615（件）

直接材料分配率 = 41 400/(350 + 340) = 60（元/件）

加工成本分配率 = 15 375/(350 + 265) = 25（元/件）

制造费用分配率 = 18 450/(350 + 265) = 30（元/件）

生产成本应计入产成品成本的份额 = 350 ×（60 + 25 + 30）= 40 250（元）

月末（广义）在产品成本 =（41 400 − 21 000）+（15 375 − 8 750）+（18 450 − 10 500）

= 34 975（元）

（2）第二步骤产品成本计算单如表 2 − 28 所示。

表 2 − 28　　　　　　　　　　　产品成本计算单

车间名称：第二车间　　　完工产量：350 件　　　（狭义）在产品：120 件

产品名称：甲产品　　　　投料方式：一次投料　　　（狭义）在产品完工率：50%　　　单位：元

2019 年		摘要	直接人工	制造费用	合计
月	日				
5	31	期初（广义）在产品成本	2 760	6 640	9 400
6	30	直接人工	14 040		14 040
	30	制造费用		17 360	17 360
	30	本月生产成本合计	14 040	17 360	31 400

续表

2019年		摘要	直接人工	制造费用	合计
月	日				
	30	生产成本累计	16 800	24 000	40 800
	30	单位产品成本	35	50	85
	30	计入产成品成本的份额	12 250	17 500	29 750
	30	月末（广义）在产品成本	4 550	6 500	11 050

其中：

加工成本约当总产量 = 350 + (120 × 50% + 70) = 350 + 130 = 480（件）

直接人工分配率 = 16 800/(350 + 130) = 35（元/件）

制造费用分配率 = 24 000/(350 + 130) = 50（元/件）

生产成本应计入产成品成本的份额 = 350 × (35 + 50) = 29 750（元）

月末（广义）在产品成本 = (16 800 - 12 250) + (24 000 - 17 500) = 11 050（元）

（3）第三步骤产品成本计算单如表 2-29 所示。

表 2-29   **产品成本计算单**

车间名称：第三车间   完工产量：350 件   （狭义）在产品：70 件

产品名称：甲产品   投料方式：一次投料   （狭义）在产品完工率：50%   单位：元

2019年		摘要	直接人工	制造费用	合计
月	日				
5	31	期初（广义）在产品成本	7 925	8 140	16 065
6	30	直接人工	40 200		40 200
	30	制造费用		26 510	26 510
	30	本月生产成本合计	40 200	26 510	66 710
	30	生产成本累计	48 125	34 650	82 775
	30	单位产品成本	125	90	215
	30	计入产成品成本的份额	43 750	31 500	75 250
	30	月末（广义）在产品成本	4 375	3 150	7 525

其中：

加工成本约当总产量 = 350 + 70 × 50% = 350 + 35 = 385（件）

直接人工分配率 = 48 125/(350 + 35) = 125

制造费用分配率 = 34 650/(350 + 35) = 90（元/件）

生产成本应计入产成品成本的份额 = 350 × (125 + 90) = 75 250（元）

月末（广义）在产品成本 = (48 125 - 43 750) + (34 650 - 31 500) = 7 525（元）

（4）根据上述各个步骤（即各个生产车间）产品成本计算单所计算的应计入产成品成本的份额，汇总产成品成本，编制产成品成本汇总计算表如表2-30所示。

表 2-30　　　　　　　　产成品成本汇总计算表

产品名称：甲产品　　2019年6月　　　　完工产成品：350件　　　单位：元

计入产成品成本的份额	直接材料	直接人工	制造费用	合计
第一车间份额	21 000	8 750	10 500	40 250
第二车间份额	—	12 250	17 500	29 750
第三车间份额	—	43 750	31 500	75 250
产成品总成本	21 000	64 750	59 500	145 250
产成品单位成本	60	185	170	415

根据产成品验收入库单和表2-30，结转入库产成品成本，编制如下会计分录：

借：库存商品——甲产品　　　　　　　　　　　　　　145 250
　　贷：生产成本——第一生产步骤（或第一车间）　　40 250
　　　　　　　　——第二生产步骤（或第二车间）　　29 750
　　　　　　　　——第三生产步骤（或第三车间）　　75 250

由【例2-13】可见，由于各个步骤不计算半成品成本，半成品成本不随着半成品实物的转移而结转，因而导致下列两个不相符合（或脱节）：第一，各个步骤在产品的实际价值与账面价值不符。也就是说，前面各个步骤在产品的实际价值可能小于其账面价值，而最后步骤在产品的实际价值大于其账面价值。第二，在产品实物与在产品账面成本脱节。各个步骤在产品实物是狭义在产品数量（即正在本步骤加工过程的在产品数量），而该步骤在产品的账面成本却按广义在产品数量计算。

财眼看问题

1. 在计算机时代，计算机可以轻易地计算出产品成本。然而，这只是成本核算，远不是成本管理。管理会计师必须关注成本计算方法的选择与成本计算程序的设计。管理会计师选定了成本计算方法和成本计算程序，计算机才能执行相应的成本计算程序。成本计算只是算术问题，如何用成本信息辅助管理，才是管理会计师应该关注的管理问题。

> 2. 单独的成本数据没有意义。表面上，成本计算过程就是成本数据的运算过程。然而，每个成本数据的背后都蕴含着业务流程。实际上，成本计算过程就是业务流程的梳理过程。成本管理"淋漓尽致"地彰显当今流行的"业财融合"理念。管理会计师应该透过成本信息感悟业务流程，寻求影响成本的各种因素，诊断企业经营过程中存在的问题。

第四节 标准成本法

从成本管理的视角来看，成本的有效控制比单纯的成本核算更有意义。在企业的日常经营过程中，如何控制成本历来都是企业经理人重视的问题。标准成本法（standard costing）就是一种行之有效的成本控制方法。

所谓标准成本法是以标准成本为基础的成本计算与成本控制体系，包括确定标准成本、差异分析以及差异的账务处理三个有机组成部分。

一、确定标准成本

确定标准成本是实施标准成本法的起点，直接关系到日后成本控制的成效。为了合理地确定标准成本，企业的相关部门和个人（如行政管理部门、设计部门、采购部门、技术部门、人事部门、生产部门和财务部门）都应该共同参与确定标准成本。经理人在确定标准成本时，必须全面地评估企业的生产经营条件，而后以历史成本信息为基础，结合经济环境、技术水平、市场供求关系的变化调整或修订拟定的标准成本。

从成本管理的角度看，控制成本的有利时机在成本发生之前，而不是成本发生之时。因此，企业应该分别确定生产经营过程的直接材料、直接人工和制造费用等成本项目的标准成本，进而确定单位产品的标准成本。标准成本的基本模式为"标准成本 = 用量标准 × 价格标准"。

（一）直接材料标准成本

确定直接材料用量标准要求经理人全面评估企业的每一项业务的必要投入量，并综合考虑产品设计要求、质量标准、生产过程不可避免的正常损耗以及次品废品耗用的原材料等因素，从而确定基于当前生产条件和技术水平的单位产品材料用量。不同产品的直接材料用量标准应该分别记录，同一种产品不同生产步骤的材料用量也应该分别记录。经理人将各个生产步骤的标准材料用量汇总,就可以得到单位产品的标准材料用量。

直接材料的价格标准,包括购入材料的发票价格和其他附带成本。确定直接材料价格标准需要采购部门做必要的市场调查,在保证原料质量的前提下,选择价格条件较为优惠的供应商,同时还应该考虑经济订货批量、相关折扣、运输方式、信用条件以及供应商是否能按时按量送交原料等因素。

确定单位产品的直接材料用量标准和价格标准之后,就可以得到单位产品的直接材料标准成本。其计算公式为:

单位产品直接材料标准成本 = $\sum$ (各种材料标准用量 × 各种材料标准价格)

【例 2 – 14】华南公司生产的产品需要耗用 A 和 B 两种原材料。确定其直接材料标准成本如表 2 – 31 所示。

表 2 – 31　　　　　　　　　直接材料标准成本

	A 材料	B 材料
用量标准(公斤)		
单位产品耗用量	5.00	4.00
材料正常损耗	0.50	0.30
预计废(次)品耗用材料量	0.30	
标准用量(公斤)	5.80	4.30
价格标准(元)		
发票价格(元)	3.00	4.00
运杂费及其他相关费用(元)	0.60	0.90
减:现金折扣(元)	(0.09)	(0.06)
标准价格(元)	3.51	4.84
直接材料标准成本(元)	20.358 (3.51×5.80)	20.812 (4.84×4.30)
单位产品直接材料标准成本(元)	41.17	

(二) 直接人工标准成本

同理,经理人可以从用量和价格两个方面确定直接人工标准成本。

直接人工的"价格"标准是指标准工资率。采用计件工资制的企业,其标准工资率是指单位产品的应付工资;采用计时制的企业,其标准工资率则指单位工时的应付工资;采用工资总额制的企业,则需要用工资总额按标准人工小时分配之后确定其标准工资率。

直接人工的"用量"标准是指在现有正常的生产经营条件下，生产单位产品所需耗用的工时数，其中包括生产过程直接耗用工时、设备故障及日常维修停工时间、员工必要的休息时间。直接人工的用量标准是最难确定的标准成本项目。经理人需要全面分析生产过程的每项业务，剔除不必要的因素，确定最有效率的生产方式。实际上，员工的工作效率、技术水平、工作状态参差不齐，经理人应该在平均水平基础上确定直接人工的标准工时，从而使得直接人工用量标准成为合理、先进的标准，保证成本控制的效果。

确定单位产品的直接人工用量标准和工资率标准之后，就可以得到单位产品的直接人工标准成本。其计算公式为：

$$单位产品直接人工标准成本 = 标准工资率 \times 标准工时数$$

【例 2-15】华南公司单位产品的直接人工标准成本如表 2-32 所示。

表 2-32　　　　　　　　　　直接人工标准成本

单位产品直接耗用工时（小时）	2.00
预计员工所需休息时间（小时）	0.10
预计设备故障维修停工时间（小时）	0.40
单位产品标准工时（小时）	2.50
标准工资率（元/小时）	6.00
单位产品直接人工标准成本（元）	15.00（6.00×2.50）

（三）制造费用标准成本

制造费用具有两个特点：（1）与直接材料和直接人工不同，制造费用无法追溯到具体产品；（2）根据成本性态，直接材料和直接人工都是变动成本，制造费用则包含了固定性制造费用和变动性制造费用两部分。

制造费用标准成本是指在企业正常的生产经营条件下，生产单位产品所发生的制造费用。既然制造费用由固定性制造费用和变动性制造费用两部分组成，制造费用标准成本自然也由固定性制造费用标准成本和变动性制造费用标准成本两部分组成。

经理人在确定制造费用标准成本时，首先要编制制造费用预算，即确定相关期间的制造费用总额。经理人在分别编制变动性制造费用预算和固定性制造费用预算之后，再按制造费用分配基础进行分配。制造费用分配基础为制造费用的"用量标准"，通常是指直接人工工时。制造费用分配率就是制造费用的"价格标准"。以制造费用分配率乘以生产单位产品的标准工时，就可以得到单位产品的制造费用标准成本。其计算公式为：

制造费用分配率=(变动性/固定性)制造费用预算总额/制造费用分配基础

单位产品(变动性/固定性)制造费用=(变动性/固定性)制造费用分配率×标准工时

1. 变动性制造费用标准成本。变动性制造费用与直接材料、直接人工一样,随着企业的生产量水平变动而变动。经理人在编制变动性费用预算时,通常采用弹性预算的形式,按不同的生产水平确定相应的费用水平。

【例2-16】华南公司编制的变动性制造费用预算如表2-33所示。

表2-33　　　　　　　　　变动性制造费用预算

生产量水平(直接人工小时)	10 000	12 000	14 000
变动性制造费用(元)			
间接人工	10 000	12 000	14 000
物料用品	2 800	2 690	3 190
设备维修	920	1 060	1 270
其他费用	300	450	520
合计	14 020	16 200	18 980

假设华南公司的制造费用分配基础为直接人工小时。基于12 000小时的生产量水平:

变动性制造费用分配率=16 200/12 000=1.35(元/小时)

如果生产单位产品耗用的标准工时数为2小时,那么:

变动性制造费用标准成本=2×1.35=2.70(元)

2. 固定性制造费用标准成本。固定性制造费用在相关生产水平范围内,不会随着生产量水平的变动而变动。因此,不需要单独编制弹性预算。其他程序与制定变动性制造费用的程序完全相同。

【例2-17】华南公司的固定性制造费用预算如表2-34所示。

表2-34　　　　　　　　　固定性制造费用预算　　　　　　　　　　单位:元

固定性制造费用	金额
管理人员工资	6 350
保险费	1 500
设备折旧	940
税金	260
厂房折旧	790
合计	9 840

基于 12 000 小时的生产量水平:

固定性制造费用分配率 = 9 840/12 000 = 0.82（元/小时）

固定性制造费用标准成本 = 单位产品标准工时 × 固定性制造费用分配率

$$= 2 \times 0.82 = 1.64（元）$$

因此，基于直接人工为 12 000 小时的生产量，华南公司的单位产品制造费用标准成本为 4.34 元（2.70 + 1.64）。

（四）标准成本计算单

标准成本计算单是企业列示和计算单位产品标准成本的计算与形成过程的一种列表。综上所述，华南公司的标准成本计算单如表 2-35 所示。

表 2-35　　　　　　　　华南公司的标准成本计算单　　　　　　　　单位：元

成本项目	金额
直接材料	41.17
直接人工	15.00
制造费用：	
变动性制造费用	2.70
固定性制造费用	1.64
合计	60.51

根据表 2-35，华南公司生产单位产品的标准成本为 60.51 元。

二、差异分析

标准成本法的第二个步骤是差异分析。差异分析是标准成本法的核心。标准成本只是经理人确定的预期成本水平。在实践中，由于各种各样的原因，实际成本发生额可能高于或低于标准成本。实际成本与标准成本之间的差额就是成本差异（cost variance）。如果实际成本低于标准成本，说明成本的实际发生额低于预期水平，形成有利差异（favorable variance），通常用 F 表示；反之，如果实际成本高于标准成本，说明成本的实际发生额高于预期水平，形成不利差异（unfavorable variance），通常用 U 表示。成本差异的原因可能是标准成本过高或过低。在这种情况下，经理人应该考虑调整或重新确定成本标准。如果标准成本合理可行，经理人就应该开展差异分析，针对其性质找出差异发生的原因（尤其是不利差异的原因），明确差异是否可以控制、由谁控制、如何控制，尽可能消除或减少不利差异，同时扩大有利差异，以便有效地控制成本。

不利差异与有利差异的管理方针取决于企业的经营战略及其制约因素：（1）处于激烈竞争行业的企业，强调质量的零缺陷和持续改进。就这些企业而言，并不意味着一定要降低不利差异，提高有利差异。（2）约束理论（theory of constraints）认为企业的生产效率往往受到某些瓶颈因素（bottleneck factor）的限制。因此，经理人应该高度重视瓶颈因素所引起的不利差异。

（一）差异分析的通用计算公式

如前所述，标准成本包括直接材料标准成本、直接人工标准成本、变动性制造费用标准成本和固定性制造费用标准成本等四部分。成本差异同样由直接材料成本差异、直接人工成本差异、变动性制造费用差异、固定性制造费用差异等四部分组成。各个标准成本项目都可以分解为用量标准和价格标准，成本差异也相应地分为用量差异和价格差异。其通用计算公式为：

成本差异 = 实际成本 − 标准成本 = 实际用量 × 实际价格 − 标准用量 × 标准价格

上述公式表明，影响成本差异的因素是"价格"和"用量"。为了区分"价格"和"用量"对成本差异的具体影响，在上述通用公式的右边分别加减"实际用量 × 标准价格"，再合并分析得到：

成本差异 = 实际用量 × 实际价格 − 实际用量 × 标准价格 + 实际用量 × 标准价格
　　　　　− 标准用量 × 标准价格
　　　　＝ 实际用量 ×（实际价格 − 标准价格）+（实际用量 − 标准用量）× 标准价格
　　　　＝ 价格差异 + 用量差异

其中：

　　　　价格差异 = 实际用量 ×（实际价格 − 标准价格）
　　　　用量差异 =（实际用量 − 标准用量）× 标准价格

值得注意的是，上述成本差异通用计算公式中，价格差异的共同因子为实际用量，而用量差异的共同因子为标准价格。成本差异通用计算公式的基本原理如图 2−6 所示。

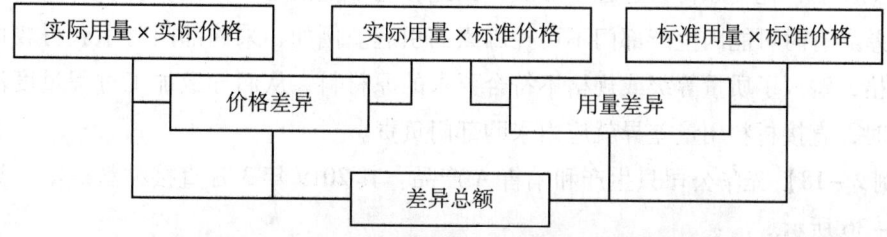

图 2−6　成本差异通用计算公式的基本原理

将成本差异分解成价格差异和用量差异,其目的在于从价格和用量两方面寻找差异形成的原因。价格差异和用量差异通常发生在不同的时点,由不同部门负责。例如,直接材料的价格差异通常发生在采购材料的过程中,一般由采购部门负责;用量差异则发生在生产加工过程中,通常由生产部门负责。

(二) 直接材料成本差异分析

如前所述,直接材料成本差异是指直接材料实际成本偏离其标准成本所形成的差异,可以分解为直接材料价格差异和直接材料用量差异。

1. 直接材料价格差异分析。直接材料价格差异(direct material price variance)是指企业在材料采购过程中所形成的标准价格与实际价格之间的差异。其计算公式为:

$$直接材料价格差异 = 实际用量 \times 实际价格 - 实际用量 \times 标准价格$$
$$= 实际用量 \times (实际价格 - 标准价格)$$

导致直接材料价格差异的因素比较多,如采购批量、送货方式、供应商根据购货量提供的商业折扣、购入材料的等级、采购时间是否充裕等。其中任何一个因素与预期存在偏差,都可能导致直接材料价格差异。直接材料价格差异通常由材料采购部门负责,但其他相关部门的决策或行为也可能导致直接材料价格差异。例如,生产部门临时更改或制定新的生产计划,要求材料采购部门以最快速度提供所需的原材料,材料采购部门则难以选择价格较低廉的运输方式,也难以按最优惠条件采购原材料。此时,直接材料价格差异就应该由生产部门负责。

2. 直接材料用量差异分析。直接材料用量差异(direct material usage variance)是指企业在生产过程中所形成的标准用量与实际用量之间的差异。其计算公式为:

$$直接材料用量差异 = 实际用量 \times 标准价格 - 标准用量 \times 标准价格$$
$$= 标准价格 \times (实际用量 - 标准用量)$$

导致直接材料用量差异的因素也比较多,如设备故障、原材料质量不佳、员工技术不熟练、经理人监管不力、产品质量标准提高等。由于直接材料用量差异通常在企业生产或加工产品,耗费原材料过程中形成,因此,通常应由生产部门负责。不过,直接材料用量差异有时可能因生产部门不可控因素而引起。例如,采购部门为了获得较优惠的采购价格,购入了质量等级或规格不符合要求的原材料,从而导致加工过程过度消耗材料。此时,直接材料用量差异就应由采购部门负责。

【例 2-18】 光华公司只生产和销售 A 产品。其 2019 年 3 月直接材料成本差异分析如表 2-36 所示。

表 2-36　　　　　　　　光华公司直接材料成本差异分析表

	用量（公斤）	单价（元）	金额（元）
标准成本	15 000	4.00	60 000
实际成本	14 740	4.05	59 697
直接材料成本差异	59 697 - 60 000 = -303（F）		
直接材料价格差异	(14 740 × 4.05) - (14 740 × 4.0) = 737（U）		
直接材料用量差异	(14 740 × 4.0) - (15 000 × 4.0) = -1 040（F）		
直接材料成本差异	737（U）- 1 040（F）= -303（F）		

根据表 2-36，光华公司生产 A 产品的直接材料实际价格（4.05 元/公斤）高于其标准价格（4.00 元/公斤），直接材料价格差异为不利差异 737 元；而 A 产品的直接材料实际用量（14 740 公斤）低于其标准用量（15 000 公斤），直接材料用量差异为有利差异 1 040 元。综合直接材料的价格差异与用量差异，直接材料成本差异总额为有利差异 303 元（737 - 1 040）。直接材料成本差异分析过程如图 2-7 所示。

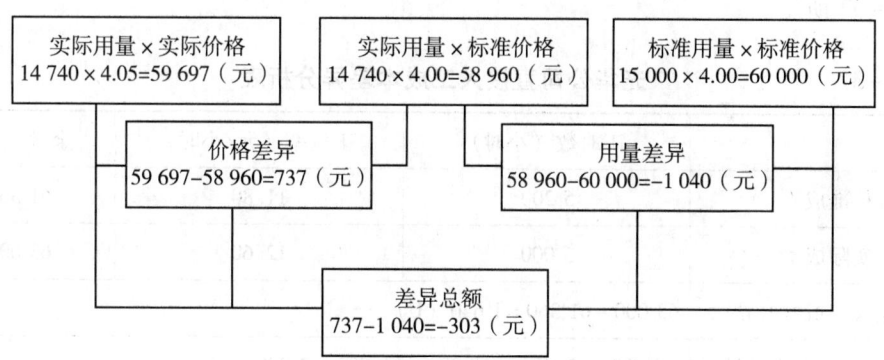

图 2-7　直接材料成本差异分析

（三）直接人工成本差异分析

直接人工成本差异的确定方式与直接材料相似，其区别在于"价格"差异为直接人工工资率差异，"用量"差异则为直接人工效率差异。

1. 直接人工工资率差异分析。如果企业实际支付的工资率偏离了预定的标准工资率，就会产生直接人工工资率差异（direct labor rate variance）。其计算公式为：

直接人工工资率差异 = 实际工时 × 实际工资率 - 实际工时 × 标准工资率
　　　　　　　　　 = 实际工时 ×（实际工资率 - 标准工资率）

通常，直接人工工资率是聘用合同载明的条款之一，实际支付额与预算额不会出现差异。但是，依然存在许多因素可能导致直接人工工资率差异。例如，企业的人力资源配置不当，在生产经营过程中降级或升级使用员工，从而引起平均工资率的变动、员工人数的增加或薪酬的增加、总体工资水平变动等。

2. 直接人工效率差异分析。直接人工效率差异（direct labor efficiency variance）是指企业在生产过程中所耗用的实际工时数偏离标准工时数形成的差异。其计算公式为：

$$直接人工效率差异 = 实际工时 \times 标准工资率 - 标准工时 \times 标准工资率$$
$$= 标准工资率 \times (实际工时 - 标准工时)$$

企业员工生产经验不足、原材料质量不符合要求、设备运转不正常、一线经理人监管不力、工作环境条件不佳、引进新设备或生产方法等诸多因素都可能导致直接人工效率差异。直接人工效率差异通常由生产部门负责，但由于生产部门不可控因素（如材料质量问题）导致的效率低下，则应该由相关部门负责。

【例2–19】光华公司只生产和销售A产品。其2019年3月直接人工成本差异分析如表2–37所示。

表2–37　　　　　　　光华公司直接人工成本差异分析表

	工时数（小时）	工资率（元/小时）	金额（元）
标准成本	5 200	11.80	61 360
实际成本	5 000	12.60	63 000
直接人工成本差异	63 000 – 61 360 = 1 640（U）		
直接人工工资率差异	(5 000 × 12.60) – (5 000 × 11.80) = 4 000（U）		
直接人工效率差异	(5 000 × 11.80) – (5 200 × 11.80) = –2 360（F）		
直接人工成本差异	4 000（U）– 2 360（F）= 1 640（U）		

根据表2–37，光华公司生产A产品的直接人工实际工资率（12.60元/小时）高于其标准工资率（11.80元/小时），直接人工工资率差异为不利差异4 000元；而A产品的直接人工实际耗用工时（5 000小时）低于其标准耗用工时（5 200小时），直接人工效率差异为有利差异2 360元。综合直接人工的工资率差异与效率差异，直接人工成本差异总额为不利差异1 640元（4 000 – 2 360）。直接人工成本差异分析过程如图2–8所示。

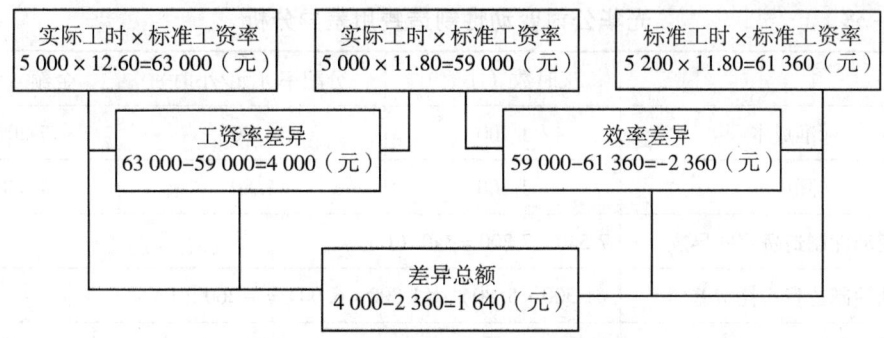

图 2-8 直接人工成本差异分析

(四) 变动性制造费用差异分析

从成本性态的角度看，变动性制造费用与直接材料成本、直接人工成本相同，主要由工时（用量）与分配率（价格）决定。因此，变动性制造费用差异同样可以分解为"价格"差异与"用量"差异两部分。

1. 变动性制造费用耗费差异分析。变动性制造费用的价格差异是指变动性制造费用分配率偏离了标准分配率而形成的差异，也称为变动性制造费用耗费差异（variable overhead spending variance）。其计算公式为：

变动性制造费用耗费差异
= 实际工时 × 变动性制造费用实际分配率 - 实际工时 × 变动性制造费用标准分配率
= 实际工时 ×（变动性制造费用实际分配率 - 变动性制造费用标准分配率）

变动性制造费用耗费差异可能因实际价格水平高于变动性制造费用预算，而造成各项变动性制造费用的实际成本高于标准成本，形成不利差异，也可能因制造费用项目的过度使用或浪费而引起。

2. 变动性制造费用效率差异分析。变动性制造费用的用量差异是指实际耗用工时偏离标准工时而形成的差异，也称为变动性制造费用效率差异（variable overhead efficiency variance）。其计算公式为：

变动性制造费用效率差异
= 实际工时 × 变动性制造费用标准分配率 - 标准工时 × 变动性制造费用标准分配率
= 变动性制造费用标准分配率 ×（实际工时 - 标准工时）

变动性制造费用效率差异产生的原因与直接人工效率差异基本相同。

【例 2-20】光华公司只生产和销售 A 产品。其 2019 年 3 月变动性制造费用差异分析如表 2-38 所示。

表 2-38 光华公司变动性制造费用差异分析

	工时数（小时）	分配率（元/小时）	金额（元）
标准成本	1 200	6.00	7 200
实际成本	1 300	5.80	7 540
变动性制造费用差异	7 540 - 7 200 = 340（U）		
变动性制造费用耗费差异	(1 300 × 5.80) - (1 300 × 6.00) = -260（F）		
变动性制造费用效率差异	(1 300 × 6.00) - (1 200 × 6.00) = 600（U）		
变动性制造费用差异	-260（F）+ 600（U）= 340（U）		

根据表 2-38，光华公司生产 A 产品的变动性制造费用实际分配率（5.80 元/小时）低于其标准分配率（6.00 元/小时），变动性制造费用耗费差异为有利差异 260 元；而 A 产品的变动性制造费用实际耗用工时（1 300 小时）超过其标准耗用工时（1 200 小时），变动性制造费用效率差异为不利差异 600 元。综合变动性制造费用耗费差异与效率差异，变动性制造费用差异总额为不利差异 340 元（-260+600）。变动性制造费用差异分析过程如图 2-9 所示。

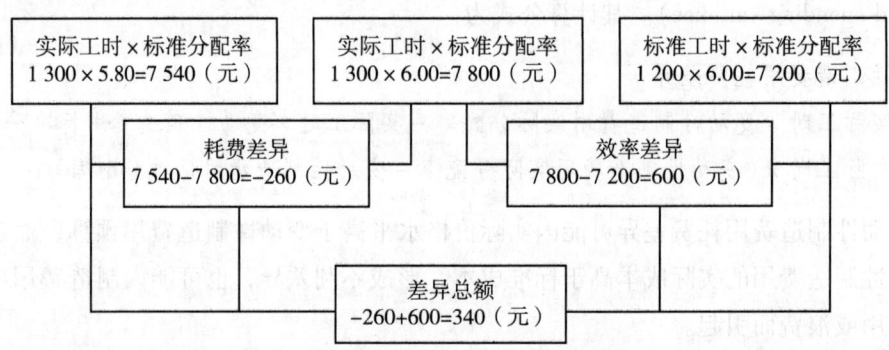

图 2-9 变动性制造费用差异分析

（五）固定性制造费用差异分析

与前述直接材料成本、直接人工成本和变动性制造费用不同，固定性制造费用在相关范围内，不随业务（销售）量的变动而变动。固定性制造费用主要采用总额预算控制，即主要考察实际发生的固定性制造费用与事先预计的固定性制造费用之间是否存在差异，从而评价企业的固定性制造费用是否超过预算水平，企业的设备规模是否适当，设备和生产能力是否得到有效运用。因此，固定性制造费用差异分析，不再从价格和用量方面着手，而是以固定性制造费用预算为参照，将其分解为耗费差异和能量差异①。

1. 固定性制造费用耗费差异分析。固定性制造费用耗费差异（fixed overhead spending variance）是指实际发生的固定性制造费用与固定性制造费用预算之间的差额。其计算公式为：

固定性制造费用耗费差异 = 固定性制造费用实际发生额 - 固定性制造费用预算额

2. 固定性制造费用能量差异分析。固定性制造费用能量差异（fixed overhead capacity variance）是指基于预算产量标准的固定性制造费用与基于实际产量标准的固定性制造费用之间的差额。其计算公式为：

固定性制造费用能量差异
= 基于预算产量标准的固定性制造费用 - 基于实际产量标准的固定性制造费用
= 固定性制造费用标准分配率 × (基于预算产量的标准工时
  - 基于实际产量的标准工时)

如果企业出现固定制造费用能量差异，说明企业的生产能力利用程度与预算不一致。如果企业的生产能力超额利用，实际标准工时会大于生产能量，形成有利差异；反之，如果企业的生产能力没有得到充分利用，将形成不利差异。

【例 2-21】光华公司只生产和销售 A 产品。其 2019 年 3 月固定性制造费用相关数据如表 2-39 所示。

表 2-39　　　　　　　　光华公司固定性制造费用相关数据

项　目	相关数据
固定性制造费用预算	30 000 元
固定性制造费用实际发生额	28 700 元
直接人工小时预算	1 000 小时
单位产品标准工时	0.01 小时
固定性制造费用标准分配率	30.00 元/小时
预算产量	100 000 件
实际产量	90 000 件

根据表 2-39 中的资料，固定性制造费用差异分析如下：

固定性制造费用差异 = 28 700 元 - 27 000 元 = 1 700 元（U）

---

① 固定性制造费用差异还可以进一步细分。基于本书的定位，这里旨在说明其基本原理，因此，不再细分。有兴趣的读者可以进一步参阅管理会计方面的相关论著。

固定性制造费用耗费差异 = 固定性制造费用实际发生额 – 固定性制造费用预算额
= 28 700 元 – 30 000 元 = –1 300 元（F）

固定性制造费用能量差异
= 基于预算产量标准的固定性制造费用 – 基于实际产量标准的固定性制造费用
= 30.00 元/小时 × 0.01 小时/件 × 100 000 件 – 30.00 元/小时 × 0.01 小时/件 × 90 000 件
= 30 000 元 – 27 000 元 = 3 000 元（U）

固定性制造费用差异 = –1 300 元（F）+ 3 000 元（U）= 1 700 元（U）

固定性制造费用差异分析过程如图 2 – 10 所示。

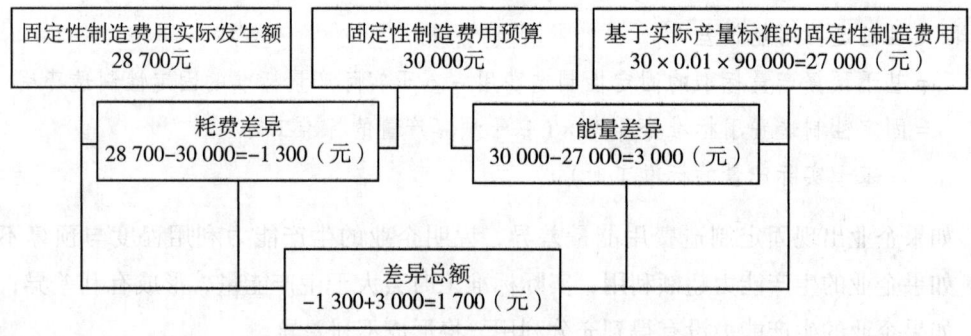

图 2 – 10　固定性制造费用差异分析

根据图 2 – 10，光华公司生产 A 产品的固定性制造费用实际发生额（28 700 元）低于固定性制造费用预算（30 000 元），形成有利差异（1 300 元）；而光华公司生产 A 产品的实际产量水平（90 000 件）也低于其预算产量水平（100 000 件），形成 10 000 件的产能差异，由此产生无法分配的固定性制造费用 3 000 元（30.00 × 0.01 × 10 000）①，从而产生不利的能量差异 3 000 元。综合固定性制造费用耗费差异与能量差异，固定性制造费用差异总额为不利差异 1 700 元（–1 300 元 + 3 000 元）。

导致企业的实际产量水平与预算产量水平不符的原因主要包括产品市场供求关系的变化、原材料短缺、生产计划安排不当、设备故障、劳资纠纷以及员工工作效率不能达到预期要求等。

三、差异的账务处理

标准成本法的最后一个步骤是成本差异的账务处理。成本差异的账务处理主要包括成本差异发生时的账务处理和期末成本差异的账务处理两个方面。

---

① 如果实际产量水平超过预算产量水平，固定性制造费用将出现超额分配现象，从而出现有利的能量差异。

(一) 成本差异发生时的账务处理

企业采用标准成本法，除了设置"原材料""生产成本""库存商品""主营业务成本"等账户并按标准成本入账之外，还要分别设置"直接材料价格差异""直接材料用量差异""直接人工效率差异""直接人工工资率差异""变动性制造费用耗费差异""变动性制造费用效率差异""固定性制造费用耗费差异"和"固定性制造费用能量差异"等账户，反映各个成本项目的实际成本与标准成本之间的差异①。这些成本差异账户的记账方向一致，即借方记录不利差异，贷方记录有利差异。

1. 直接材料成本差异的账务处理。如前所述，直接材料成本差异分为直接材料价格差异与直接材料用量差异。直接材料价格差异应该在原材料购入时入账，而直接材料用量差异则应该在原材料耗用时入账。

【例 2-22】续【例 2-18】，根据表 2-36 或图 2-7，光华公司应该做如下会计分录。

(1) 购买原材料（15 000 公斤）。

借：原材料（15 000 × 4.00）　　　　　　　　　　　　　60 000
　　直接材料价格差异 [(4.05 - 4.00) × 15 000]　　　　　　750
　　贷：银行存款（15 000 × 4.05）　　　　　　　　　　　　60 750

(2) 领用原材料（14 740 公斤）。

借：生产成本——基本生产——A 产品（15 000 × 4.00）　　60 000
　　贷：原材料（14 740 × 4.00）　　　　　　　　　　　　58 960
　　　　直接材料用量差异 [(15 000 - 14 740) × 4.00]　　　1 040

此时，"原材料""生产成本"账户都按标准成本入账，其实际成本包括直接材料标准成本和直接材料成本差异两部分。

2. 直接人工成本差异的账务处理。如前所述，直接人工差异分为直接人工工资率差异与直接人工效率差异。与直接材料成本差异不同，直接人工成本的支付与耗用几乎同时发生，不存在先购入、再储存、再耗用、再转移储存形式的情况。因此，直接人工成本差异应该同时入账。

【例 2-23】续【例 2-19】，根据表 2-37 或图 2-8，光华公司应该做如下会计分录。

借：生产成本——基本生产——A 产品（5 200 × 11.80）　　61 360
　　直接人工工资率差异 [5 000 × (12.60 - 11.80)]　　　　4 000
　　贷：应付职工薪酬（5 000 × 12.60）　　　　　　　　　63 000

---

① 基于内部管理需要，企业可以自行设置某些账户。当然，对外编制的财务报表必须遵循会计准则。

直接人工效率差异〔(5 000 - 5 200)×11.80〕　　　　　　　　2 360

3. 变动性制造费用差异的账务处理。如前所述，变动性制造费用差异分为变动性制造费用耗费差异与变动性制造费用效率差异。

【例2-24】续〖例2-20〗，根据表2-38或图2-9，光华公司应该做如下会计分录。

(1) 发生变动性制造费用。

　　借：变动性制造费用　　　　　　　　　　　　　　　　　　7 540
　　　　贷：银行存款　　　　　　　　　　　　　　　　　　　　　　7 540

(2) 结转变动性制造费用。

　　借：生产成本——基本生产——A产品（1 200×6.00）　　7 200
　　　　变动性制造费用效率差异〔(1 300 - 1 200)×6.00〕　　600
　　　　贷：变动性制造费用　　　　　　　　　　　　　　　　　　7 540
　　　　　　变动性制造费用耗费差异〔1 300×(5.80 - 6.00)〕　　260

4. 固定性制造费用差异的账务处理。如前所述，固定性制造费用差异分为固定性制造费用耗费差异与固定性制造费用能量差异。固定性制造费用差异的账务处理与变动性制造费用差异的账务处理相似。

【例2-25】续〖例2-21〗，根据表2-39或图2-10，光华公司应该做如下会计分录。

(1) 发生固定性制造费用。

　　借：固定性制造费用　　　　　　　　　　　　　　　　　　28 700
　　　　贷：银行存款　　　　　　　　　　　　　　　　　　　　　　28 700

(2) 结转固定性制造费用。

　　借：生产成本——基本生产——A产品（30.00×0.01×90 000）　27 000
　　　　固定性制造费用能量差异（30 000 - 30.00×0.01×90 000）　3 000
　　　　贷：固定性制造费用　　　　　　　　　　　　　　　　　　28 700
　　　　　　固定性制造费用耗费差异（28 700 - 30 000）　　　　1 300

（二）期末成本差异的账务处理

经过上述账务处理，各个成本差异账户根据其所记录的成本差异性质，出现了借方或贷方余额。期末，这些成本差异账户的余额需要结转到相应的账户，使相关账户的记录从标准成本转化为实际成本，从而根据会计准则对外编制财务报表。

上述成本差异账户余额的处理方法包括以下两种。

1. 直接作为销售成本处理。如果经理人认为其所确定的标准成本比较合理，可以代表现有产能的生产成本水平，而成本差异的数额又不大，就可以将各个成本差异账户的余额直接转入产品销售成本,并将成本差异作为评价经理人绩效的指标之一。

【例 2—26】 续〖例 2—18〗、〖例 2—19〗、〖例 2—20〗和〖例 2—21〗,进一步假设光华公司 2019 年 3 月生产的 A 产品全部完工,并以其标准成本的 120% 全部销售出去,而且成本差异直接作为销售成本处理,那么,2019 年 3 月 31 日,光华公司应做如下会计分录。

(1) 商品入库。

借:库存商品——A 产品　　　　　　　　　　　　　　155 560
　　贷:生产成本——基本生产——A 产品　　　　　　　　155 560

(2) 商品销售并结转成本。

借:银行存款　　　　　　　　　　　　　　　　　　　186 672
　　贷:主营业务收入　　　　　　　　　　　　　　　　186 672
借:主营业务成本　　　　　　　　　　　　　　　　　155 560
　　贷:库存商品——A 产品　　　　　　　　　　　　　155 560

(3) 结转各个成本差异账户的余额。

借:直接材料用量差异　　　　　　　　　　　　　　　　1 040
　　直接人工效率差异　　　　　　　　　　　　　　　　2 360
　　变动性制造费用耗费差异　　　　　　　　　　　　　　260
　　固定性制造费用耗费差异　　　　　　　　　　　　　1 300
　　主营业务成本　　　　　　　　　　　　　　　　　　3 390
　　贷:直接材料价格差异　　　　　　　　　　　　　　　750
　　　　直接人工工资率差异　　　　　　　　　　　　　4 000
　　　　变动性制造费用效率差异　　　　　　　　　　　　600
　　　　固定性制造费用能量差异　　　　　　　　　　　3 000

2. 在存货与销售成本之间分配。如果企业期末成本差异的数额较大,就应该将成本差异在存货(在产品、库存商品)与销售成本之间分配。同时,经理人应该分析其所确定的标准成本是否合理、可行,并做必要的调整。

【例 2—27】 续〖例 2—26〗,如果光华公司的各个成本差异在存货与销售成本之间分配,那么,2019 年 3 月 31 日,光华公司应做如下会计分录。

(1) 商品入库。

借:库存商品——A 产品　　　　　　　　　　　　　　155 560
　　贷:生产成本——基本生产——A 产品　　　　　　　　155 560

(2) 商品销售并结转成本。

借:银行存款　　　　　　　　　　　　　　　　　　　186 672

　　　　贷：主营业务收入　　　　　　　　　　　　　　　　186 672
　　借：主营业务成本　　　　　　　　　　　　　　　　155 560
　　　　贷：库存商品——A产品　　　　　　　　　　　155 560
　（3）结转各个成本差异账户的余额。
　　借：直接材料用量差异　　　　　　　　　　　　　　1 040
　　　　直接人工效率差异　　　　　　　　　　　　　　2 360
　　　　变动性制造费用耗费差异　　　　　　　　　　　　260
　　　　固定性制造费用耗费差异　　　　　　　　　　　1 300
　　　　主营业务成本　　　　　　　　　　　　　　　　3 377
　　　　原材料　　　　　　　　　　　　　　　　　　　　 13
　　　　贷：直接材料价格差异　　　　　　　　　　　　　750
　　　　　　直接人工工资率差异　　　　　　　　　　　4 000
　　　　　　变动性制造费用效率差异　　　　　　　　　　600
　　　　　　固定性制造费用能量差异　　　　　　　　　3 000

　　通过上述各个成本差异账户余额的结转过程，与此相关的账户（如"原材料""库存商品""生产成本"和"主营业务成本"等）的余额就从标准成本转化为实际成本。这样，经理人就可以根据会计准则编制财务报表。如此一来，这种处理方式就将财务会计（实际成本法）与管理会计（标准成本法）联系在一起，进而体现了管理会计所强调"不同目的，不同成本"的多维成本观念。

财眼看问题

　　1. 确定标准成本是实施标准成本法的起点，然而如何确定标准成本并非单纯的会计问题。企业生产过程中所需要的材料及其数量、人工等级及其数量等早已锁定产品成本。管理会计师必须理解企业的行业特征、技术条件和业务流程等营运管理知识，将业务与财务相融合即"业财融合"，才能真正理解如何确定标准成本。

　　2. 确定标准成本涉及管理会计问题，而核算实际成本涉及财务会计问题。没有实际成本信息，标准成本法"巧妇难为无米之炊"，因此，财务会计依然非常重要，但重要的常规性工作不见得要由人来做。财务会计因其常规性或规范化而可能为计算机所替代，但管理会计师却必须理解财务会计，否则，管理会计师难以真正理解标准成本法。

　　3. 标准成本法是一种将事前、事中和事后连为一体的前馈控制（feedforward control）与反馈控制（feedback control）相融合的成本控制方法。"差异分析"是标准成本法的核心。但差异分析不是简单的实际成本与标准成本的数字比较，关键在于揭示导致实际成本与标准成本产生差异的原因。有鉴于此，管理会计师必须"身临其境"

地把握管理情境,感悟业务流程,并将差异分析过程及结果编写成管理会计报告,提交给相关部门,为企业的经营管理提供有针对性的建议。

> **延伸阅读 2-1**
>
> ### 标准成本法可能面临的问题
>
> 标准成本法源于 1911 年泰罗的"科学管理学说"。标准成本法被广泛证明是一种行之有效的成本控制工具。从企业的经营活动看,成本的有效控制比单纯的成本计算更重要。在企业的日常经营过程中,如何控制成本历来都是经理人非常重视的问题。
>
> 然而,近年来,标准成本法备受质疑。首先,标准成本的制定基于规模化、大批量生产的管理情境,而 21 世纪强调顾客化、小批量生产。由此,标准成本的制定缺乏应有的基础,即便制定出了标准成本,也可能缺乏代表性和标准性。其次,21 世纪强调创新,强调突破原有的各种框架。而有标准就有规矩,标准成本可能墨守成规,抑制创新。最后,标准成本法强调生产过程,而 21 世纪的企业对成本的关注已经超越生产过程,延伸到整个产品的价值链,不仅关注"成本如何发生",更关注"成本为何发生"。企业只有关注"成本为何发生",才能发现降低成本的关键点;企业只有关注"成本如何发生",才能发现控制成本的关键点。唯有如此,企业才能将昨天的成本转化为明天的利润。
>
> 尽管如此,许多企业还是将标准成本法视为生产过程中成本控制的重要工具。

第五节 变动成本法

如果说标准成本法是一种基于管理控制目的的成本管理方法,那么,变动成本法(variable costing)就是一种基于经营决策目的的成本管理方法。

一、变动成本法基本概念

变动成本法是与完全成本法(full costing)相对应的一个新概念。

完全成本法也称为吸收成本法(absorption costing)。前述的品种法、分批法和分步法就是完全成本法,主要满足财务会计对外编制财务报表的需要。① 完全成本法的主要

---

① 成本会计(cost accounting)既是管理会计的前身,也是连接财务会计与管理会计的桥梁。以成本性态为起点,从标准成本法到变动成本法体现了从成本会计到管理会计的发展历程。作为成本会计(财务会计)向管理会计过渡桥梁的标准成本法也是一种完全成本法。

特点是：产品成本包括直接材料、直接人工和制造费用，而制造费用根据其成本性态又可以进一步分为变动性制造费用与固定性制造费用。也就是说，基于完全成本法，企业每生产一个单位的产品，其成本不仅包括产品生产过程中直接消耗的直接材料、直接人工和变动性制造费用，而且还包括一定份额的固定性制造费用。因此，固定性制造费用与直接材料、直接人工和变动性制造费用一样，汇集于产品，随着产品的流动而流动，从而使本期已经销售的产品与存货具有完全相同的成本构成。

变动成本法，又称为直接成本法（direct costing）。变动成本法与完全成本法的主要区别在于：基于变动成本法，产品成本只包括直接材料、直接人工和变动性制造费用，而不包括固定性制造费用。变动成本法的理论依据是：固定性制造费用主要是为企业提供一定的生产经营条件而发生。这些生产经营条件一旦形成，不管其实际利用程度如何，固定性制造费用照样发生，与产品的实际生产没有直接的联系，并不随产销量的增减而增减，因而，不应该把固定性制造费用计入产品成本，而应该作为期间费用处理。也就是说，这部分固定性制造费用按期间发生，与企业的生产经营活动持续期间的长短相联系，随着时间的推移而发生，随着时间的消逝而消失，其效益不应该递延到下一个会计期间，而应该在其发生的当期全额列入利润表，作为该期间销售收入的一个抵减项目。期末资产负债表所列示存货（在产品和产成品）的计价，自然也应该排除这部分固定性制造费用。

由于变动成本法与完全成本法对产品成本构成的认识和处理方法不同，因而产生了存货计价、期间损益等一系列差异。这些差异构成变动成本法的主要特点。理解了这些特点，也就理解了变动成本法的基本概念。

（一）产品成本构成

变动成本法与完全成本法的成本构成如图 2-11 所示。

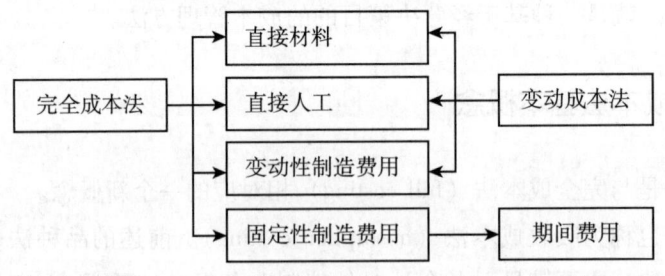

图 2-11 变动成本法与完全成本法的成本构成

【例 2-28】光明公司 2016 年、2017 年和 2018 年度相关资料如下。
（1）收入及成本数据如表 2-40 所示。

表2-40 光明公司收入及成本数据   单位：元

项目	金额
单位产品销售价格	35.00
单位产品直接材料	5.00
单位产品直接人工	9.00
单位变动性制造费用	0.60
年固定性制造费用	92 000
年固定性销售及行政管理费用	58 000
单位产品销售及行政管理费用	1.20

（2）产销情况如表2-41所示。

表2-41 光明公司产销情况   单位：件

项目	2016年	2017年	2018年
期初存货	0	2 000	2 000
本期生产量	10 000	10 000	8 000
本期销售量	8 000	10 000	10 000
期末存货	2 000	2 000	0

（3）假设存货发出的计价方法采用后进先出法①。根据上述资料，光明公司各年度单位产品成本计算如表2-42所示。

表2-42 光明公司单位产品成本计算   单位：元/件

项目	2016年	2017年	2018年
变动成本法			
直接材料	5.00	5.00	5.00
直接人工	9.00	9.00	9.00
变动性制造费用	0.60	0.60	0.60
合计	14.60	14.60	14.60
完全成本法			
直接材料	5.00	5.00	5.00

---

① 尽管2007年我国开始实行的会计准则取消了存货流动计价的后进先出法，但是，为了说明问题，【例2-23】中的存货发出的计价方法还是采用后进先出法。

续表

项目	2016年	2017年	2018年
直接人工	9.00	9.00	9.00
变动性制造费用	0.60	0.60	0.60
变动性生产成本	14.60	14.60	14.60
固定性制造费用	9.20*	9.20*	11.50**
合计	23.80	23.80	26.10

注：*92 000/10 000 = 9.20（元/件）；**92 000/8 000 = 11.50（元/件）。

由此可见，基于变动成本法，产品成本只包括直接材料、直接人工和变动性制造费用。如此一来，基于变动成本法，2016~2018年，光明公司每年的单位产品成本都是14.60元。而基于完全成本法，产品成本不仅包括直接材料、直接人工和变动性制造费用，而且还包括固定性制造费用，因此，2016~2018年，光明公司每年的单位产品成本与当年的生产量成反比例的关系，即生产量增加，单位产品成本下降，生产量减少，单位产品成本增加。因此，基于完全成本法，除非说明生产量是多少，否则，单位产品成本信息没有意义。

（二）存货计价

由于产品成本构成项目不同，基于完全成本法与变动成本法，其期末存货的计价也不同。

以〖例2-23〗中的资料为例，基于变动成本法，2016~2018年，光明公司每年的单位存货成本都是14.60元。而基于完全成本法，2016~2018年，因每年生产量不尽相同，光明公司每年的单位存货成本分别为23.80元、23.80元和26.10元。

（三）期间损益

由于变动成本法与完全成本法在产品成本构成和存货计价方面存在差异，从而，使变动成本法与完全成本法的期间损益也有所不同。

1. 列示方式。基于完全成本法，利润表的成本项目并不区分变动成本与固定成本，所有生产成本都计入产品销售成本，产品销售收入扣除产品销售成本，就得到产品销售毛利，再从产品销售毛利中扣除销售及行政管理费用就得到营业利润[①]。其期间损益的列示方式如表2-43所示。

[①] 之所以用营业利润而不是利润总额或净利润，是因为完全成本法与变动成本法只影响企业的产品销售成本。

表 2-43　　　　　　　完全成本法的期间损益列示方式　　　　　单位：元

产品销售收入	××××
减：产品销售成本	×××
产品销售毛利	×××
减：销售及行政管理费用	××
营业利润	××

与此相反，基于变动成本法，利润表的成本项目区分为变动成本与固定成本。产品销售收入扣除生产过程的变动成本得到生产过程的边际贡献，再从生产过程的边际贡献扣除变动性销售及行政管理费用便得到最终边际贡献，最后从最终边际贡献扣除固定成本与固定性销售及行政管理费用，就得到营业利润。其期间损益列示方式如表 2-44 所示。

表 2-44　　　　　　　变动成本法的期间损益列示方式　　　　　单位：元

产品销售收入	××××
减：变动性产品销售成本	×××
生产过程的边际贡献	×××
减：变动性销售及行政管理费用	××
最终边际贡献	××
减：固定性制造费用	××
减：固定性销售及行政管理费用	××
营业利润	××

2. 计算结果。由于"产品销售成本＝期初存货成本＋本期入库存货成本－期末存货成本"，而变动成本法与完全成本法的产品成本构成及其存货计价不同，因此，其产品销售成本也自然不同，从而期间损益计算结果也可能不同。

【例 2-29】以〖例 2-26〗中的资料为例，基于变动成本法与完全成本法，分别比较光明公司 2016 年、2017 年和 2018 年的营业利润。

(1) 生产量大于销售量。光明公司 2016 年度的生产量（10 000 件）大于销售量（8 000 件）。基于完全成本法与变动成本法，其营业利润的计算结果分别如表 2-45 和表 2-46 所示。

表 2-45　　　　　　　　　基于完全成本法的营业利润

项　目	金额（元）
产品销售收入	280 000
产品销售成本	190 400*
产品销售毛利	89 600
销售及行政管理费用	67 600
固定性销售及行政管理费用	58 000
变动性销售及行政管理费用	9 600
营业利润	22 000

注：*0 + 238 000 - 47 600 = 190 400（元）或 8 000 × 23.80 = 190 400（元）。

表 2-46　　　　　　　　　基于变动成本法的营业利润

项　目	金额（元）
产品销售收入	280 000
变动性产品销售成本	116 800*
生产过程的边际贡献	163 200
变动性销售及行政管理费用	9 600
最终边际贡献	153 600
固定成本	150 000
固定性制造费用	92 000
固定性销售及行政管理费用	58 000
营业利润	3 600

注：*0 + 146 000 - 29 200 = 116 800（元）或 8 000 × 14.60 = 116 800（元）。

由此可见，如果生产量大于销售量，基于完全成本法的营业利润（22 000 元）大于基于变动成本法的营业利润（3 600 元），两者相差 18 400 元。这是因为，基于完全成本法，固定性制造费用 92 000 元在已经销售产品与期末存货之间分配，期末存货（2 000 件）吸收了固定性制造费用 18 400 元（2 000 件 × 9.20 元/件），而基于变动成本法，固定性制造费用 92 000 元作为期间费用，全部在当期扣除。

（2）生产量等于销售量。光明公司 2017 年度的生产量等于销售量即产销平衡（都是 10 000 件）。基于完全成本法与变动成本法，其营业利润的计算结果分别如表 2-47 和表 2-48 所示。

表 2-47　　　　　　　　　基于完全成本法的营业利润

项　目	金额（元）
产品销售收入	350 000
产品销售成本	238 000
产品销售毛利	112 000
销售及行政管理费用	70 000
固定性销售及行政管理费用	58 000
变动性销售及行政管理费用	12 000
营业利润	42 000

表 2-48　　　　　　　　　基于变动成本法的营业利润

项　目	金额（元）
产品销售收入	350 000
变动性产品销售成本	146 000
生产过程的边际贡献	204 000
变动性销售及行政管理费用	12 000
最终边际贡献	192 000
固定成本	150 000
固定性制造费用	92 000
固定性销售及行政管理费用	58 000
营业利润	42 000

由此可见，如果生产量等于销售量即产销平衡，基于完全成本法的营业利润与基于变动成本法的营业利润相等（都是 42 000 元）。这是因为，基于完全成本法，固定性制造费用 92 000 元虽然计入产品成本，但又全部转化为产品销售成本，从产品销售收入中扣除，即全部在当期扣除，而基于变动成本法，固定性制造费用 92 000 元本来就应该全部在当期扣除。

（3）生产量小于销售量。光明公司 2018 年度的生产量（8 000 件）小于销售量（10 000 件）。基于完全成本法与变动成本法，其营业利润的计算结果分别如表 2-49 和表 2-50 所示。

表 2-49　　　　　　　　　基于完全成本法的营业利润

项　目	金额（元）
产品销售收入	350 000
产品销售成本	256 400
产品销售毛利	93 600
销售及行政管理费用	70 000
固定性销售及行政管理费用	58 000
变动性销售及行政管理费用	12 000
营业利润	23 600

表 2-50　　　　　　　　　基于变动成本法的营业利润

项　目	金额（元）
产品销售收入	350 000
变动性产品销售成本	146 000
生产过程的边际贡献	204 000
变动性销售及行政管理费用	12 000
最终边际贡献	192 000
固定成本	150 000
固定性制造费用	92 000
固定性销售及行政管理费用	58 000
营业利润	42 000

由此可见，如果生产量小于销售量，基于完全成本法的营业利润（23 600 元）小于基于变动成本法的营业利润（42 000 元），两者相差 18 400 元。这是因为，基于完全成本法，产品销售收入不仅要扣除本期（2018 年度）的固定性制造费用 92 000 元，而且还要扣除上期（2017 年度）存货结转、吸收而来的固定性制造费用 18 400 元（2 000 件 × 9.20 元/件）；而基于变动成本法，产品销售收入却只扣除本期（2018 年度）固定性制造费用 92 000 元。

二、变动成本法与完全成本法的结合运用

尽管变动成本法与完全成本法存在显著差异，但是，企业完全没有必要同时存在两

套独立的成本计算系统。

（一）变动成本法与完全成本法的评价

从理论上说，变动成本法与完全成本法都可以为经理人提供有用信息，但是，基于特定管理情境，变动成本法与完全成本法又各有其适应性。

1. 期间损益。如果产品销售价格、销售结构和成本不变，企业的营业利润应该与销售量的增减保持一致。变动成本法能够明确地揭示产品的销售量、成本和营业利润之间的依存关系，其所计算出来的营业利润与销售量的增减保持一致，容易为企业经理人所理解和接受，也便于经营决策、控制与分析；而完全成本法，由于掺杂了一些人为的计算因素，使营业利润与销售量增减不能保持相应的依存关系，甚至生产量增加而销售量减少，营业利润却增加。这就难以为经理人所理解和接受。

【例2-30】华光公司2017年和2018年的基本数据如表2-51和表2-52所示。

表2-51　　　　　　　　　华光公司基本数据　　　　　　　　单位：元

项　目	金额
单位产品销售价格	75.00
单位变动成本	35.00
固定性制造费用	400 000
销售及行政管理费用	
变动性销售及行政管理费用	100 000
固定性销售及行政管理费用	100 000

表2-52　　　　　　　　华光公司产销及单位成本数据

项　目	2017年	2018年
生产量（件）	20 000	25 000
销售量（件）	20 000	20 000
单位产品成本（元/件）		
变动成本法	35.00	35.00
完全成本法		
单位变动成本	35.00	35.00
单位固定性制造费用	20.00	16.00
合计	55.00	51.00

根据上述数据，基于完全成本法，其营业利润如表2-53所示。

表2-53　　　　　　　基于完全成本法的营业利润　　　　　　　单位：元

项　目	2017年	2018年
产品销售收入	1 500 000	1 500 000
产品销售成本	1 100 000	1 020 000
产品销售毛利	400 000	480 000
销售及行政管理费用		
固定性销售及行政管理费用	100 000	100 000
变动性销售及行政管理费用	100 000	100 000
营业利润	200 000	280 000

由此可见，华光公司2017年与2018年的销售量都是20 000件，但是，华光公司2018年的营业利润却比2017年多了80 000元。原因就在于华光公司2018年期末存货增加了5 000件，吸收了固定性制造费用80 000元（5 000件×16.00元/件）。生产量增加，使营业利润增加，有利于促进企业提高劳动生产率，从而继续提高产品的生产量。由此，企业只要多生产，就可以创造利润。完全成本法适用于早期供不应求的卖方市场经营环境或垄断性行业。但是，在当今的买方市场经营环境或竞争性行业，完全成本法就显得极为被动。

而变动成本法则不然。基于变动成本法，其营业利润如表2-54所示。

表2-54　　　　　　　基于变动成本法的营业利润　　　　　　　单位：元

项　目	2017年	2018年
产品销售收入	1 500 000	1 500 000
变动性产品销售成本	700 000	700 000
生产过程的边际贡献	800 000	800 000
变动性销售及行政管理费用	100 000	100 000
最终边际贡献	700 000	700 000
固定成本		
固定性制造费用	400 000	400 000
固定性销售及行政管理费用	100 000	100 000
营业利润	200 000	200 000

由此可见，基于变动成本法，2017年与2018年华光公司的销售量一样，营业利润也一样。这就明显地显示出营业利润与销售量之间的依存关系，说明企业增加销售量（而不是增加生产量）是增加营业利润的途径。变动成本法有利于以销定产，适用于当今的买方市场经营环境或竞争性行业。

2. 决策分析。企业的决策分析根据其涉及的时间跨度可以分为短期决策分析与长期决策分析。变动成本法比较适合短期决策分析。就短期决策分析而言，企业现有生产能力一旦形成，在短期内难以发生变动，与此相关的固定成本保持不变。而变动成本却会受短期决策的影响。边际贡献揭示了产品本身的盈利能力，因此，企业的短期决策分析通常借助于边际贡献这个指标。只有变动成本法才便于提供边际贡献的相关信息，完全成本法难以胜任这个特殊要求。但是，完全成本法比较适合长期决策分析。就长期决策分析而言，企业的生产能力可能发生增减变动，一切成本都是变动成本。企业的长期决策分析必须建立在补偿所有成本的基础上。从这个意义上说，完全成本法所提供的信息比较充分，而变动成本法就显得不适应了。

3. 成本控制与绩效评价。成本控制与绩效评价强调可控性。变动成本法将成本分为固定成本与变动成本，可以为各责任单位提供成本控制与绩效评价的信息，有利于成本控制与绩效评价。完全成本法不区分固定成本与变动成本，一视同仁，都在各种产品之间分配，不利于成本控制与绩效评价。

4. 对外报告与纳税申报。传统的成本观念是完全成本观念。变动成本法的成本观念不符合传统成本观念，因而基于变动成本法的存货计价与收益确定，不符合对外报告的要求，也不符合应纳所得税额的计算申报。对外报告与纳税申报依然采用完全成本观念。因而，目前变动成本法还不可能取代完全成本法。

（二）变动成本法与完全成本法的结合运用

上述分析表明，变动成本法与完全成本法各有其适应性。通常，变动成本法比较适合企业的内部经营管理需求，但不符合对外报告与纳税申报要求；而完全成本法比较适合对外报告与纳税申报要求，但不符合企业的内部经营管理需求。

经理人具有投资者与经营者的双重身份。成本信息存在对外（存货计价与收益确定）与对内（经营决策与管理控制）两个方面的功能。这就产生了如何使变动成本法与完全成本法相互补充、结合运用的问题。

当然，这里所说的相互补充、结合运用，并不是指同时搞两套独立、平行的成本计算系统，而是指以一种成本计算系统为基础，并加以适当的调整或变通，使其能够同时兼顾企业内外部两方面的信息需求。

那么，应该以哪一种成本计算系统为基础呢？显然，企业的内部信息需求是经常性的,而对外编制财务报表是定期性的,因而,比较合理的做法是以变动成本法为基础,并适当调整或变通,以满足对外编制财务报表的需求。

具体地说:

1. 将"制造费用"账户分为"变动性制造费用"与"固定性制造费用"两个账户。

2. 有关成本的日常账务处理奠基于变动成本法,"生产成本""库存商品"账户按变动成本入账。

3. 把所发生的制造费用,根据成本性态分别记入"变动性制造费用"与"固定性制造费用"两个账户。

4. 期末,将"变动性制造费用"账户余额转入"生产成本"账户,将"固定性制造费用"在已经销售产品与存货(包括在产品和产成品)之间分配,分别记入"主营业务成本"账户与"生产成本"和"库存商品"账户,使期末存货和本期产品销售成本都按完全成本列示,使之符合对外编制财务报表和纳税申报的要求。

【例 2-31】花城公司 2019 年 3 月相关资料如表 2-55 所示。

表 2-55　　　　　　花城公司 2019 年 3 月相关资料

项　目	数据
期初存货	0 件
生产量(假设没有在产品)	1 000 件
销售量	900 件
变动性单位生产成本	
直接材料	10.00 元/件
直接人工	5.00 元/件
变动性制造费用	3.00 元/件
全月固定性制造费用	8 000 元
单位销售及行政管理费用	2.00 元/件
全月固定性销售及行政管理费用	12 000 元
单位产品销售价格	45.00 元/件

根据表 2-55 中的资料,花城公司 2019 年 3 月的账务处理用 T 账户说明如图 2-12 所示。

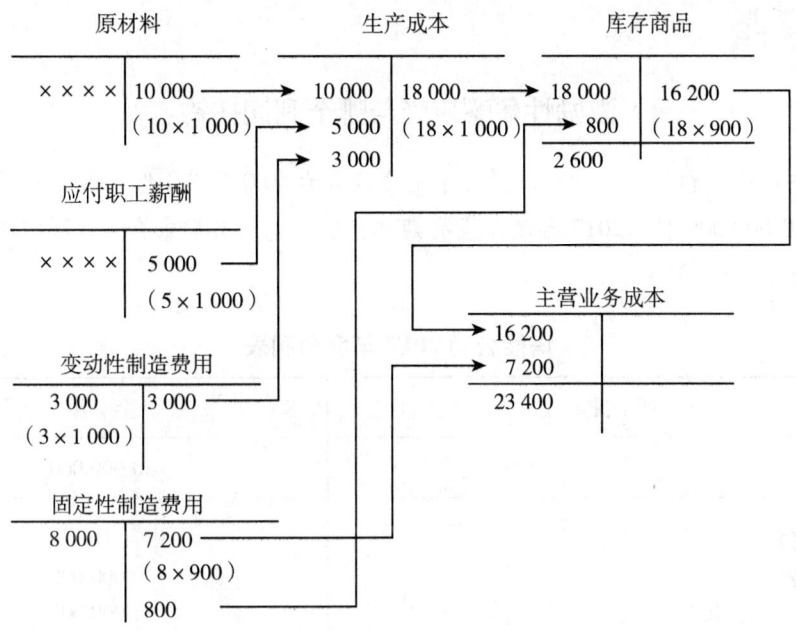

图 2-12　变动成本法与完全成本法结合运用的账务处理流程

根据图 2-12，可以验证如下。基于完全成本法有：
主营业务成本 = 900 件 ×（18.00 元/件 + 8.00 元/件）= 23 400（元）
库存商品 = 100 件 ×（18.00 元/件 + 8.00 元/件）= 2 600（元）
与图 2-12 中的账务处理结果一致。

由此可见，变动成本法与完全成本法的结合运用，既满足了管理会计与财务会计的信息需求，又体现了管理会计所强调"不同目的，不同成本"的多维成本观念。更重要的是，变动成本法与完全成本法的结合运用将经理人的投资者角色与经营者角色和谐地统一起来。

财眼看问题

1. 在实践中，会计人员经常以服务于投资者的思维服务于经营者。经营者十有八九不满意。管理会计师应该摆脱这种"窘境"，针对投资者与经营者的不同信息需求，提供相关服务。

2. 企业的绩效评价或激励机制或多或少都与利润挂钩。然而，管理会计师必须清楚，绩效评价或激励机制应该与财务会计观念的利润挂钩，还是应该与管理会计观念的利润挂钩。

延伸阅读 2-2

激励性薪酬应当与哪个利润挂钩

塔能公司生产和销售一种产品，其年生产能力为 40 000 000 件，但在 2017 年度只生产和销售 10 000 000 件。2017 年度既没有期初存货，也没有期末存货。2017 年度的利润表如表 1 所示。

表 1   塔能公司 2017 年度利润表   单位：元

项目	金额
销售收入	30 000 000
减：销售成本	
变动成本	10 000 000
固定性制造费用	24 000 000
合计	34 000 000
销售毛利	-4 000 000
减：销售及行政管理费用（假设全部为固定性费用）	5 000 000
营业利润	-9 000 000

塔能公司董事会十分重视这笔亏损，专门召开会议研究如何扭亏为盈。在会上，塔能公司的顾问张三表示愿意出任该公司总经理并扭转困境。但是，张三提出：不领固定工资，而领激励性薪酬。激励性薪酬为营业利润的 10%。董事会经过研究讨论同意了张三的要求，并与其签订了聘任合同。

2018 年度，张三上任之后立即抓生产，提高劳动生产率，使塔能公司的年生产量上升为 30 000 000 件，而销售量依然保持在 2017 年度的水平上。这样，在其他条件不变的情况下，公司 2018 年度利润表的营业利润为 7 000 000 元。塔能公司董事会在核实之后，按合同规定向张三支付激励性薪酬 700 000 元。张三领取 700 000 元激励性薪酬之后，声称塔能公司已经扭亏为盈，自己已经完成了历史使命，自己喜欢接受新的挑战，辞去总经理的职务。

如果分别采用完全成本法与变动成本法编制塔能公司 2018 年度的利润表，那么，其利润表如表 2 所示。

表 2　　　　　　　　　　塔能公司 2018 年度利润表　　　　　　　　　　单位：元

基于完全成本法		基于变动成本法	
项目	金额	项目	金额
销售收入	30 000 000	销售收入	30 000 000
减：销售成本 　　变动成本 　　固定性制造费用 　　合计	 10 000 000 8 000 000 18 000 000	减：变动成本	10 000 000
销售毛利	12 000 000	边际贡献	20 000 000
减：销售及行政管理费用	5 000 000	减：固定性制造费用	24 000 000
利润	7 000 000	减：固定性销售及管理费用	5 000 000
		利润	-9 000 000

由此可见，如果采用完全成本法，张三确实使塔能公司 2018 年度"扭亏为盈"，利润为 7 000 000 元；如果采用变动成本法，张三并没有使塔能公司 2018 年度"扭亏为盈"，亏损额依然为 9 000 000 元。

于是，塔能公司有些董事开始指责张三。其实，张三只是"钻"了聘任合同的"漏洞"。显然，聘任合同没有明确界定利润是财务会计观念（基于完全成本法）的利润还是管理会计观念（基于变动成本法）的利润。因此，聘任合同存在瑕疵。张三获得激励性薪酬 700 000 元依据的是财务会计观念（基于完全成本法）的利润（7 000 000 元）。此时，张三的角色是经营者（而不是投资者）。按道理，作为经营者的绩效评价或考核不宜以财务会计观念（基于完全成本法）的利润为基础，而应该以管理会计观念（基于变动成本法）的利润为基础。

第六节　作业成本法

从成本计算的基本方法（品种法、分批法和分步法）到标准成本法和变动成本法都以产品作为成本对象。20 世纪后期，管理会计取得了一些引人瞩目的进展。以"作业"（activity）为核心的作业成本法（activity-based costing，ABC）是其中之一。本节主要讨论作业成本法的基本原理及其与传统成本计算方法[①]的差异。

---

① 一般认为，以产品作为成本对象的成本计算方法都属于传统成本计算方法。

一、作业成本法产生的时代背景

任何理论与方法的产生都不是偶然的,而是众多因素综合作用的结果。作业成本法的产生也不例外。20世纪70年代以来,世界科学技术和社会经济环境发生了重大变化。这些变化对企业成本计算方法产生重大影响。

(一)技术背景:先进的制造环境

20世纪70年代以来,世界科学技术有了日新月异的发展。在高新技术蓬勃发展的新形势下,某些经济发达国家的企业面对日趋激烈的全球竞争压力,纷纷将高新技术运用于生产领域。奠基于高新技术基础上的生产,其基本特征是在电子技术革命的基础上形成的生产高度电脑化、自动化,包括电脑数控机床(computer numerical control machines)、机器人科学(robotics)、计算机辅助设计(computer-aided design,CAD)、计算机辅助制造(computer-aided manufacturing,CAM)的广泛运用,以至计算机集成制造系统(computer integrated manufacturing system,CIMS)的形成。基于先进的制造环境,从产品订货开始,直到设计、生产、销售等所有阶段,所使用的各种自动化系统综合成一个整体,由计算机统一进行调控。高新技术在生产领域的广泛运用改变了企业产品成本结构,使得直接材料成本和直接人工成本的比重下降,而制造费用的比重却大幅度上升。[①] 如何合理地分配制造费用成为一个重要问题。

(二)社会经济背景:个性化的社会环境

高新技术在生产领域广泛运用,极大地提高了社会生产力,促进了社会经济的发展。随着经济的发展,某些经济发达国家逐步进入富裕社会。在富裕社会,顾客或消费者可以支配的收入大大增加,顾客或消费者的行为变得更具有选择性,表现为从过去的崇尚时尚转向标新立异、突出个性。这种社会需求的重大变化必然对企业提出新的、更高的要求,要求企业具有较高的灵活反应能力,及时向顾客或消费者提供多样化和富有个性、日新月异的产品,以适应顾客或消费者多样化和快速多变的需求。与此相适应,对顾客或消费者多样化、日新月异的需求迅速做出反应的顾客化生产(customized production)模式即柔性制造系统(flexible manufacturing system,FMS)取代传统的、以追求"规模经济"(economies of scale)为目标的大批量生产(mass production)就成为历史的必然。

---

① 如今的"机器换人"和"共享经济"热潮,可能导致制造费用的比重进一步上升。

客观地说，传统成本计算方法适用于常规化和大批量生产的企业。然而，社会经济的发展，富裕社会的形成，改变了传统成本计算方法赖以存在的社会经济环境。因为在顾客化时代，尽管顾客或消费者需要的"产品"，其组成构件（"零部件"）"大同小异"，其差别仅仅在于"产品"所体现的理念或款式，但是，几乎没有两件完全相同的"产品"。如此一来，企业就不能根据"产品"计算其成本，而必须根据"产品"所消耗的作业来汇总、计算"产品"成本。

（三）变动成本法的局限

其实，经理人早已意识到固定性制造费用分配的主观武断问题。有鉴于此，为了支持企业的经营决策与管理控制，传统成本计算方法已经从财务会计的完全成本法转向管理会计的变动成本法。这时，固定性制造费用分配的主观武断问题已经得到解决。但是，除了滞后性和解释上的困难，变动成本法所隐含的指导思想与新的经营环境强调流程（focus on process）的观念并不一致[1]。面对新的经营环境和强调流程的观念，经理人需要一种与强调流程观念相适应的成本计算方法。这在一定程度上促成了作业成本法的产生与发展[2]。

（四）以服务为主导的经济模式

20世纪80年代以来，整个世界经济的发展趋势呈现出"经济从以生产为主转向以服务为主"，服务业得到迅速增长，从以生产为主导的经济模式转向以服务为主导的经济模式，出现制造业服务化的趋势。这种趋势对以"产品"为核心的传统成本计算方法也产生重要的冲击。其实，作业成本法从其起源开始就是服务导向而非生产导向。

由此可见，传统成本计算方法难以为继。于是，以"作业"为基础的作业成本法应运而生。然而，只有借助于计算机，作业成本观念才能从理论走向实践，作业成本法才得以在企业付诸实施。图2-13描绘了作业成本法产生的时代背景。

---

[1] 变动成本法隐含的指导思想是既然固定性制造费用的分配具有主观武断性，那么，干脆就不要分配，直接作为期间费用处理。这样处理确实解决了固定性制造费用的分配问题，但是，解决问题的同时，又产生新的问题：基于新的经营环境，变动成本的比重越来越小，固定性制造费用的比重越来越大，把固定性制造费用作为期间费用处理，并不能为控制日益增长的固定性制造费用提供良策。如此一来，变动成本法的重要性正日趋减弱。面对这种新的经营环境，经理人开始反思变动成本法的适应性及其存在的理论基础即成本性态。作业成本法与流程观念不谋而合。

[2] 这就说明作业成本法的产生并不是单纯为了解决固定性制造费用分配问题。

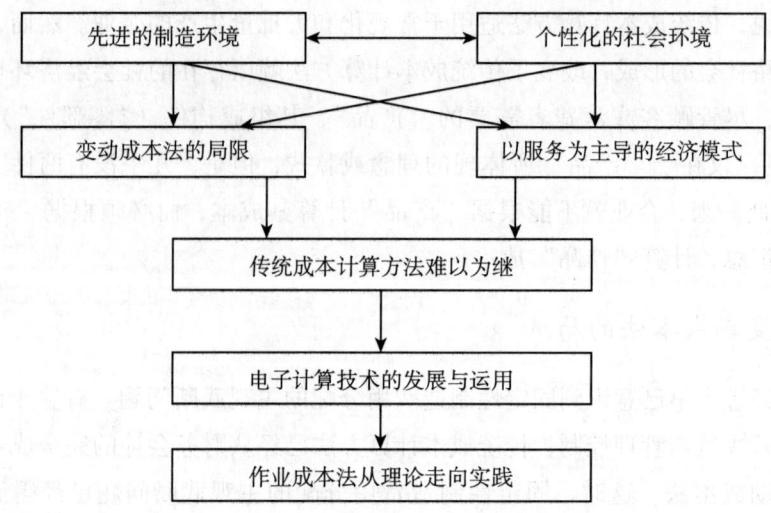

图 2-13 作业成本法产生的时代背景

二、作业成本法的基本概念

作业成本法构建在一系列基本概念基础上。这些基本概念是理解和掌握作业成本法的前提。

（一）作业

作业（activity）是企业为了特定目的而消耗资源的活动或事项。作业代表企业实施的工作，作业是连接资源与成本对象的桥梁。

一般而言，作业具有三个特征：（1）作业是企业的投入与产出因果关系连动的实体；（2）作业贯穿企业经营管理全过程，构成包容企业内部与连接外部的作业链；（3）作业是可量化的基准。

如果进一步观察，作业可以视为一系列相关任务（task）的总称。任务是企业实施每项作业的详细步骤，其作用在于理解作业的构成。例如，"发出订货单"作业由以下任务构成：（1）使用部门收到购买需求信息；（2）索取供应商报价并评估其报价；（3）编制比较分析表；（4）认定或选择供应商；（5）编制并发出订单。这些任务也可以视为作业。当然，作业的细分程度（成本计算的"颗粒度"）取决于企业经营管理需求和成本效益原则。

根据作业成本法的需要，有时还有必要确认企业不同作业层次所"驱动"（drive）的各项成本。例如，某些生产成本主要受到所生产的产品单位数量的影响如直接材料成本，而某些成本却受到生产线数量的影响如生产经理的工资。因此，在实践中，有时需要对作业进一步分类。

1. 单位作业（unit level activity）。单位作业是指每生产一个单位执行一次作业，且各个单位所消耗的资源数量大致相同的作业。例如，直接人工成本、直接材料成本、按产量法计提的折旧等就属于单位作业。通常，单位作业的成本与产品产量或某种属性（产品重量或长度等）成比例变动。

2. 批作业（batch level activity）。批作业是指每生产一批产品执行一次的作业。批作业的资源消耗反映在与各批相联系的成本动因上。例如，调整流程成本、生产计划、批检验成本、材料处理和运送成本等就属于批作业。通常，批作业的成本与产品批别成比例变动。

3. 产品作业（product level activity）。产品作业是指为了维持某个特定生产线的存在而执行的作业。产品作业通过生产线与资源的消耗联系起来。例如，顾客关系、购买和零部件管理、产品分类、产品工艺设计等就属于产品作业。通常，产品作业的成本与产品数量或批数无关，与产品种类成比例变动。

4. 能量作业（facility level activity）。能量作业是指为了维持企业的整体生产能力而执行的作业。例如，工厂管理、按直线法计提的折旧、通用照明、热动力、财产占用、生产协调等就属于能量作业。能量作业与产量、批次、品种数量无关，与企业的规模、结构有关。

（二）作业中心

作业中心（activity center）是一系列相互联系，能够实现某种特定功能的作业集合。例如，在原材料采购作业中，材料采购、材料检验、材料入库、材料仓储保管等都是相互联系的作业，都可以归类于材料处理作业中心。

（三）成本库

如果把企业的一系列相关作业所消耗的资源费用归集到作业中心，便构成该作业中心的成本库（cost pool）。实际上，成本库是作业中心的货币表现形式。这里的成本库相当于传统成本计算方法的"基本生产""辅助生产""制造费用""营业费用""管理费用""财务费用"等账户。

（四）成本动因

成本动因（cost driver）是作业成本法的核心概念。成本动因是导致成本发生的根源，也是成本对象与其直接关联的作业和最终关联的资源之间的中介因素。作业和成本对象是其起因，资源消耗是其结果。成本动因是作业成本法的核心问题。

根据作业成本法，最困难、最富有挑战性的工作便是确定企业的成本动因。只有明确企业的业务流程（business process）才能确定成本动因。这是一个充满个性化的工作。成本动因的选择极为重要，对此必须审慎考虑。

通常，成本动因由企业的工程师与管理会计师组成的专门小组讨论后确定。[①] 在选择成本动因时，必须注意以下两个问题：(1) 成本动因应该简单易懂、可计量，容易从现存的资料中分辨出来，并与部门的产出存在直接的关联性。(2) 代表性与全面性相结合。在选择成本动因时，为了避免作业成本法过于复杂，难以执行而流于形式，不宜把面铺得太广，既要挑选具有代表性和重要性的成本动因，又要注意避免过于简陋。

成本动因的数量多少与企业的生产经营过程的复杂程度密切相关。企业的生产经营过程越复杂，其成本动因就越多。在高新技术蓬勃发展的今天，成本动因的数量也日趋增加。

成本动因可以进一步分为以下两种。

1. 资源动因（resource driver）。资源动因是导致资源消耗的根源。资源动因是衡量资源消耗量与作业之间关系的某种计量标准。资源动因反映了资源消耗的起因，也是资源消耗归集到作业的依据。资源动因可以用于评价作业使用资源的效率。

2. 作业动因（activity driver）。作业动因是导致作业发生的原因。作业动因是将成本库的成本分配到成本对象的依据，也是将资源消耗与最终产出连接的桥梁。

（五）成本对象

成本对象（cost objective）是企业执行各项作业的原因。成本对象是归集成本的最终点。根据企业经营管理的需要，成本对象可以是产品，也可以是作业、部门或生产线、一个人，乃至整个企业，甚至可以是企业的外部顾客。

（六）资源

资源（resource）是支持作业的成本或费用来源。资源是作业执行过程中所需要花费的各种代价。与某项作业直接相关的资源应该直接计入该作业。如果某项资源支持多种作业，就应该借助一定标准将资源分配计入各种相应的作业。

三、作业成本法的基本步骤

作业成本法基于"作业消耗资源，成本对象消耗作业"这两个前提。据此，作业成

---

① 在实践中，企业实施作业成本法通常需要描述企业的业务流程，编制类似于"英汉字典"的"作业词典"（activity dictionary）定义作业并描述其相应的成本动因。

本法基本原理可以概括为：依据不同成本动因分别设置成本库，再分别以各种成本对象所耗费的作业量分摊其在该成本库的作业成本，然后，分别汇总各种成本对象的作业总成本，计算各种成本对象的总成本和单位成本。由此可见，作业成本法将着眼点放在作业上，以作业为核算对象，依据作业对资源的消耗情况将资源的成本分配到作业，再由作业依据成本动因追踪到成本对象的形成和积累过程（见图2-14）①。

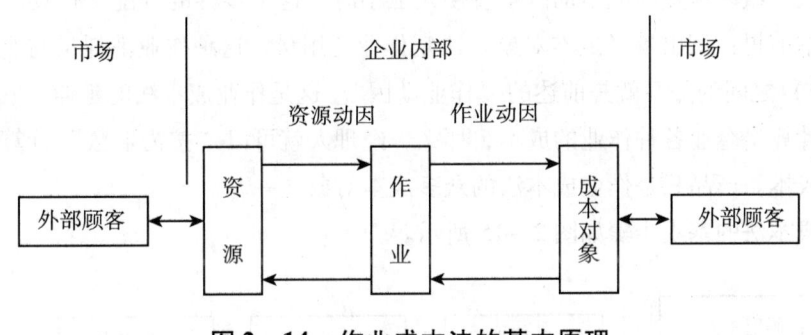

图2-14 作业成本法的基本原理

根据图2-14，作业成本法的具体步骤如下。

（一）确认主要作业和作业中心

一个作业中心就是生产程序的一个部分。例如，检验部门就是一个作业中心。按照作业中心披露成本信息，便于企业控制作业，评估作业绩效。如何确认作业和作业中心涉及前述的"作业"的概念。

（二）将资源成本分配到作业中心

将归集起来的投入成本或资源分配到每个作业中心的成本库，每个成本库所代表的是其所在的那个中心所执行的作业。因此，第二个步骤的分配过程反映了作业成本法的基本前提：作业量决定资源耗用量。资源耗用量的高低与最终的产出量（成本对象）没有直接的关系。这种资源消耗量与作业量之间的关系就是前述的"资源动因"。"资源动因"是第二个步骤分配的基础。例如，如果将"检验部门"定义为一个作业中心，那么，"检验小时"就成为一个资源动因。这时，许多与检验有关的成本都将归集到消耗该项资源的作业中心。第二个步骤是作业成本法的"本源"。顾名思义，作业成本法计算的就是企业各种作业的成本。

---

① 在企业内部，上面的箭头表示成本计算与形成过程，下面的箭头表示资源消耗过程。

（三）将各个作业中心的成本分配到成本对象

例如，整备作业的成本动因是整备小时或整备次数；整备次数假定每次整备作业耗用的资源都是相同的；整备小时则假定资源的消耗量是随着产品所需要的整备时数的变动而变动。再如，抽样检验作业的成本动因是生产的批次；钢板打眼作业的成本动因是打出的眼数；组装作业的成本动因是直接人工小时。这个步骤的分配工作反映了作业成本法的基本前提：产出量（成本对象）决定作业耗用量。这种作业消耗量与企业产出量（成本对象）之间的关系就是前述的"作业动因"。这是作业成本法的延伸。既然第二个步骤已经计算出企业各种作业的成本，那么，经理人就可以"按需取数"计算出各种成本对象的成本。产品只是作业成本法的众多成本对象之一。

作业成本法的基本步骤如图 2-15 所示。①

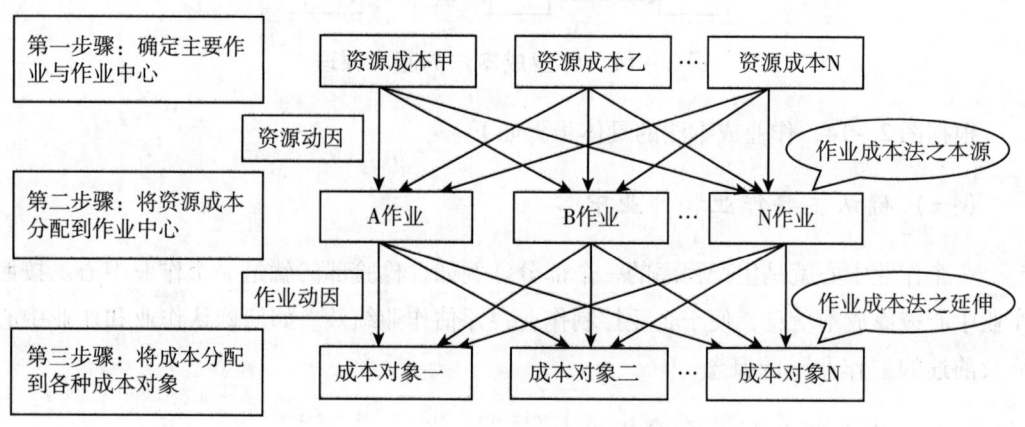

图 2-15 作业成本法基本步骤

四、作业成本法例解

就产品成本计算而言，由于生产成本的直接材料成本和直接人工成本属于直接成本，因而，作业成本法对直接材料成本和直接人工成本的核算方法与传统成本计算方法并无不同。作业成本法的特点主要体现在制造费用的分配上。

显然，作业成本法克服了单纯以直接人工成本等标准分配制造费用的局限性，缩小制造费用的分配范围（由整个企业统一分配改为由若干个"成本库"分别分配），增加制造费用分配标准（由单一标准改为多元标准）即按成本动因分配制造费用。

---

① 图 2-15 中的"N"代表资源成本、作业和成本对象的数量。希望读者能够"举一反三，触类旁通"。

为了说明问题，下面以一个实例说明作业成本法的基本原理。

【例 2-32】假设某企业生产 A 和 B 两种产品。有关资料如下：

（1）A 和 B 两种产品的年产量分别为 5 000 件和 20 000 件。

（2）A 和 B 两种产品的单位直接人工成本都是 10 元。

（3）A 和 B 两种产品的直接材料成本分别为 25 元和 15 元。

（4）年度制造费用总额为 875 000 元。

（5）A 和 B 两种产品所耗费的直接人工小时总额为 50 000 小时/年，A 和 B 两种产品耗用的直接人工小时分别为 10 000 小时/年和 40 000 小时/年。

根据传统成本计算法，制造费用按直接人工小时分配。该企业在详细分析了制造费用之后，依据成本动因，设置五个成本库如表 2-56 所示。

表 2-56　　　　　　　　　　成本库及其分配比率表

成本库	可追溯成本（元）	A 产品作业量（次）	B 产品作业量（次）	合计（次）
机器调整准备	230 000	3 000	2 000	5 000
质量检验	160 000	5 000	3 000	8 000
生产订单	81 000	200	400	600
维修	314 000	300	700	1 000
原材料收货	90 000	150	600	750
合计	875 000	—	—	—

根据传统成本计算法，制造费用按直接人工小时分配，A 和 B 两种产品的单位直接人工小时都是 2 小时（10 000 小时/5 000 件与 40 000 小时/20 000 件），其单位制造费用都是 35 元 [（875 000 元/50 000 小时）×2]。这样，A 和 B 两种产品的单位成本计算如表 2-57 所示。

表 2-57　　　　　单位成本计算表（传统成本计算法）　　　　　单位：元

成本项目	A 产品	B 产品
直接材料	25	15
直接人工	10	10
制造费用	35	35
合计	70	60

根据作业成本法，依据成本动因，设置五个成本库如表 2-58 所示。

表 2-58　　　　　　　　成本库及其分配比率（作业成本法）

成本库	可追溯成本（元）	A产品作业量（次）	B产品作业量（次）	合计（次）	分配率
机器调整准备	230 000	3 000	2 000	5 000	46
质量检验	160 000	5 000	3 000	8 000	20
生产订单	81 000	200	400	600	135
维修	314 000	300	700	1 000	314
原材料收货	90 000	150	600	750	120
合计	875 000	—	—	—	—

根据表 2-58，编制制造费用分配表如表 2-59 所示。

表 2-59　　　　　　　　制造费用分配表（作业成本法）　　　　　　　　单位：元

成本库	A产品分配额	B产品分配额	合计
机器调整准备	138 000	92 000	230 000
质量检验	100 000	60 000	160 000
生产订单	27 000	54 000	81 000
维修	94 200	219 800	314 000
原材料收货	18 000	72 000	90 000
合计	377 200	497 800	875 000
单位产品制造费用	75.44	24.89	—

根据表 2-59，编制单位成本计算表如表 2-60 所示。

表 2-60　　　　　　　　单位成本计算表（作业成本法）　　　　　　　　单位：元

成本项目	A产品	B产品
直接材料	25	15
直接人工	10	10
制造费用	75.44	24.89
合计	110.44	49.89

表 2-57 与表 2-60 中的结果显示了传统成本计算法与作业成本法的区别。作业成本法除了提供更为详细的成本信息外，其所确定的产品成本也与传统成本计算法不同。在〖例 2-26〗中，如果根据传统成本计算方法，A 产品与 B 产品的单位成本差距不大

(70元与60元），而根据作业成本法，A产品与B产品的单位成本差别较为明显（110.44元与49.89元）。就制造费用而言，根据传统成本计算法，A产品与B产品的单位制造费用都是35元，而根据作业成本法，A产品与B产品的单位制造费用分别为75.43元和24.89元。

导致上述这种结果的主要原因在于传统成本计算法采用单一分配标准（如直接人工小时）分配制造费用，忽视了各种产品生产的复杂性和技术含量不同以及与此相联系的作业量不同，从而导致产品成本的扭曲。这就类似于大家一起去餐馆吃饭，然后"AA"制。表面上，大家平均分配"餐费"。其实，这并不公平，因为每个人点的菜都不一样，当然每道菜的价钱也不同，而且每个人所"享用"的饭菜数量与品种也并不同。但最后却是大家平均分摊"餐费"，有些人可能因此而"吃亏"，另一些人可能因此而"占便宜"。

传统成本计算方法导致产品成本的扭曲主要体现在：掩盖成本发生的实质，造成不同产品之间的"成本转移"问题。所谓"成本转移"是指由于成本计算方法的原因而使得某些产品成本被低估，某些产品成本被高估。根据传统成本计算方法，导致成本转移的主要因素包括批量差异、工艺差异、产品规格差异等。

以【例2-26】的批量差异为例，传统成本计算方法可能导致小批量产品（产量为5 000件的A产品）应分配的制造费用转移到大批量产品（产量为20 000件的B产品），从而造成小批量产品应分配的制造费用被低估（根据作业成本计算法，应分配制造费用为75.43元，而根据传统成本计算方法，应分配制造费用为35元。由此可见，传统成本计算方法低估了小批量产品应分配的制造费用），大批量产品应分配的制造费用被高估（根据作业成本计算法，应分配制造费用为24.89元，而根据传统成本计算方法，应分配制造费用为35元。由此可见，传统成本计算方法高估了大批量产品应分配的制造费用）。

五、作业成本法与传统成本计算方法的比较[①]

由【例2-31】可以看到，无论是作业成本法还是传统成本计算方法都是通过两个层次分配制造费用。但是，其隐含的逻辑不同。

传统成本计算方法通过两个层次分配制造费用。企业所发生的制造费用首先归集到"制造费用"账户（成本库），然后，再根据一定标准分配到产品。这就隐含着"产品消耗资源"的假设。资源消耗量直接分配到产品，形成产品成本。从表面上看，这种假设合乎逻辑，也无懈可击。其实，仔细地观察，这个逻辑掩盖了作业在资源转化为产品过程中的作用这个实质性问题（也就是说，资源是如何转化为产品的。显然，资源不可

---

① 显然，作业成本法计算的是作业成本，而不仅仅是产品成本。然而，基于传统成本计算方法与作业成本法比较的需要，这里的比较仅局限于产品成本计算问题。否则，两者的比较就缺乏共同的口径。

能自然而然地转化为产品）。实际上，作业是资源转换为产品必不可少的关键环节。然而，根据传统成本计算方法，这却是一个"黑箱"。

尽管作业成本法也采用两个层次分配制造费用，但是作业成本法以成本动因为媒介，从而打开了传统成本计算方法的"黑箱"，不再是一步将资源越过作业分配到产品。因此，与传统成本计算方法相比，作业成本法可以提供更为相关的成本信息。

更为重要的是，传统成本计算方法只是为了存货计价与收益确定而将已发生的制造费用分配到成本对象（产品），而作业成本法则是为了经营决策，改进企业业务流程而将已发生的制造费用分配到成本对象（作业或产品或其他）。这可以从作业成本法的成本分配观（cost assignment view）与流程观（process view）这个"二维"观念得到进一步说明（见图2-16）。

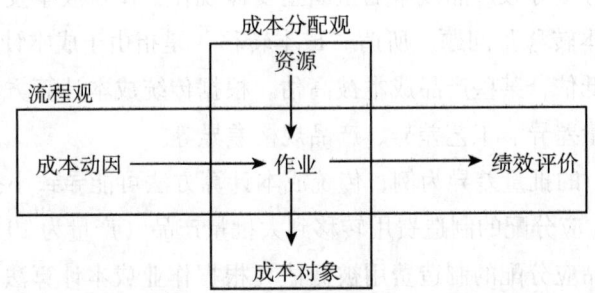

图2-16 作业成本法的"二维"观念

图2-16中的垂直部分，反映了成本分配观。成本分配观说明成本对象引起作业需求，而作业需求又引起资源的需求。这是成本分配的"资源流动"。成本分配观的"成本流动"却恰好相反，从资源到作业，而后从作业到成本对象。成本分配观从"成本流动"与"资源流动"两个侧面全面地提供有关资源、作业和成本对象的信息。图2-16中的水平部分，反映了流程观。流程观为经理人提供有关何种原因引起作业（成本动因）以及作业完成得如何（绩效评价）的信息。经理人利用这些信息，可以改进作业链，优化价值链，提高从企业外部顾客获得的价值。作业成本法从纵横两个侧面为经理人改进作业链，减少作业耗费，提高作业的效益提供信息。

在这里，流程观非常重要。一方面，流程观使管理会计与企业业务流程有机融合；另一方面，流程观协调了制造（生产）观念与财务观念。通过作业成本法，经理人可以考察作业（流程），了解某个部门从最开始耗费的每一元资金及其经历的各种变化，从而使制造（生产）经理所信奉的观念与财务经理所信奉的观念一致。设计师、工程师与会计师不必再争论成本应该如何归集，转而关注决定产品或生产过程应该耗费多少成本。由此，制造（生产）经理与财务经理具有"共同语言"，作业成本法有助于消除各部门之间的偏见。

此外，与传统成本计算方法相比，作业成本法还具有如下特色。

1. 全员成本管理意识成为现实。尽管树立全员成本管理意识的观念并非一种新鲜名词，但是，因为传统成本计算方法计算的是产品成本，企业员工自然认为成本只是管理会计师的事情，"事不关己，高高挂起"，如此一来，全员成本管理意识也就难以真正落到实处。而作业成本法计算的是作业成本。企业员工每天的工作就是执行必要的作业。作业成本法计算的就是每个员工的成本。成本问题成为全员的问题。这样，全员成本管理意识也就"顺其自然"地落到实处。因此，作业成本法使企业所有员工都讲"同一种语言"。那就是在保证质量的前提下，持续降低成本，"将昨天的成本转化为明天的利润"，持续创造价值。

2. "整合四流，创造一流"。如前所述，作业成本法计算的是企业最基本事项（即作业）的成本。这样，企业就可以根据其管理需求，"按需取数"，计算各种成本对象的成本（产品成本只是其中之一）。由此，作业成本法真正体现了管理会计所强调的"不同目的，不同成本"的观念。这样，就有助于企业整合"资金流""物流""信息流""人力资源流"（即"四流"），创造一流的绩效。这才是作业成本法的魅力所在。

3. 揭示成本发生的"来龙去脉"。从经营决策与管理控制的视角看，单纯的成本信息没有意义。实际上，作业成本法的计算过程就是成本动因的分析过程。因此，基于成本动因分析的作业成本法揭示了"成本为何发生"（这就明确了降低或避免成本发生的落脚点）、"成本如何发生"（这是控制成本发生的基本点），展示了成本发生的"来龙去脉"，从而将"成本避免"（cost avoidance）与"成本控制"（cost control）和谐地统一起来，丰富了成本信息的管理意义。

4. 拓展了成本计算与成本管理的空间。如前所述，传统成本计算方法计算的是产品的成本，关注的是生产过程的效率（efficiency）问题。然而，"局部优化"不等于"全局优化"。21世纪，顾客的需求日新月异，企业产品的生命周期日益缩短。由此，企业对成本产生的根源及其结果的考察必须超越生产阶段，拓展到整个产品的生命周期。作业成本法以作业为核心，"按需取数"，使成本计算与成本管理延伸到整个产品生命周期，从而拓展了成本计算与成本管理的空间，消除了不同行业成本计算与成本管理的"隔阂"，统一了各行业的成本计算与成本管理思维。

综上所述，作业成本法从以"产品"为中心转移到以"作业"为中心，不仅克服了传统成本计算方法的某些固有缺陷，提供较为相关的成本信息，而且更为重要的是作业成本法不只监控最终成本对象的成本，"就成本论成本"，而是把着眼点与着重点放在成本发生的前因和后果上，以作业为核心，以资源流动为线索，以成本动因为媒介，通过跟踪动态反映所有作业活动，有效地控制最终成本对象的形成过程所发生的作业成本。

如此一来，作业成本法就具有战略管理的意义。作业成本法可以更好地发挥决策、计划和控制作用，使企业处于持续改善的环境之中。因此，作业成本法与其说是一种先进的成本计算方法，不如说是一种实现成本前馈控制与反馈控制相结合，成本计算与成本管理相结合的"全员成本管理系统"。作业成本法为成本管理提供一种新思维——作业成本管理（activity-based cost management，ABCM）。

> **财眼看问题**
>
> 1. 俗话说"说易行难"。作业成本法的理念非常好，但企业要实施作业成本法必须具备作业数据并编制"作业词典"。因此，管理会计师必须意识到实施作业成本法本身就是一项数额不小的作业成本。
>
> 2. 管理会计师即便要在自己所在企业推行作业成本法，也必须选择某个典型项目先试点（不宜贸然在整个企业实施作业成本法），"以点带面"，取得成功经验，再逐步推广。
>
> 3. 计算机可以轻易地计算出作业成本。计算出作业成本并不是企业实施作业成本法的目的。管理会计师应该借助成本动因分析，追踪成本的"来踪去迹"，踏着"业财融合"的步伐，为优化业务流程或业务流程再造，乃至企业再造提供相关的成本信息。

延伸阅读2-3

作业成本法的战略思维

如今一提起作业成本计算法（activity-based costing，ABC），许多人马上会联想到产品成本计算的精确性或高新技术企业。其实，这是对作业成本计算法的误解。作业成本计算法的魅力在于其战略思维。

根据有关文献，作业成本计算法的确起源于产品成本计算的精确性动机。但是，其意义已经完全超越了成本计算精确性要求这个层面，深入到企业组织的作业链（activity chain）——价值链（value chain）重构，乃至企业组织结构设计问题。如果我们单纯地将作业成本计算法视为一种成本计算方法，那么它并没有什么先进可言。就计算技术而言，作业成本计算法也没有什么高深之处，无非是根据成本动因（cost driver）改变单一制造费用分配标准为多元分配标准而已，其计算、分配原理还是一样。作业成本计算法最大的贡献在于强调成本动因。如果就成本计算的精确性而言，我们还没有足够的证据证明采用多个分配标准分配间接费用一定比单一分配标准更为精确！况且，任何成本计算方法本来就不能用"精确性"来衡量。

传统成本计算法通过两个层次分配间接费用。企业发生的间接费用（主要是制造费用）首先归集到费用（主要是制造费用）账户，然后再根据一定标准分配到产品。这隐含着"产品消耗资源"的假设。资源消耗量直接分配到产品，形成产品成本。从表面上看，这合乎逻辑，也无懈可击。其实，仔细地观察，它掩盖了作业在资源转化为产品过程中的作用这个实质性问题。实际上，作业是资源转换为产品必不可少的关键环节。然而，在传统成本计算方法下，这却是一个"黑箱"。尽管作业成本计算法也采用两个层次分配间接费用（除了制造费用之外，还包括其他间接费用），但它以成本动因为媒介，从而打开了传统成本计算法的"黑箱"，不再是一步将资源越过作业分配到产品。因此，传统成本计算法忽视了各种产品生产的复杂性和技术含量不同以及与此相联系的作业量不同。而作业成本计算法考虑了引起间接费用发生的各种成本动因，并以此为基础分配间接费用，因而，它能提供较为相关的成本信息。可见，对比传统成本计算法，作业成本计算法提高成本信息的相关性。

从因果关系的逻辑看，作业成本计算法的确导源于高新技术企业间接费用（如研究与开发费用、制造费用、营销与行政费用等）数额的增加而导致的间接费用分配重要性提高。这就造成一种假象，似乎作业成本计算法是高新技术企业的"专利"。其实，作业成本计算法的起源不等于其运用的领域。任何理论与方法的产生都不是偶然的，而是众多因素综合作用的结果。作业成本计算法也不例外。作业成本计算法的起源需要某种"驱动因素"（driver），高新技术企业间接费用的增加只是推动作业成本计算法从理论走向实践的众多"驱动因素"之一。一旦作业成本计算法产生之后，其运用领域便不再局限于高新技术企业。任何企业组织只要希望了解成本发生的"来龙去脉"，降低并控制成本费用就可以运用作业成本计算法辅助管理。作业成本计算法在国外许多大型制造业、金融机构、科研机构、中小企业、会计师事务所、营销部门等领域的广泛运用就是一个明显的例证。

由此可见，作业成本计算法并不天然与精确性或高新技术企业相联系。还有一种误解，认为作业成本计算法是计算产品成本的一种方法。当然，这没有错，但并不全对。作业成本计算法的确是计算产品成本的方法，但是，如果我们只是这么认识作业成本计算法的话，那可就大大降低作业成本计算法的功效了。作业成本计算法并不局限于"就成本论成本"，而是将着眼点与着重点放在成本发生的前因和后果上，以作业为核心，以资源流动为线索，以成本动因为媒介，依据作业对资源的消耗情况将所消耗的资源成本分配到作业，从而计算作业成本。现代企业观认为"企业是为了满足最终顾客需求而设计的一系列作业的集合体"。这样，作业成本计算法计算的是企业最基本事项即作业的成本。企业完全可以根据管理需求，"按需取数"，计算各种成本对象（cost objective）的成本。例如，可以根据某种产品消耗各项作业的数量计算该种产品成本，也可以根据某个部门（或生产线）消耗各项作业的数量计算该部门（或生产线）成本，甚至可以根据某个人在企业消耗各项作业的数量计算某人的成本。依此类推，真正体现了"不同目的，不同成本"（different costs for different purposes）的思想。所有作业的成本便构成企业的成本。企业成本管理的实质就是作业管理。因此，作业成本信息是企业作业链——价值链优化的信息基础，从而也是企业的业务流程再造，乃至企业再造的信息基础。这才是作业成本计算法的魅力之所在！

只有明确成本"为何发生，如何发生"，企业才能进行成本的战略管理。对此，在不同时期存在不同的认识。大约在20世纪80年代之前，人们认为"成本是业务量的函数"即业务量驱动成本的发生，20世纪80～90年代，人们的观念发生了变化，认为"成本是作业的函数"即作业驱动成本的发生。20世纪90年代之后，人们的观念再次发生了变化，认为"成本是战略的函数"即战略驱动成本的发生。今天，人们认为任何成本都是为了实施战略而发生。成本（或费用）虽然发生于生产经营过程，但是其根源却不在生产经营过程。我们需要站在战略高度透视成本（或费用）及其发生的根源。这就是成本的战略思维（strategic thinking）。

作业成本计算法的运用过程实际上就是成本动因分析过程。明确某项成本（或费用）是否与战略相关，是否可以避免是成本管理的最高层次——成本避免（cost avoidance）。如果某项成本（或费用）不能避免，一定要发生，接下来的问题才是控制其发生的数额。这是成本管理的第二层次——成本控制（cost control）。只有从战略上避免成本发生，才能从源头上杜绝或消除浪费。作业成本计算法提供了这样的战略思维。

（资料来源：胡玉明，《作业成本计算法的战略思维》，载于《财会通讯》2004年第7期）

第七节 目标成本法

众所周知，成本是一种补偿价值。企业在生产经营过程中所发生的成本只有通过市场得到补偿，企业才能创造价值。否则，企业就有可能蚀本经营，陷入困境甚至破产清算。基于市场经济环境，管理会计师必须从企业走向市场，具备市场意识。有鉴于此，本节将简要阐述目标成本法（target costing）以及与其密切相关的价值工程（value engineering）。

一、目标成本法

目标成本法不仅使管理会计师具备市场意识，而且使管理会计师具有战略思维。

(一) 目标成本法的基本原理

基于市场经济环境，企业已经成为市场的主体。企业的一切生产经营活动都要以市场为导向。市场决定着绝大多数企业的产品价格，企业的产品成本只有接受市场的检验，并且低于市场价格，成本所代表的效率（efficiency）才能转化为效益（effectiveness）。否则，成本只能是一种损失。企业为了创造价值，就必须以市场为导向，以市场价格确定产品成本。因此，企业应该以竞争性的市场价格为基础，根据企业的目标利润，确定产品应该达到的目标成本，以此主动、事先控制产品成本的水平。

根据上述讨论，目标成本的计算公式为：

单位产品目标成本 = 单位产品竞争性市场价格 − 单位产品目标利润

【例 2-33】某公司计划研究与开发并生产一种新产品即 A 型涂料。该公司通过市场调查，发现 A 型涂料每公斤的竞争性市场价格为 0.50 元。根据该公司的战略目标，A 型涂料设计阶段每公斤的目标利润为 0.25 元。这样，在设计阶段，每公斤 A 型涂料的目标成本为：

每公斤 A 型涂料的目标成本 = 0.50 − 0.25 = 0.25（元/公斤）

也就是说，如果 A 型涂料每公斤的竞争性市场价格为 0.50 元，而该公司 A 型涂料设计阶段每公斤的目标利润为 0.25 元，那么，在设计阶段，该公司每公斤 A 型涂料的成本不得超过 0.25 元，即在设计阶段该公司每公斤 A 型涂料的目标成本为 0.25 元。

由此可见，目标成本法是以市场为导向的成本管理思维。目标成本法以具有竞争性的市场价格和企业的目标利润倒推出目标成本。这里的"目标利润"体现了企业的长远发展战略要求，而"竞争性市场价格"则体现了市场导向。市场价格的确定本身就是一个博弈的过程，市场价格既是企业本身应该接受的价格，又是企业现有和潜在竞争对手都应该接受的价格。因此，以市场价格为导向实际上就是"知己知彼"的战略思想之体现。由此所确定的目标成本就是企业的生产经营过程应该达到的成本水平。目标成本法将企业的内部发展战略与企业的外部市场有机地结合起来，以市场为导向全面指导企业内部的成本管理工作，从而将企业的成本管理提高到战略的高度。目标成本法的进步之处在于将企业的外部市场价格导入企业的内部成本管理。目标成本法也是一种动态的成本管理思维。因为企业面临的外部市场环境多变，成本管理以市场为导向必须时刻关注外部市场的变化，及时调整企业的内部发展战略，不断提高生产效率，降低成本水平，使企业的生产经营过程达到持续改善之境界。

总体而言，本章所阐述的标准成本法还是企业行之有效的控制生产过程成本的重要工具。标准成本法所确定的标准成本本身也是一种目标成本。目标成本法所确定的"目标成本"，如果企业能够达到，一旦付诸实施就成为企业生产过程的标准成本。因此，标准成本只是企业在某一特定的生产阶段应该达到的目标成本，标准成本法是目标成本法的必然延伸。但是，目标成本法与标准成本法不同。首先，两者最主要的区别在于目标成本法的市场导向特征。目标成本通过竞争性市场价格推导出来。这就保证了企业内部管理的成本计划过程与企业外部环境的市场信息相结合。标准成本法是提高企业生产过程效率的重要手段，但缺乏市场导向，目标成本法则在兼顾效率与效益的基础上，体现了成本管理的市场意识。其次，两者的层次不同。目标成本法是一种成本避免，属于成本管理的第一层次，要求消除一切可以避免的成本发生，而标准成本法则是一种成本控制，属于成本管理的第二层次。显然，成本管理的重点应该是成本避免，在这个基础上，对于不可避免、一定要发生的成本再实施有效的成本控制。

（二）实施目标成本法的基本步骤

通常，企业实施目标成本法的基本步骤包括：（1）设计并生产满足顾客需求的产品；（2）根据顾客与竞争对手的情况以及企业的战略目标，确定单位产品竞争性市场价格和目标利润；（3）根据单位产品竞争性市场价格和目标利润确定单位产品目标成本；（4）借助价值工程实现目标成本的要求。企业实施目标成本法的基本步骤如图 2-17 所示。

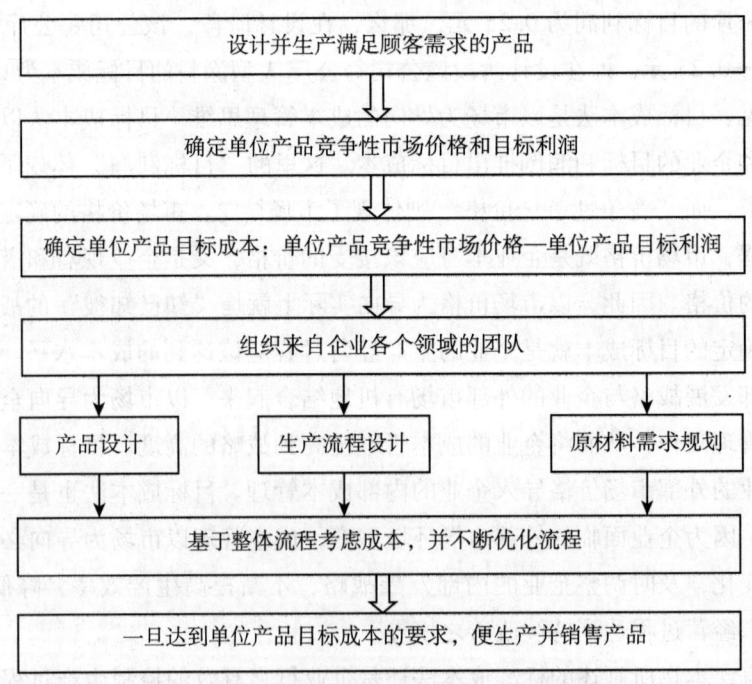

图 2-17 实施目标成本法的基本步骤

（三）实施目标成本法的基础条件

如前所述，目标成本法的精髓在于以市场为导向，以市场竞争性价格和企业的发展战略确定应该达到的成本水平。这就决定了企业实施目标成本法必须具备一定的前提条件。

1. 能够确定相对稳定的竞争性市场价格。目标成本法的基本特征是其市场导向。目标成本法的关键在于确定相对稳定的竞争性市场价格，而确定相对稳定的竞争性市场价格势必要求企业所生产的产品"适销对路"并且具备完善的市场。否则，既无法确定以市场为导向的目标成本，也无法将成本所代表的效率转化为效益。更为重要的是，竞争性市场价格必须相对稳定，否则，所确定的目标成本瞬息万变，企业将无所适从。因此，企业实施目标成本法的前提条件是企业能够确定竞争性市场价格。

2. 能够确定目标利润。就企业内部而言，确定目标成本的关键在于确定目标利润。这就要求企业的内部计划管理水平较高，能够根据其面临的内外部环境比较合理地规划适应其发展战略的目标利润。这是保证企业有效实施目标成本法的前提条件。因此，企业实施目标成本法还需要企业内部经营管理水平的配合。

3. 目标成本可以合理分解。上述两个问题只是确定目标成本的前提条件，然而，依此确定的目标成本还只是一个总括的概念，即目标成本只是相关产品成本的总括数据。一旦进入目标成本的具体实施阶段就有点勉为其难。如果企业开始为了取得目标成本而做出努力，就必须将目标成本分解到产品的功能、各个组成部件，甚至分解到各个成本项目，并以此考核相关责任单位。如何分配目标成本是实施目标成本法的一个重要问题。这就需要企业建立权利与责任对称、权责利相统一的责任会计系统予以配合。

4. 转变管理思维。目标成本法并不是单纯的成本管理方法，而是一种管理思维。这种思维融于企业的经营决策与管理控制过程。企业的经营决策与管理控制过程无处不体现这种思维。成本管理工作涉及面很广，绝非单纯的成本管理问题。因此，企业要实施目标成本法不能单靠企业的管理会计师，还要企业的各个部门、各位员工、各个环节紧密配合，树立全员、全方位的成本管理意识。

综上所述，目标成本法是以市场为导向的成本管理思维。目标成本法是企业有效实施成本管理的基础。目标成本法使企业的成本管理能够不断提供有助于企业保持和增强其竞争力的信息，鼓励革新和创造，使企业处于持续改善之中，追求尽善尽美。

二、价值工程

其实，目标成本是技术与经济相互协调的结果，但是目标成本只是对产品成本提出明确的目标要求。这些要求如何实现，还需要价值工程的配合。

（一）价值工程的基本原理

价值工程是以功能分析（function analysis）为核心，以合理的成本实现产品必要的功能，从而使产品价值最优化的一种有组织的活动。在这里，"功能"是指产品所担负的职能或所起的作用，实际上就是产品的使用价值，相当于"质量"；"成本"并非一般的产品生产成本，而是指为实现产品的必要功能所发生的全部成本（相当于"产品生命周期成本"）；与众所周知的"价值"概念不同，这里的"价值"是指产品的功能与成本的比值。实际上，"价值"就是芸芸众生通常所说的产品性价比。功能、成本和价值三者之间的关系，用公式表示就是：

$$价值 = 功能/成本$$

也就是说，产品的价值与功能成正比，与成本成反比。显然，企业要实现价值工程的目的，只能从改善功能和降低成本两个方面动脑筋。价值工程就是围绕这两个方面而展开的。

价值工程的核心是产品的功能分析。企业在产品的研究与开发、产品设计和生产过程中，要把重点从产品的结构分析，转移到产品的功能分析。这种重点的转移，有利于设计师和工程师摆脱现存产品结构的思想约束。以手表的改进为例，多年来，手表生产企业一直在研究手表的结构，希望改进手表的结构，降低成本。遗憾的是，按照这样的思路，始终无法跳出机械表的范围，降低成本的收效自然甚微。根据价值工程的基本原理，手表的基本功能是"显示时间"。按照这样的思路，设计师和工程师马上可以想到一个问题：难道只有机械表才能显示时间吗？显然不是！于是，从手表的基本功能是"显示时间"这个思路出发，设计师和工程师马上就产生了思维的突破，出现各种各样的石英电子表，在保证必要功能（也就是显示时间）的前提下，大幅度降低了手表的成本。

（二）价值工程与目标成本法的结合

基于市场经济环境，顾客只对需要的功能付钱。功能意味着成本！多余的功能将使成本提高，但又得不到补偿。通过产品的功能分析，企业就可以发现哪些功能是必要的，哪些功能是不必要的；哪些功能是过剩的，哪些功能不足，从而提出产品的改进方案。去掉不必要的功能，削减过剩的功能，补充不足的功能，使产品的功能更加合理，在满足产品必要功能的前提下，降低产品成本，提高产品的竞争力。

以新产品的研究与开发为例，新产品的研究与开发关键在于以市场为导向的设计阶段。根据前述的成本动因理论，产品设计是企业最重要的成本动因之一。绝大部分产品成本在产品设计阶段就已经确定了。这就是锁定成本（locked cost）。据估计，产品生命周期成本有60%~80%在产品设计阶段就已经确定了。产品一旦投入生产,降低成本的潜力就不大了。成本虽然发生于生产过程,但是,其根源却在产品设计,乃至企业设计。因此,在产品设计阶段,设计师、工程师与管理会计师必须认真考虑产品设计方案对成本的影响。这就要求负责产品设计的设计师和工程师必须树立价值工程的观念,具有成本意识,同时,也要求成本会计师不能只管事后算账,也要关心产品设计方案,主动参与产品设计并对产品的设计师和工程师提出要求,要求其设计出来的产品既符合技术要求,又符合经济要求,实现技术与经济的统一。有时,即使产品设计方案从技术上看已经成功,但是由于达不到经济要求,也不能投产,还要改进产品设计方案,甚至放弃,另起炉灶。如此反复,使企业产品设计方案不断改进,日趋完美。只有设计方案的节约才是最大的节约,设计方案所造成的浪费难以通过后续的生产过程来弥补。这样,就企业新产品的研究与开发而言,价值工程与目标成本法相结合具有更为重要的现实意义。

更为重要的是,价值工程与目标成本法相结合构建了"目标成本、设计成本、标准成本、实际成本"四位一体的前馈控制与反馈控制相结合的事前、事中和事后和谐统一的成本管理新思维。

【例2-34】沿用〖例2-33〗中的资料,进一步假设该公司的研究与开发人员经过数月的攻关,终于设计出一个生产A型涂料的配方。该公司生产A型涂料需要用清铅粉、黑铅粉、黏土和糖浆等原材料,各种原材料所占的比重分别为35%、45%、14%和6%。

根据〖例2-33〗,在设计阶段,该公司每公斤A型涂料的目标成本为0.25元/公斤。同时,该公司通过市场调查得知,每公斤清铅粉、黑铅粉、黏土和糖浆的成本分别为0.45元、0.18元、0.05元和1.00元。据此,在设计阶段,该公司A型涂料的单位成本为:

$0.45 \times 35\% + 0.18 \times 45\% + 0.05 \times 14\% + 1.00 \times 6\% = 0.3055$(元/公斤)

可见,该公司A型涂料的设计方案尽管在技术上可行,但是,在设计阶段,其单位成本(0.3055元/公斤)却达不到单位目标成本(0.25元/公斤)的要求。管理会计师将该信息反馈给该公司的设计师和工程师。该公司设计师和工程师随后认真研究了A型涂料现有的配方,结合开展价值工程,发现A型涂料的现有配方使A型涂料耐高温性能过剩,而悬浮稳定性却略显不足。在保证A型涂料必要功能的前提下,该公司的设计师和工程师努力改进配方。A型涂料改进之后的新配方只用清铅粉、黑铅粉和膨润土三种原材料,各种原材料所占比重分别为15%、80%和5%。根据市场调查,每公斤膨润土的成本为0.09元。根据新配方,在设计阶段,A型涂料的单位成本为:

$0.45 \times 15\% + 0.18 \times 80\% + 0.09 \times 5\% = 0.2160$(元/公斤)

根据上述计算结果,在设计阶段,A型涂料新配方的成本达到目标成本的要求,改进之后的 A 型涂料可以考虑投产。

然而，问题又来啦！该公司的 A 型涂料新配方能够保本，乃至盈利吗？这就涉及管理会计的一个重要主题：盈亏临界点（break-even point）。所谓盈亏临界点，又称保本点，是指企业的销售总额与成本总额相等的经营状况，即边际贡献等于固定费用时企业所处的既不盈利也不亏损的状态。盈亏临界点通常是企业生产和销售决策的"底线"。

【例 2-35】沿用〖例 2-33〗和〖例 2-34〗的资料，在设计阶段，该公司每公斤 A 型涂料的直接材料成本为 0.2160 元，每公斤 A 型涂料的销售价格为 0.50 元。进一步假设该公司每公斤 A 型涂料的直接人工成本和变动性制造费用分别为 0.0428 元和 0.0422 元。据此，该公司每公斤 A 型涂料的变动成本为 0.300 元/公斤（0.2160 + 0.0417 + 0.0423）。同时，假设该公司的销售及行政管理费用都是固定性费用，该公司每年为生产和销售 A 型涂料需要发生全部固定性费用（包括固定性制造费用和固定性销售及行政管理费用）为 200 000 元。那么，该公司 A 型涂料的盈亏临界点为：

盈亏临界点（Q_0）= 200 000/(0.50 − 0.30) = 1 000 000（公斤）

也就是说，该公司 A 型涂料的年销售量必须达到 1 000 000 公斤，才能保本，超过 1 000 000 公斤才能盈利。[①] 管理会计师不能只是计算出盈亏临界点销售量就"大功告成"。计算出盈亏临界点销售量只是"万里长征"的第一步，管理会计师必须与营销部门沟通，"温馨提醒"营销部门能否使销售量突破盈亏临界点（即营销部门能否销售 A 型涂料 1 000 000 公斤以上）。某些行业（如酿酒行业）的产能受到限制，短期内难以显著扩大。如果营销部门的销售量能够突破盈亏临界点，管理会计师还要与生产部门沟通，善意提醒生产部门现有产能能否满足营销部门的销售需求（即生产部门能否生产 A 型涂料 1 000 000 公斤以上）。由此可见，管理会计师不直接做销售决策，也不直接做生产决策，但管理会计师可以为销售部门的销售决策和生产部门的生产决策提供服务。

> **财眼看问题**
>
> 1. 产品设计不仅锁定产品成本，而且影响产品生产流程，而生产流程进而影响产品成本。因此，设计师、工程师和管理会计师都不能"孤军奋战"，而应该"协同作战"。设计师、工程师和管理会计师必须"讲同一种语言""同频共振"，通力合作，共同为企业持续创造价值。
>
> 2. 有效地降低或控制成本必须借助价值工程。因此，管理会计师必须具备与工作单位所在行业相关的科学知识和工程知识，掌握科技发展动态。

---

① 管理会计师还可以进一步计算出企业为了实现某个目标利润需要达到的销售量即保利点销售量。保利点销售量（Q）=（固定性费用 + 目标利润）/（单位销售价格 − 单位变动性费用）。

参考文献

[1] 财政部：《管理会计应用指引第 300 号——成本管理》，2017。
[2] 财政部：《管理会计应用指引第 301 号——目标成本法》，2017。
[3] 财政部：《管理会计应用指引第 302 号——标准成本法》，2017。
[4] 财政部：《管理会计应用指引第 303 号——变动成本法》，2017。
[5] 财政部：《管理会计应用指引第 304 号——作业成本法》，2017。
[6] 胡玉明主编：《管理会计应用指引详解与实务》（最新版），经济科学出版社 2019 年版。
[7] 胡玉明：《会计学：经理人视角》（第 2 版），中国人民大学出版社 2017 年版。
[8] 胡玉明：《高级管理会计》（第 4 版），厦门大学出版社 2016 年版。
[9] 胡玉明、潘敏虹：《成本会计》（第 4 版），厦门大学出版社 2019 年版。

第三章

财务管理

第一节 投资管理

一、投资管理的主要内容

投资管理在资产负债表模型的左边。按时间分类,投资管理可分为短期投资管理与长期投资管理。

短期投资管理是对企业流动资产形成过程的管理,即流动资产投资管理。按流动资产的基本项目,可分为现金管理、短期证券投资管理、应收账款管理(信用管理)与存货管理。

长期投资管理是对企业长期资产形成过程的管理,即非流动资产投资管理。按长期资产的基本项目,可分为固定资产与无形资产投资管理、长期债权与股权投资管理等。无形资产投资管理将变得越来越重要和有挑战性,尤其是其中的智慧(智力)资产(intellectual assets)投资管理。固定资产与无形资产投资管理在财务管理中称为资本预算(capital budgeting),实务中,通常是指项目投资管理。顺便提示一下,企业并购(merger and acquisition, M&A)、境外直接投资、艺术品与收藏品投资等,也可纳入项目投资管理范畴。

长期债权与股权投资既可以在公开的资本市场进行,也可以在非公开的市场中进行,如私募股权投资(private equity, PE)、创业投资(venture capital, VC)。在公开的资本市场进行的长期债权与股权投资,即为长期证券投资。因此,证券投资管理可按投资时间长短分为短期证券投资管理、长期证券投资管理。证券投资管理的相关知识属于投资学(investment)范畴;在财务管理中,证券投资管理是"拿来主义",即投资学在财务管理中的应用。

二、投资项目财务评价指标及应用

投资项目财务评价指标,即资本预算决策的指标,可分为两大类:(1)贴现的指标,即动态指标,主要有净现值(net present value,NPV)、内含报酬率(internal rate of return,IRR)、现值指数(present value index,PVI)、动态投资回收期(dynamic payback period,DPP)等;(2)非贴现的指标,即静态指标,主要有静态投资回收期(static payback period,SPP)、会计收益率(accounting rate of return,ARR)等。

如何应用投资项目财务评价指标进行决策,其中核心的是投资项目财务评价方法。应用投资项目财务评价指标对投资项目进行决策,即构成投资项目财务评价方法,也就是资本预算方法。因此,要区分投资项目财务评价指标与投资项目财务评价方法。投资项目财务评价方法的构成要素至少应包含:(1)投资项目财务评价指标的定义与计算公式(模型);(2)应用投资项目财务评价指标进行决策的规则(decision-making rules);(3)不同的决策类型,决策指标的应用规则有所不同。

一种投资项目财务评价指标形成一种投资项目财务评价方法,所以投资项目财务评价方法也分为两大类:(1)贴现的方法,即动态方法,主要有NPV法、IRR法、PVI法、DPP法等;(2)非贴现的方法,即静态方法,主要有SPP法、ARR法等。[①] 下面进一步讨论投资项目财务评价指标及应用,以便更好地帮助读者进行投资项目财务评价实践。

(一)投资项目财务评价指标之间的关系

投资项目财务评价指标中的参数,即估值模型中的三大变量:NCF、r、n。因非贴现的指标没有考虑r,不是完整的决策指标,只能作为辅助的决策指标。贴现的指标才是完整而科学的决策指标,是主流的决策指标。贴现的指标之间的关系,可以反映在表3-1中。

表3-1　　　　　　　　贴现的指标之间的关系

评价指标的计算公式	判断方案可行的标准
$NPV = \sum_{t=1}^{n} NCF_t \cdot (P/F,r,t) - P$	$NPV \geqslant 0$
解方程 NPV = 0 得出的 E(r),即 IRR	$IRR \geqslant r$
PVI = 1 + NPV/P	$PVI \geqslant 1$
EAB = NPV/(P/A, r, n)	$EAB \geqslant 0$

注:EAB 的英文全称是"equivalent annual benefit",可译为"约当年收益",将 NPV 年金化,反映投资项目每年创造的等额价值大小。

[①] 这些内容已在初级管理会计师能力认证考试用书《管理基础》"第六章 财务管理基础"中作了初步介绍,不再赘述。

从表3-1中可以发现，IRR、PVI、EAB的计算公式都与NPV密切相连，没有NPV，便没有IRR、PVI、EAB，所以说IRR、PVI、EAB都是NPV的派生物并不为过。因此，NPV是最优的决策指标，NPV法是最优的决策方法，是主流中的主流。对此，理论上有许多解释，但最有说服力的解释是，只有NPV满足价值可加性（value additivity）原理，并且NPV最大化与企业价值最大化目标吻合。

（二）投资项目财务评价方法的选择

如何选择投资项目财务评价方法，与决策类型有关，分述如下。

1. 在进行单一方案（采纳与否）决策时，NPV法、PVI法、EAB法、IRR法的结论一致。此时，无须计算每一个决策指标，用NPV法即可。

2. 在进行互斥方案决策时，NPV法、PVI法、EAB法、IRR法的结论可能不一致，可遵循如下原则：（1）投资额不同时，用PVI（PI）法、IRR法判断方案的优劣（效率高低）；（2）项目寿命不同时，用EAB法判断方案的优劣（效率高低）；（3）在资本无限量时，无须关心投资额与项目经济寿命是否相同，因为效率高的投资项目未必净现值高。故应坚持净现值最大化标准，总是以NPV法的决策结论为准。

3. 在资本有限量（capital rationing）时，往往要作组合方案决策，以优化企业资源配置。组合方案决策规则：（1）先按IRR或PVI从大到小对各方案（NPV>0）进行排序；（2）按投资效率优先的原则，在资本有限量的约束条件下，挑选出所有可行的方案组合；（3）计算出各组合方案的NPV之和（$\sum$NPV）；（4）$\sum$NPV最大的组合方案即为最优组合方案。

由此可见，虽然有各种投资项目财务评价指标及其方法可供使用，但是最佳的评价指标与方法就是NPV与NPV法。在实践中，应该坚持优先使用NPV与NPV法，没有任何必要将所有决策指标与方法都试一遍，以节约决策的时间与成本。IRR与IRR法在互斥决策与组合决策中，很可能误导决策，更应该尽可能避免使用，以免得不偿失！

即便是使用NPV与NPV法，也不能把NPV看成是一个客观的结果，因为代入NPV计算公式的所有参数，都是对未来的预测与估计，不可能是完全确定与客观的，顶多是一种"基于客观的主观"，本质是主观的。因此，NPV大于0的项目未必事先就能认定为一个成功的项目。NPV是一个无法先验的数字，只能后验，即一个项目是否真正成功，只能事后验证，谁也无法做到百分之百的先见之明。可见，NPV本身有预测风险，实践中的项目投资决策应慎重看待NPV，切不可盲从。当然，也不能因此而放弃NPV及NPV法，毕竟NPV及NPV法可以帮助人们如何正确思考项目投资决策问题。也就是说，NPV及NPV法为项目投资决策提供了一套有效的逻辑思维体系。

此外，还要认识到，NPV及NPV法只考虑了能够量化（货币计量）的因素，对于很多影响 NPV 的非量化（定性）因素并未纳入 NPV 计算模型。当今，实物期权（real option）估值法的发展和应用，对改善 NPV 及 NPV 法提供了非常有益的帮助，感兴趣的读者可先自行关注与学习。

> **财眼看问题**
>
> 在使用资本预算方法时，管理会计师应该特别注意：
> 1. 虽然有许多资本预算方法，但是 NPV 法是最佳的决策方法。
> 2. 在进行投资项目可行性分析时，没有必要计算所有的决策指标。
> 3. NPV 具有主观性，资本预算决策是主观的，并不能确保决策万无一失。

三、项目投资管理

（一）项目投资的决策类型

项目投资决策的分类有很多种，这里介绍两种常用的分类。

1. 按备选项目（方案）之间的关系分为：（1）单一/独立方案（independent project）决策，也叫采纳与否决策（accept or reject），是指对各自独立存在而不受其他任何方案影响的方案，判断其可行与否的决策。（2）互斥方案（mutually exclusive project）决策，在相互排斥的多个可行备选方案（alternatives）中选出一个最满意方案的决策。它不但要判断每一个备选方案的可行性，而且还要在可行方案中择优。（3）组合（portfolio）方案决策，是指这样一种决策：存在若干方案可同时实施（有时还涉及项目之间相互依存的情况，即某一项目的选择与否取决于对其他项目的决策），但在资源（通常表现为资金或资本）约束条件（capital rationing）下而不能同时实施，因此需要在满足约束条件下构造出各种可能的方案组合（project mix），并在这些可行组合中选出一个满足决策目标的组合，这个组合称为"最优组合"方案。

2. 按决策条件的确定程度分为：（1）确定性项目决策。决策分析者确知环境条件，每一备选方案只有一种确定的执行结果的决策。（2）风险性项目决策。决策分析者不能预先确知环境条件，但有能力预测每一备选方案在可能状态下执行的可能结果的数目及概率的决策。（3）不确定性决策。决策分析者不但不能预先确知环境条件，甚至无从估计每一备选方案的可能结果及其概率，或者虽然有能力预测可能结果但无法预测其概率的决策。

（二）项目投资管理程序

项目投资是一项十分复杂的系统工程，涵盖了市场、技术、经济、研发、生产、销售、财务和社会等方方面面，投资的前期管理工作是投资决策的关键环节。一般而言，项目投资管理要经历以下程序。

1. 开展内外环境分析，具体包括宏观（国际、国内）环境分析、行业环境分析与内部条件分析。

2. 识别投资机会，形成备选投资方案。寻找实现企业战略目标的备选方案，是最困难也是最具挑战性的一步，往往考验着企业家的能力和水平。真正具备企业家精神的人才是社会的稀缺资源，这样的企业家独具发现创造价值的投资机会的慧眼。

3. 测算每个备选项目（方案）的净现金流量（NCF），评估其风险，并估计项目的经济寿命（现金流量可持续的时间，n）。根据项目的风险确定合适的贴现率（r）。

4. 计算每个备选项目（方案）的净现值（NPV）等决策指标，并根据相应的决策规则，选择执行的最佳方案或方案组合。

5. 对项目（方案）的实施过程进行严格管理，并动态进行投资风险评估与控制，主要包括立项与审批、招投标管理、合同管理、监督跟踪、项目风险管理等。实践中，可以运用项目管理的整套知识体系全面指导项目投资管理。

6. 评估投资效果，实施项目后评价（事后审计）。完成竣工验收、决策审计和项目后评价工作、落实决策留痕和责任追究制度等，是项目投资管理中不可忽略的事情。事后审计（post-audit）是一套事后评价决策的程序，是贯穿于资本预算中的关键步骤。它在预测结果和选择经营项目中有持续改善（continuous improvement）作用，并提供了一个重要的创造价值的机会。事后审计在实际工作中容易被人忽视，必须加以重视并使其行之有效。

在项目投资管理的整个程序中，财务管理工作主要在第 3 步和第 4 步。这意味着：（1）财务管理工作有局限性，并非万能；（2）财务管理工作要与企业的各项业务和管理工作配合好，合作与协调完成工作。因而，财务管理人员必须具备合作精神，将"业财融合"落到实处。

（三）预测现金流量应该注意的问题

管理会计师在预测现金流量时，通常要注意以下九个问题。

1. 要考虑未来的现金流量，而不是财务会计利润，更不是过去的利润数字。未来的现金流量与管理会计中的未来利润——息税前利润密切相关，不应忘记经营现金流量（OCF）的计算公式：OCF = 息税前利润 × (1 − 所得税税率) + 折旧。其中，息税前利润应该运用本量利分析模型进行计算。所以，计算项目的现金流量要用管理会计思维，而不是财务会计思维。这里的 OCF 还是税后的现金流量（after-tax cash flow），所得税作为付现成本（cash costs）对待，其计算与财务会计不同。OCF 中的所得税是基于息税前利润（EBIT）计算的，即：所得税＝息税前利润×所得税税率。有些书籍、有些人认为，可以根据税前的现金流量做项目投资决策，这是极其不妥的！美国最伟大的科学家、著名的政治家、文学家和航海家本杰明·富兰克林（Benjamin Franklin）曾经说过一句名言："世界上只有两件事不可避免，那就是死亡与纳税"（In this world, nothing is certain but death and taxes.），可为此做一注解。

2. 要考虑因新项目而产生的增量现金流量（incremental cash flows），即相关现金流量（relevant cash flows），不能将新项目的现金流量与企业原有资产产生的现金流量混合在一起进行计算。可以将新项目视为一个小微企业（minifirm），用"将来完成时态"思维计算新项目的现金流量，但不能回到财务会计视角下的企业现金流量表。可以编制新项目的现金流量表，但不是财务会计视角下的企业现金流量表。

3. 要考虑新项目形成资产而创造的未来现金流量，而不能考虑因新项目筹资而产生的现金流量中的利息支出和本金偿还。一个最容易发生的错误就是，在计算 OCF 时，将利息支出作为现金流出量处理。应切记一个财务管理的基本原理：筹资活动并不创造价值，投资活动才是创造价值的源泉。因此，新项目的现金流量只考虑投资及其经营活动产生的现金流量。还有一个特殊问题要考虑，即因新项目筹资而产生的交易成本（transaction costs）的处理。筹资的交易成本主要是发行费用（flotation costs），涉及券商（投行）费用、律师费用、注册会计师费用等。发行费用不菲，实际上增加了项目投资成本。因此，发行费用可以作为项目投资成本来处理，即视为初始的现金流出量。

4. 不要考虑沉没成本（sunk costs），而要考虑机会成本（opportunity costs），即要用经济学与管理会计思维，而不能回到财务会计思维。例如，新项目要用到一块企业原有的土地。考虑新项目的初始现金流出量时，不能以这块地（土地使用权）的账面价值（book value）——沉没成本作为现金流出量，而应以这块地（土地使用权）当前的市场价值（或可变现价值）——机会成本作为现金流出量。还应特别注意，新项目投资前期发生的诸如尽职调查费、投资咨询费、项目可行性研究费等，无论项目是否实施都已发生，属于沉没成本，不应该作为新项目的现金流出量处理。

5. 要考虑新项目产生的附加效应（side effects）。决定增量现金流量的一个难点在于，新项目对企业原有的项目产生的附加效应。该效应可分为侵蚀（erosion）效应与协同（synergy）效应。侵蚀效应产生于新项目减少企业原有项目的净现金流量。例如一个企业考虑在异地建厂生产产品，就很可能减少本地工厂产品的销售量。这种影响是新项目带来的负面效应，因此而减少的本地工厂的净现金流量应作为新项目的现金流出量处理。协同效应产生于新项目同时增加了企业原有项目的净现金流量，是一种正面效应。例如一个企业新投资一条电动剃头刀生产线，其 NPV 小于 0，本应放弃，但若能促使企业原有的产品剃须刀片的销售量大增，则很可能使得电动剃头刀生产线的 NPV 大于 0，从而应该投资该项目,原因在于原有的产品剃须刀片的销售量增加而带来的增量净现金流量应该算作新项目的现金流入量。

6. 要正确处理流转税。企业面临两种基本的税收:流转税和所得税,项目投资时也不例外。在运用"经营现金流量(OCF)= 经营(销售)收入 -(经营付现成本 + 所得税)"计算 OCF 时,应该将项目在运行过程中应交纳的各项流转税作为"经营付现成本"处理。要特别注意的是增值税的处理问题。作为一般规模纳税人,增值税是"价外税",是由最终的消费者承担的,因此不能作为经营付现成本处理,除非是小规模纳税人。把增值税作为企业或项目的负担,是一种误解。哪些流转税应该纳入经营付现成本范围?一个基本的判别法则是,在财务会计"税金及附加"中核算的流转税应纳入经营付现成本范围进行计算。顺便提及,虽然我国实行统一税收制度,但也存在税收优惠乃至免税的情形,因此,项目投资决策过程中,纳税的处理并不简单,应仔细进行税务筹划(tax planning),从事项目投资财务评价的专业人士也应该精通税法与相关政策以及税务筹划,或者聘请专业机构(如注册会计师事务所的税务咨询部门)帮助企业进行项目的税务筹划。

7. 要正确处理净营运资本的变化额。净营运资本是流动资产与流动负债之差。在项目运行过程中,流动资产(包括现金、应收账款、存货等)投资也是必不可少的,但有部分流动资产投资的资金需求可以通过项目运行过程自然产生的流动负债(如应付账款)解决,所以净投资额是净营运资本的变化额。净营运资本的变化额为正时,作为现金流出量处理;净营运资本的变化额为负时,作为现金流入量处理。在实践中,如何估计项目在营业过程中的净营运资本的变化额是一件比较困难的事情,一般应根据经验数据并考虑未来的变化来确定,比如按新项目每年预计的销售收入的某一个百分比估计每年净营运资本的需求额。当项目结束时,不应忘记的是,要将项目最后一年年末的净营运资本作为终结的现金流入处理,因为净营运资本是一种周转资金,假定在周转中并不损耗。这种假设带有理想色彩(比如存货可能难以变现),但一般不会对项目投资决策产生致命的影响。

8. 要正确处理项目结束(终结)时的残值收入及其所得税影响。项目终结时,估计的固定资产或无形资产的市场价值或变现收入是一种残值收入,应作为终结的现金流入量处理。这种残值收入很可能与固定资产或无形资产的账面价值不一致,既可能增值,也可能减值。按税法要求,增值部分应交纳所得税,此时是现金流出量;减值部分则可抵扣所得税,此时是现金流入量。无论是现金流出量还是现金流入量,都可按一个统一的公式进行计算,即"(账面价值 - 残值收入)× 所得税税率",其计算结果为负,本身就表明是现金流出量;其计算结果为正,本身就表明是现金流入量。考虑所得税影响后的固定资产和无形资产的净残值收入,其计算公式是:净残值收入 = 残值收入 +

（账面价值－残值收入）×所得税税率，操作极其简单，关键是别忘记计算所得税的影响。还有一个需要提示的是，此处的残值收入并非估计项目的折旧（或摊销）时用到的"预计净残值"，建议将项目结束时的残值收入理解为项目结束时的市场价值更妥，以免混淆。当然，如果项目结束时的市场价值很小，也可以不考虑所得税带来的影响，这种简化处理并不影响项目投资决策。

9. 折旧（或摊销）方法的选择对新项目现金流量在时间上的分布（timing）的影响，也可以考虑。计算 OCF，还有一个等价的公式"经营现金流量（OCF）= 经营（销售）收入×（1－所得税税率）－经营付现成本×（1－所得税税率）＋折旧×所得税"。其中，最后一项"折旧×所得税"即折旧产生的税盾（tax shield from depreciation）。每年折旧的大小与折旧方法的选择有关，可见折旧方法不同会影响每年的"折旧×所得税"，从而影响每年的 OCF 大小，即 OCF 在时间上的分布，但是并不影响 OCF 在整个项目寿命内的总量。比如，采用加速折旧法，就会导致前期的 OCF 偏大，而后期的 OCF 偏小，但 OCF 的总量不受影响。OCF 在时间上的分布，会影响 OCF 的现值之和，实际的影响是增加了新项目的估值结果，从而可提升一点 NPV。有一种可能是，用直线折旧法（年限平均法）时，新项目的 NPV 小于 0，而改用加速折旧法时，NPV 转变为大于 0，从而改变了决策结论。不过，这种靠折旧方法的改变而得到的可行项目应该十分脆弱与勉强，虽可信，但应当谨慎对待之。当使用直线折旧法时，新项目的 NPV 大于 0，可以推论的是，改用加速折旧法时，NPV 无非是更加大于 0。因此，在实务中，不必纠结于折旧方法的选择问题，一律用直线折旧法计算 OCF 即可，既简单又可靠！

> **财眼看问题**
>
> 管理会计师在测算新项目的净现金流量时，应该特别注意以下问题：
> 1. 不能将新项目负债融资的利息计入现金流出之中。
> 2. 不能将企业已有项目的现金流量与新项目的现金流量混合进行计算。
> 3. 在新项目的净现金流量测算中，应包含税务筹划。
> 4. 应用管理会计思维，而非财务会计思维。

（四）贴现率的选择

主流的项目投资财务评价方法是贴现的方法，而贴现的方法对贴现率的选择十分敏感，不可不慎重。实践中，随便指定一个贴现率来计算 NPV，以及不同项目用同一个贴现率，都是不负责任的做法。不应忘记的一个基本财务管理常识是：贴现率是风险的函数，项目风险越大，贴现率就越大。因此，应该认真仔细地对项目风险进行识别与评估，并据此确定贴现率的大小。我们看到，实务中许多项目可行性分析报告都是在计算

NPV 之后附带项目风险分析，其意义已经不大了。正确的做法应是，在确定贴现率之前，就进行项目风险分析。

企业的加权平均资本成本是否直接作为新项目的贴现率也是一个应该特别注意的问题。新项目的风险与资本结构往往不同于企业的资本结构与企业面临的风险，所以并不能直接将企业的加权平均资本成本作为新项目的贴现率，只有在符合等风险与等资本结构（至少也要相似）的条件下，才能将企业的加权平均资本成本作为新项目的贴现率（r_A）。通常情况下，应该直接计算新项目的加权平均资本成本（$WACC_A$）才对。实务中，还有人误以为资本资产定价模型（CAPM）只能计算权益资本成本，其实不然。只要给出新项目的贝塔（β_A），就可以计算新项目的资本成本（即项目的加权平均资本成本）。新项目的融资，既有权益资本也有负债资本，所以，不能仅仅以项目借款的利率作为项目的贴现率。存在负债时，项目的贝塔（β_A）可用下面的公式进行计算：$\beta_A = (1-L)\beta_E/(1-L \times t_c)$。其中，L 代表资产负债率，即负债与资产的比值；$\beta_E$ 代表权益的贝塔；t_c 代表项目适用的所得税税率。该公式假定负债的贝塔为零，也是要注意的。此时，CAPM 可表述为：$r_A = r_f + (r_m - r_f) \times \beta_A$。式中，$r_f$ 代表无风险报酬率；r_m 代表市场平均报酬率；$(r_m - r_f)$ 代表市场风险报酬率（market risk premium）。在实际应用中，有些人一不小心，就将 $(r_m - r_f)$ 当成 r_m，这是必须避免的错误！

贴现率的选择也涉及物价变动的影响。物价变动包括通货膨胀与通货紧缩，通货膨胀较为常见。当存在通货膨胀现象时，贴现率就有名义贴现率（nominal discount rate, r）与实际贴现率（real discount rate, R）之分。根据费雪效应（Fisher effect），二者的关系是：$r = R + h + R \times h$，式中，h 代表通货膨胀率。当 h 较小时，二者的关系可以近似为：$r \approx R + h$，实务中，一般按这个近似关系进行操作。当然，h 过高时，还是应回归于：$r = R + h + R \times h$。至此，到底应该用哪个贴现率呢？这要与现金流量相匹配，具体规则是，名义现金流量用名义贴现率贴现；实际现金流量用实际贴现率贴现。这两种做法得到的结果是一样的，可以任选。不过，不能错配，比如名义现金流量用实际贴现率贴现，就会得出错误的结果。鉴于将名义现金流量转换成实际现金流量的困难性，在实际工作中，通常选择名义现金流量用名义贴现率贴现，相对简单易行。

还要注意现金流量与贴现率的对应问题。一个基本的法则是，谁的现金流量就用谁的贴现率。在资本预算时，通常用实体现金流量法，也称为加权平均资本成本（weight average cost of capital, WACC）法，前述"现金流量预测中应注意的问题"就是基于此法。实体现金流量法是考虑新项目产生的增量现金流量，因此要用该项目的加权平均资本成本（可简称项目的资本成本）作为贴现率进行贴现。其实，还可以用权益（股权）现金流量（flow to equity, FTE）法，即在新项目产生的增量现金流量的基础上减去分配给债权人的税后现金流量（税后利息支出），得到的就是权益（股权）现金流量。使用权益（股权）现金流量计算 NPV 时，就不能用项目的资本成本，而只能用权益资本成本（cost of equity capital），切不可搞错！对同一个新项目而言，在 WACC 法之下计算的 NPV 与 FTE 法是一样的。实务中，选择其一即可，不必都计算。不过，人们通常选用 WACC 法。

总之，在进行项目投资财务评价时，应该在确定贴现率上面花费很多时间与精力，切不可草率。如果随便指定一个贴现率来计算 NPV，还不如不计算 NPV！顺便指出财务管理的一个缺陷：几乎不怎么研究项目的经济寿命（n）这个变量，教科书上的例题往往是直接给出 n 的数字，让人们以为经济寿命很容易确定，这不过是一个错觉。资本预算决策涉及三大变量，即净现金流量、贴现率和经济寿命，三者构成一个整体，缺一不可，否则无法估值，也无法计算 NPV。NPV 实际上是净现金流量、贴现率和经济寿命三大变量的函数，任何一个变量的变化，都会影响 NPV 的大小及其合理性。所以，在实际工作中，必须同样认真地对待这三大变量，尤其不可随意给出经济寿命的数字。按术业有专攻的说法，把握净现金流量（相关现金流量）的知识来源主要是管理会计；把握贴现率（风险的函数）的知识来源主要是财务管理与风险管理；把握经济寿命的知识来源主要是战略管理。据此可知，要搞好项目投资管理，必须综合运用各科专业知识，具备系统性思维，而不是线性思维，这对财务管理人才提出了更高的要求。项目可行性研究工作团队里，也应有各种专业人才，一起合作才能做出正确的项目投资决策。

> **财眼看问题**
>
> 管理会计师在确定资本预算决策所用的贴现率时，应该特别注意以下问题。
> 1. 先实施项目的风险分析与评估，并根据项目风险大小确定贴现率。
> 2. 不同项目风险不同，贴现率就不同。不能用同一个贴现率贴现所有备选项目。
> 3. 用企业加权平均资本成本作为项目的贴现率必须同时满足等风险与等资本结构假设（至少要接近）。
> 4. 一般用名义贴现率对名义现金流量进行贴现。
> 5. 资本预算决策通常用 WACC 法。

（五）NPV 法应用示例

对于如何运用 NPV 法进行项目投资决策，现举例加以示范，希望对读者有实质性的帮助。

【例 3-1】南华公司对一个预计寿命为 5 年的七声部仿真器项目的销售数量和价格进行了预测，每年的销售量分别为 85 000 件、98 000 件、106 000 件、114 000 件和 93 000 件；单位销售价格均为 325 元。

新产品的生产一开始就需要 1 500 000 元的净营运资本，此后，每年需要追加的净营运资本性投资等于下一年的预计销售收入增加量的 15%。经营该项目过程中，每年付现的固定成本总额为 900 000 元，付现的单位变动成本为 240 元。

安装生产所需设备需要投资 21 000 000 元。该设备可按 8 年计提折旧，每年的折旧率分别为 14.29%、24.49%、17.49%、12.49%、8.93%、8.93%、8.93%、4.45%。5 年后，该设备可以以取得成本的 20% 卖出。南华公司适用 35% 的边际税率；该项目的贝塔为 1.2，市场风险报酬率为 5%，无风险报酬率为 4%。

根据这些基本的估计资料，请经过计算回答下列问题。

（1）分别计算出该项目每一年的净现金流量，并将最终的结果以净现金流量表的方式加以表达。

（2）运用资本资产定价模型计算出该项目的要求报酬率。

（3）计算出该项目的价值和净现值。

（4）运用净现值法对该项目进行财务评价。

计算所需的现值系数参见表 3-2 和表 3-3。

表 3-2　　　　　　　　　　（复利）现值系数

	1	2	3	4	5	6	7	8
6%	0.9434	0.8900	0.8396	0.7921	0.7473	0.7050	0.6651	0.6274
8%	0.9259	0.8573	0.7938	0.7350	0.6806	0.6302	0.5835	0.5403
10%	0.9091	0.8264	0.7513	0.6830	0.6209	0.5645	0.5132	0.4665
12%	0.8929	0.7972	0.7118	0.6355	0.5674	0.5066	0.4523	0.4039

表 3-3　　　　　　　　　　年金现值系数

	1	2	3	4	5	6	7	8
6%	0.9434	1.8334	2.6730	3.4651	4.2124	4.9173	5.5824	6.2098
8%	0.9259	1.7833	2.5771	3.3121	3.9927	4.6229	5.2064	5.7466
10%	0.9091	1.7355	2.4869	3.1699	3.7908	4.3553	4.8684	5.3349
12%	0.8929	1.6901	2.4018	3.0373	3.6048	4.1114	4.5638	4.9676

（1）分别计算出该项目每一年的净现金流量，并将最终的结果以净现金流量表的方式加以表达。

第 1~5 年的销售收入 S_t 分别为：

$S_1 = 85\ 000 \times 325 = 27\ 625\ 000$（元）

$S_2 = 98\ 000 \times 325 = 31\ 850\ 000$（元）

$S_3 = 106\ 000 \times 325 = 34\ 450\ 000$（元）

$S_4 = 114\ 000 \times 325 = 37\ 050\ 000$（元）

$S_5 = 93\ 000 \times 325 = 30\ 225\ 000$（元）

第 2～5 年销售收入的增加额 ΔS_t 分别为：

$\Delta S_2 = S_2 - S_1 = 4\ 225\ 000$（元）

$\Delta S_3 = S_3 - S_2 = 2\ 600\ 000$（元）

$\Delta S_4 = S_4 - S_3 = 2\ 600\ 000$（元）

$\Delta S_5 = S_5 - S_4 = -6\ 825\ 000$（元）

第 0～5 年需要追加的投资净营运资本性投资 ΔNWC_t 分别为：

$\Delta NWC_0 = 1\ 500\ 000$（元）

$\Delta NWC_1 = 4\ 225\ 000 \times 15\% = 633\ 750$（元）

$\Delta NWC_2 = 2\ 600\ 000 \times 15\% = 390\ 000$（元）

$\Delta NWC_3 = 2\ 600\ 000 \times 15\% = 390\ 000$（元）

$\Delta NWC_4 = -6\ 825\ 000 \times 15\% = -1\ 023\ 750$（元）

$\Delta NWC_5 = 0$（元）

第 5 年末的净营运资本 NWC_5 为：

$NWC_5 = 1\ 500\ 000 + 633\ 750 + 390\ 000 + 390\ 000 - 1\ 023\ 750 = 1\ 890\ 000$（元）

第 1～5 年每年的折旧 D_t 分别为：

$D_1 = 21\ 000\ 000 \times 14.29\% = 3\ 000\ 900$（元）

$D_2 = 21\ 000\ 000 \times 24.49\% = 5\ 142\ 900$（元）

$D_3 = 21\ 000\ 000 \times 17.49\% = 3\ 672\ 900$（元）

$D_4 = 21\ 000\ 000 \times 12.49\% = 2\ 622\ 900$（元）

$D_5 = 21\ 000\ 000 \times 8.93\% = 1\ 875\ 300$（元）

第 5 年末设备的账面价值 BV 为：

$BV = 21\ 000\ 000 \times (8.93\% + 8.93\% + 4.45\%) = 21\ 000\ 000 \times 22.31\% = 4\ 685\ 100$（元）

第 5 年末设备的市场价值 MV 为：

$MV = 21\ 000\ 000 \times 20\% = 4\ 200\ 000$（元）

第 5 年末因设备的账面价值 BV 大于市场价值 MV 而节约的所得税 Tax 为：

$Tax = (BV - MV) \times 35\% = 485\ 100 \times 35\% = 169\ 785$（元）

第 5 年末设备的税后（净）残值收入 NSV 为：

$NSV = 4\ 200\ 000 + 169\ 785 = 4\ 369\ 785$（元）

第 1～5 年，每年的经营付现成本（C）= 付现的单位变动成本 × 销售量 + 付现的固定成本总额：

$C_1 = 240 \times 85\ 000 + 900\ 000 = 21\ 300\ 000$（元）

$C_2 = 240 \times 98\ 000 + 900\ 000 = 24\ 420\ 000$（元）

$C_3 = 240 \times 106\ 000 + 900\ 000 = 26\ 340\ 000$（元）

$C_4 = 240 \times 114\ 000 + 900\ 000 = 28\ 260\ 000$（元）

$C_5 = 240 \times 93\ 000 + 900\ 000 = 23\ 220\ 000$（元）

第1~5年的经营净现金流量（OCF）=（S-C）×（1-税率）+ D×税率：

$OCF_1 = [(325 - 240) \times 85\ 000 - 900\ 000] \times (1 - 35\%) + 3\ 000\ 900 \times 35\%$
$= 6\ 325\ 000 \times 0.65 + 1\ 050\ 315 = 4\ 111\ 250 + 1\ 050\ 315 = 5\ 161\ 565$（元）

$OCF_2 = [(325 - 240) \times 98\ 000 - 900\ 000] \times (1 - 35\%) + 5\ 142\ 900 \times 35\%$
$= 6\ 629\ 515$（元）

$OCF_3 = [(325 - 240) \times 106\ 000 - 900\ 000] \times (1 - 35\%) + 3\ 672\ 900 \times 35\%$
$= 6\ 557\ 015$（元）

$OCF_4 = [(325 - 240) \times 114\ 000 - 900\ 000] \times (1 - 35\%) + 2\ 622\ 900 \times 35\%$
$= 6\ 631\ 515$（元）

$OCF_5 = [(325 - 240) \times 93\ 000 - 900\ 000] \times (1 - 35\%) + 1\ 875\ 300 \times 35\%$
$= 5\ 209\ 605$（元）

根据上述计算数据，第0~5年的净现金流量NCF_t分别为：

①初始的净现金流量NCF_0。

$NCF_0 = -21\ 000\ 000 - 1\ 500\ 000 = -22\ 500\ 000$（元）

②营业的净现金流量（包含净营运资本的变化）$NCF_1 \sim NCF_4$。

$NCF_1 = 5\ 161\ 565 - 633\ 750 = 4\ 527\ 815$（元）

$NCF_2 = 6\ 629\ 515 - 390\ 000 = 6\ 239\ 515$（元）

$NCF_3 = 6\ 557\ 015 - 390\ 000 = 6\ 167\ 015$（元）

$NCF_4 = 6\ 631\ 515 + 1\ 023\ 750 = 7\ 655\ 265$（元）

③包含终结的净现金流量的最后一年年末的净现金流量NCF_5。

$NCF_5 = 5\ 209\ 605 + (1\ 890\ 000 + 4\ 369\ 785) = 11\ 469\ 390$（元）

上述结果，可用净现金流量表加以表达如表3-4所示。

表3-4　　　　　　　　　　　项目的净现金流量　　　　　　　　　　　单位：元

t	0	1	2	3	4	5
NCF_t	-22 500 000	4 527 815	6 239 515	6 167 015	7 655 265	11 469 390

（2）运用资本资产定价模型计算出该项目的要求报酬率。

项目的要求报酬率 $r = r_f + (r_m - r_f) \times \beta = 4\% + 5\% \times 1.2 = 10\%$

（3）计算该项目的价值和净现值。

以项目的要求报酬率（或资本成本）10%为贴现率，该项目的价值 V 为：

V = 4 527 815 × 0.9091 + 6 239 515 × 0.8264 + 6 167 015 × 0.7513
　　+ 7 655 265 × 0.6830 + 11 469 390 × 0.6209

　= 26 255 740.43（元）

净现值 $NPV = V + NCF_0$ = 26 255 740.43 − 22 500 000 = 3 755 740.43（元）

（4）运用净现值法对该项目进行财务评价。根据 NPV 法的决策规则，NPV 大于 0，该项目可行。

> **财眼看问题**
>
> 管理会计师在做资本预算决策时，应该特别注意以下问题。
>
> 1. 资本预算决策的三大变量即净现金流量（相关现金流量或增量现金流量）、贴现率、经济寿命，可以看成一个系统，不能顾此失彼，应该综合考虑，尤其不要忽视对经济寿命的研究。
>
> 2. 不能把 NPV 的计算仅仅当成一个数学计算问题，最重要的是考虑项目的价值来源。没有价值来源和市场竞争优势的项目，计算 NPV 就成了数字游戏，甚至有可能为实际上不可行的项目打开方便之门，因为只要调整计算 NPV 的变量就可以使 NPV 小于 0 的项目转化成 NPV 大于 0 的项目。
>
> 3. NPV 是一个基于客观的主观结果。一方面要善待 NPV，另一方面也要避免唯 NPV 马首是瞻，应该注意 NPV 的预测风险。比如，可对 NPV 进行情景分析与敏感性分析等。
>
> 4. 纳入 NPV 计算的是可以量化的因素，还有非量化的因素没有考虑。非量化的因素有时甚至比量化的因素对项目的影响还要大。所以，在实践中，资本预算决策应该将量化因素与非量化因素进行综合衡量，不能仅仅根据量化的结果进行决策。实物期权的应用对非量化因素的量化有实质性的帮助，可以借助实物期权的应用技术改善资本预算决策。

四、证券投资管理

（一）证券投资管理概述

在企业的证券投资管理中，短期证券投资管理一般作为现金管理的"替代物"，从属于现金管理。基本的做法是，现金多余时，不能让其闲置，多余的现金可购买短期有价证券；现金短缺时，将持有的短期有价证券部分或全部出售，以补充现金。短期证券投资管理的基本原则是,在风险与收益(报酬)权衡中,追求流动性(风险要小点),并附带获利;追求收益,并不是第一位的。

长期证券投资管理,应秉承价值投资理念,对证券进行估值,并运用 NPV 法或 IRR 法进行投资决策,且根据资本市场和投资对象的变化动态进行调整和管理,当发生不利的变化将导致证券投资出现重大亏损时,应及时退出止损。请记住一个告诫:实业兴国,实业企业的利润不应该主要来源于证券投资收益。企业的长期证券投资只能作为实业投资的有益补充方式,切不可"反客为主"。

证券投资的基本对象是债券与股票,下面分别讨论债券投资管理与股票投资管理。证券投资管理的核心是证券估值。证券估值越正确,证券投资管理的效果将越好。

(二) 债券投资管理

企业可以在资本市场购买别的企业发行的债券,也可以购买政府发行的债券。相对而言,政府债券的风险较小,但地方政府债券比中央政府债券风险大。企业债券的风险往往大于政府债券,但小企业的债券风险要大于大企业的风险。债券投资要考虑的主要风险是违约风险(信用风险)、利率风险、流动性风险等,其中的违约风险可利用债券评级(bond ratings)信息,债券评级的等级越高,债券的违约风险越小,估值时的贴现率就越低。债券估值时,一般使用市场利率(不是票面利率)作为贴现率,容易操作些。

1. 债券估值。债券估值的三大变量与资本预算是一样的,都是净现金流量、贴现率与经济寿命。不过,具体的表现有所差异。企业持有债券的净现金流量即预期未来每期可获得的利息收入(I),以及打算出售时的预计售价(P_n)或持有到期时的面值(F);贴现率是债券投资者要求的报酬(收益)率,应根据所投资债券的风险来决定,通常用当时的每期市场利率(r)作为贴现率;经济寿命(n)是打算持有债券的时间长度(持有到期时,即债券剩余的期限)。

按贴现的现金流量(discounted cash flow,DCF)估值模型,通用的债券估值的公式如下:

$$BV = I \cdot (P/A, r, m \cdot n) + P_n(或 F) \cdot (P/F, r, m \cdot n) \qquad (3-1)$$

其中,BV 为债券价值(注意不是价格);I 为每期利息(每年利息为 $F \cdot i$,i 为年票面利率,每年计息 m 次,则 $I = F \cdot i/m$);r 为每期的贴现率(若以 K_b 表示投资者要求的年报酬率,则 $r = K_b/m$);$m \cdot n$ 为贴现的总次数。当打算持有到期时,用 F 替代式(3-1)中的 P_n。

【例 3-2】某公司公开发行的债券面值为 1 000 元,票面利率为 10%,期限为 5 年,每半年付息一次(m=2),市场年利率为 8%。假设另一个公司在该债券发行时打算购买,并准备持有到期。请问该债券的价值是多少?

以市场年利率作为购买债券企业的年要求报酬率,所以估值时的每期贴现率为:$r = 8\%/2 = 4\%$,将有关参数代入式(3-1)中,可计算出该债券的价值:

$$BV = (1\,000 \times 10\%)/2 \cdot (P/A, 4\%, 2 \times 5) + 1\,000 \cdot (P/F, 4\%, 2 \times 5)$$
$$= 50 \times 8.111 + 1\,000 \times 0.676 = 1\,081.55\ (元)$$

其实,式(3-1)根本无须记忆和背诵,只要懂得贴现的现金流量估值模型,并能将债券估值的三大变量具体化,就能自己写出具体的模型,十分容易。面对一个特定的债券,将找到的具体参数代入具体估值模型,即可算出估值结果。这里值得提示的一点是,每期的现金流量要用每期的贴现率(discount rate per period)贴现。例如,现金流量每期为半年,则贴现率所隐含的时期也为半年,应严格保持一致,否则容易出错。依此类推,若现金流量每期为一个季度($m = 4$),则贴现率所隐含的时期也为一个季度,当给定的贴现率以年为时期单位时,则要记得将该贴现率除以4,就转化为以季度作为时期单位的贴现率(r)了。

有了估值结果,就可以计算净现值:$NPV = BV - P$,并根据净现值法的决策规则进行决策。承〖例3-2〗中的估值结果,若该债券的发行价格(即投资者的投资成本,P)高于1 081.55元时,则NPV小于0,投资者就不会购买该债券。

2. 债券的持有期收益率与到期收益率。债券的持有期收益率$E(r)$,是投资者持有的债券未到期便中途出售时,其持有期间的期望收益率(报酬率)。投资者支付价格(P)购买债券(现金流出量),是为了获得未来的利息收入与出售价格(现金流入量)。现金流出量的现值(即P)应该与现金流入量的现值相等,投资者才会认为这是一个公平交易,否则不会考虑购买该债券。据此,根据贴现原理,可建立一个等式(方程式):

$$P = I \cdot [P/A, E(r), m \cdot n] + P_n \cdot [P/F, E(r), m \cdot n] \qquad (3-2)$$

解方程(3-2),可解出$E(r)$,即为债券的持有期收益率。许多人很容易混淆式(3-2)与式(3-1),这是由错误理解所致。这两个式子有两个本质区别:(1)等式的左边不同。式(3-1)的左边是价值(value),是要估值的目标(因变量);式(3-2)的左边是价格(price),是投资者支付的价格,即投资成本。千万不能混淆价值与价格!(2)等式的右边不同。式(3-1)右边中的贴现率是投资者要求的报酬率(required rate of return);式(3-2)右边中待求的实际上是债券预期可以给投资者的期望报酬率(expected rate of return),即可理解为资本预算时用到的内含报酬率(IRR)。将债券价值的评估视为绝对数估值的话,就可以将期望报酬率的估计视为相对数估值。根据IRR法的决策规则,当期望报酬率大于投资者要求的报酬率时,投资者才会购买债券。若混淆了期望报酬率与投资者要求的报酬率,将无法做出正确的投资决策。

债券到期收益率(yield to maturity, YTM)是指自债券购买日起一直持有至到期日的

收益率,也是一种期望报酬率。对式(3-2)稍加改造,即有:

$$P = I \cdot (P/A, YTM, m \cdot n) + F \cdot (P/F, YTM, m \cdot n) \quad (3-3)$$

解方程(3-3),可得YTM。该方程往往是一个高次方程,在手工条件下,求解并不容易,但可以用试误法(trial and error)并结合内插法(linear interpolation method)求得较为满意的近似解。下面举例说明之。

【**例3-3**】某公司于2019年8月1日以1 060元的价格购买了面值为1 000元的别的一家公司发行的债券,其票面利率为6%,每年8月1日计算并支付一次利息,该债券将于5年后到期,且一次性还本。持有到期的话,则到期收益率为多少?

将有关参数的具体数字代入式(3-3),可得如下方程式:

1 060 = 1 000 × 6% · (P/A, YTM, 5) + 1 000 · (P/F, YTM, 5)

将其改造为NPV的形式如下:

NPV = 1 000 × 6% · (P/A, YTM, 5) + 1 000 · (P/F, YTM, 5) - 1 060 = 0

试贴现率 r_1 = 5%,取代YTM,可以计算出:

NPV_1 = 60 · (P/A, 5%, 5) + 1 000 · (P/F, 5%, 5) - 1 060
　　　= 60 × 4.329 + 1 000 × 0.7835 - 1 060 = 1 043.24 - 1 060 = -16.76(元)

鉴于NPV_1小于0,降低贴现率至r_2 = 4%再试,以期待得到一个大于0的NPV,目的是便于运用内插法求YTM。

NPV_2 = 60 · (P/A, 4%, 5) + 1 000 · (P/F, 4%, 5) - 1 060
　　　= 60 × 4.452 + 1 000 × 0.8219 - 1 060 = 1 089.02 - 1 060 = 29.02(元)

将所得数据代入用内插法求IRR的计算公式,则有:

(YTM - 4%)/(5% - 4%) = -29.02/[(-16.76) - 29.02]

或

(YTM - 5%)/(4% - 5%) = -(-16.76)/[29.02 - (-16.76)]

解此方程,可求得:YTM = 4.63%。

假设投资者(企业)以5%的市场利率作为要求的报酬率,则4.63%的YTM(期望报酬率)小于要求的报酬率,企业不应购买该债券。

(三)股票投资管理

企业不但可以投资于债券,还可以投资于股票,甚至投资于由债券和股票构造的证券组合。股票投资的风险通常高于债券投资的风险。股票投资的风险可以分为系统风险(市场风险/不可分散风险)与非系统风险(企业独有风险/可分散风险)。非系统风险可以通过股票投资组合加以分散,只要投资股票的数量足够多,理论上可以使非系统风险接近于0。

证券投资组合是基于分散化原理的应用,即通过证券投资组合尽可能分散非系统风险,但不可分散系统风险。资本资产定价模型实际上是对系统风险进行定价而已。证券投资组合虽然可以降低风险,但是亦会导致收益率下降,这就是风险与收益权衡的道理所在。通俗地讲,就是"天下没有免费的午餐",不可能什么都想得到。

股票投资管理的关键在于股票估值,与债券估值一样有绝对数估值与相对数估值之分。一般的说法是,将股票绝对数估值称为股票估值,而将股票相对数估值称为股票投资收益率计算,实际上就是期望收益率的估计。应特别注意的是,期望收益率要与实际收益率相区分。期望收益率是用于事前的投资决策的,而实际收益率是用于事后的投资业绩评价的。把期望收益率当成实际收益率,是十分错误的。

1. 股票估值。股票估值的三大变量与资本预算也是一样的,都是净现金流量、贴现率与经济寿命。不过,具体的表现有所不同。企业持有股票的净现金流量即预期每年可获得的股利(主要是现金股利)收入(D),以及打算出售时的预计售价(P_n);贴现率是股票投资者要求的报酬(收益)率(r_c),应根据所投资股票的风险来决定,通常可用资本资产定价模型(CAPM)计算的结果作为贴现率;经济寿命(n)是打算持有股票的时间长度(在持续经营假设下,股票没有到期日,因此可假设 n 为∞)。

延伸阅读 3-1

对用 CAPM 的结果做贴现率的质疑

其实,CAPM 计算的结果是期望报酬率,并非投资者要求的报酬率。CAPM 是一个均衡模型,在均衡状态下,期望报酬率 = 投资者要求的报酬率。可是,在均衡状态下无决策可言;在非均衡状态下,期望报酬率 ≠ 投资者要求的报酬率,才有决策可言。当期望报酬率 > 投资者要求的报酬率时,投资可行;当期望报酬率 < 投资者要求的报酬率时,投资不可行。故用 CAPM 的结果作贴现率理论上就说不通。但似乎没有人注意这个悖论或漏洞,原因不明。

按贴现的现金流量(DCF)估值模型,通用的股票估值模型即股利贴现模型(dividend discount model,DDM)如下(用 SV 表示股票的价值):

(1) 有限期持有(n 年)时:

$$SV = \sum_{t=1}^{n} D_t \cdot (P/F, r_c, t) + P_n \cdot (P/F, r_c, n) \quad (3-4)$$

(2) 永久持有(n 为∞)时:

$$SV = \sum_{t=1}^{\infty} D_t \cdot (P/F, r_c, t) = \lim_{n \to \infty} \sum_{t=1}^{n} D_t \cdot (P/F, r_c, t) \quad (3-5)$$

假设式（3-5）中 D_t 的各种具体形态（即净现金流量的各种变化），可以写出很多具体的股票估值模型。因此，在各种书籍中看到形形色色的股票估值模型，根本不用紧张，因为万变不离其宗（估值总是净现金流量、贴现率、经济寿命三大变量的函数），自己都可以写出来，并加以数学推导，得出简洁的结果。这里介绍两个常见的具体模型。

第一，固定增长率模型。

固定增长率（constant growth）模型中，假定未来每年的股利基于预计的 D_0 按固定增长率 g 呈几何级数增长，即 $D_t = D_0(1+g)^t$，代入式（3-5）中，则有：

$$SV = \lim_{n \to \infty} \sum_{t=1}^{n} D_0 \cdot (1+g)^t \cdot (P/F, r_c, t)$$
$$= [D_0(1+g)]/(r_c - g)$$
$$= D_1/(r_c - g) \tag{3-6}$$

【例3-4】预计某股票的 $D_0 = 2$ 元，且股利的预期增长率一直为6%，投资者要求的报酬率为13%。那么该股票的价值（SV）为多少？

将有关参数代入式（3-6）中，可得：

$SV = [2 \times (1+6\%)]/(13\% - 6\%) = 30.29$（元）

式（3-6）是由戈登（M. J. Gordon）于1962年提出的，因此也称为戈登（Gordon）模型。该模型中，假设股利可以永久性地增长，在真实的世界里，其实并不太现实。此外，要注意一点：使用式（3-6）要满足"$r_c > g$"这个条件。

第二，零增长率模型。

零增长率（zero growth）模型中，假定 g = 0，即未来每年的股利恒等于 D，即 $D_t \equiv D$，因此也称为固定股利模型。将这些假设的参数代入式（3-6）中，即有：

$$SV = D/r_c \tag{3-7}$$

【例3-5】假定某公司无限期在未来每年支付每股股利1.5元，投资者要求的报酬率是10%，那么该股票的每股价值为多少？

将有关参数代入式（3-7）中，可得：

$SV = 1.5/10\% = 15$（元）

如果满足式（3-7）所要求的条件，股票估值将变得十分简单。可是，在真实的世界里，也许不存在永远支付固定股利的企业。当然，我们也不要因此放弃使用它，因为估值本来就是一种主观估计。优先股的股息支付模式能基本满足该模型的要求，对优先股进行估值可以用它。

在实践中，证券投资者（企业）不太可能永久性持有某家企业的股票。因此，式（3-4）与真实的世界较为吻合，建议用之。当然，用这个模型时，需要对未来每一期的股利进行预测,并对未来出售时的价格进行预测,的确具有较大的挑战性。与债券估值相比,股票估值要困难得多,原因在于:(1)现金流量——股利不确定;(2)难以确定要求的报酬率(贴现率);(3)没有到期日,则经济寿命不确定。可见,估值的三大变量的确定都比债券估值困难。据此,也可以理解式(3-6)与式(3-7)对现金流量预测所做的简化处理。

实践中,还得消除一个错误的理解。许多人认为 DDM(DDM 即 DCF 估值模型的具体应用)无法对没有发放过股利的企业股票进行估值,这完全是对估值的错误认知!估值是面向未来的,而不是面向过去的,股票估值所需的股利是未来的股利,而不是历史的股利。因此,即使针对过去没有发放过股利的企业股票,也可以预测其未来的股利,无非是没有过去的股利发放情况供未来预测参考而已,但并非不可预测。

还有另一类在实务上普遍采用的股票估值方法即相对估值法(relative valuation method),也叫乘数估值法(stock valuation using multiples)或可比法(comparable method)。相对估值法是指参照可比企业或可比行业的市盈率(每股市价/每股收益,PE 或 P/E)、市净率(市场价格/账面价值,PB 或 P/B)、市销率(市场价格/销售收入,PS 或 P/S)等乘数对股票(权益)进行估值的方法。以 PE 为例,其估值模型是:SV = 可比 PE × 估值对象企业的预计每股收益(EPS)。只要找到可比企业(或可比行业)的某一乘数,就能建立一个具体的估值模型,建模十分简单。模型虽然简单,但寻找可比的乘数并不容易,确定可比的乘数要小心谨慎应对方可。

相对估值法的逻辑完全不同于 DDM,二者没有可比性,也难分优劣。实践上,乘数估值法很流行,但理论上无法解释其科学性与合理性。用乘数估值法得出的结果实际上是对价格的预测,而非对价值的评估,不过是强行将价格当成价值罢了,是一种典型的套套逻辑。从科学性来讲,建议多多使用 DDM 对股票进行估值。

对于股票估值的理解与运用,还应注意的是:(1)各种 DDM 的具体模型没有优劣之分,不要试图去寻找最优的估值方法,那只会徒劳无益。(2)不要将接近股票价格(P)的估值结果(V)作为最佳的估值结果。试想,如果是这样,还用估值吗?那还不如直接将价格当成价值。不过,此时,NPV = V − P = 0。NPV 永远等于 0,又如何决策呢?答案是,无法决策。因此,一定要记得将价值与价格区别开来,不可混淆。(3)不要轻易地说自己的估值好于别人的估值。估值是否正确,是无法事先验证的。切记估值是一个主观的结果(估值模型是数学模型,给人一种十分客观的感觉,殊不知代入数学模型的三大变量均为对未来的预测值,凡是预测值就无法避免主观性。输入的变量是主观值,经过模型运算后输出的估值结果也肯定是主观的),切莫把主观当成客观。对估值结果的判断,自己认为好即可,无须与他人比较,以免莫衷一是。估值是主观的,基于估值的决策自然也是主观的,自己要对自己的决策负责,怪不得也怨不得旁人,万不可推卸自己的责任。做决策,就得有担当!

2. 股票投资收益率。股票投资收益(报酬)率是对所投资的股票产生的收益率的一种预计,本质上也是一种期望收益率 $E(r_c)$。其简单的计算公式为:

$$E(r_c) = D/P + (P_1 - P)/P \qquad (3-8)$$

其中,D 代表股票投资分得的股利,P 代表股票投资时支付的价格,P_1 代表一年后的预计股票价格。其中,D/P 为股利收益率;$(P_1-P)/P$ 为资本利得收益率。

式(3-8)提供了 $E(r_c)$ 的静态计算结果,遇到超过一年的投资期限,就麻烦了。即使使用统计学上的平均方法进行计算,也忽略了货币的时间价值。因此,式(3-8)在应用上有很大的局限性。

考虑货币的时间价值,比照式(3-3)的逻辑,有如下方程。

(1) 当 n 为 ∞ 时:

$$P = \sum_{t=1}^{\infty} D_t \cdot [1 + E(r_c)]^{-t} \qquad (3-9)$$

(2) 当 n 有限时:

$$P = \sum_{t=1}^{n} D_t \cdot [1 + E(r_c)]^{-t} + P_n \cdot [1 + E(r_c)]^{-n} \qquad (3-10)$$

解方程(3-9)与方程(3-10),可得 $E(r_c)$。在手工条件下的解题方法,在前面已有介绍,读者应触类旁通、举一反三,此处无须赘述。

得到股票估值结果后,若为绝对数估值,即用 NPV 法进行决策;若为相对数估值,则用 IRR 法决策,因为期望报酬率就是 IRR。

财眼看问题

在证券投资管理中,估值是重中之重,管理会计师应该特别注意以下五点。

1. 不能混淆价值(V)与价格(P)。估值估的是价值,而非价格。估值也不是用来确定价格的,价格在证券市场中观察就有,无须估值。价值是用来做投资决策的。市场里,经常有人说某某股票估值过高,其实是指价格过高罢了。

2. 不能混淆价值与净现值(NPV)。价值是估值的结果,是决策的基础。净现值是决策指标。二者的关系是,NPV = V - P,因为支付的价格即为投资成本。可以说,决策是估值的函数:NPV = f(V)。

3. 不能混淆期望的报酬率 [E(r)] 与要求的报酬率(r)。如果说评估价值是绝对数估值,那么估计期望的报酬率就是相对数估值。期望的报酬率可以理解为内含报酬率(IRR)。IRR 法也可以称为 E(r) 法。当 E(r)(或 IRR)大于 r 时,投资可行;否则,投资不可行。

4. 证券估值的具体模型有很多，不过都是贴现的现金流量估值模型的变化，如同孙悟空的七十二变，万变不离其宗。因此，不必死记硬背每一个具体的估值模型，学会一点数学推导，即可走遍天下。

5. 与贴现的现金流量估值模型竞争的另一类模型是相对估值模型。估值是一种主观估计的结果，本来没有模型也是可以主观判断与估计的，因此这两类模型在实践应用上没有优劣与高下之分，全凭投资者个人的偏好加以选择。不过，从科学与理论角度看，贴现的现金流量估值模型的确在逻辑上更胜一筹。

第二节 筹资管理

一、筹资管理的主要内容

财务管理中，最为重要的是资本预算管理，因为有正确的资本预算，才能有正确的长期投资，正确的长期投资形成正确的长期资产，正确的长期资产才能创造正的净现金流量，正的净现金流量是价值创造的源泉，因为估值的三大变量皆源于净现金流量，即净现金流量的大小（size）；净现金流量的风险（risk），决定贴现率；净现金流量的持续时间（timing），决定经济寿命的长短。可见，正确的资本预算关乎价值创造，关乎企业价值最大化的目标能否实现。不过，长期投资需要资本，资本不会自动获得，必须通过筹资来获取。没有资本的支持，资本预算将成为"无米之炊"。因此，筹资（融资）管理成为财务管理的另一项重要内容，具体包括：资本需要量预测、筹资渠道与方式的选择、资本成本的估计、资本结构理论、资本结构决策等内容。[①]

二、资本需要量预测

筹资是为了投资，而不是反过来——投资是为了筹资（许多庞氏骗局即如此）。这是一条朴素的财务管理原理，但在实践中经常被违背，十分遗憾。据此，筹资是为了满足投资的资本需求，切不可盲目筹资。企业首次发行股票（IPO）也好，增发也好，其招股说明书都要讲清楚筹集的资本所用于的具体投资项目，可见资本需要量是由投资对资本的需求决定的，所以在资本预算管理中，必须严肃认真地对待项目投资成本的测

[①] 其中，筹资渠道与方式的选择、资本成本的估计，已在初级管理会计师能力认证考试用书《管理基础》中的"第六章 财务管理基础"作了一些介绍，这里不再重复。

算。我们观察到，一些企业的投资项目，在实施过程中，往往不停地追加投资，成了"胡子工程"，很不严谨，也很不负责任，还给筹资管理工作造成十分被动的局面，有时就会因资金链断裂而导致项目下马，成为烂尾工程。因而，在筹资管理中，一个首要的问题是如何搞好资本需要量的预测。

（一）资本需要量预测的影响因素

资本需要量的预测是一个系统工程，至少需要考虑以下因素：（1）销售与销售增长。要对未来融资需求量进行预测与判断，必须对未来的业务与销售进行合理预测，并能测算销售增长率。（2）资产需求及其增长。在完成销售预测、确定销售增长率之后，应当判断为实现销售增长所需的追加投资额，从而确定资产需求量，包括需要追加的流动资产与长期资产的需求量。当现有生产能力无法满足销售增长需要时，就涉及资本预算问题。（3）负债融资量。销售增长通常会引发负债融资的增加。负债融资可以分为经营性负债（无息负债）融资与资本性负债（有息负债）融资。经营性负债是伴随着经营活动而自动自发产生的负债，如应付账款。资本性负债是主动性追加的负债，往往通过外部融资解决。（4）内部融资量。资产增长引发的融资需求高于经营性负债融资量时，就会产生融资需求（缺口），该缺口可以通过新增的留存收益来部分得以满足。留存收益的大小取决于股利政策（关键是确定股利支付比率）。通过留存收益而得到的内部融资量可以这样估计：内部融资量 = 预计销售收入 × 销售净利率 ×（1 − 股利支付比率）。（5）外部融资需要量。如果经营性负债融资量与内部融资量还不能满足资产增长引发的融资需求，就需要进行外部融资，从而形成外部融资需要量（external funds needed，EFN）。EFN 在数量上可表达为：EFN = 资产增长引发的融资需要量 − 经营性负债融资量 − 预计销售收入 × 销售净利率 ×（1 − 股利支付比率）。

EFN 要通过外部融资来解决。外部融资分为资本性负债融资与所有者权益融资（一般简称权益融资或股权融资），这就必然涉及资本结构问题。因此，对资本需要量的预测，是对资本预算决策、资本结构决策、股利决策（股利政策的制定）的综合性考量，具有相当大的挑战性，不可不慎。

（二）销售百分比法

EFN 的具体计算，可以使用销售百分比法（percentage of sales model）。销售百分比法也可以作为企业制定长期财务计划的模型（financial planning model）。该模型所隐含的融资顺序，可以用后文提到的优序融资理论（pecking-order theory）加以解释。销售百分比法的计算公式如下：

$$EFN = (A-L) \cdot (\Delta S/S) - S_1 \cdot PR \cdot RR$$
$$= (A/S - L/S) \cdot (\Delta S) - S_1 \cdot PR \cdot (1-DR)$$
$$= (A/S) \cdot (\Delta S) - (L/S) \cdot (\Delta S) - S_1 \cdot PR \cdot (1-DR) \quad (3-11)$$

其中，A 为随销售变动的资产（变动资产）。如无须追加长期资产（非流动性资产），就不涉及资本预算问题，变动资产就是基期的流动资产，否则就是基期的资产总额。L 为随销售变动的负债（变动负债），往往是经营性负债，即基期的应付款项。S 为基期销售额。S_1 为预测期销售额。$\Delta S/S$ 为销售增长率 g（$\Delta S = S_1 - S$）。PR 为销售净利润率。RR 为留存比率（RR = 1 - DR）。DR 为股利支付比率。

【例 3-6】珠穗公司是一家大型电器生产商，2018 年销售总额为 40 亿元。通过仔细预测分析，预计 2019 年销售额有望增长 30%。销售额的增长将带来资产的增长，从而需要追加投资，并引发融资需求。根据该公司 2018 年末的资产负债表，经过慎重分析，得出变动资产额为 2018 年末的资产总额 20 亿元，变动负债为 2018 年末的应付款项 2 亿元。进一步，根据往年的经验与对 2019 年有关变化的预测分析与判断，估计销售净利率为 5%，股利支付比率为 50%。

将上述估计参数代入式（3-11）中，则有：

$$EFN = (20-2) \times 30\% - [40 \times (1+30\%)] \times 5\% \times (1-50\%) = 5.4 - 52 \times 2.5\%$$
$$= 5.4 - 1.3 = 4.1 （亿元）$$

（三）企业增长与外部融资

通过销售百分比法，还可以进一步讨论企业增长与外部融资的关系。在资产周转率不变的情况下，资产增长率与销售增长率是同步的。如果销售净利率也保持不变，则销售增长率与利润增长率也是同步的。因此，销售增长率可以看成是企业增长率。销售增长率需要通过投资来拉动，从而引起外部融资的增加，但销售增长与外部融资增长并不同步。当销售增长过快时，企业必须投资更多才能满足销售增长的需要，往往需要借助外部融资方可。

销售增长过快，会带来更大的经营风险，外部融资中增加的负债还会推高企业的财务风险，所以不能一味追求过高的销售增长率（即企业增长率 g）。在企业风险管理过程中，可以考虑选择两种增长率：一种是内部增长率（internal growth rate，IGR）；另一种是可持续增长率（sustainable growth rate，SGR），股票估值中用到的增长率（g）常常选用 SGR。

1. 内部增长率。内部增长率是在 EFN = 0 时可实现的增长率。利用式（3-11）解此方程，并经过整理，可得：

$$IGR = (ROA \times RR)/(1 - ROA \times RR) \quad (3-12)$$

其中，ROA 代表资产收益（报酬）率（净利润/资产）。当"ROA×RR"的数值很小时，可以用近似公式：IGR≈ROA×RR。

2. 可持续增长率。可持续增长率是在资本结构（负债/权益，用 D/E 表示）保持不变，且不增加外部权益融资时可实现的增长率。在这两个基本条件下，EFN 即为：负债融资－经营性融资。为了保持 D/E 不变，负债融资（包括经营性融资与资本性负债融资）应为：内部融资量×(D/E) = S_1·PR·RR·(D/E)。再次利用式（3-11），可以建立如下方程式：

$$[S·(1+SGR)]·PR·RR·(D/E) = A·SGR - [S·(1+IGR)]·PR·RR \quad (3-13)$$

解方程（3-13），并经过进一步的演算，最终可得：

$$SGR = (ROE×RR)/(1-ROE×RR) \quad (3-14)$$

其中，ROE 代表权益收益（报酬）率（净利润/权益＝净利润/净资产），ROE 也可以叫净资产收益率。当"ROE×RR"的数值很小时，可以用近似公式：SGR≈ROE×RR。

利用杜邦分析体系，有 ROE = (S/A)×PR×(A/E)，其中，(S/A) 为资产周转率，(A/E) 为权益乘数，与资产负债率同方向变动，也可代表资本结构（或财务杠杆）。因此，影响 SGR 的因素有：(1) 销售利润率（PR）。提高 PR 要通过新增投资，这种新增投资必须能创造价值而不是损毁价值，所以提高 PR 要靠正确的资本预算。(2) 资产运营能力。资产周转率（S/A）越高，资产运营能力越强。加快资产运用效率，是保持企业可持续增长并创造价值的一个重要途径。(3) 股利政策，具体表现为股利支付比率（DR）。RR = 1 - DR，因此，股利政策决定了 RR。可见，适当降低 DR，可以提高 RR，从而让企业保持较高的 SGR。这也说明，股利政策应该为投资服务，支持企业的发展。(4) 财务杠杆与资本结构。适当增加权益乘数（A/E），即适当增加负债融资，在财务风险可控的前提下，有助于提高 SGR，从而创造出更多的价值。借此机会，提示一点：学习财务管理知识，不能只看计算公式或数学模型，更不能看成是给定参数去做数学题，而应深入模型的背后去领会财务管理的真谛，这样才能对财务管理实务提供有价值的帮助。

三、资本结构

（一）资本结构与财务杠杆效应

企业的负债与权益之比，即为资本结构（capital structure）。理论上，更严格的资本结构定义是长期负债与权益之比。调整资本结构是否会影响企业价值，迄今是一个未解之谜，即所谓"资本结构之谜"（capital structure puzzle）。企业使用负债（尤其是有息负债），就会产生财务杠杆效应（financial leverage effect）。财务杠杆效应有正、负之分。

用 A 表示企业资产总额；用 D 表示企业负债总额；用 E 表示企业所有者权益总额；用 K_L 表示企业负债的平均年利息率；用 NI（Net Income）表示所有者权益资本投资年收益，即净利润（净收益）；用 R_E 表示所有者权益资本投资年收益率（return on equity，ROE）；用 R_A 表示企业资产年报酬率（return on assets，ROA；or return on investment，ROI）；用 EBIT 表示企业年息税前收益；用 t_c 表示企业适用的所得税税率，则有：

$$\begin{aligned} NI &= (EBIT - D \cdot K_L) \cdot (1 - t_c) \\ &= (A \cdot R_A - D \cdot K_L) \cdot (1 - t_c) \\ &= [(E + D) \cdot R_A - D \cdot K_L] \cdot (1 - t_c) \\ &= [E \cdot R_A + D \cdot (R_A - K_L)] \cdot (1 - t_c) \end{aligned}$$

从而有：

$$\begin{aligned} R_E &= NI / E = \{[E \cdot R_A + D \cdot (R_A - K_L)] \cdot (1 - t_c)\} / E \\ &= [R_A + (D/E) \cdot (R_A - K_L)] \cdot (1 - t_c) \end{aligned} \quad (3-15)$$

注：此处，$R_A = EBIT/A$。

对式（3-15）进行讨论，可得到如下结论。

1. 当 $R_A > K_L$ 时，$R_A - K_L > 0$，增加 D（或减少 E），可使 R_E 提高，从而产生财务杠杆正作用或效应（effect）。

此时，与非负债经营相比，负债经营能给企业所有者带来更大的投资收益。这种超额的收益可称为财务杠杆收益。因此，$R_A > K_L$ 是企业进行负债经营的前提条件，否则不应进行负债经营。不过，R_A 是一随机变量，难以事先肯定 $R_A > K_L$。在决定增加负债时，企业要预测出有多大把握保证 $R_A > K_L$。若明知不能保证 $R_A > K_L$，就绝对不应再增加负债。

2. 当 $R_A < K_L$ 时，$R_A - K_L < 0$，增加 D（或减少 E），会使 R_E 下降，从而产生财务杠杆负作用或效应。当触发财务杠杆负效应的条件，企业就不应该增加负债。还应注意：不能将财务风险理解为财务杠杆负作用。只要企业有负债，财务风险（financial risk）总是或大或小地存在！

3. 当 $R_A = K_L$ 时，$R_A - K_L = 0$，$R_E = R_A \cdot (1 - t_c)$，负债规模扩大与否，对 R_E 不起作用。但扩大负债规模，仍然会增加破产风险。

（二）资本结构理论

财务学者一直在探索"资本结构之谜"，试图解开它。从 1958 年莫迪利亚尼（F. Modigliani）和米勒（M. H. Miller）的开创性论文《资本成本、公司财务与投资理论》开始，陆续形成了 MM 理论、Miller 模型（考虑个人所得税）、静态权衡理论（static trade-off theory)、信号理论（signaling theory）、代理理论、优序融资理论（pecking-order theory）等。下面介绍常用的资本结构理论。

1. MM 理论。MM 理论是用莫迪利亚尼（F. Modigliani）和米勒（M. H. Miller）的名字命名的资本结构理论。推导 MM 理论的假设有：企业的经营风险（business risk）是可衡量的；投资者对企业收益及取得收益的风险的预期一致；市场完善，即无交易成本；投资者可与企业一样以同等利率获得借款；借款无风险，即负债利率为无风险利率；投资者预期的 EBIT 不变，即假设企业的增长率为零。基于上述严谨的假设，运用无套利分析方法，可以论证出 MM 理论的结论。主要分两种情形。

（1）无企业所得税的情形。该情形下，企业没有企业所得税、企业投资者也没有个人所得税、企业不会破产而没有财务困境成本（financial distress costs）。

这时，MM 理论的基本结论是，企业价值独立于资本结构，即资本结构与企业价值无关。另一个等价的表述（命题）是，企业的加权平均资本成本并不随资本结构的变化而变化，是一个常数。

（2）有企业所得税的情形。该情形下，企业应交纳企业所得税，但企业投资者没有个人所得税、企业不会破产而没有财务困境成本。此时，企业可以在 EBIT 的基础上扣除利息（I）之后再缴纳所得税，因而利息有税盾（tax shield from interest）效应。该效应使得企业所有者（股东）受益（相当于政府少分而让利）。MM 计算出的利息税盾的现值为 $D \times t_c$。假设没有负债的企业价值为 V_U，有负债的企业价值为 V_L，当两家企业仅仅资本结构不同时，则有：

$$V_L = V_U + D \times t_c \tag{3-16}$$

式（3-16）表明，企业价值是资本结构（财务杠杆）的增函数，暗示着企业可以 100% 负债。在现实中，这显然是荒谬的，因为当企业是 100% 负债时，债权人实质上就是股东了。有人据此认为资本结构可以创造价值也是不成立的，顶多是政府的让利（政府有能力改变分配规则，计税基数可从税前利润改为息税前利润。一旦改成这样，利息的税盾效应就将不复存在），属于价值分配范畴，而无关价值创造，切莫把价值分配当成价值创造。

在存在企业所得税的情形下，MM 理论的基本结论是，企业价值与资本结构有关，具体表现为：资本结构中负债越多，则企业价值越高。另一个等价的表述（命题）是，企业的加权平均资本成本则随负债的增加而下降。要当心的是，这样的结论与现实观察并不相符，理论过于理想化。

比较而言，我们倒认为，没有企业所得税情形下的结论更有现实指导意义，它告诉人们：企业价值的源泉在于投资活动产生的价值，即投资形成的资产创造的净现金流量的现值之和。简言之，投资创造价值；筹资（资本结构）并不创造价值，但影响价值分配。因此,企业应把主要的精力放在投资管理上("左顾"),而非筹资管理上("右盼"),更不能醉心于所谓的资本运作。企业财务管理虽然要同时"左顾右盼",两边兼顾,但重点在于"左顾",此之谓"人间正道是沧桑"。

2. 静态权衡理论。有企业所得税的 MM 理论为什么与现实情况如此不吻合呢?原因就在于随着负债的增加,财务风险也随之增加,企业破产的概率加大,从而产生的破产成本(财务困境成本)与代理成本也随之急剧增加。静态权衡理论对此给出了较为有力的解释。

该理论认为,虽然利用负债可以产生税盾(tax shield)效应,但同时也带来破产成本与代理成本,故而资本结构的安排必须兼顾二者,在收入(税盾效应产生的价值)与成本(破产成本与代理成本的现值 PC)之间进行权衡。

在企业存在破产成本与代理成本(代理成本也可以包含在破产成本中)的情况下,式(3-16)应该改写为:

$$V_L = V_U + D \times t_c - PC \qquad (3-17)$$

如果能够写出式(3-17)中 PC 与负债(D)之间的函数关系:PC = f(D),运用边际分析法,可知,当利息的税盾价值($D \times t_c$)的边际等于破产成本与代理成本的现值(PC)的边际时,V_L 最大。此时,对应的负债水平即为最优资本结构。可以说,静态权衡理论是一个"看上去很美"的理论,许多论著都画出了优美的图形。

不过,该理论至少有两点缺陷:(1)虽然财务管理教科书讨论了破产成本与代理成本的构成与内容,但仅限于定性说明,难以计量之,即几乎写不出 PC 与负债之间的具体函数关系,从而无法实际操作。(2)它是一个静态均衡模型,而实践活动是动态的,所以它对资本结构的实践指导有限。影响资本结构的因素有很多(至今不是很明朗)且不断变化,企业的资本结构总是处于动态调整之中,故几乎不可能找到一个最优资本结构点,即使找到也不可能是静态不变的。在资本结构决策中,更务实的做法是给出一个恰当的资本结构"区间",在该"区间"内动态变化的资本结构都可以认为是合理的资本结构,不必纠结于唯一最优的资本结构。

3. 优序融资理论。优序融资理论是由梅叶斯(Myers)和梅吉拉夫(Majluf)于1984年提出的。它是从信息不对称的角度来分析企业融资行为的。其主要内容是:(1)相对于外部融资而言,企业更倾向于内部积累(留存收益);(2)分红(股利分配)是具有刚性的,企业现金流的变化表现在对外部融资需求的变化上;(3)若企业需要外部融资,在进行权益性融资前会首先考虑负债融资;(4)每个企业的负债率反映它对外部资本的累计需求。该理论表明了企业在融资顺序上的选择偏好,即:企业偏好内部融资胜于外部融资(可见盈利的企业较少使用负债融资);如果需要外部融资,企业也倾向于先选择负债融资,最后才考虑股权融资。不过,该理论并没有告诉企业最优的资本结构在哪里,即它认为并不存在最优的资本结构。

该理论基本上得到了西方国家的实践经验的证实,但与我国许多企业目前的实践不太相符。许多学者,在我国发现的是"股权融资偏好现象",与西方国家大相径庭。随着市场经济与资本市场的不断完善(包括制度的改善,如"科创板"上市将审核制改为注册制就是一个进步),股权融资偏好现象也许会趋于消失。

4. 对 MM 理论的拓展。按照式(3-16)将推理出一个极端的结论:所有企业应该 100% 债务融资。其实,式(3-16)高估了利息税盾的价值,原因有:(1) 将负债当作固定和永续的是错误的。随着盈利和企业价值的波动,企业负债能力是随时间变化的。(2) 很多企业适用的边际税率往往低于现行税率(我国目前是 25%)。(3) 除非有未来盈利作保证,否则不能利用利息的税盾(利用的条件是:EBIT > I),但没有企业能绝对确保这一点。(4) 负债企业很可能发生财务困境成本(破产成本),从而抵销一部分利息税盾的现值。

离开 MM 的理想世界,其实对企业价值的索取人并不只有债权人和股东,比如还有政府、破产法庭和律师以及其他利益要求者,他们相应分得的价值是债权人索取权价值(D)、股东索取权价值(E)、税收(政府)索取权价值(G)、破产索取权价值(B)、其他索取权价值(X)。此时,企业价值分配的结果可以表达为:

$$V = (D + E) + (G + B + X) = V_M + V_N \quad (3-18)$$

其中,V_M 为流通索取权价值(marketed claim),$V_M = D + E$;V_N 为非流通索取权价值(non-marketed claim),$V_N = G + B + X$。式(3-18)也可以称为拓展的饼图模型(extended pie model)[①]。

MM 理论的精髓是,企业价值 V 取决于企业的总现金流量。企业的资本结构只是在不改变企业价值的情况下,把现金流量("馅饼")切成许多块加以分配而已。现在,我们知道了,股东和债权人并非唯一有权分到"馅饼"的人。

拓展的饼图模型的精髓是,对企业现金流量的所有索取权的总价值 V,并不会随着资本结构而改变。然而,流通索取权的价值 V_M,则可能受到资本结构变动的影响。此时,最优资本结构的严格定义是使流通索取权的价值 V_M 最大化的资本结构。

因此,资本结构影响的是价值分配,而不是价值创造。原来,人们认为资本结构对企业价值的影响,也不过是它对价值分配结果中的那部分流通索取权的价值 V_M 的影响而已。

---

① Stephen A. Ross, Randolph W. Westerfield, Jeffrey Jaffe: Fundamentals of Corporate Finance(第 10 版·英文影印版),机械工业出版社 2014 年版,第 537~539 页。

（三）选择资本结构应考虑的主要因素

实践中，企业未必按照某种资本结构理论来选择资本结构，因为并不存在预测与解释资本结构选择的唯一正确的资本结构理论。企业对资本结构的选择往往是对多种因素进行综合考虑之后所做的抉择。学者们对影响资本结构的因素进行了广泛而深入的研究，但并未得到明确的结论，比如 Ross 教授认为，不同行业的企业具有不同的资本结构，影响其资本结构的主要因素有三[①]：(1) 税率。适用低税率的企业，其负债应低于高税率企业。(2) 资产类型。拥有无形资产多的企业应该持有低负债。(3) 经营收入的不确定性。经营收入具有显著不确定性（经营风险高）的企业应该主要依赖权益而非负债融资。

陆正飞（2018）对影响资本结构决策的因素进行了归纳总结[②]，较有参考价值，简要介绍如下：(1) 国别因素（效应）。为什么不同国家之间企业资本结构存在系统性差异？可能的原因有：税率、通货膨胀率、资本市场状况、文化及制度因素等。(2) 行业因素（效应）。不同行业之间企业资本结构存在系统性差异的可能原因是：行业类别与特征（制造业的负债率一般低于非制造业；行业利润率低的行业更依赖负债）、产业竞争状况、经营风险等。(3) 股东和经理的态度。一个企业在 IPO 之后，再融资方式的选择在很大程度上取决于大股东的态度。如果大股东十分在乎企业的控制权，而大股东的持股比例业已接近保持控制权的底线，与此同时，大股东又没有或不愿意将更多的资金投资于该企业，那么，大股东就会尽量避免发行普通股筹资，而是更多地采用优先股或负债的方式筹集资金。相反，那些大股东控股比例特别高，从而不必担心控制权旁落的企业，就很可能倾向于发行普通股融资。经理的态度之所以影响资本结构的形成，其原因就在于不同的经理对风险的态度是不一样的。喜欢冒险的经理人员，可能会安排比较高的负债比例；反之，一些持稳健态度的经理人员则会使用较少的负债。(4) 债权人的态度。债权人通常都不希望企业的负债比例太高，因为过度负债意味着企业的经营风险将更多地由股东转嫁给债权人承担。如果将企业的债权人细分为短期债权人和长期债权人两类，那么，长期债权人对企业过高的负债率相对更加厌恶，因为企业的长期偿债能力较短期偿债能力更取决于企业未来的安全性（风险的"反义词"）。(5) 企业成长性。企业成长性对资本结构有显著影响，但方向不确定，影响关系较为复杂。可能是，成长性越强的企业负债率越高，其原因是企业和债权人都对企业的未来利润有着充分的信心；也可能相反，即成长性越强的企业负债率越低，其原因是高成长的企业可能伴随着

[①] Stephen A. Ross, Randolph W. Westerfield, Jeffrey Jaffe：《公司理财》（第 11 版），机械工业出版社 2017 年版，第 341~344 页。

[②] 陆正飞：《高级财务管理》（第三版），北京大学出版社 2018 年版，第 41~48 页。

高风险,因而债权人鉴于该类企业的高风险而不愿给予信贷支持。(6)企业资本实力与负债能力。企业权益资本规模较高,则企业可获得的信贷限额也较高。因此,通常企业净资产规模越高,则企业越有可能选择负债融资。(7)资产担保价值。一般认为,当企业所拥有的资产较多地适合于进行担保时,企业趋向于高负债;反之则趋向于低负债,因为资产担保价值是对负债的保证。因为无形资产价值评估的困难性与不稳定性,所以无形资产多的企业反而不容易从金融机构借款,负债率往往偏低。(8)税率和利率。企业利用负债所能获得的节税利益(利息的税盾价值),与所得税税率的高低成正比。所以,在其他因素既定的条件下,所得税税率越高,企业就越倾向于高负债;反之则反是。利率水平偏高,会增加负债企业的固定财务费用负担,故企业只能将负债比例安排得低一些;反之则反是。利率对企业资本结构安排的影响,还表现在预期利率变动趋势对企业筹资方式选择的影响方面。预期利率趋涨时,企业会在当前较多地利用长期负债筹资方式,预期利率趋跌时,企业则会在当前较谨慎地利用长期负债筹资方式。

> **财眼看问题**
>
> 在筹资管理中,管理会计师应该特别注意以下问题。
>
> 1. 筹资并不创造价值,创造价值要靠正确的资本预算。因此,不要过于迷恋所谓的资本运作(资本经营)。
>
> 2. 融资是为投资服务的,而不是投资为融资服务。因此,应该根据投资对资本的需求来规划融资活动,切不可本末倒置。
>
> 3. 资本结构的调整,并不创造价值,只是影响价值分配而已。不过,资本结构中,负债的增加会增加企业的财务风险,所以资本结构决策必须考虑财务风险因素。

第三节 利润分配管理

一、利润分配管理的主要内容

企业创造价值的单期表现是否有正的息税前利润(EBIT),这是资产创造的单期利润,居于资产负债表的左边(价值创造在"左边")。利润分配应从息税前利润开始,并依据资本结构进行分配,居于资产负债表的右边(价值分配在"右边"。先有价值创造,后有价值分配)。首先,分配给债权人以利息(I);其次,分配给政府以所得税,即$(EBIT-I) \times t_c$;最后,分配给所有者(股东)以税后利润即净利润,即$NI = (EBIT-I) \times (1-t_c)$。

企业股东可分为优先股股东与普通股股东，要将 NI 优先分配给优先股股东，优先股股东分得该得的优先股股息（D_p）；剩余的部分（$NI-D_p$）可以分配给普通股股东。是否将（$NI-D_p$）全部分配给普通股股东，取决于企业股利政策（dividend policy）的制定（股利分配决策），其中核心的就是股利支付比率（dividend payout rate）的确定。

在财务管理中，主要研究股利理论与股利政策。因此，企业利润分配管理的基本内容就是股利政策的制定与实施。实践中，股利政策可以依据股利理论来制定，当然也可以不加理会，但也要综合考虑各种影响股利政策的因素。

二、股利支付的形式与一般程序

企业给普通股股东支付股利的形式主要有：现金股利（cash dividend）、股票股利（stock dividend）以及二者的混合（混合股利）。当然还有一些特别的支付形式，如财产股利（property dividend）、清算股利（liquidating dividend）等。企业还可以用股票回购（stock repurchase）的方式代替发放现金股利。

企业向普通股股东支付现金股利，应遵循法定程序，一般是先由董事会提出股利分配预案，然后提交股东大会决议，股东大会决议通过后，向股东宣布股利分配方案，并确定股权登记日、除息日和发放日，进行股利实际支付。所以，股利支付的一般程序实际上是一系列日期的确定及相应事项的执行：（1）股利宣告日，即董事会公布具体股利政策的日期。（2）股权登记日，即企业规定的能获得此次股利的股权登记的最迟日期。股权登记日这一天，在企业股东名册上的股东才有资格获得最近一次的股利；而在股权登记日后交易获取股票的股东则无权分得此次股利。（3）除息（除权）日，即获得股利的权力脱离股票的日期，一般为股权登记日的前几天（如前三天）。在除息日当天或以后购买股票的股东无权获取最近一次的股利。因此，除息日之前交易的股票，其价格中包含应收股利，而除息日之后交易的股票价格则不包含应收股利，通常表现为除息日之后的股票价格下降，下降的金额约等于股利金额。（4）股利发放日，即企业将股利正式发放给股东的日期。

如今，信息网络技术越来越发达，上述几个重要日期只具有财务和法律上的意义了。在信息技术支持下，它们之间所需的数据及处理可以在瞬间实现，股利发放的所有工作可以在一天内完成，无须区分这些日期了。

三、股利理论

股利理论要回答的核心问题是股利政策是否影响企业股票的价值（实证研究中，经常转换成股票价格)。据此,股利理论可以分为两类:股利无关论与股利有关论。股利无关论认为,股利政策不会影响企业股票的价值;而股利有关论认为,股利政策会影响企业股票的价值。

(一)股利无关论

莫迪利亚尼和米勒在1958年发表的开创性论文《资本成本、公司财务与投资理论》中提出了股利无关论,与没有企业所得税下的 MM 资本结构理论一脉相承。其基本含义是,企业价值由资产负债表左边的投资决定,而与资产负债表右边的资本结构无关,股利分配只影响资本结构。股票价值最终由企业价值决定,从而股利政策与股票价值无关。

在这种理论指导下,企业在分配股利时应该首先考虑投资对资本的需求,即净利润在满足投资需求之后的剩余部分可用来发放现金股利。因此,股利无关论可以解释剩余股利政策。

(二)股利有关论

股利有关论目前还没有形成统一的成熟的理论框架,存在不同的观点,例如"在手之鸟"理论、代理成本理论、信号传递理论等。

1. "在手之鸟"理论。"在手之鸟"(bird in hand)理论,也可称为当期股利(收益)偏好论。该理论认为,由于企业经营过程中存在着诸多不确定因素(风险),因此股东对用何种方式获取其投资回报并不会无动于衷。一般来说,当期股利收入是一种有把握按时获得的收入,可消除股东的不确定感,更为可靠;而股价上涨所带来的资本利得则具有不确定性,风险较高,还可能存在一定的交易成本。因而,相对于资本利得而言,股东们更偏好当期股利(收益)。西谚云:"双鸟在林,不如一鸟在手",形象生动地说明了这个道理,因而将该理论称为"在手之鸟"理论。

正因为当期股利的支付可以降低投资者的不确定性,并使他们愿意按较低的要求报酬率来对企业的未来净现金流量加以贴现,因而使企业价值得到提高。相反,不发放股利或降低股利支付比率,则会提高要求报酬率,降低企业价值。

在该理论指导下,企业应采用高股利支付比率的股利政策。

2. 代理成本理论。与股利政策有关的代理问题主要有三种:股东与经理之间的代理问题;股东与债权人之间的代理问题;控股股东与中小股东之间的代理问题。将代理成本理论运用于股利政策的研究中,认为股利可以减少股东与经理之间的代理成本,提高企业价值。詹森(Jensen)于1986年在此基础上发展出"自由现金流"(free cash flows)假说,指出发放现金股利能够减少可供经理支配的自由现金流,有助于减少股东与经理之间的代理成本，提高企业价值。

在该理论指导下，企业也应采用高股利支付比率的股利政策。

3. 信号传递理论。信号传递理论认为，股利政策之所以会影响企业股票的价值，是因为股利能将企业的盈余状况、资金状况等信息传递给投资者，即发放股利具有信息含量效应（information content effect）。发放股利的企业能与不发放股利的企业区分开来（发放现金股利是一种真实实力的展现，不容易被模仿），发放股利的企业向投资者传递了企业未来前景更好的信号，投资者认为这样的企业更有价值，从而推高股价。

不过，股利政策既可以传递好消息，也可以传递坏消息。当企业突然大幅度降低股利支付比率时，向市场传递了坏消息，该企业股票通常会跌价；当企业宣布提高股利支付比率时，向市场传递了好消息，该企业股票通常会涨价。因此，在信号传递理论指导下，企业应采用稳定的股利政策，最好是稳定增长的股利政策。

四、制定股利政策应考虑的因素

企业的股东有喜欢高股利的，也有喜欢低股利的。有因个人所得税原因而喜欢低股利的股东，也有因另外一些因素（如不确定性、免税等）的存在而喜欢高股利的股东。人们希望知道哪类因素占主导地位，以便制定明确的股利政策，要么是高股利政策，要么是低股利政策。不幸的是，研究表明，没有人能够发现这两类因素中何者更重要。顾客效应（clientele effect）或追随者效应理论认为，这两类因素最终可能会完全相互抵消，以致股利政策是中性的，它与企业价值无关，但跟股利政策供求有关。因此，在实务中，企业要选择适合自己与股东的股利政策并非易事，而且股利理论的指导非常有限。

企业制定股利政策往往要综合权衡各种因素，是动态考虑各种因素的结果，不存在股利政策的标准答案，也不存在一成不变的股利政策。在实践中，影响股利政策制定的因素可归纳为法律、契约、行业因素、企业内部因素、股东意愿等。

（一）法律限制

通常而言，法律并不强制企业一定要发放股利，但对不得发放股利的情形有规定。法律的限制主要有以下四点。

1. 防止资本侵蚀的规定。企业不能因支付股利而减少资本（实收资本或股本）。其目的在于保证企业有完整的资本基础，以保护债权人利益。任何导致资本减少（侵蚀）的股利政策都是非法的。

2. 最低法定留利的规定。企业在支付股利之前必须按法定程序提取各种盈余公积金。如我国《公司法》规定，企业分配当年税后利润时，应当按照税后利润（应减去弥补以前年度亏损)的10%计提法定盈余公积金,并按股东大会决议提取任意盈余公积金。只有当法定盈余公积金累计达到注册资本的50%以上时,才可不再提取之。

3. 无力偿付债务的规定。如果企业无力偿还到期债务或因支付股利而使其丧失偿还能力,则企业不可支付现金股利。该规定为保护债权人利益提供了一定的保障。

4. 最低现金股利的规定。为保护中小股东利益,法律有时也规定一个最低现金股利的要求,达不到这个要求的话,就不允许企业在公开市场上再融资,如增发股票。如果企业有现金支付能力而不发放现金股利,就要求企业公开披露不发放现金股利的理由以及留存收益的确切用途等信息。

(二) 契约性限制

当企业以负债的方式进行外部融资时,经常应债权人要求而接受一些股利支付方面的限制性条款,例如,除非企业的盈利达到某一水平,否则企业不得发放现金股利;或将股利发放限制在某一盈利额或盈利百分比(如资产利润率)上。确立这些契约性限制条款,目的在于维护债权人利益。

(三) 行业因素

一般来说,在成熟的行业中,盈利企业趋向于将大部分利润作为股利分配。而处于新兴行业的企业正好相反,它们希望将大部分的利润用于再投资,因此,其股利支付比率往往较低。公用事业企业经常实行高股利政策,而信息技术企业却支付低股利。虽然不能一概而论,但股利政策的确具有明显的行业特征。

(四) 企业内部因素

企业正常经营活动对现金的需求,是股利政策制定时应考虑的最重要因素。具体而言,包括变现能力、投资机会、筹资能力、盈利的稳定性、股权控制要求等。

1. 变现能力。企业支付现金股利不能危及正常经营与资产的流动性。如果企业资产变现能力强,现金来源充裕,支付能力没有问题,则可选择发放现金股利。否则,要特别谨慎。

2. 投资机会。股利政策应该在满足未来投资对资本的需求的前提下加以制定。投资机会又多又好(NPV大于0)的企业,通常应采用低股利政策或剩余股利政策。盈利企业采用低股利政策或剩余股利政策将扩大留存收益(其资本成本远低于发行新股的资本成本,且没有巨大的发行费用),也很有可能改善企业的资本结构,提高企业的负债融资能力。现实中,成长快的企业经常选择零股利或低股利政策,但随着企业发展壮大,股利支付比率将会逐步提高。

3. 筹资能力。企业股利政策也会受其筹资能力的限制。不仅要考虑融资能力，还要考虑融资的成本与所需时间。有时，企业账面上有盈利，符合发放现金股利的条件，但有可能缺乏发放股利的现金（因为盈利是基于权责发生制的），就需要筹集资金来发放股利。如果企业不具备良好的筹资能力，就不应该考虑全部发放现金股利，这时可以考虑发放混合股利。采用负债筹资方式时，还会增加企业的财务风险，更应该考虑企业自身的风险承受能力，谨慎选择负债筹资方式，使企业财务风险可控，以做出明智的股利政策决策。

4. 盈利的稳定性。盈利越稳定的企业，其股利支付比率可能越高。盈利稳定的企业对保持较高的股利支付比率有优势，因为经营风险和财务风险较小，能以更低的资本成本筹集负债资本。相对而言，盈利稳定和筹资能力强的企业，更容易采用高股利政策。

5. 股权控制要求。为了保持现有的股权结构和控制权，企业可将股利政策作为维持大股东控制权的工具。为了满足投资机会对资本的需求，又不影响控制权，企业一般会利用留存收益筹资而不是发行新股，因为发行新股有可能稀释控制权。这时，企业往往采用低股利政策。

（五）股东意愿

股东在税负、个人投资能力等方面的意愿也会影响企业股利政策的制定。

1. 税负。根据税差理论，在存在资本利得税的情况下，若资本利得税率低于个人所得税率，则个人所得税边际税率高的投资者更倾向于低股利政策以节税。追随者效应理论也属于税差学派，它则认为，个人所得税率越高的投资者，越倾向于低股利政策；而个人所得税率越低的投资者，越倾向于高股利政策。当投资者对高股利政策的需求比例大于实施高股利政策企业的比例时，则意味着市场上执行高股利政策的企业供给不足。按照供求理论，执行高股利政策的企业其股价将上扬，越来越多的企业会将其股利政策改为高股利政策，市场很快会达到一个动态的平衡。达到均衡后，执行高股利政策的企业将吸引一批追随者，这些追随者处于低税级；而执行低股利政策的企业将吸引另外一批处于高税级的投资者。

2. 个人投资能力。如果企业股东的个人投资能力强，其投资报酬率超过所投资企业的资产报酬率，则投资者不愿企业将税后利润留存，而是希望企业发放更高的现金股利。

五、股票回购、股票分割与股票反分割

（一）股票回购

股票回购（stock repurchase）是指企业自己出资购回本企业发行在外的股票的行为。

股票回购一般适用于拥有大量现金的企业，因此常常将它与现金股利相提并论。当没有个人所得税与交易成本的情况下，股票回购与现金股利对股东财富的影响没有差异。但如果我们考虑税收，股票回购与现金股利对股东财富的影响则有所不同。股票回购时，可使流通股数量减少，从而使股价上升，导致投资者增加的资本利得基本上等于发放的现金股利。若资本利得税率低于个人所得税税率，则股票回购可以为投资者节税，这时投资者更愿意企业进行股票回购。

企业进行股票回购的动机主要有：（1）反并购；（2）改善资本结构；（3）类现金股利支付；（4）股权激励的股票来源；（5）维护企业价值与股东利益。当市场严重低估企业价值与其股票价值时，企业采取股票回购行动，可以向市场发出价值低估的信号，从而促使股价回升。

股票回购的方式主要有：（1）要约回购（tender offer）；（2）公开市场回购（open market repurchase）；（3）私下协议回购（privately negotiated repurchase）。企业可根据自身情况与需要以及股票市场的状态选择合适的回购方式，择时进行股票回购。

在完美的市场，发放现金股利与股票回购是没有差别的；但在不完美的市场，股票回购却无法代替发放现金股利，因为二者向投资者传递的信息是不同的，股票回购代替现金股利发放的可能后果是，投资者认为股票回购传递的是一种负面信息，比如企业积累了大量闲置现金而无好的投资机会，只好通过股票回购返还给投资者，意味着企业管理层对未来没有信心。为了避免投资者的误解，企业应该谨慎使用股票回购方式。

（二）股票分割

股票分割（stock split）是指企业将某一特定数额的新股，按一定的比例交换一定数额流通在外的股份的行为。比如，将原来的1股分割为6股。股票分割后，企业股票面值降低，发行在外的普通股数量增加。理论上，股票分割不会改变企业的资本结构，也不会影响企业的价值，更不会影响股东的财富。

股票分割的主要动机和目标在于：（1）股票分割可使股票市价降低，这是股票分割的首要动机。当每股价格太高时，个别并不富有的投资者可能"嫌贵"而放弃投资这类股票。一些大企业为了迎合这种投资者的心理，通过股票分割，增加股票数量，拉低每股价格，活跃股票市场交易。（2）股票分割会给投资者信息上的满足，即预示企业前景良好，引起股价上涨。

股票股利与股票分割很类似，都是增加股票数量，而并不影响企业价值与股东财富，但对股东权益的明细影响有差别。股票分割不改变股东权益结构；而股票股利改变股东权益结构，即留存收益的比例降低，而股本和资本公积的比例上升。美国纽约证券交易所规定，发行25%以上的股票股利都被认为是股票分割。

(三) 股票反分割

有些企业认为股价过低,想抬高股价,改善企业形象,就会采取股票反分割(reverse split)的办法,即将若干股合并成 1 股,比如将 10 股合并成 1 股,因此也称为股票合并。与股票股利与股票分割相似,股票合并对企业没有实质性影响。不过,这样做的主要理由是:(1) 降低股东的交易成本;(2) 当股价上升到合理的交易范围时,股票的流通性得以改善;(3) 改善企业形象。与股票分割类似,这些理由没有一条是令人信服的(特别是第 3 条)。除此之外,如果证券交易所限定了每股最低交易价格,股票合并将有助于股票价格达到这一最低价格,从而避免退市。

> **财眼看问题**
>
> 在利润分配管理中,管理会计师应该特别注意以下问题。
>
> 1. 制定利润分配政策(股利政策)时,必须遵循相关法律法规、政策以及企业章程的规定,依法依规进行利润分配。
>
> 2. 利润分配是价值分配的具体操作形式,理论上并不影响企业价值,但关乎企业利益相关者(stakeholders)的利益实现程度,因而具有一定的激励效应。所以,应根据企业积累的实践经验,并在股利理论的(有限)指导下,综合考虑与平衡各种影响股利政策制定的因素,不断优化股利政策,达到期望的激励效果。

第四节　金融市场与金融工具

一、金融市场的概念与分类

企业财务管理中的投资活动、融资活动与利润分配活动都离不开金融市场,甚至都要在金融市场里完成,比如筹资活动中的发行股票与债券、投资活动中的证券投资、与利润分配活动相关的股票回购,等等。可见,金融市场是企业财务管理最重要的理财环境之一。因此,企业财务管理不是单纯的企业内部管理问题,而是企业与金融市场相互交融的管理问题(即企业的金融问题),必须对金融市场有所了解和研究。

金融市场(financial market),是指货币资金融通和金融资产交易的场所。在这个市场里,各类经济主体进行资金融通、风险交易,从而提高整个社会资源配置的效率。参与金融市场的各类经济主体包括个人、企业、政府、金融机构和中央银行五类,它们根据自己的需要选择充当资金供给方(资金剩余方,即投资者)或资金需求方(资金短缺方，即筹资者）。

金融市场的构成要素包括：（1）交易对象或客体，即资金的使用权（可以视为商品）。（2）交易主体，即资金的供应者（投资方或卖方）与需求者（筹资方或买方）、中介机构、监管机构（央行、银保监会、证监会等）。（3）交易工具，即金融工具——资金使用权的载体。持有的金融工具，即为金融资产。（4）交易的组织方式，即交易所方式（如深交所、上交所）、柜台交易方式、中介（经纪人）方式。（5）交易价格，即利率——资金使用权的价格。

金融市场的主要经济功能是：（1）融通资金，提供流动性；（2）降低交易成本，优化资源配置；（3）信息传递，帮助宏观与微观决策；（4）风险管理。

金融市场是一个复杂的大系统，由许多具体的、相互独立而又紧密关联的市场组成。可以按不同标准对金融市场进行分类。通常按金融工具的期限分类的话，可以划分为货币市场（money market）与资本市场（capital market）。

货币市场，又称短期金融市场，是指交易期限在1年及1年以下的短期资金融通市场，即短期债务工具发行与交易的市场。主要包括银行同业拆借市场、银行间债券市场、短期国库券市场、大额定期存单市场、票据市场、回购协议市场、短期企业债券市场等子市场。企业财务管理中的流动（短期）负债融资活动主要与货币市场打交道。在货币市场上，企业可以通过从金融机构获得短期借款、发行短期债券、进行商业票据贴现等具体方式进行短期融资。

资本市场，又称长期金融市场或长期资金市场，是指交易期限在1年以上的长期资金融通市场，主要有长期借贷（信贷）市场与有价证券市场，即广义的资本市场。资本市场的交易对象主要有政府中长期债券、银行中长期贷款、企业债券与股票。其中，长期的有价证券市场，即股票与债券的发行与流通市场，通常简称证券市场。如今，人们习惯于将证券市场（股票市场与债券市场）当成资本市场，即取其狭义，是狭义的资本市场概念。企业财务管理中的长期融资活动与长期证券投资活动主要与广义的资本市场打交道。长期融资活动的主要方式是从金融机构获取的长期借款、发行的长期债券、发行股票等；长期证券投资活动的主要方式是购买政府发行的长期债券、别的企业发行的债券与股票等。

证券市场按照金融工具交易的顺序，可分为一级市场（primary market）与二级市场（secondary market）。一级市场即发行市场，是指筹资的企业或政府将其新发行的股票或债券等证券销售给最初的购买者（投资者）的市场，其主要功能是融资，如企业股票首次公开发行（initial public offering, IPO）。投资银行（证券公司）是一级市场上协助证券发行的重要金融中介。二级市场即流通市场，是指交易已发行证券的市场，其主要功能是：（1）提高流动性；（2）价格发现。按交易组织方式分，二级市场可进一步分为：

(1) 拍卖市场（auction markets），即证券交易所，是一种场内交易市场，如我国的上海证券交易所、深圳证券交易所；（2) 自营商市场（dealer markets），即店头或柜台（over the counter，OTC）市场，是一种场外交易市场，如美国的纳斯达克（national association of securities dealers automated quotation，NASDAQ）。

二、不同类型金融市场的特征

与商品市场相比，金融市场有自己的特点：（1) 交易对象为金融资产或金融工具。金融资产是从投资者视角讲的；金融工具则是从筹资者视角讲的。最基本（基础）的金融工具是股票与债券。(2) 交易价格表现为资金的利率。从投资者视角看，利率是收益率（报酬率）；从筹资者视角看，利率是使用资金的成本（代价）。(3) 交易目的是获得或让渡资金的使用权。金融市场交易的不是所有权，而是使用权，这是与商品市场的显著区别。金融市场上的投资者（卖方）让渡资金的使用权是为获取收益；筹资者（买方）付出代价是为了获取资金的使用权。买卖双方往往无须见面即可在金融市场里完成交易，大大提高了交易的效率。

货币市场的基本特征是：（1) 参与者以机构投资者为主。货币市场对参与者的资信要求较高，其主要参与者是各类金融机构，如商业银行、证券公司、基金管理公司等，其中又以商业银行为主。(2) 交易工具流动性高、风险低、收益率也较低。(3) 交易目的主要是解决短期资金需要。

资本市场的主要特征是：（1) 融资期限长，至少在1年以上，股票甚至没有到期日。但是，债券有到期日，融资企业到期必须偿还。所以，企业发行债券会增加财务风险，而发行股票无此风险。站在投资者立场，则购买债券的投资风险往往小于投资于股票的风险。(2) 主要功能是满足长期性融资的需要与长期性投资者的盈利需求。(3) 站在投资者立场，交易的金融工具，与货币市场相比，其风险大，收益也可能大，损失也可能高。因此，投资者要特别注意风险与收益权衡（risk and return trade-off）。

三、基础金融工具的类型与特点

金融工具（financial instrument），是指在金融活动中产生的能够证明金融交易金额、期限、价格的合法凭证，是一种具有法律效力的契约。金融工具大致可以分为两类：（1) 基本（基础）金融工具，如债券、股票、票据、存单等。其中，企业使用得最多的是股票（stock）与债券（bond）。(2) 衍生金融工具（financial derivatives），如期货（future）、期权（option）、互换（swap）等。

基础金融工具中，这里简要介绍股票与债券。

（一）股票

股票是股份公司发行的用以证明投资者股东身份并据以获得股利收益的一种所有权凭证，是资本市场上重要的长期融资与长期投资工具。股票作为一种现代企业制度与信用制度发展的产物，主要分为普通股股票（common stock）和优先股股票（preferred stock）。

1. 普通股。普通股是股份公司资本构成中最普通、最基本的股票形式，是指其股东投资收益（股利）随企业盈利而变动的一种股份。持有企业普通股的股东，称为普通股股东，是企业的最终所有者。普通股股票是股份公司发行的标准股票，代表的是公司中最重要、最基本的股份。股份公司可以没有优先股股票，但一定有普通股股票。企业发行普通股之后，才能发行优先股，即普通股是优先股的基础。

企业发行普通股股票筹资的特点：（1）永久性，即股票无到期日，无须偿还，企业可永久使用。（2）无风险性，即无财务风险（但对投资者而言，就有很大的投资风险），因为企业的财务风险来自负债，而不是所有者权益。（3）灵活性，即给股东的回报（股利的支付）十分灵活——赚多，多发；赚少，少发；不赚，不发。（4）控制性，即在持续经营状态下，普通股东拥有对企业的最终控制权。

站在投资于普通股的股东立场，普通股具有的特点是：（1）股利的不确定性，具有很大的投资风险。（2）分配企业利润时，顺序排在最后。企业的息税前利润，先要分给债权人以利息，其次是政府分得企业所得税，再次是优先股股东分得优先股股息，最后才是普通股股东分得剩余收益（剩余利润）。（3）分配企业财产时，顺序也排在最后。企业因破产或结业而进行清算时，普通股股东有权分得剩余财产（资产），但必须在债权人、优先股股东之后，才能分得财产。（4）拥有发言权和表决权。普通股股东有权参加股东大会，就公司重大问题进行发言与投票表决，即用"手"投票。（5）具有股票转让权，普通股股东可以在股票市场转让自己拥有的公司股票，即用"脚"投票，但不可以直接要求公司退还其股份。（6）拥有优先认股权，公司增发新股时，普通股股东有权优先按其持股比例增持股票，以维持其控制权。优先认股权是一种期权，普通股股东也可以放弃行权。

2. 优先股。优先股是股份公司发行的具有优先权的特殊股票。其特征有：（1）优先权，即优先于普通股东的剩余收益分配优先权和剩余财产清偿优先权。这是优先股的最本质特征。（2）十分有限的管理权。优先权的代价是丧失对公司的管理权（"天下没有免费的午餐"）。但当公司研究与优先股有关的问题时有权参加表决。（3）股息率预先确定，这一点类似于债券。（4）没有到期日，是公司永久性资本。这一点不同于债券，因此企业发行优先股属于所有者权益范畴,而非负债。(5)优先股必须有面值,是剩余财产清偿时的依据、计算股息时的基数。否则,无法计算属于优先股股东的财产价值,也无法按预定的股息率计算股息。普通股则可以有面值,也可以没有面值。没有面值时,为了财务会计记账的方便,可以设定面值。

企业发行优先股融资,正是利用了优先股的这些特征。企业发行优先股融资的基本理由可归纳如下:(1)可以减缓普通股股价的下降。当普通股股价低迷时,发行新的普通股则会进一步增加普通股股价下行的压力,改用发行优先股,则可能缓解之。(2)优先股与普通股一样,不存在到期偿债的压力,可以避免破产威胁。(3)优先股的资本成本往往低于普通股的资本成本,具有成本优势。优先股股东不能以发行公司不支付优先股股息而胁迫公司破产,而债权人则可以。不过,作为延期支付股息的补偿,发行公司可能被迫赋予优先股股东一定数量的表决权。(4)优先股可以提高公司的财务杠杆系数,在财务杠杆发挥正效应(作用)时,可使普通股的收益率(ROE)上升。

(二)债券

债券,是指债务人发行的承诺按约定的利率和日期支付利息并偿还本金的债务凭证。按债券发行的主体分类,债券可分为政府债券、金融债券和公司债券。这里只介绍公司债券。

公司债券,又称企业债券,是指公司依法发行的约定在一定期限还本付息的债务凭证。公司债券(bond)往往是指到期期限在10年或10年以上的长期债务凭证,如果短于10年,则为中期债券(note)。公司债券的基本要素有:票面价值(face value, or par value)或本金(principal)、票面利率(coupon rate)、到期期限(maturity)、发行价格、市场价格、信用等级(bond ratings)、限制性条款等。

债券的分类有很多。择要列举五种分类:(1)按是否有担保分,分为有担保债券(包括抵押债券、质押债券、保证债券)、无担保债券或信用公司债(包括信用债券、从属信用公司债、收益债券);(2)按是否可转换成股票分,分为可转换债券(convertible bond)、不可转换债券;(3)按是否可提前赎回分,分为可赎回债券(callable bond)、不可赎回债券;(4)按是否附有利率分,分为付息债券(又可进一步分为固定利率债券、浮动利率债券)、零息债券;(5)按是否附认股权证分,分为带认股权证债券、不带认股权证债券。

与股票相比,公司债券的基本特征有:(1)有面值,便于根据票面利率计算票面利息。(2)有偿还期限,到期必须偿还本金。(3)发行债券的企业无论是否盈利都必须按照约定支付利息。(4)站在筹资角度看,增加企业财务风险。如果产生财务杠杆负效应,则会降低股东的收益率;如果资不抵债,则很可能导致破产。站在投资者角度看,则投资者面临的最大风险是信用风险（违约风险），其次是利率风险等。（5）出于对债权人的保护，企业分配利润与财产的顺序是，债权人在前，股东在后。发债企业的息税前利润首先用来满足债权人的利息要求权。按资产负债表模型，债权人优先于股东的财产分配权可以体现在"资产－负债＝所有者权益"的表述中。若改为"资产－所有者权益＝负债"，虽然数学上没有任何问题，但经济与法律含义却被改变了，是一个错误的改写，因为这意味着股东在债权人之前分配企业资产。（6）因为股东承担的风险比债权人大，而且利息有税盾效应，因此负债的资本成本比股权的资本成本低；而且发债一般不会影响股东对公司的控制权，除非企业在非持续经营状态下。

在学习财务管理的过程中，必须弄清楚债券与股票的区别，不可混淆。两者的基本区别是：（1）债券投资者与公司处于对立地位，一方的权利即为另一方的义务；股东与公司利益具有一致性。（2）债券是债权证券，而股票是股权证券。持有人对公司要求的权利不同，而且债权优于股权满足其收益权和财产分配权。（3）对公司资本结构的影响不同。公司发行债券提高其负债比率；而发行股票则降低其负债比率。（4）公司债券的发行必须在公司成立之后，而股份可以在公司成立之前募集，在公司成立之后交付股票。公司债券必须建立在公司存在股本的基础之上。（5）公司债券的认购，限于现金给付，股份（股票）的认购，不限于此。股票的认购还可以是资产作价（公允价值）来认购，当然资产价值的评估是一个比较复杂的事情。

四、衍生金融工具的类型与特点

衍生金融工具（金融衍生工具），也叫衍生金融资产或金融衍生产品，是与基础金融产品（工具）相对应的一个概念，指建立在基础产品或基础变量之上，其价格随基础金融产品的价格（或数值）变动的派生金融产品。这里所说的基础产品是一个相对的概念，不仅包括现货金融产品（如债券、股票、银行定期存款单等），也包括金融衍生工具。作为金融衍生工具基础的变量则包括利率、汇率、各类价格指数、通货膨胀率甚至天气（温度）指数等。金融衍生工具是在货币、债券、股票等传统金融工具的基础上衍化和派生的，以杠杆和信用交易为特征的金融合约，其价值取决于标的物（underlying asset）的价格及其变化。

衍生金融工具的基本特征是：（1）跨期性。金融衍生工具是交易双方通过对利率、汇率、股价等因素变动趋势的预测，约定在未来时间按照一定条件进行交易或选择是否交易的合约。无论是哪一种金融衍生工具，都会影响交易者在未来一段时间内或未来某时点上的现金流，跨期交易的特点十分突出。这就要求交易双方对利率、汇率、股价等价格因素的未来变动趋势作出判断，而判断的准确与否直接决定了交易者的交易盈亏。

(2) 杠杆性。金融衍生工具交易一般只需要支付少量保证金或权利金就可以签订远期大额合约或互换不同的金融工具。例如，若期货交易保证金为合约金额的5%，则期货交易者可以控制20倍于所交易金额的合约资产，实现"以小搏大"的效果。在收益可能成倍放大的同时，交易者所承担的风险与损失也会成倍放大，基础工具价格的轻微变动也许就会带来交易者的大盈大亏。金融衍生工具的杠杆性效应一定程度上决定了它的高投机性和高风险性。(3) 联动性。这是指金融衍生工具的价值与基础产品或基础变量紧密联系、规则变动。通常，金融衍生工具与基础变量相联系的支付特征由衍生工具合约规定，其联动关系既可以是简单的线性关系，也可以表达为非线性函数或者分段函数。(4) 虚拟性。金融衍生工具交易的对象是虚拟化的产权、信用与风险，而不是真正的标的物本身。这种虚拟性很可能导致金融衍生工具价格脱离现实的标的物价格波动，甚至与其无关。企业利用金融衍生工具进行风险管理时，就可能反而增加了企业的风险负担。(5) 不确定性或高风险性。金融衍生工具的交易后果取决于交易者对基础工具（变量）未来价格（数值）的预测和判断的准确程度。基础工具价格的变幻莫测决定了金融衍生工具交易盈亏的不稳定性，这是金融衍生工具高风险性的重要诱因。基础金融工具价格的不确定性仅仅是金融衍生工具风险性的一个方面，金融衍生工具还伴随着以下六种风险：①交易中对方违约，没有履行承诺造成损失的信用风险；②因资产或指数价格的不利变动可能带来损失的市场风险；③因市场缺乏交易对手而导致投资者不能平仓或变现所带来的流动性风险；④因交易对手无法按时付款或交割可能带来的结算风险；⑤因交易或管理人员的人为错误或系统故障、控制失灵而造成的操作风险；⑥因合约不符合所在国法律，无法履行或合约条款遗漏及模糊导致的法律风险。因此，企业运用金融衍生工具进行风险管理时，就要加强对金融衍生工具本身的风险管理。

金融衍生工具可以按照基础工具的种类、风险—收益特性以及自身交易方法的不同而有不同的分类：(1) 按照交易场所分类，金融衍生工具可分为交易所交易的衍生工具和OTC交易的衍生工具。(2) 按照基础工具种类分类，金融衍生工具可以划分为股权类产品的衍生工具、货币衍生工具、利率衍生工具、信用衍生工具以及其他衍生工具。(3) 按照金融衍生工具自身交易的方法及特点分类，可分为金融远期合约、金融期货、金融期权、金融互换和结构化金融衍生工具。其中，互换合同（swaps）是指合同双方在未来某一期间内交换一系列现金流量的合同。按合同标的项目不同，互换可以分为利率互换、货币互换、商品互换、权益互换等。互换合同中，利率互换和货币互换比较常见。下面简要讨论远期合约、期货合约和期权合约。

（一）远期合约

远期合约（forward contract）是指合同双方约定在未来某一日期以约定价格，买卖某一数量的标的物的合同。远期合约中的"未来某一日期"称为交割日或合约到期日（expiration date）；"约定价格"称为交割价格（delivery price），该价格应该选择使合约本身价值为零的远期价格。

远期合约在柜台上进行交易，交易双方可以根据各自的需要量身定做远期合约，约定特定的价格、时间、交割地点以及标的资产等。因而，远期合约具有很大的灵活性。但是，由于远期合约没有保证金制度，其背信风险（违约风险或信用风险）较大。

远期合约的交易双方分别称为多头（long position）与空头（short position）。多头是指合约中在将来某时刻按约定价格购买标的资产的一方；空头是指合约中在将来某时刻按约定价格出售标的资产的一方。远期合约交割时，空头持有者将标的资产交与多头持有者，多头持有者按交割价格向空头持有者支付现金。

（二）期货合约

期货合约（future contract）是指由期货交易所统一制定的、规定在将来某一特定时间和地点交割一定数量和质量的实物商品或金融商品的标准化合约。期货合约主要在农产品、金属与石油、金融资产三个领域交易。前两者的标的物是商品，称为商品期货；最后一个的标的物是金融资产，称为金融期货，如股票期货、股指期货、外汇期货、利率期货等。

从定义上判断，期货合约与远期合约似乎没有差别，实则不然。从二者的不同特征上入手，能发现二者的区别还是挺大的：（1）远期合约是私下协议，属于非标准化合约；期货合约是在交易所进行交易，是标准化合约。（2）远期合约通常只约定一个交割日期；期货合约会指定一系列的交割日。（3）远期合约通常会导致实物交割或最终的现金结算；期货合约通常会选择在合约到期前平仓，很少实际交割。（4）远期合约的损益只能在到期实现；期货合约的损益在每日结算过程中逐日实现（marking to market）。（5）远期合约交易的双方面临较高的违约风险；期货合约因保证金制度使得违约风险基本不存在。

（三）期权合约

期权合约是指合同的买方在规定的时间内按约定价格从合约卖方购入或出售给合约卖方一定的标的物的权利，是一种选择权合同。如果是合约买入方拥有从合约卖出方购入一定的标的物的权利，则称为看涨期权（call option）；如果是合约买入方拥有将一定的标的物出售给合约卖出方的权利，则称为看跌期权（put option）。例如，证券市场上推出的认股权证（warrant）中，认购权证（call warrant）属于看涨期权，认沽权证（put warrant）则属于看跌期权。期权定义中，"约定价格"称为执行（行权）价格（strike price, or exercise price），期权到期的日子称为到期日。在到期日之前任何一个时点都可以行权的期权称为美式期权（American options）；而只能在到期日行权的期权称为欧式期权（European options）。金融期权中的标的物是指债券、股票、股票指数、货币等，为此，金融期权可分为债券期权、股票期权、股票指数期权、货币期权等。

与远期合约、期货合约不同的是，期权合约的买方没有交易的义务，而卖方则有履行合同的义务。因此，远期合约、期货合约的风险与收益对称，而期权合约的风险与收益不对称。比如，期货合约价格上升1元，合约买方将获益1元，合约卖方则损失1元；如果下跌1元，则情况相反。期权合约的买方只需支付期权价格（期权费或权利金，premium），则有权保留所有潜在收益，并放弃所有不利的情形；期权合约的卖出方获得了交易对手所支付的期权价格，却要承受巨大损失的风险。可见，期权合约可用于不对称风险的有效管理。比如，某公司预计1个月后收到10万元，并计划用该笔现金购买当时价格为10万元的资产A，但该公司担心1个月之后资产A价格上涨。此时，该公司可以买入一个看涨期权，以锁定资产A的价格，避免资产A价格上涨的风险。如果实际上资产A价格下跌了，则不必行权，损失的是有限的期权费（支付的期权价格）。

据上所述，可归纳出金融期权的基本特征：（1）期权交易本质上是一种权利的买卖，并不实际交割标的物。（2）期权交易中将涨和跌分开进行交易。买入看涨期权，可拥有按执行价格买入一定数量的标的物的权利；买入看跌期权，可拥有按执行价格出售一定数量的标的物的权利。（3）买卖双方的权利和义务不对称。买方的潜在收益可以很大，而损失仅限于期权费；但卖方的潜在损失也可以很大，而收益仅限于期权费。看似吃亏的卖方之所以存在，是因为：其一，卖出看涨期权，标的物的价格有可能不涨反跌；卖出看跌期权，则有可能不跌反涨。还有一种可能是，价格虽涨，但涨不到执行价格；价格虽跌，但跌不破执行价格。其二，卖方一般是金融机构投资者，可以通过对冲操作规避风险，类似于保险功能。在保险交易中，尽管权利与义务不对称（保费收取与理赔支出并不相等），但是并不妨碍保险业的发展，这一原理与期权相似。（4）期权合约的买卖双方的损益之和等于零，期权本身是一个零和博弈。期权市场作为一个整体，没有净损失或净收益。

> **财眼看问题**
>
> 管理会计师了解与理解金融市场和金融工具是必做的功课，应该特别注意以下问题。
>
> 1. 充分关注与把握财务管理和金融市场的共生互动性，在金融市场中，抓住企业融资和投资的有利时机，降低资本成本，提高投资收益率，为企业创造价值服务。
>
> 2. 掌握金融市场的动态，时刻注意金融风险对企业经营风险与财务风险的影响，帮助企业搞好风险管理；把握市场利率、收益曲线的变化与走势，为企业选择贴现率、计算资本成本提供可靠的基准。

3. 在基础金融工具中，分清债券与股票，为企业筹资方式选择与资本结构决策打下坚实的基础。

4. 金融衍生工具的应用越来越广泛，企业管理会计师应不断更新知识，积极主动学习金融衍生工具的有关知识与应用技术，能灵活自如地应用金融衍生工具为企业财务管理服务，如金融衍生工具在筹资、资本预算、风险管理等方面的运用。当然，也要注意对金融衍生工具本身的风险进行控制，别被它反噬。

参考文献

［1］Richard A. Brealey, Stewart C. Myers, Franklin Allen：《公司金融·基础篇》（第12版）、《公司金融·进阶篇》（第12版），机械工业出版社2017年版。

［2］Eugene F. Brigham, Joel F. Houston：《财务管理》（第14版），机械工业出版社2018年版。

［3］《管理基础》编写组：《管理基础》，经济科学出版社2019年版。

［4］Robert C. Higgins, Jennifier L. Koski, Todd Mitton：《财务管理分析》（第12版·英文影印版），北京大学出版社2019年版。

［5］蒋先玲：《货币金融学》（第2版），机械工业出版社2017年版。

［6］刘力：《公司财务》（第2版），北京大学出版社2014年版。

［7］美国项目管理协会（Project Management Institute）：《项目管理知识体系指南（PMBOK指南）》（第6版），电子工业出版社2018年版。

［8］Stephen A. Ross, Randolph W. Westerfield, Jeffrey Jaffe：《公司理财》（第11版），机械工业出版社2017年版。

［9］王斌：《财务管理》（第2版），高等教育出版社2019年版。

［10］周洛华：《金融工程学》（第4版），上海财经大学出版社2019年版。

第四章

税务筹划

第一节 税务筹划理论概述

富兰克林曾说:"世界上只有两件事是不可避免的,那就是税收和死亡。"无论是法人还是自然人,纳税都是不可回避的现实。由于税收的强制性和无偿性的特征,任何自然人和法人都不愿纳税。那么,如何做到既依法纳税,又不多缴税、不早缴税,能够降低自己的税收负担,从而实现税后收益最大化呢?那就要事先对自己的经济活动(行为)做出合理安排、精心策划。这就是本章的主题"税务筹划"。

一、税务筹划的概念与意义

(一)税务筹划的概念

税务筹划,也称税收筹划、纳税筹划,是指在纳税行为发生之前,在不违反法律法规(税法及其他相关法律、法规)的前提下,通过纳税主体(法人或自然人)的经营活动或投资行为等涉税事项做出事先安排,以达到少缴税或者递延纳税目标的一系列谋划活动。

(二)税务筹划的意义

税务筹划对企业和政府都可能产生众多影响。

1. 有利于提高企业的纳税意识,增强企业的法制观念。

(1)税务筹划是企业纳税意识提高到一定程度的表现,与经济体制改革发展到一定水平相适应。

(2)企业纳税意识强与企业的税务筹划具有共同点,即企业税务筹划所安排的经济行为必须符合税法条文和立法意图或不违反税法,而依法纳税更是企业纳税意识强的应有之义。

（3）税务筹划能促使企业设立完整、规范的会计制度。

2. 有利于实现企业财务利益最大化。通常理性的企业都逐利，在收入总额一定的情况下，企业要实现财务利益最大化，就必须使成本总额最小化。因此，在税收契约执行过程中，由于企业与征税方的会计信息不对称以及当前税法的不完备性，理性的企业会对涉税会计事项进行管理控制，以谋求降低自身税负。

3. 有助于提高企业的财务与会计管理水平。企业的税务筹划离不开会计，而会计人员的税务筹划不仅要熟知会计准则、会计制度，更要熟知现行税法，要按照税法要求设账、记账、计税和填报纳税申报表及其附表。这有利于提高企业的财务与会计管理水平。

4. 有利于提高企业的竞争力。企业进行税务筹划，减轻了企业税负，将收益更多地留存在企业，增强了企业活力，有利于企业持续经营发展。从长远和整体上看，企业发展了，未来的收入和利润会随之增加，税源丰盈了，国家收入自然也会随之增加。

5. 有利于塑造企业的良好形象。逃税等违法行为不仅会受到法律的惩罚和因纳税信用等级降低带来的经营不便，还会因其破坏平等竞争而受到社会各方面的谴责，使其名誉受损。基于社会主义市场经济环境，失去信誉的企业将难以在竞争中生存。

6. 有利于优化产业结构和合理配置资源。税务筹划有利于贯彻国家的宏观调控政策。税法规定的税基与税率的差别，税收的各项优惠政策，都是政府综合考虑税收公平、引导资源配置、优化产业结构等方面的结果。而企业据此做出投资决策、企业制度改革、产品结构调整等，尽管初衷是为了减轻税负，但在客观上却是根据国家税收倾斜政策的导向，逐步优化产业结构和合理布局生产要素，促进了资本的流动和资源的合理配置。

二、税务筹划的动因与目标

（一）税务筹划的主观动因

在市场经济条件下，企业作为商品生产经营的主体，有自己独立的经济利益，而对于每个企业而言，纳税是政府对其财务成果的一种无偿占有。但税收取之于民，用之于民，政府利用税收收入为整个社会提供公共物品。而企业作为主要纳税人，必然要考虑在纳税后企业获得的收益和纳税额是否相匹配的问题，也就是政府提供的公共物品是否确实有助于产生一种良好的社会效应。这种预期的社会效应何时在何种程度上显现出来，即使产生了预期的社会效应（社会秩序、公共设施和服务、市场环境等），企业是否因此得益、得益多少，这些问题都带有不确定性、隐蔽性和非对等性。更大的问题还在于一旦纳税的预期效应未能实现，甚至在某种程度上扰乱了企业内在的运行机制，或因为时滞性而使企业久久感受不到社会秩序、市场环境的优化。况且，企业得益于社会秩序、市场环境的改善具有非计量性和隐蔽性的特点，再加之其受益程度与纳税多少具有非对等性和非直接相关性，企业会认为社会效应对于各个企业通常都无差别，对企业的市场地位具有决定意义的还是其自身的竞争实力。因此，企业纳税获得的收益通常少于纳税的付出是诱发企业在主观意念上做出税务筹划的根本动机。

（二）税务筹划的客观条件

企业有了税务筹划的主观动因还不够，要实现税务筹划的目标还必须建立在特定的客观条件上。而这些客观条件是指税收制度的完善程度及税收政策导向的合理性、有效性。税收法制作为宏观调控的工具，不可避免地会在其立法中体现国家推动整个社会经济运行的导向意图，颁布并实施一些有违公平税负、税收中性一般原则的税收优惠政策，如不同类型企业的税负差异，不同产品税基的宽窄，税率的高低，不同行业、不同项目进项税额的抵扣办法，减税、免税、退税等。因税收优惠政策不同而使同一种税在实际执行过程中有所差异，造成了非完全统一的税收法制，为企业的税务筹划提供了客观条件。企业利用税法的差异或"缺陷"做出旨在减轻税负的税务筹划，如果仅从短期上看，的确减少了国家的税收收入，但因为税制的这些差异或"缺陷"是国家对产业结构、资源配置的主动优化调整，即力图通过倾斜的税收政策引导企业在追求自身利益最大化的同时，转换经营机制，实现国家和政府的产业调整意图。从长远发展来看，对企业、对国家都有利。这是国家为将来取得更大的预期收益而支付的机会成本，因此，企业在利用税制的非完全同一性所实现的税负减轻的同时，也有效贯彻和执行了税法意图。

但目前，除了上述税收政策导向性的差异和"缺陷"，税收法律制度也会存在自身难以克服的各种纰漏，即真正的缺陷或不合理，如税法、条例、公告、通知等不配套，政策模糊、笼统，内容不完整等。这也为企业的税务筹划提供了有利条件。

（三）税务筹划的目标

税务筹划的基本目标就是减轻税收负担、争取税收利润最大化，其外在表现是纳税最少、纳税最晚。税务筹划的目标主要包括以下三点。

1. 正确履行纳税义务。正确履行纳税义务是税务筹划的最低目标，也是基础目标。税务筹划最基本的目标就是要避免纳税风险以及因涉税而造成名誉损失，也就是避免承担纳税义务范围外的额外损失。为此，企业应做到纳税遵从，即依法做好税务登记，依法建账并管理发票和账证，依法申报纳税，在不超过税法规定的期限内缴纳该缴的税款。企业必须及时、正确、全面地掌握所涉税境的税法，努力实现涉税低风险。

2. 努力降低纳税成本。企业为履行纳税义务，必然会发生相应的纳税成本，纳税成本包括直接纳税成本和间接纳税成本。前者是企业为履行纳税义务而付出的人力、物力和财力，后者是企业在履行纳税义务过程中所承受的精神负担、心理压力等。直接纳税成本很容易确认和计量，间接纳税成本则需要估算或测算。企业应该不断提高专业水平、增强纳税意识，以降低纳税成本，使企业的税后利润增加。

> **财眼看问题**
>
> 管理会计师要注意区分纳税成本和税收负担。
>
> 1. 纳税成本是指企业为了履行纳税义务而付出的相应成本，包括人力、物力、财力以及承担的精神负担和心理压力等。
>
> 2. 税收负担是指企业因向政府缴纳税款而承担的货币损失或经济福利的牺牲，即缴纳税款的多寡。

3. 税收负担最低化与税后收益最大化。企业的税务筹划目的是通过减轻税收负担从而使税后利润最大化。因此，当实施某项税务筹划使税收负担最低与其税后收益最大呈正相关时，税收负担最低就是税务筹划的最高目标。当实施某项税务筹划使税收负担最低与税后收益最大呈负相关时，税务筹划的目标应该以企业的财务目标为最终目标，即税务筹划要服从、服务于企业的财务目标。

企业要实现在涉税低风险下的企业税后收益最大化需要在法律（不仅是一国）规定、国际惯例、道德规范和经营管理需要之间寻求平衡。税务筹划不能只考虑个别税种缴纳的多与少，不能单纯以眼前税负的高低作为判断标准，而是以企业整体和长远利益作为判断标准，因此，企业可能会选择某种税的税负较高而税后收益最大的方案。

三、税务筹划的原理、原则与特点

（一）税务筹划的原理

1. 根据收益效应分类。企业税务筹划都是为了取得最大的税后收益。根据收益效应分类，可以将税务筹划原理基本归纳为两大类：绝对收益筹划原理和相对收益筹划原理。

（1）绝对收益筹划原理是指使企业纳税总额绝对减少，从而取得绝对收益的原理。绝对收益筹划原理又可以分为直接收益筹划原理和间接收益筹划原理。直接收益是指直接减少了企业的纳税绝对额而取得的收益；间接收益是指企业的纳税绝对额并没有减少，但减少了同一个税收客体的纳税绝对总额而取得收益。

（2）相对收益筹划原理是指企业一定时期内的纳税总额并没有减少，但某种税的纳税义务递延到以后的纳税期缴纳。因此，取得了递延纳税额的时间价值，从而取得了相对收益。

2. 根据着力点分类。企业应该分析影响纳税额的因素，决定如何进行税务筹划。根据筹划的着力点不同，可以把税务筹划原理分为税基筹划原理、税率筹划原理和税额筹划原理。

（1）税基筹划原理是指企业通过缩小税基减轻税收负担甚至解除纳税义务的原理。税基是计税的基数，在适用税率一定的条件下，税额的大小与税基的大小成正比。税基越小，企业承担的纳税义务越轻。

（2）税率筹划原理是指企业通过降低适用税率的方式来减轻税收负担的原理。

（3）税额筹划原理是指企业通过直接减少应纳税额的方式来减轻税收负担或者解除纳税义务的原理，常常与税收优惠的全部免征或者部分免征相联系。

（二）税务筹划的原则

税务筹划的原则主要包括以下五个原则。

1. 守法原则。税务筹划的目的就是在法律允许的前提下，获得最大的税后收益。因此，税务筹划最基本的原则就是符合税法或者不违反税法，即一定要守法，不能公然挑战税法。这是税务筹划与逃税、欠税、抗税、骗税的本质区别。

2. 保护性原则。保护性原则即企业要自我保护，防止多缴纳不应缴纳的税款。因此，企业的会计凭证要真实、完整，会计账簿设置和记录都要符合税法要求。如我国大部分税种的税率、征收率不是单一税率，有的税种还有不同扣除率、出口退税率，企业要避免多缴税款，在兼营不同税率的货物、劳务、服务时，在出口货物时，在同时经营应税与免税货物时，要按不同税率（退税率）分别设账、分别核算（与财务会计的设账原则有所不同）。

3. 时效性原则。时效性原则体现在充分利用资金的时间价值上，如销售收入的确认、准予扣除项目和金额的确认、增值税抵扣凭证的比对认证、销项税额的确认、出口退税的申报、减免税优惠政策等，都有时效性问题。

4. 整体性原则。在实施一种税的税务筹划时，还要考虑与之相关的其他税种的税负效应，整体筹划、综合衡量，以求整体税负最轻、长期税负最轻，防止顾此失彼。企业税收筹划的最终目标是税后收益最大化，如果有多种税收政策或多种经营方式选择，那么，总体收益最高但纳税并非最少的方案才应是最合理方案。

5. 风险收益均衡原则。高收益同时伴随着高风险。企业希望通过税务筹划获得收益的同时，不能缺失风险意识。税务筹划应当遵循风险与收益均衡的原则，加强税务风险管理，采取措施，分散风险，规避风险，综合权衡。

(三) 税务筹划的特点

税务筹划范围较广,与企业的财务活动密切相关,具有诸多特点。税务筹划具有以下主要特点。

1. 事前性。在经济活动中,纳税义务通常具有滞后性,一般是应税行为发生后,才有相应的纳税义务。在客观上,这就为企业提供了纳税前作出筹划、规划、设计和安排的可能性。另外,如果涉税行为已经发生,纳税义务已经确定而去谋求少缴纳税款,则不能认为是税务筹划。

2. 目的性。目的性表示企业要取得税务筹划的税收利益。这里有两层意思:(1) 选择低税负,获得较高的税后收益。(2) 递延纳税(非指不按税法规定期限缴纳税款的欠税行为),使企业获得递延纳税的税款的时间价值。

3. 普遍性。各个税种规定的纳税人、纳税对象、纳税地点、税目、税率、减免税政策及纳税期限等,一般都有差别。这就给所有企业提供了税务筹划的机会,也就决定了税务筹划的普遍性。

4. 多变性。税收政策尤其是各种税种的实施细则等,随着政治、经济形势的变化会经常发生变化,因此,税务筹划也就具有多变性。企业应该随时关注国家税收法规的变动,做好税务筹划的应变调整。

5. 专业性。专业性并不是指企业的税务筹划可以单靠会计专业人员,现实是在面临全球经济一体化,国际经贸业务日益频繁、规模越来越大,而各国税制也越来越复杂的形势下,仅靠企业自身实施税务筹划已经显得力不从心。作为社会中介的税务代理、税务咨询应运而生。

四、税务筹划的基本手段与方法

税务筹划的基本手段就是节税、避税与税负转嫁。在每类税务筹划手段下,又有各自的具体筹划方法。在税务筹划实务中,这些手段与方法可能交叉运用或综合运用。

(一) 节税手段

1. 节税的含义。节税是指企业在不违背税法立法精神的前提下,当存在着多种纳税方案的选择时,通过充分利用税法固有的起征点、减免税等一系列优惠政策,以税收负担最低的方式处理财务、经营、交易事项。

2. 节税的特点。节税具有以下主要特点。

(1) 合法性。节税是在符合税法规定的前提下,在税法允许甚至鼓励的范围内的纳税优化选择。

（2）符合政府政策导向。税收作为有利的宏观调控手段，各国政府都会根据企业谋求利润最大化的心态，有意识地通过倾斜的税收政策，引导投资、引导消费。企业既实现了节税目的，也顺应了政府的政策导向。

（3）普遍性。各国的税收制度都强调中性原则，但在不同纳税人、征收对象、征收期限、地点、环节等方面总是存在差别。这就使企业的节税具有普遍性。

（4）多样性。由于各国税法的不同、会计制度的差异，世界各国的节税行为也各有不同。一般来说，一国税收政策在地区之间、行业之间的差别越大，可供企业选择的余地也就越大，节税形式也就更加多样。

3. 节税方法。企业可以利用税收照顾性政策、鼓励性政策实施节税。这是最基本的节税方法。企业在税法规定的范围内，选择不同的会计政策、会计方法以求节税。其具体方法包括免税方法、减税方法、税率差异方法、分割方法、扣除方法、抵免税方法、延期纳税方法和退税方法等。

（二）避税手段

1. 避税的概念。避税是企业在熟知相关税境和税收法规的基础上，在不触犯税法的前提下，利用税法等有关法律法规的疏漏、模糊之处，通过对筹资活动、投资活动、经营活动等涉税事项的精心安排，达到规避或减轻税负目的的行为。

2. 避税的法律依据。避税介于税收节省和税收逃避之间，既不符合税收立法意图，也不符合国家政策导向。避税实质上是企业对税法的一种规避行为，遵循的是"法律不禁止即允许"的现代法治原则。

3. 避税的分类。避税可以根据不同标志分类。

（1）按避税涉及的税境分类可以分为国内避税和国际避税。国内避税是企业利用国内税法所提供的条件和存在的可能性实施的避税。国际避税是指跨国企业利用两个或两个以上的国际税法和国际税收协定的差别、漏洞、特例和缺陷，规避或减轻其总纳税义务的行为。

（2）按避税针对的税收法规制度分类可以分为：一是利用选择性条款避税，即企业针对税法的某个项目、某个条款并列规定的内容，从中选择有利于自己的内容和方法，如纳税期限、折旧方法、存货计价方法等。二是利用伸缩性条款避税，即企业针对税法的有些条款在执行过程中存在的弹性，按有利于自己的理解去执行。三是利用不明确条款避税，即企业针对税法的某些过于抽象、过于简化的条款，根据自己的理解，从有利于自身利益的立场实施筹划。四是利用矛盾性条款避税，即企业针对税法互相矛盾、互相冲突的内容，作出有利于自己的决策。

4. 避税的基本方法。避税的基本方法主要包括以下七种。

（1）税境移动法。主权独立国家都有其税收管辖权。税收管辖权一般分为属人原则和属地原则。属人原则，即按企业的国籍、登记注册所在地或者住所、居所和管理机构所在地为标准，确定其税收管辖权，凡属该国的企业都受该国税收管辖权管辖，对该国负有无限纳税义务。属地原则，即按照一国的领土疆域范围为标准，确定其税收管辖权。该国领土疆域内的一切企业，无论是本国企业还是外国企业，都受该国税收管辖权管辖，对该国负有有限纳税义务。因此，跨国经营企业可以通过对生产经营活动和居留时限的安排，回避税收管辖权。

（2）价格转让法，也称为转让价格法、转移定价法。价格转让法是指两个或两个以上有经济利益联系的经济实体（关联企业）为实现特定的经营目标，以内部协定价格实施的销售（转让）活动。这是避税实践最基本的方法。

（3）利用国际税收协定。国际税收协定一般都规定缔约国只能对常设机构的经常所得征税，在某些税收协定条款中，其原则的确定及运用存在差异，税收协定会有一些税收庇护等。因此，跨国经营企业可以通过设置直接的传输企业、踏脚石式的传输企业等实施避税。

（4）成本（费用）调整法。成本（费用）调整是通过对成本（费用）的合理调整或分配（摊销），抵销收益，减少利润，以达到规避纳税义务的避税方法。

（5）融资（筹资）法。融资法即利用融资技术使企业达到获利最大和税负最轻的方法。

（6）租赁法。企业承租设备，支付的租金能减少应纳税所得额，从而减少应纳所得税额，与此同时，又避免了长期持有机器而增加负担和承担风险。

（7）低税区避税法。低税区避税法是指企业通过在低税区设立机构将来源于其他地区的利润转移到低税区的方法。低税区包括税率较低、税收优惠政策多、税负较轻的国家和地区。

财眼看问题

管理会计师要注意税务筹划、节税与避税的差别。

1. 节税是指由于政府出于调控宏观经济的目的，通过税收立法给出税收优惠，企业通过调整财务、经营、交易事项来符合政府的调控目的而获得税收减免，符合税收政策的导向，属于合法行为。

2. 避税是在不违反税收相关法律的前提下，通过税法的一些漏洞，调整自身的经营活动以减免税负。避税虽不违法，但不符合税收的政策导向，避税和节税最大的区别就在于是否符合税收政策导向。

3. 税务筹划包括节税和避税，但无论节税还是避税都不是违法行为。

（三）税负转嫁手段

1. 税负转嫁的概念。

（1）税负转嫁。即企业在缴纳税款之后，通过种种途径将自己的税收负担转移给他人的过程。也就是说，最初缴纳税款的法定纳税人不一定就是该项税收的最终负担者。

（2）税负归宿。即税收负担的最终归着点或税负转嫁的最后结果。税收负担可能全部转嫁出去，也可能部分转嫁出去，甚至转嫁不出去。

2. 税负转嫁的特点。税负转嫁发生在企业之间，因此，税负转嫁不会减少国家的税收收入总额。税负转嫁一般仅适用于流转税。

3. 税负转嫁的方法。按照税负转嫁的不同途径，一般可以将税负转嫁分为以下四种方式。

（1）前转，指企业将其所纳税款顺着商品流转方向，通过提高商品或生产要素价格的方法，向前转移给商品或生产要素的购买者或最终消费者负担的一种形式。

（2）后转，即企业将其所纳税款逆商品流转的方向通过压低生产要素进价的方法，向后转移给生产要素的提供者负担的一种形式。

（3）消转，亦称税收转化，即企业对其所缴纳税款，既不前转也不后转，而是通过企业自身内部改善经营管理、改进生产技术、延长劳动时间、压低工薪的方法，消化税收负担。由于消转并没有把税负转移给他人，也没有特定的负税人，因此，严格地说，消转是一种特殊的税负转嫁方式。

（4）税收资本化是后转嫁的一种特殊的形式，是指企业在购买不动产或有价证券时，将以后应纳的税款在买价中预先扣除，以后虽然名义上是买方在按期缴纳税款，但实际上是由卖方负担。同样属于买方向卖方的转嫁。税收资本化，即税收可折入资本，冲抵资本价格的一部分。当然，税收资本化是有条件的。首先，交易的财产必须具有资本价值，可长时间使用并有年利和租金，如房屋、土地等。这类财产税款长年征收，如为其他商品一次征税后即转入商品价格，无须折入资本。其次，冲抵资本的价值可能获取的利益应与转移的税负相同或相近。

五、税务风险及防控

（一）税务风险的定义和特点

1. 税务风险的定义。税务风险是税收征纳双方在涉税行为中因未正确有效地遵守税收法律、法规的有关规定，而导致利益可能遭受到损失。企业在处理涉税事项和进行税务筹划时，都会面临税务风险；同样，税收执法、司法机关在行权过程中，也存在税务风险。而这里所述税务风险，仅指作为纳税人的企业的税务风险，即企业税务风险。企业税务风险包括三方面的含义：(1) 企业的经营行为因违反税收法规的有关规定，而导致补税、罚款、加收滞纳金、刑责以及声誉损害等；(2) 企业经营行为适用税法不正确、不准确，没有充分利用有关税收政策，导致企业经济利益的损失，承担了不必要的税收负担；(3) 企业税务筹划失败所导致的税务风险。

2. 税务风险的特点。税务风险具有以下主要特点。

(1) 税务风险的特殊性。税务风险不同于一般意义上的商业风险。企业税务风险并不会因为风险越大，收益越大，对企业而言，税务风险只会带来净损失，不可能有收益。如果企业由于自身的原因多缴了税款，则税务机关退回的可能性很小，即使退回，企业也损失了资金的时间价值；但如果企业由于自身计算失误而少缴了税款，税务机关可以在3年内追征税款，特殊情况追征期延长至5年，偷税、抗税和骗税则无追征期限制。企业除了补缴税款外，还将承担巨额的罚款和滞纳金，甚至负刑事责任。企业税务风险有"收益"不过是暂时避过了税务机关的检查而不用补缴税款、罚款、滞纳金等；但这种"收益"可能随时引发更大的税务风险，而且其"收益"的可能性随着税收法治建设的加强、税收执法水平的提高而越来越小。

(2) 税务风险的主观性。由于征管双方对某些税法条例理解的不同，在面对同一涉税业务时可能有不同的见解，税款征纳双方较难做到在"沟通中的认同"。这将导致税务风险的产生。

(3) 税务风险的必然性。税收是一种强制性的分配，税收执法者具有解释权和自由裁量权。随着经济的不断发展，国家税收执法环境不断变化，税法也随之不断完善、变化，企业经营者、会计人员对税收政策法规理解必然有一定的滞后性与局限性。这导致了征管双方之间存在信息不对称，使企业难以完全规避税务风险。

(二) 企业税务风险产生的原因和类型

1. 企业税务风险产生的内部原因。企业税务风险产生的内部原因主要包括以下三点。

(1) 企业经营者税务风险意识弱。目前，一些企业的经营者法制意识淡薄，缺乏对企业税务风险及其后果的基本认知，不注重税务管理人才的培养和职务设置，仍存在希望通过不合法、不合规行为以达到降低企业税负的侥幸心理。

(2) 企业监管制度不健全。企业管理制度和监督制度不健全，税务管理基础差，导致不能从源头上防范和控制税务风险。

(3) 企业税务管理人员水平较低。企业税务管理人员的专业水平直接影响企业税务风险。例如，某些会计人员不能正确界定财务会计与税务会计的界限，造成该按会计准则处理的涉税事项却按税收法规处理，而该按税收法规处理的涉税事项却按会计准则处理。这样既降低了财务报告信息质量，又不符合税收法规规定，可能在主观没有违法意图的情况下作出事实违法的税务行为，从而给企业带来损失。

某些企业（特别是一些小规模企业）的税务管理人员，由于不能及时准确地掌握税收法律法规的要求和变化，致使企业不能正确地计算应纳税额而盲目纳税。

2. 企业税务风险产生的外部原因。企业税务风险产生的外部原因主要包括以下两点。

（1）税收法规制度有待进一步明晰。我国税收法律法规层次较多，除了全国人民代表大会及其常务委员会制定的税收法律和国务院制定的税收法规外，还有税收主管部门制定的大量税收行政规章。这些规章往往不够明晰，但通常又是涉及税收实务操作、纳税成本运作的内容。

（2）税收行政执法有待进一步规范。我国代表国家征税的主体有税务机关、海关等多个机构，各个机构之间税务行政执法职能有时会相互重叠，加之税务行政机关工作人员的专业水平、素质等因素的影响，税务行政执法不规范的情况时有发生。

3. 企业税务风险的类型。根据企业税务风险产生的原因及其可控制程度，可以将税务风险分为以下五种类型。

（1）税收立法引起的税务风险。任何一个国家的企业都必须在现行税收法规约束下依法纳税。根据宏观经济发展的需要，税收法律法规具有可变性，一旦国家的税收法律发生变化，而相对稳定的企业组织架构、经营方式等与变化的税收立法之间可能产生不协调，由此导致税负风险。

（2）税收执法引起的税务风险。税收执法引起的税务风险是指在成文法规定下，税收执法主体依据法定职权，按照一定的执法程序和相关制度将税收实体法的法律法规适用于行政相对人或事件时，在程序法与实体法运用过程中，与行政相对人在具体适用上发生理解与执行上的偏差而致使企业可能遭受的损失。

（3）税收司法引起的税务风险。税收司法引起的税务风险是指征纳双方针对特定的纳税事宜寻求公正解决途径时，因司法处理不当，致使企业可能遭受的损失。

（4）税收违法引起的税务风险。税收违法引起的税务风险是指因企业违反国家现行税收法律法规的相关规定而遭受处罚引起的损失。

（5）纳税不当引起的纳税机会风险。纳税不当引起的纳税机会风险是指当企业在面临多种纳税方案时，因企业的选择导致多缴、早缴税款而失去其他投资机会所引起的损失，其中，税务筹划失败风险也属于该类风险。

（三）税务风险的控制

1. 税务风险评估和预警。

（1）企业税务风险评估。企业税务风险评估是指企业依据税法规定，在检验企业税务风险的基础上，对企业存在或潜在的税务风险，采用一定的方法进行预估、分类、测度并量化的工作，具体包括：

①对税务风险本身的界定，包括税务风险发生的可能性、风险程度、风险持续时间、风险发生区域及关键风险点等。

②对税务风险作用方式的界定，包括税务风险的影响是直接的还是间接的、是当期还是下期或以后各期、是否会引发其他相关风险、风险对企业的影响范围等。

③对税务风险后果的界定。如果税务风险发生，会对企业造成哪种程度的损失；将要付出多大代价才能避免或减少风险；对企业的社会形象、诚信度又有多大影响。

（2）企业税务风险预警。风险预警是指企业根据外部环境与内部条件的变化，对企业风险进行预测和报警。企业税务风险预警是指企业依据税务风险评估结果，填制企业税务风险预警表，对相关部门提出预警。建立税务风险预警机制，可最大限度地降低企业税务风险，减少有形和无形损失。

2. 税务风险控制方法。企业税务风险控制方法是企业依据税收法律法规，对所发现的税务风险进行规划控制和安排的方法。

（1）税务风险规避法。税务风险规避法是为避免风险发生而拒绝从事某一事件的方法。税务风险规避是避免税务风险最彻底的方法，但企业不能因噎废食，放弃既定经营计划、投融资计划等，从而导致正常经济行为的扭曲。因此，选择税务风险规避法时，企业可以选择停止低收益率、高税务风险的投资项目，但又该谨慎周全，不能顾此失彼。

（2）税务风险控制法。税务风险控制法是以税务风险程度和频率最小化的方法。税务风险控制的目的在于降低税务风险发生的可能性，减轻税务风险的损失程度。税务风险控制法更多的是事前控制，即合理调整企业的经济业务操作模式，减少税务风险触发的机会，或对内部纳税程序进行有效的控制，将不可预见税务风险事件导致的损失降低到可接受的范围。事中、事后税务风险控制是为了补救或减少税务风险的损失和不利影响，其实施的主要途径包括：调整相关经济业务的处理计划或规程；调整有关会计处理方法；及早清偿所欠税款，以避免遭受更大的税务违规处罚。在实施税务风险事中或事后控制时，会计调整必须遵循如下原则：①本年度会计差错问题，可以按照正常的会计处理程序，采用冲销调账法、补充调整法、转账调整法等，正确进行会计调整。②上年度会计差错问题，如果对上年税收产生直接影响，在上年度决算编报前发现的,可直接调整上年度会计账目;在上年度决算编报后查出的,应通过"以前年度损益调整"账户调整。③上年度会计差错问题,如果不影响上年度税收,但与本年度核算有关时,则应按上年度账目的差错金额影响本年度财务成果的数额调整本年度的有关账目。

(3) 税务风险转移法。税务风险转移法是将税务风险转嫁给参与该经营计划的其他企业,一般通过合约的形式将税务风险转移。如根据现行税收法规,通过兼并重组、合并分立、改变销售渠道或销售方式等手段,将税务风险转移给其他企业。

(4) 税务风险保留法。税务风险保留法是风险融资的一种方法,是指遭遇税务风险的企业自我承担风险所带来的经济损失。其重心在于寻求和吸纳风险融资资金,但这取决于当事人对待风险的态度:①在税务风险发生后,以积极的态度和行为承担税务风险带来的损失,即在法律法规和能力允许的范围内尽可能减少由触发带来的风险支出;②为可能出现的税务风险做好准备,事先预提风险准备金;③在市场及法律法规允许的范围内,通过重新定价产品或服务来弥补税务风险带来的损失。

(四) 税务稽查与企业税务风险防控

1. 税务稽查的含义。税务稽查是税务机关依法对企业、扣缴义务人和其他税务当事人履行纳税义务、扣缴义务及税法规定的其他义务进行检查和处理工作的行政执法行为。

2. 企业被税务稽查的原因。企业被税务稽查的原因主要包括以下四种。

(1) 被举报,尤其是被内部人举报。税务稽查的许多线索来自举报,尤其是内容翔实、证据确凿的内部人举报。

(2) 被评估确定为稽查对象。许多稽查对象的确定,是执法部门纳税评估的结果。如果企业税负长期低于行业平均水平,或者是跳跃性盈亏,则容易被确定为稽查对象,尤其是每年确定的重点检查行业中多年未被检查的企业。

(3) 被牵连。有些企业被检查,是因为其关联企业被检查。执法机关在检查企业时,认为存在的某些比较严重的问题也有可能同样存在于其关联企业,或发现其他线索,通知被查企业的关联企业主管部门进行检查。

(4) 非税收原因。税务执法部门可能因需要配合其他部门的工作而开展税务稽查。

3. 税务稽查引发的税务风险。税务稽查引发的税务风险主要包括以下两方面。

(1) 补税、加收滞纳金和罚款。一旦查出初期存在少缴税款的问题,一般会补税并加收滞纳金。以我国现行万分之五的滞纳金计算率,相当于按年利率18%计缴税款罚息。罚款是对企业违反税法行为给予的经济处罚。

(2) 在补税、加收滞纳金和罚款之外,被媒体曝光,使企业在有形损失之外又增加了无形损失。因涉税而构成犯罪的行为，还将被追究刑事责任。

4. 税务稽查风险的防控。针对税务稽查所引发的税务风险，企业应从以下四个方面进行防控。

（1）努力减少被稽查的税种、时间跨度和管理企业户数。如果稽查的税种涉及一两个，则争取不被稽查其他税种；如果稽查的时间是当年，则争取不被追溯到以往年度；如果稽查的户数是一家企业，则争取不被稽查关联企业。总之，稽查的越少越好。

（2）争取较低的罚款倍数。如果企业出现少缴纳税款的情况，补缴税款、滞纳金一般没有讨价还价的余地，但罚款存在弹性。根据《中华人民共和国税收征收管理法》的规定，罚款的标准应在不缴纳或少缴税款的50%以上5倍以下，企业应尽量争取较低罚款倍数。

（3）尽可能不被媒体曝光。被稽查企业不应在因缴纳罚款、滞纳金而导致经济利益受损后再被媒体曝光。被媒体曝光给企业带来的信誉损失虽不能计量，但可能给企业带来连锁的损失。

（4）不被追究刑事责任。发生被追究刑事责任的案例，通常由税务机关将已稽查案例送公安机关，经公安机关立案侦查，犯罪事实清楚、证据确实、充分的，案件移交检察院提起公诉，由人民法院按照相关法律规定审理判决，依法追究刑事责任。如果是海关缉私的案件，由海关移送检察机关。

5. 主动配合税务稽查，努力降低税务风险。一般情况下，企业无法决定自己是否被稽查，但当企业不得不面对稽查时，如何主动配合税务稽查，如何恰当地处理稽查过程的有关问题，对能否控制税务风险有着至关重要的意义。

企业配合稽查主要体现在以下三个方面。

（1）稽查地点选择。稽查地点既可以在企业，也可以将企业的账簿等相关材料调到执法机关。企业应尽量争取执法人员同意到企业现场稽查。这样，既便于执法人员工作，又便于与执法人员有效沟通，避免误判造成不必要的损失。

（2）稽查后勤保障。如果企业能够征得执法人员同意现场检查，在后勤保障方面要做到周到、得当，以体现对稽查人员应有的尊重和诚意。

（3）稽查争议处理。在稽查过程中，由于执法人员素质参差不齐，出现与企业对同一问题有不同看法且执法人员意见缺乏法规支持甚至明显失据时，企业也应在对执法人员意见表示理解的同时，委婉表达不同意见，切忌直接对立，使简单问题复杂化。

第二节　企业融资的税务筹划

融资决策是任何企业都需要面对的问题，也是企业生产经营活动的前提。企业融资活动受到众多因素的影响，税收因素是其中之一。利用不同的融资方式、条件对税收的影响，设计合理的融资方案，以实现企业税后利润或股东收益最大化，是税务筹划的任务和目的。

企业融资渠道主要可分为债务性融资和权益性融资。债务性融资是指企业通过增加负债的方式筹集资金，其途径包括短期借款、应付账款、应付票据、长期借款、债券、经营租赁和金融租赁等。权益性融资是指通过扩大所有者权益的方式筹集资金，比如增发新股等。一般来说，因债务性融资产生的利息、租金等支出，符合规定条件的，可以在税前扣除，因权益性融资产生的股息、红利支出，不得在税前扣除。因此，仅仅从节税的角度来讲，债务性融资较权益性融资更优。但是，有时税收负担的降低并不一定等于税后利润（或股东收益）的增加。当企业息税前投资收益率低于债务性融资利息率时，利息支出会侵蚀企业收益，降低企业的获利能力。因此，在融资环节的税务筹划中，应当考虑资本结构对企业预期收益与税收负担的影响，寻求通过恰当的资本配置使得企业在有效抑制税负的同时，实现税后利润最大化。

同样是债务性融资，其不同的融资方式也可能会产生税收差异。企业在固定资产购置决策中，通过不同的融资方式可能会产生不同的税收效果。贷款融资、分期付款、融资租赁等形式都可以实现固定资产的新增。企业应当结合自身情况，分析比较不同融资方案的税后现金流量现值，择优选择融资方式。

当企业规模发展到企业集团阶段，通过集团内资金安排实现关联方债权性投（融）资解决关联方融资难问题，能充分发挥债务性融资节税效应。但是，由于贷款利息增值税进项税额不能税前扣除，从集团整体看，关联方借款会增加借款利息增值税税收成本。如何运用税收优惠政策，降低集团整体融资成本，是集团关联方资金管理税务筹划的目的之一。

一、企业资本结构税务筹划

资本结构是指企业各种资本的构成及其比例关系，有广义与狭义之分。广义的资本结构是指企业全部资金来源的构成，不但包括长期资本，还包括短期负债，又称为财务结构。狭义的资本结构是指长期资本（长期债务资本与股权资本）的构成及其比例关系，而将短期债务列入营运资本。资本结构的税务筹划指的是长期资本结构的税务筹划。

现代企业的资金来源除权益资本外，主要就是负债。从资本成本及筹资风险的分析来看，发行股票属于增加权益资本，其优点是风险小、稳定、无固定利息负担；不利之处是其成本为股利，公司股东的股息则必须在缴纳企业所得税后才能予以扣除，并且股东获得股利后还要缴纳所得税。负债具有节税、降低资本成本、使净资产收益率提高等杠杆作用和功能。根据现行税法的规定，企业负债的利息在符合税法规定限额的情况下，可以在计算企业所得税时予以税前扣除。因此，当公司需要一笔资金时，采取借债的方式显然比股东投资的方式在税法上有利，股东可以利用这一制度设计将部分资金采取借贷的方式投入公司，以减轻税收负担。

仅仅从节税角度考虑，企业资产负债率越高，节税效果越明显。但随着资产负债率的升高，债务融资成本和财务风险会相应提升。因此，并不是资产负债率越高越好。通过提高负债比例带来权益资本收益率的提高，应基于企业息税前投资收益率高于负债成本率这一前提。

因此，企业利用负债进行税务筹划必须合理确定长期资本结构中的债资比例，将负债控制在一定范围内，使负债融资带来的利益能够抵销由于负债筹资比重增大所带来的财务风险及筹资风险成本的增加。

这样，企业就面临着资本结构的选择，是侧重发行股票筹集自有资本（权益资本），还是通过举债的方式借入资本（债务资本）。一般而言，在息税前收益不低于负债成本总额的前提下，负债比例越高，额度越大，节税效果就越明显。另外，在负债比例未超过一定的界限时，权益资本收益率及普通股每股收益额随负债比率的上升而增大，充分体现出负债的税收庇护作用。其税务筹划的技巧是，通过在投资总额中适当压缩注册资本比例，增加借款所支付的利息，不仅可以节省所得税支出，而且能够享受财务杠杆利益，即提高权益资本的收益水平或普通股每股收益。

当然，企业接受关联方债权性投资需要保持在一定限度内。《中华人民共和国企业所得税法》（以下简称《企业所得税法》）第四十六条规定："企业从其关联方接受的债权性投资与权益性投资的比例超过规定标准而发生的利息支出，不得在计算应纳税所得额时扣除。"债权性投资，是指企业直接或者间接从关联方获得的，需要偿还本金和支付利息或者需要以其他具有支付利息性质的方式予以补偿的融资，包括：关联方通过无关联第三方提供的债权性投资；无关联第三方提供的、由关联方担保且负有连带责任的债权性投资；其他间接从关联方获得的具有负债实质的债权性投资。权益性投资，是指企业接受的不需要偿还本金和支付利息，投资人对企业净资产拥有所有权的投资。

税法对关联方债权性投资予以了一定限制。根据规定，在计算应纳税所得额时，企业实际支付给关联方的利息支出，不超过以下规定比例和税法及其实施条例有关规定计算的部分，准予扣除，超过的部分不得在发生当期和以后年度扣除。企业接受关联方债权性投资与权益性投资比例：金融企业为5∶1，其他企业为2∶1。

企业如果能够按照《企业所得税法》及其实施条例的有关规定提供相关资料，并证明相关交易活动符合独立交易原则的，或者该企业的实际税负不高于境内关联方的，其实际支付给境内关联方的利息支出，在计算应纳税所得额时准予扣除。

【例4-1】某股份有限公司拟筹资6 000万元，经过调查研究，设计了五种不同的筹资方案，假定各方案中关联方债权性投资不超过税法规定的税前扣除限额。备选的筹资方案如表4-1所示。

表4-1　　　　　　　　某股份有限公司资本结构备选方案

项目	A方案	B方案	C方案	D方案	E方案
负债比率	0	1∶1	2∶1	3∶1	4∶1
负债成本率（%）	—	6	8	10	14
负债总额（万元）	—	3 000	4 000	4 500	4 800
权益资本总额（万元）	6 000	3 000	2 000	1 500	1 200
年息税前利润（万元）	720	720	720	720	720
减：负债利息支出（万元）	—	180	320	450	672
年税前利润（万元）	720	540	400	270	48
所得税税率（%）	25	25	25	25	25
应纳税所得额（万元）	180	135	100	67.5	12
年税后利润（万元）	540	405	300	202.5	36
权益资本收益率（%）	9.00	13.50	15.00	13.50	3.00

根据表4-1，B方案、C方案和D方案利用了负债筹资的方式，由于其负债利息可以在税前扣除，因此降低了所得税的税收负担，导致权益资本收益率高于完全依靠权益资本筹资的A方案。

但是，随着企业负债比率的不断提高，企业违约风险增加，使负债成本率相应提高，增加的债务筹资成本逐渐超过因其抵税作用带来的收益。这时，通过增加负债比率实施税务筹划的空间就逐渐消失。上述五种方案所带来的权益资本收益率变化充分说明了这个问题。从A方案到C方案，随着企业负债比率的不断提高，权益资本收益率也在不断提高，说明税收效应处于明显的优势；但从C方案到D方案，权益资本收益率逐渐下降，说明此时起主导作用的因素已经开始向负债成本转移，债务成本抵税作用带来的收益增加效应已经受到削弱和抵销，但与完全采用股权性筹资的方案相比，仍有利可图，但到 E 方案时，债务筹资税收挡板作用带来的收益就完全被负债成本的增加而抵销，负债成本已经超过节税效应，因此，E 方案的权益资本收益率已经低于完全不靠债务融资时的收益率，此时债务筹资所带来的就不是收益而是成本。

由此可见，只有当企业息税前投资收益率高于负债成本率时，提高负债比率才能提高企业的整体效益，否则会降低企业的整体效益。在筹资的税务筹划中，必须把降低纳税成本与控制企业的财务风险和经营风险紧密地结合起来，寻求企业的最优负债量，最大限度地降低纳税成本，同时也确立了使股东财富最大化的企业资本结构。

二、融资租赁的税务筹划

融资租赁是指实质上转移与资产所有权有关的全部或绝大部分风险和报酬的租赁。《合同法》第二百七十三条对融资租赁合同定义为："融资租赁合同是出租人根据承租人对出卖人、租赁物的选择，向出卖人购买租赁物，提供给承租人使用，承租人支付租金的合同。"融资租赁同时具有租赁和融资的特点。企业通过"融物"的形式实现融资的目的。当前，融资租赁已成为企业融资的一种重要途径。

融资租赁通常的做法是出租人出资购买承租人选定的技术设备或其他物资，作为租赁物出租给承租人，承租人按合同约定取得租赁物的长期使用权，在承租期间，按合同约定的期限支付租金，租赁期满按合同约定的方式处置租赁物。随着金融创新的发展，在传统的融资租赁基础上，产生了售后回租、项目融资租赁、杠杆租赁等融资租赁新形式。

对于企业来说，购置一项新的设备，主要有三种实现方式：以自有资金购买、贷款购买（含分期付款形式）和融资租赁。三种方式均能使企业获得固定资产。其中，贷款购买和融资租赁都是通过增加负债来获得固定资产。按照新修订的《企业会计准则第21号——租赁》，融资租赁购入的固定资产和相应的债务分别确认为使用权资产和租赁负债。因此，融资租赁与负债筹资一样，具有一定的节税效应。企业在选择固定资产购置方式时，可以通过计算不同融资方式引起的现金流量现值变动进行比较，选择最优方式。

【例 4-2】某公司因生产需要新增一台设备，设备需要资金 300 万元，预计使用寿命为 6 年，净残值为 0，采用平均年限法，折现系数为 10%。该企业有三种方案可以选择：第一，用自有资金购买；第二，贷款购买，银行提供 5 年期的长期贷款，每年偿还 60 万元本金及利息，利率为 10%；第三，融资租赁，5 年后取得所有权，每年支付融资租赁费 60 万元，手续费为 1%，融资利率为 9%。假定该公司选择不使用固定资产一次性扣除税收优惠政策。

第一种方案、第二种方案和第三种方案的现金流出量现值分别如表 4-2、表 4-3 和表 4-4 所示。

表 4-2 第一种方案的现金流出量现值 金额单位：万元

项目	税前现金流出量	税收折旧	所得税影响	税后现金流出量	折现系数	税后现金流出量现值
第1年初	300			300	1.00	300.00
第1年末		48	12	-12	0.91	-10.91
第2年末		48	12	-12	0.83	-9.92
第3年末		48	12	-12	0.75	-9.02
第4年末		48	12	-12	0.68	-8.20
第5年末		48	12	-12	0.62	-7.45
第6年末	-12	48	-3	-9	0.56	-5.08
合计	288	288	57	231		249.43

表 4-3 第二种方案的现金流出量现值 金额单位：万元

项目	偿还本金	利息	本息和	折旧费	节税额	税后现金流出量	折现系数	税后现金流出量现值
第1年末	60	30	90	50	20.00	70.00	0.91	63.64
第2年末	60	24	84	50	18.50	65.50	0.83	54.13
第3年末	60	18	78	50	17.00	61.00	0.75	45.83
第4年末	60	12	72	50	15.50	56.50	0.68	38.59
第5年末	60	6	66	50	14.00	52.00	0.62	32.29
第6年末				50	12.50	-12.50	0.56	-7.06
合计	300	90	390	300	97.5	292.50		227.42

表 4-4 第三种方案的现金流出量现值 金额单位：万元

项目	租赁成本	手续费	融资利息	成本总额	折旧费	节税额	税后现金流出量	折现系数	税后现金流出量现值
第1年末	60	0.60	27.00	87.60	50	19.40	68.20	0.91	62.00
第2年末	60	0.60	21.60	82.20	50	18.05	64.15	0.83	53.02
第3年末	60	0.60	16.20	76.80	50	16.70	60.10	0.75	45.15
第4年末	60	0.60	10.80	71.40	50	15.35	56.05	0.68	38.28
第5年末	60	0.60	5.40	66.00	50	14.00	52.00	0.62	32.29
第6年末					50	12.50	-12.50	0.56	-7.06
合计	300	3.00	81.00	384.00	300	96.00	288.00		223.69

从上述三种方案可以看出，仅仅从节税的角度看，用贷款购买设备所享受的节税力度最大。因为贷款产生的贷款利息能够税前扣除，而用资金购买设备就不能享受这种待遇，因此所获得的税收优惠最小。但从税后现金流出量现值来看，融资租赁方案所获得的效益最大，用贷款购买设备方案所获得的效益次之，用自有资金购买设备方案所获得的效益最小。

但是，在〖例4-2〗中，该项设备原值不超过500万元，如果企业选择适用《财政部 税务总局关于设备、器具扣除有关企业所得税政策的通知》（以下简称《通知》）规定的"企业在2018年1月1日至2020年12月31日期间新购进的设备、器具，单位价值不超过500万元的，允许一次性计入当期成本费用在计算应纳税所得额时扣除，不再分年度计算折旧"这个税收优惠政策，则结果会出现差异。《通知》所述的购进包括以货币形式购进或自行建造，但不包括以融资租赁、债务重组等形式取得的固定资产。因此，融资租赁不能享受该项税收优惠。我们假定该公司第1年税前利润超过固定资产原值，那么，第一种方案和第二种方案的现金流量现值会发生改变。

由于符合政策规定的部分固定资产准予一次性计入当期成本费用优惠政策具有延迟纳税的效应，虽然节税额总额并未发生变化，但由于所得税纳税时点推迟，在考虑时间价值的情况下，税后现金流出量现值较原有条件均有减少。在此情况下，第二种方案比第三种方案更具经济效应。

综上所述，由于负债具有节税效应，相比自有资金购置固定资产，负债购置固定资产具有节税效果。但是，在同等条件下，相比融资租赁，贷款购买固定资产可能符合税收优惠政策，可以实现延迟纳税。企业应当根据自身情况，通过计算税后现金流量现值，择优选择融资方式。

适用固定资产原值一次性计入当期成本费用优惠政策后，第一种方案和第二种方案的现金流出量现值分别如表4-5和表4-6所示。

表4-5　　　　适用优惠政策后的第一种方案现金流出量现值　　　金额单位：万元

项目	税前现金流出量	税收折旧	所得税影响	税后现金流出量	折现系数	税后现金流出量现值
第1年初	300				1.00	300.00
第1年末		300	75	-75	0.91	-68.18
第2年末					0.83	
第3年末					0.75	
第4年末					0.68	
第5年末					0.62	
第6年末					0.56	
合计	300	300	75	225		231.82

表4-6　　　　　　适用优惠政策后的第二种方案现金流出量现值　　　金额单位：万元

项目	偿还本金	利息	本息和	折旧费	节税额	税后现金流出量	折现系数	税后现金流出量现值
第1年末	60	30	90	300	82.50	7.50	0.91	6.82
第2年末	60	24	84		6.00	78.00	0.83	64.46
第3年末	60	18	78		4.50	73.50	0.75	55.22
第4年末	60	12	72		3.00	69.00	0.68	47.13
第5年末	60	6	66		1.50	64.50	0.62	40.05
第6年末							0.56	
合计	300	90	390	300	97.5	292.50		213.68

三、关联企业融资的税务筹划

企业向关联方融资包括从关联方接受的债权性投资和权益性投资。由于债权性投资具有节税效应和财务杠杆作用，通常优于权益性投资。但是，为了控制资本弱化，企业所得税政策对企业接受关联方债权性投资比例予以控制。当企业自身缺乏债务融资能力时，关联方提供债权性融资支持能有效缓解企业财务困境。如何在控制比例内，通过税务筹划降低资金使用成本，是关联企业融资安排的重点。

关联方债权性投资包括关联方资金拆借、关联方委托贷款、企业集团统借统还等。本节重点分析和比较这三种债权性投资。关联企业融资，除受到债资比例限制外，当资金提供方为非金融企业时，要注意借款利率限制。税法规定，非金融企业向非金融企业借款的利息支出，不超过按照金融企业同期同类贷款利率计算的数额的部分，准予税前扣除。企业在按照合同要求首次支付利息并进行税前扣除时，应提供"金融企业的同期同类贷款利率情况说明"，以证明其利息支出的合理性。

关联方资金拆借可进一步划分为资金有偿拆借和无偿拆借。资金有偿拆借，拆借方需要就收取的利息缴纳增值税、企业所得税及由此产生的附加税。而借款方不能抵扣利息对应的增值税。

关于资金无偿拆借，税法规定，自2019年2月1日至2020年12月31日，对企业集团内单位（含企业集团）之间的资金无偿借贷行为，免征增值税。符合此项政策的关联方资金无偿拆借，减少了利息部分增值税税收负担。但《企业所得税法》第四十一条规定，企业与其关联方之间的业务往来，不符合独立交易原则而减少企业或其关联方应纳税收入或者所得额的，税务机关有权按合理方法调整。特别是关联方实际企业所得税税负率存在差异的情况下，企业集团内单位资金无偿借贷行为可能会导致因关联交易定价问题触发特别纳税调整。

关联方委托贷款是指委托人提供资金，由金融机构（受托人）根据委托人确定的借款人（关联方）、用途、金额、币种、期限、利率等代为发放、协助监督使用、协助收回的贷款。关联方委托贷款较关联方资金拆借通过金融机构通道，其资金融通业务更加规范，是上市公司集团内资金借贷的常见模式。但是，与关联方资金有偿拆借一致，关联方委托贷款资金提供方需就贷款利息缴纳增值税，而该部分增值税借款方不能抵扣。且资金提供方需向金融机构支付一定的通道费用，进而增加了资金使用成本。

统借统还业务是指企业集团（母公司）统一向金融机构申请贷款，然后拨给下属公司使用，下属公司按照金融机构向企业集团收取的借款利率水平向企业集团支付利息，贷款由企业集团统一归还的业务。

根据规定，统借统还业务中，企业集团或企业集团的核心企业以及集团所属财务公司按不高于支付给金融机构的借款利率水平或者支付的债券票面利率水平，向企业集团或者集团内下属单位收取的利息，免征增值税。否则全额征收增值税。因此，在统借统还业务中，贷款人要严格控制向借款人收取的借款利率水平不高于金融机构的借款利率水平或者支付的债券票面利率水平。此外，统借统还业务企业应按规定流程办理免税备案。未按规定申请或虽申请但未经有批准权限的税务机关核准确认的，企业不得享受减免税优惠。

【例4-3】某公司为综合性企业集团，其中地产板块有甲、乙、丙三家子公司，项目资金由集团公司统一对外融资，上级公司予以担保支持，担保费率为1%/年。集团现有融资情况如表4-7所示，集团对下属公司借款主要包括银行委托贷款和往来款两种方式，具体情况如表4-8所示。

表4-7　　　　　　　　　　集团现有融资情况

贷款银行	贷款金额（万元）	贷款利率（%）	担保情况
A银行	60 000	5.60	上级公司担保
B银行	150 000	6.00	上级公司担保
C银行	80 000	6.60	上级公司担保
D银行	20 000	7.50	上级公司担保
E银行	40 000	8.00	上级公司担保
F银行	30 000	8.50	上级公司担保
合计	380 000	6.55*	

注：*6.55%为加权平均利率。

表4-8　　　　　　　　　　集团下属公司借款情况

借款人名称	借款金额（万元）	借款利率（%）	借款形式
甲公司	150 000	12.00	委托贷款
乙公司	100 000	12.00	委托贷款
丙公司	50 000	12.00	委托贷款
甲公司	60 000	8.00	集团往来款
合计	360 000		

在现有模式下，集团对下属公司的委托贷款30亿元收益全额缴纳增值税。对于往来款的6亿元，资金成本率为8%，低于集团向金融机构的借款利率，按照企业集团统借统还相关政策在税务机关备案后做免税处理，以上处理完全符合现有政策的相关要求。随着集团委托贷款的陆续到期，对下属公司借款将全部转入往来款，如果继续按照资金成本率为8.00%核算，势必高于集团向金融机构借款的利率水平，此时如何调整将影响到集团公司的整体财务状况。

在现有模式下，下属子公司需要向集团支付利息：

$150\ 000 \times 12\% + 100\ 000 \times 12\% + 50\ 000 \times 12\% + 60\ 000 \times 8\% = 40\ 800$（万元）

集团因利息收入需缴纳增值税：

$40\ 800 \div (1 + 6\%) \times 6\% = 2\ 309.43$（万元）

假定集团城建税税率为7%，教育费附加为3%，地方教育附加为2%。集团因利息收入缴纳增值税需缴纳三项附加税费金额为：

$2\ 309.43 \times 12\% = 277.13$（万元）

在不考虑印花税的情况下，集团向子公司借贷资金产生税收成本2 586.56万元。假定集团公司采用加权平均资金成本统一向子公司统借资金。具体安排如表4-9所示。

表4-9　　　　　　　统借统还下集团下属公司借款情况

借款人名称	借款金额（万元）	借款利率（%）	借款形式
甲公司	210 000	6.55	统借统还
乙公司	100 000	6.55	统借统还
丙公司	50 000	6.55	统借统还
合计	360 000		

集团公司向子公司收取的利率标准不高于集团向金融机构借款实际利率，通过税务备案，可以适用统借统还免征增值税优惠政策。集团公司从子公司收取的利息费用免征增值税，也不用缴纳相关附加税。全年共节约税收成本2 586.56万元。

第三节 企业投资的税务筹划

投资是指投资主体以获得未来预期收益为目的,将货币资金、物资、土地、劳动力、技术及其他生产要素投入社会再生产的过程。企业投资主要是为了维持企业的生存与发展,提升企业的资产价值,增强企业的综合实力。税收对投资的影响不仅涉及投资行为本身,而且涉及投资有效期内的经营以及投资收益的分配。

一、企业组织形式的税务筹划

企业组织形式不同,相关税收待遇也存在一定差异。企业组织设立可分为新创设组织和组织扩张两种情况。

(一)新创设组织

现代企业的组织形式通常包括个人独资企业、合伙企业与公司制企业。现行税法对个人独资企业和合伙企业自然人投资者不征收企业所得税,仅对投资者个人征收个人所得税。2019年1月1日后,经营所得个人所得税适用5%~35%五级超额累进税率。具体税率见表4-10。公司制企业需要缴纳企业所得税,投资者个人从公司获得股息分配时还需要缴纳20%的个人所得税。投资者创设企业时需要在个人独资企业、合伙企业或公司制企业之间进行选择。从税收负担角度,投资者可以比较在预期经营情况下各种企业模式对应的税收负担。

表4-10 经营所得个人所得税税率

级数	全年应纳税所得额	税率(%)	速算扣除数
1	不超过30 000元的部分	5	0
2	超过30 000元至90 000元的部分	10	1 500
3	超过90 000元至300 000元的部分	20	10 500
4	超过300 000元至500 000元的部分	30	40 500
5	超过500 000元的部分	35	65 500

我国现行税法规定,企业所得税的基本税率为25%,对小型微利企业适用优惠税率。自2019年1月1日至2021年12月31日,对小型微利企业年应纳税所得额不超过100万元的部分,减按25%计入应纳税所得额,按20%的税率缴纳企业所得税;对年应

纳税所得额超过100万元但不超过300万元的部分,减按50%计入应纳税所得额,按20%的税率缴纳企业所得税。但是个人独资企业、合伙企业不能享受该项企业所得税税收优惠政策。

与个人独资企业和合伙企业不同,公司制企业投资者于利润分配时缴纳个人所得税。在实务中,极少有公司每年将企业全部利润用于分配。因而,公司制企业投资者可以选择利润分配时间,从而实现个人所得税延迟纳税。此外,公司制企业投资者如果在公司担任职务,其合理的工资薪金可以作为公司成本费用税前扣除,但个人独资企业、合伙企业自然人投资者费用扣除标准为6万元/年(5 000元/月),相比之下公司制企业投资者具有运用工资薪金实现税务筹划的空间。

下面通过案例的计算分析,比较个人独资企业、合伙企业与公司制企业的税负差异。

【例4-4】张先生准备设立一家企业,现有三种模式:方案一为设立个人独资企业;方案二为张先生与其母亲共同设立合伙企业(各占50%份额);方案三为设立公司制企业。假定张先生的企业从事国家非限制和禁止行业,从业人数不超过300人、资产总额不超过5 000万元,税后利润全部分配给股东。比较在以下10种年度应纳税所得额情况下三种方案所得税税收负担(见表4-11)。

表4-11　　　　　　　　　10种年度应纳所得额情况　　　　　　　　　金额单位:元

序号	全年应纳税所得额	序号	全年应纳税所得额
1	30 000	6	1 000 000
2	90 000	7	2 000 000
3	300 000	8	3 000 000
4	500 000	9	4 000 000
5	600 000	10	5 000 000

个人独资企业的投资者按应纳税所得额适用5%~35%五级超额累进税率。合伙制企业的个人所得税采用"先分后税"原则,【例4-4】中的两位合伙人均为自然人,按照其分配比例确定各投资人应纳税所得额,再适用5%~35%五级超额累进税率(见表4-12)。

而公司制企业存在"双重纳税",公司需就全年应纳税所得额缴纳企业所得税,公司自然人投资者再对分配的税后利润按20%税率缴纳个人所得税。

通过计算比较,由于个人经营所得适用超额累进税率,在同等应纳税所得额的条件下,合伙人越多,则应纳税额越低,投资者整体税负越低。因此,在合伙企业中,增加一致行动人,能够降低个人所得税税收负担。

表 4-12　　　　　　　　个人独资企业和合伙企业应纳税额对比　　　　　　　　单位：元

序号	全年应纳税所得额	个人独资企业		合伙企业	
		个人独资企业应纳税额	投资者税后净收益	个人所得税应纳税额	投资者税后净收益
1	30 000	1 500	28 500	1 500	28 500
2	90 000	7 500	82 500	6 000	84 000
3	300 000	49 500	250 500	39 000	261 000
4	500 000	109 500	390 500	79 000	421 000
5	600 000	144 500	455 500	99 000	501 000
6	1 000 000	284 500	715 500	219 000	781 000
7	2 000 000	6 345 000	1 365 500	569 000	1 431 000
8	3 000 000	984 500	2 015 500	919 000	2 081 000
9	4 000 000	1 334 500	2 665 500	1 269 000	2 731 000
10	5 000 000	1 684 500	3 315 500	1 619 000	3 381 000

公司制企业如果符合小微企业标准，在年应纳税所得额不超过300万元的情况下可以享受税收优惠。在〖例4-4〗中，当全年应纳税所得额处于60万~300万元区间段时，设立公司制企业的所得税税收负担低于设立个人独资企业。进一步精确计算得出，当全年应纳税所得额介于59.55万~300万元时，公司制企业受小微企业税收优惠政策影响，其所得税税负较个人独资企业更轻（见表4-13）。

表 4-13　　　　　　　　　　公司制企业应纳税额计算　　　　　　　　　　单位：元

序号	全年应纳税所得额	公司制企业			
		公司应纳企业所得税额	税后净利润	利润分配应纳个人所得税额	投资者税后净收益
1	30 000	1 500	28 500	5 700	22 800
2	90 000	4 500	85 500	17 100	68 400
3	300 000	15 000	285 000	57 000	228 000
4	500 000	25 000	475 000	95 000	380 000
5	600 000	30 000	570 000	114 000	456 000
6	1 000 000	50 000	950 000	190 000	760 000
7	2 000 000	150 000	1 850 000	370 000	1 480 000
8	3 000 000	250 000	2 750 000	550 000	2 200 000
9	4 000 000	1 000 000	3 000 000	600 000	2 400 000
10	5 000 000	1 250 000	3 750 000	750 000	3 000 000

(二) 组织扩张

企业在扩张时,可以选择不同形式的分支机构,而不同形式的分支机构,享受的税收待遇也不尽相同。通常,企业可以选择新公司注册为有独立法人资格的子公司,也可以注册为没有法人资格的分公司。

当一个公司能够对另一个公司实现控制时,该公司即为母公司,受控制的公司即为子公司。就法律地位而言,子公司与母公司均为独立的法人,各自以其名义独立对外进行经营活动。在纳税方面,子公司与母公司相分离,作为一个独立的纳税主体承担纳税义务,独立缴纳企业所得税和其他各项税收。

按照公司分支机构的设置和管辖关系,可以将公司分为总公司和分公司。总公司指依法设立的管辖全部组织的总机构;分公司则指受总公司管辖的分支机构。分公司有自己的名称,但不具有法人资格,没有独立的财产,其经济后果由总公司承担。

1. 跨地区经营汇总纳税企业的企业所得税政策。居民企业在中国境内跨地区(指跨省、自治区、直辖市和计划单列市,下同)设立不具有法人资格分支机构的,该居民企业为跨地区经营汇总纳税企业(以下简称汇总纳税企业)。

汇总纳税企业缴纳的企业所得税,按照统一规范、兼顾总机构和分支机构所在地利益的原则,实行"统一计算、分级管理、就地预缴、汇总清算、财政调库"的处理办法,总分机构统一计算的当期应纳税额的地方分享部分中,25%由总机构所在地分享,50%由各分支机构所在地分享,25%按一定比例在各地间进行分配。

汇总纳税企业,其总机构和具有主体生产经营职能的二级分支机构,就地分摊缴纳企业所得税。二级分支机构,是指汇总纳税企业依法设立并领取非法人营业执照(登记证书),且总机构对其财务、业务、人员等直接进行统一核算和管理的分支机构。总机构设立具有主体生产经营职能的部门(非上述定义的二级分支机构),且该部门的营业收入、职工薪酬和资产总额与管理职能部门是分开核算的,可将该部门视同一个二级分支机构,计算分摊并就地缴纳企业所得税。三级及三级以下分支机构,其营业收入、职工薪酬和资产总额等统一并入二级分支机构计算。总机构应按照上年度分支机构的营业收入、职工薪酬和资产总额三个因素计算各分支机构分摊所得税款的比例。

总机构分摊税款 = 汇总纳税企业当期应纳所得税额 × 50%

所有分支机构分摊税款总额 = 汇总纳税企业当期应纳所得税额 × 50%

某分支机构分摊税款 = 所有分支机构分摊税款总额 × 该分支机构分摊比例

某分支机构分摊比例 = (该分支机构营业收入/各分支机构营业收入之和) × 0.35
　　　　　　　　　　+ (该分支机构职工薪酬/各分支机构职工薪酬之和) × 0.35
　　　　　　　　　　+ (该分支机构资产总额/各分支机构资产总额之和) × 0.30

分支机构营业收入，是指上年度分支机构销售商品、提供劳务、让渡资产使用权等日常经营活动实现的全部收入。其中，生产经营企业分支机构营业收入是指生产经营企业分支机构销售商品、提供劳务、让渡资产使用权等取得的全部收入。金融企业分支机构营业收入是指金融企业分支机构取得的利息、手续费、佣金等全部收入。保险企业分支机构营业收入是指保险企业分支机构取得的保费等全部收入。

分支机构的职工薪酬，指上年度分支机构为获得职工提供的服务而给予各种形式的报酬以及其他相关支出。即职工薪酬包括"应付职工薪酬"会计科目下核算的所有项目，不仅指工资薪金，还包括福利、职工教育经费、工会经费、"五险一金"、辞退补偿等在内的所有支出。

分支机构资产总额，指上年度12月31日分支机构在经营活动中实际使用的应归属于该分支机构的资产合计额。

上述三项数据均为按照国家统一会计制度的规定核算的数据。

对于按照税收法律、法规和其他规定，总机构和分支机构处于不同税率地区的，先由总机构统一计算全部应纳税所得额，然后按前述分摊比例，计算划分不同税率地区机构的应纳税所得额，再分别按各自的适用税率计算应纳税额后加总计算出汇总纳税企业的应纳所得税总额，最后按分摊比例，向总机构和分支机构分摊就地缴纳的企业所得税款。

汇总纳税企业根据当期实际利润额，按照上述分摊方法计算总机构和分支机构的企业所得税预缴额，分别由总机构和分支机构就地预缴；在规定期限内按实际利润额预缴有困难的，也可以按照上一年度应纳税所得额的1/12或1/4，按照上述分摊方法计算总机构和分支机构的企业所得税预缴额，分别由总机构和分支机构就地预缴。预缴方法一经确定，当年度不得变更。

汇总纳税企业应当自年度终了之日起5个月内，由总机构汇总计算企业年度应纳所得税额，扣除总机构和各分支机构已预缴的税款，计算出应缴应退税款，按照上述分摊方法计算总机构和分支机构的企业所得税应缴应退税款，分别由总机构和分支机构就地办理税款缴库或退库。

汇总纳税企业如果存在境外所得需要补缴企业所得税的，境外所得补缴的所得税直接在总机构缴纳，不参与分摊计算。

2. 子公司与分公司的优缺点。一般而言，作为独立法人的子公司在税务筹划时具有以下主要优点。

（1）子公司向母公司支付的诸如特许使用权费、利息、其他间接费等，容易得到税务机关的认可。

（2）母子公司关联交易能够扩大广告宣传费、业务招待费等成本费用扣除限额的计算基数，从而扩大税前列支金额，减轻企业的总体税负。

(3) 子公司独立纳税符合小微企业税收优惠政策的，能够降低企业所得税税收负担。

(4) 子公司独立纳税可能在享受所在地税收优惠、政府补助等方面有所便利。

(5) 子公司可享有东道国给予其居民企业同等的优惠待遇，单独享受税收的减免、退税等权利。

(6) 东道国适用税率低于居住国时，子公司的累积利润可得到递延纳税的好处。

但是，由于子公司与母公司独立纳税，子公司形成的亏损不能冲减母公司的利润，当子公司持续亏损时，母公司不能享受亏损额的税前扣除。

设立分公司，在税务筹划时具有如下主要优点。

(1) 总公司拥有分公司的资本，在所在国通常不必缴纳资本税和印花税。

(2) 由于分公司不具备利润分配权，分公司缴纳给总公司的利润通常不必缴纳预提税。

(3) 在经营期，分公司形成的亏损，在汇总纳税时，可以冲抵总公司的利润，减轻税收负担。

(4) 分公司与总公司之间的资本转移，因不涉及所有权变动，因而不必负担税收。

但是，由于分公司与总公司汇总纳税，分公司一般较难享受小微企业税收优惠政策，且分公司与总公司之间关联交易、资本弱化等不再具有税务筹划意义，缩小了税务筹划空间。

综上所述，子公司和分公司各有利弊，企业在选择分支机构的形式时，应当综合考虑分支机构的经营情况以及总机构与分支机构所享受的税收优惠的差异等各项因素。

【例4-5】某中型制造业企业甲公司经营状况良好，准备扩大规模，在中国境内增设一分支机构乙公司。甲公司和乙公司均适用25%的企业所得税税率。假设甲公司5年内每年均盈利，每年应纳税所得额为1 000万元；乙公司经营初期亏损，5年内的应纳税所得额分别为：-300万元、-200万元、20万元、250万元和500万元。假定贴现率为6%，比较乙公司设立为分公司或子公司两种模式下，甲、乙公司形成的企业集团整体所得税负担。

设甲、乙公司及其构成的企业集团均不适用小微企业税收优惠政策，那么，两种模式下应纳所得税额计算如表4-14所示。

在〖例4-5〗中，乙公司注册为分公司或子公司并未影响企业集团5年内应纳所得税额总额，但由于在分公司模式下，乙公司初期形成的亏损在汇总纳税时可以税前扣除，实现延迟纳税。因此，子公司模式的企业集团应纳税额现值总额大于分公司模式。此时，分支机构乙公司注册为分公司更具有税收优势。

表4-14 两种模式下应纳税额计算对比 单位：万元

项目		第1年	第2年	第3年	第4年	第5年	合计
甲公司应纳税所得额		1 000	1 000	1 000	1 000	1 000	5 000
乙公司应纳税所得额		-300	-200	20	250	500	270
乙公司为分公司	企业集团应纳税所得额	700	800	1 020	1 250	1 500	5 270
	企业集团应纳税额	175	200	255	313	375	1 318
	企业集团应纳税额现值	165	178	214	248	280	1 085
乙公司为子公司	甲公司应纳税额	250	250	250	250	250	1 250
	乙公司应纳税额					68	68
	企业集团应纳税额	250	250	250	250	318	1 318
	企业集团应纳税额现值	236	222	210	198	237	1 104

假设乙公司在前5年内均符合小微企业标准，情况则发生了变化。在子公司模式下，乙公司独立纳税，可以享受小微企业税收优惠政策，在第5年乙公司年应纳税所得额不超过100万元的部分，减按25%计入应纳税所得额，按20%的税率缴纳企业所得税；对年应纳税所得额超过100万元但不超过300万元的部分，减按50%计入应纳税所得额，按20%的税率缴纳企业所得税，因此，第5年，乙公司应纳税为22万元。此时，税收减免效应已经超过了延迟纳税带来的收益，子公司模式的企业集团应纳税额现值总额小于分公司模式。此时，分支机构乙公司注册为子公司更具有税收优势（见表4-15）。

表4-15 乙公司享受税收优惠时两种模式下应纳税额计算对比 单位：万元

项目		第1年	第2年	第3年	第4年	第5年	合计
甲公司应纳税所得额		1 000	1 000	1 000	1 000	1 000	5 000
乙公司应纳税所得额		-300	-200	20	250	500	270
乙公司为分公司	企业集团应纳税所得额	700	800	1 020	1 250	1 500	5 270
	企业集团应纳税额	175	200	255	313	375	1 318
	企业集团应纳税额现值	165	178	214	248	280	1 085
乙公司为子公司	甲公司应纳税额	250	250	250	250	250	1 250
	乙公司应纳税额					22	22
	企业集团应纳税额	250	250	250	250	272	1 272
	企业集团应纳税额现值	236	222	210	198	203	1 070

因此，企业在组织扩张时，应当结合分支机构预期收益水平、组织规模以及税收政策等因素，综合比较分公司与子公司模式对企业税收负担的影响，选择更具经济效益的模式。

二、企业投资地区的税务筹划

选择投资地区是投资决策需要考虑的一个重要因素，不同地区设立企业可能会面临不同的税收政策。就国内而言，除税收政策差异外，各地区财政补贴、奖励政策也存在一定差异，这些都会对企业成本带来影响。下面主要探讨区域性税收优惠政策下企业选择投资地区的税务筹划。

（一）经济特区和上海浦东新区

经济特区和上海浦东新区新设立的高新技术企业在区内取得的所得定期减免企业所得税。经济特区和上海浦东新区内，在2008年1月1日（含）之后完成登记注册的国家需要重点扶持的高新技术企业，在经济特区和上海浦东新区内取得的所得，自取得第一笔生产经营收入所属纳税年度起，第1年至第2年免征企业所得税，第3年至第5年按照25%的法定税率减半征收企业所得税。经济特区指深圳、珠海、汕头、厦门和海南经济特区。国家需要重点扶持的高新技术企业，是指拥有核心自主知识产权，同时符合《中华人民共和国企业所得税法实施条例》第九十三条规定的条件，并按照《高新技术企业认定管理办法》认定的高新技术企业。经济特区和上海浦东新区内新设高新技术企业同时在经济特区和上海浦东新区以外的地区从事生产经营的，应当单独计算其在经济特区和上海浦东新区内取得的所得，并合理分摊企业的期间费用；没有单独计算的，不得享受企业所得税优惠。

（二）西部地区

设在西部地区的鼓励类产业企业减按15%的税率征收企业所得税。自2011年1月1日至2020年12月31日，对设在西部地区以《西部地区鼓励类产业目录》中规定的产业项目为主营业务，且其当年度主营业务收入占企业收入总额70%以上的企业，可减按15%的税率缴纳企业所得税。上述所称收入总额，是指《企业所得税法》第六条规定的收入总额。符合条件的企业第1年须报主管税务机关审核确认，第2年及以后年度实行备案管理。

2015年，经国务院批准，国家发展改革委发布了《西部地区鼓励类产业目录》，该目录自2014年10月1日起施行。对设在西部地区以《西部地区鼓励类产业目录》中新增鼓励类产业项目为主营业务，且其当年度主营业务收入占企业收入总额70%以上的企业，自2014年10月1日起，可减按15%的税率缴纳企业所得税。已按照《国家税务总局关于深入实施西部大开发战略有关企业所得税问题的公告》第三条规定享受企业所得税优惠政策的企业，其主营业务如不再属于《西部地区鼓励类产业目录》中国家鼓励类产业项目的，自2014年10月1日起，停止执行减按15%的税率缴纳企业所得税。

2010年12月31日前新办的交通、电力、水利、邮政、广播电视企业，凡已经按照《国家税务总局关于落实西部大开发有关税收政策具体实施意见的通知》（以下简称《通知》）第二条第二款规定，取得税务机关审核批准的，其享受的企业所得税"两免三减半"优惠可以继续享受到期满为止；凡符合享受原西部大开发税收优惠规定条件，但由于尚未取得收入或尚未进入获利年度等原因，2010年12月31日前尚未按照《通知》第二条规定完成税务机关审核确认手续的，可按照上述规定，履行相关手续后享受原税收优惠。

根据《财政部 国家税务总局关于执行企业所得税优惠政策若干问题的通知》第一条及第二条的规定，企业既符合西部大开发15%的优惠税率条件，又符合《企业所得税法》及其实施条例和国务院规定的各项税收优惠条件的，可以同时享受。在涉及定期减免税的减半期内，可以按照企业适用税率计算的应纳税额减半征税。

对西部地区内资鼓励类产业、外商投资鼓励类产业及优势产业的项目在投资总额内进口的自用设备，在政策规定范围内免征关税。

（三）赣州市

对赣州市内资鼓励类产业、外商投资鼓励类产业及优势产业的项目在投资总额内进口的自用设备，在政策规定范围内免征关税。自2012年1月1日至2020年12月31日，对设在赣州市的鼓励类产业的内资企业和外商投资企业减按15%的税率征收企业所得税。鼓励类产业的内资企业是指以《产业结构调整指导目录》中规定的鼓励类产业项目为主营业务，且其主营业务收入占企业收入总额70%以上的企业。鼓励类产业的外商投资企业是指以《外商投资产业指导目录》中规定的鼓励类项目和《中西部地区外商投资优势产业目录》中规定的江西省产业项目为主营业务，且其主营业务收入占企业收入总额70%以上的企业。

（四）广东横琴、福建平潭和深圳前海

对设在广东横琴新区、福建平潭综合实验区和深圳前海深港现代服务业合作区的鼓励类产业企业减按15%的税率征收企业所得税。上述鼓励类产业企业是指以所在区域《企业所得税优惠目录》中规定的产业项目为主营业务，且其主营业务收入占企业收入总额70%以上的企业。收入总额，是指《中华人民共和国企业所得税法》第六条规定的收入总额。企业既符合本项减按15%的税率征收企业所得税的优惠条件，又符合《中华

人民共和国企业所得税法》及其实施条例和国务院规定的其他各项税收优惠条件的，可以同时享受；其中符合其他税率优惠条件的，可以选择最优惠的税率执行；涉及定期减免税的减半优惠的，应按照25%的法定税率计算的应纳税额减半征收企业所得税。

（五）新疆维吾尔自治区

新疆维吾尔自治区以外的股权投资类企业，为参与国家西部大开发和新疆跨越式发展，享受国家规定的鼓励政策，将企业迁入新疆，并将法定工商注册地变更至《新疆维吾尔自治区促进股权投资类企业发展暂行办法》（以下简称《暂行办法》）第四条规定的喀什经济开发区、霍尔果斯经济开发区、乌鲁木齐经济技术开发区、乌鲁木齐高新技术开发区或者石河子经济技术开发区。迁入的公司制或者合伙制股权投资类企业，符合《暂行办法》规定的备案条件的，2010～2020年，按照《暂行办法》第二十一条的规定，纳入自治区支持中小企业社会化服务体系，依法享受国家西部大开发各项优惠政策和《暂行办法》规定的各项鼓励政策。迁入的公司制股权投资类企业，公司的股权70%以上由自然人持有且自然人承诺选择自治区作为其个人所得税缴纳地的，按照《中共中央　国务院关于推进新疆跨跃式发展和长治久安的意见》和自治区人民政府的有关规定，2010～2020年享受企业所得税"两免三减半"优惠政策。

迁入的公司制股权投资类企业申请变更为合伙企业的，按照《自治区工商行政管理局关于有限责任公司变更为合伙企业的指导意见》办理。迁入的公司符合企业所得税"两免三减半"政策条件的，迁入时可以直接变更登记为合伙企业。不符合企业所得税"两免三减半"政策条件的，先办理公司迁入手续，再按国家有关规定办理有限责任公司变更为合伙企业。

2010年1月1日至2020年12月31日，对在新疆困难地区新办的属于《新疆困难地区重点鼓励发展产业企业所得税优惠目录》（以下简称《目录》）范围内的企业，自取得第一笔生产经营收入所属纳税年度起，第1年至第2年免征企业所得税，第3年至第5年减半征收企业所得税。新疆困难地区包括南疆三地州、其他国家扶贫开发重点县和边境县市。

2010年1月1日至2020年12月31日，对在新疆喀什、霍尔果斯两个特殊经济开发区内新办的属于《目录》范围内的企业，自取得第一笔生产经营收入所属纳税年度起，5年内免征企业所得税。

上述两项税收优惠政策中，第一笔生产经营收入，是指产业项目已建成并投入运营后所取得的第一笔收入。属于《目录》范围内的企业是指以《目录》中规定的产业项目为主营业务，其主营业务收入占企业收入总额70%以上的企业。

以上列举了国内主要的区域性税收优惠政策。当然，税收负担只是企业成本的一部分，企业选择投资地区应当综合考虑该地区对企业经营的影响，例如人才招聘、产业集聚、物流运输等。同时部分地区税收优惠政策存在一定期限，到期后优惠政策是否延续存在不确定性，企业应当审慎评估税收优惠政策对企业的影响，理性选择投资区域。

【例4-6】某企业原计划在广州设立一家文化创意设计服务公司，该企业预计20×8年度取得的利润总额为1500万元。经过企业调查研究，该公司设在广州和广东横琴新区对企业盈利能力没有实质影响。假设无纳税调整事项，对比公司设立在广州和广东横琴新区所得税税收负担差异。

如果该企业设立在广州，则适用企业所得税税率为25%，20×8年度应缴纳企业所得税375万元。文化创意设计服务属于广东横琴新区鼓励类产业，对符合条件的企业适用企业所得税税率为15%，该企业如果设立在广东横琴新区，20×8年度应缴纳企业所得税225万元，相比注册在广州，企业所得税税负减少150万元。

三、投资方向的税务筹划

国家根据不同时期的社会发展规划及产业导向，对不同行业制定了不同的税收政策，对政府扶持的产业通常给予比较优惠的税收政策。投资者根据国家产业政策导向和税收政策的鼓励方向，通过对投资行业、产品的选择，可以享受税收优惠政策。在税收政策中，减免企业所得税是一种常见的产业扶持政策。

（一）高新技术企业和技术先进型服务企业

国家需要重点扶持的高新技术企业，减按15%的税率征收企业所得税。自2018年1月1日起，当年具备高新技术企业或科技型中小企业资格（以下统称资格）的企业，其具备资格年度之前5个年度发生的尚未弥补完的亏损，准予结转以后年度弥补，最长结转年限由5年延长至10年。

对经认定的技术先进型服务企业，减按15%的税率征收企业所得税。

（二）农林牧渔业

企业从事蔬菜、谷物、薯类、油料、豆类、棉花、麻类、糖料、水果、坚果的种植，农作物新品种选育，中药材种植，林木培育和种植，牲畜、家禽饲养，林产品采集，灌溉、农产品初加工、兽医、农技推广、农机作业和维修等农、林、牧、渔服务业项目，远洋捕捞项目所得免征企业所得税。

企业从事花卉、茶以及其他饮料作物和香料作物种植，海水养殖、内陆养殖项目所得减半征收企业所得税。"公司+农户"经营模式从事农、林、牧、渔业项目生产企业，可以按照《中华人民共和国企业所得税法实施条例》第八十六条的有关规定，享受减免企业所得税优惠政策。

（三）公共基础设施项目

企业从事国家重点扶持的公共基础设施项目投资经营的所得，从项目取得第一笔生产经营收入所属纳税年度起，第1年至第3年免征企业所得税，第4年至第6年减半征收企业所得税。从事国家重点扶持的公共基础设施项目，是指从事《公共基础设施项目企业所得税优惠目录》内符合相关条件和技术标准及国家投资管理相关规定并于2008年1月1日后经批准的公共基础设施项目。

饮水工程运营管理单位从事《公共基础设施项目企业所得税优惠目录》规定的饮水工程新建项目投资经营的所得，自项目取得第一笔生产经营收入所属纳税年度起，第1年至第3年免征企业所得税，第4年至第6年减半征收企业所得税。

（四）软件产业和集成电路产业

1. 集成电路线宽小于0.8微米（含）的集成电路生产企业，经认定后，自获利年度起计算优惠期，第1年至第2年免征企业所得税，第3年至第5年按照25%的法定税率减半征收企业所得税，并享受至期满为止。

集成电路线宽小于0.25微米或投资额超过80亿元的集成电路生产企业，经认定后，减按15%的税率征收企业所得税，其中经营期在15年以上的，自获利年度起计算优惠期，第1年至第5年免征企业所得税，第6年至第10年按照25%的法定税率减半征收企业所得税，并享受至期满为止。

2. 我国境内新办的集成电路设计企业和符合条件的软件企业，经认定后，在2017年12月31日前自获利年度起计算优惠期，第1年至第2年免征企业所得税，第3年至第5年按照25%的法定税率减半征收企业所得税，并享受至期满为止。国家规划布局内的重点软件企业和集成电路设计企业，如当年未享受免税优惠的，可减按10%的税率征收企业所得税。

3. 符合条件的软件企业按照《财政部 国家税务总局关于软件产品增值税政策的通知》规定取得的即征即退增值税款，由企业专项用于软件产品研发和扩大再生产并单独进行核算，可以作为不征税收入，在计算应纳税所得额时从收入总额中减除。

4. 集成电路设计企业和符合条件软件企业的职工培训费用，应单独进行核算并按实际发生额在计算应纳税所得额时扣除。

5. 企业外购的软件，凡符合固定资产或无形资产确认条件的，可以按照固定资产或无形资产进行核算，其折旧或摊销年限可以适当缩短，最短可为2年（含）。集成电路生产企业的生产设备，其折旧年限可以适当缩短，最短可为3年（含）。

6. 2018年1月1日后投资新设的集成电路线宽小于130纳米，且经营期在10年以上的集成电路生产企业或项目，第1年至第2年免征企业所得税，第3年至第5年按照25%的法定税率减半征收企业所得税，并享受至期满为止。2018年1月1日后，投资新设的集成电路线宽小于65纳米或投资额超过150亿元，且经营期在15年以上的集成电路生产企业或项目，第1年至第5年免征企业所得税，第6年至第10年按照25%的法定税率减半征收企业所得税，并享受至期满为止。如果按照集成电路生产企业享受优惠，其优惠期自企业获利年度起计算；如果按照集成电路生产项目享受优惠，其优惠期自项目取得第一笔生产经营收入所属纳税年度起计算。

7. 符合条件的集成电路封装、测试企业，在2017年（含2017年）前实现获利的，自获利年度起，第1年至第2年免征企业所得税，第3年至第5年按照25%的法定税率减半征收企业所得税，并享受至期满为止；2017年前未实现获利的，自2017年起计算优惠期，享受至期满为止。

8. 符合条件的集成电路关键专用材料生产企业、集成电路专用设备生产企业，在2017年（含2017年）前实现获利的，自获利年度起，第1年至第2年免征企业所得税，第3年至第5年按照25%的法定税率减半征收企业所得税，并享受至期满为止；2017年前未实现获利的，自2017年起计算优惠期，享受至期满为止。

（五）环境保护与资源利用项目

企业从事《环境保护、节能节水项目企业所得税优惠目录》所列项目的所得，自项目取得第一笔生产经营收入所属纳税年度起，第1年至第3年免征企业所得税，第4年至第6年减半征收企业所得税。

企业以《资源综合利用企业所得税优惠目录》规定的资源作为主要原材料，生产国家非限制和非禁止并符合国家及行业相关标准的产品取得的收入，减按90%计入企业当年收入总额。

清洁发展机制项目（以下简称CDM项目）实施企业将温室气体减排量转让收入的65%上缴给国家的HFC类和PFC类CDM项目，以及将温室气体减排量转让收入的30%上缴给国家的N2O类CDM项目，其实施该类CDM项目的所得，自项目取得第一笔减排量转让收入所属纳税年度起，第1年至第3年免征企业所得税，第4年至第6年减半征收企业所得税。

对符合条件的节能服务公司实施合同能源管理项目，符合企业所得税税法有关规定的，自项目取得第一笔生产经营收入所属纳税年度起，第1年至第3年免征企业所得税，第4年至第6年按照25%的法定税率减半征收企业所得税。

（六）动漫行业

经认定的动漫企业自主开发、生产动漫产品，可申请享受国家现行鼓励软件产业发展的所得税优惠政策。即在 2017 年 12 月 31 日前自获利年度起，第 1 年至第 2 年免征企业所得税，第 3 年至第 5 年按照 25% 的法定税率减半征收企业所得税，并享受至期满为止。

（七）企业投资方向选择税务筹划的收益与风险

选择上述享有税收优惠政策的产业进行投资，可以享受较轻的税收负担，但可能存在较大的经营风险。例如国家重点扶持的集成电路产业，属于资金密集型和技术密集型产业，集成电路生产企业投资规模高达百亿元，投资门槛较高。集成电路设计、生产、封装技术难度大，行业专利壁垒较多，经营风险大。因此，企业应当结合自身投资实力和专业技术优势，审慎选择投资产业，不可因税收优惠待遇而盲目乐观。

税法对享受税收优惠的企业有一定的限制条件，例如享受高新技术企业和技术先进型服务企业税收优惠政策需要经过资质认定。为了达到相关资质条件，企业可以考虑将企业切割，以确保以研发为核心的公司能够享受税收优惠政策。

【例 4-7】某企业准备投资 6 000 万元用于中药材的种植或香料作物的种植。预计种植中药材每年可获得利润总额 500 万元，种植香料每年可以获得利润总额 550 万元。假设无纳税调整事项，从税务筹划角度，企业应当选择哪一项目投资？

中药材种植可以享受企业所得税免税优惠政策，企业投资中药材每年可以获得税后利润 500 万元。香料作物种植享受减半征收企业所得税，企业每年应纳企业所得税 = 550 × 25% × 50% = 68.75（万元）。税后净利润 = 550 - 68.75 = 481.25（万元）。种植中药材的利润总额低于种植香料的利润总额，但种中药材的税后利润高于种植香料的税后利润，企业应当选择种植中药材。

四、运用创业投资优惠政策的税务筹划

对于投资者而言，采取股权投资方式直接投资于种子期、初创期科技型企业（以下简称初创科技型企业），可以享受到企业所得税有关创业投资企业和天使投资个人税收优惠政策。

公司制创业投资企业采取股权投资方式直接投资于初创科技型企业满 2 年（24 个月，下同）的，可以按照投资额的 70% 在股权持有满 2 年的当年抵扣该公司制创业投资企业的应纳税所得额；当年不足抵扣的，可以在以后纳税年度结转抵扣。

有限合伙制创业投资企业（以下简称合伙创投企业）采取股权投资方式直接投资于初创科技型企业满2年的，该合伙创投企业的合伙人分别按以下方式处理。

1. 法人合伙人可以按照对初创科技型企业投资额的70%抵扣法人合伙人从合伙创投企业分得的经营所得；当年不足抵扣的，可以在以后纳税年度结转抵扣。

2. 个人合伙人可以按照对初创科技型企业投资额的70%抵扣个人合伙人从合伙创投企业分得的经营所得；当年不足抵扣的，可以在以后纳税年度结转抵扣。

天使投资个人采取股权投资方式直接投资于初创科技型企业满2年的，可以按照投资额的70%抵扣转让该初创科技型企业股权取得的应纳税所得额；当期不足抵扣的，可以在以后取得转让该初创科技型企业股权的应纳税所得额时结转抵扣。天使投资个人投资多个初创科技型企业的，对其中办理注销清算的初创科技型企业，天使投资个人对其投资额的70%尚未抵扣完的，可自注销清算之日起36个月内抵扣天使投资个人转让其他初创科技型企业股权取得的应纳税所得额。

初创科技型企业，应同时符合以下条件：在中国境内（不包括港、澳、台地区）注册成立、实行查账征收的居民企业；接受投资时，从业人数不超过200人，其中具有大学本科以上学历的从业人数不低于30%；资产总额和年销售收入均不超过3 000万元；接受投资时设立时间不超过5年（60个月）；接受投资时以及接受投资后2年内未在境内外证券交易所上市；接受投资当年及下一纳税年度，研发费用总额占成本费用支出的比例不低于20%。

享受该项税收政策的创业投资企业，应同时符合以下条件：在中国境内（不含港、澳、台地区）注册成立、实行查账征收的居民企业或合伙创投企业，且不属于被投资初创科技型企业的发起人；符合《创业投资企业管理暂行办法》规定或者《私募投资基金监督管理暂行办法》关于创业投资基金的特别规定，按照上述规定完成备案且规范运作；投资后2年内，创业投资企业及其关联方持有被投资初创科技型企业的股权比例合计应低于50%。

享受该项税收政策的天使投资个人，应同时符合以下条件：不属于被投资初创科技型企业的发起人、雇员或其亲属（包括配偶、父母、子女、祖父母、外祖父母、孙子女、外孙子女、兄弟姐妹，下同），且与被投资初创科技型企业不存在劳务派遣等关系；投资后2年内，本人及其亲属持有被投资初创科技型企业股权比例合计应低于50%。

享受该项税收政策的投资，仅限于通过向被投资初创科技型企业直接支付现金方式取得的股权投资，不包括受让其他股东的存量股权。

【例4-8】甲公司为创业投资型企业，适用25%的企业所得税税率，计划对外股权投资5亿元，现有两个投资方案，第一个投资方案是一家大型高新技术企业，第二个投资方案是两家初创期中型科技型企业，预计两个投资方案的投资收益率大体相当。假定第二个投资方案可以适用创业投资优惠政策，从税务筹划角度分析甲公司应选择哪种方案。

如果甲公司选择第二个投资方案，则在投资 2 年后，可以按照投资额的 70% 在股权持有满 2 年的当年抵扣该公司制创业投资企业的应纳税所得额 = 5×70% = 3.5（亿元），未来可以减少应纳税额 0.875 亿元。如果甲公司选择第一个投资方案，则不能享受该项税收优惠政策。因此，从税务筹划角度，建议甲公司选择第二个投资方案。

第四节 企业经营的税务筹划

企业的经营环节分为采购、生产、销售等过程。在经营过程中，企业必须考虑税务筹划问题。如果企业想要在激烈的市场竞争中占据一席之地，除了提升产品自身的竞争优势以外，还必须不断降低产品成本。这就包括降低税务成本，避免多纳税这个环节。因此，税务筹划不仅仅体现在融资和筹资上，而且贯穿于企业整个日常生产经营活动过程。

一、企业采购活动的税务筹划

企业的采购活动通常包括选择购货对象，确定购货规模和结构，签订采购合同等环节。各个环节都需要考虑税务筹划的问题。

(一) 购货对象及应税服务提供方的选择

根据企业与购货对象以及应税服务提供方经济性质的不同，企业可以将企业与购货对象及应税服务提供方的关系分为四种类型：(1) 一般纳税人从一般纳税人处购进货物或接受应税服务；(2) 一般纳税人从小规模纳税人处购进货物或接受应税服务；(3) 小规模纳税人从一般纳税人处购进货物或接受应税服务；(4) 小规模纳税人从小规模纳税人处购进货物或接受应税服务。

从不同的纳税人处购买的货物及应税服务，所承担的税收负担不同。这就为利用购货对象及应税服务方的选择进行税务筹划提供了可能。

1. 一般纳税人选择购货对象的税务筹划。一般纳税人企业在选择供货商的时候，既可以选择增值税一般纳税人，也可以选择小规模纳税人；在税率相同的前提下，根据能否到税务机关申请开具增值税专用发票，可以进一步划分为能开具增值税专用发票的小规模纳税人和只能开具普通发票的小规模纳税人。

一般纳税人选择的供货商不同，企业负担的税收也不同。很多企业都会遇到这样的问题：企业需要的某材料一直由某一家企业供货，该企业属于增值税一般纳税人。同时，另外一家企业（属于小规模纳税人）也能够供货，而且愿意给予价格优惠，但不能提供增值税专用发票，因此，该企业就想知道价格降到多少合适。这个问题的实质是：增值税一般纳税人产品的价格与增值税小规模纳税人产品的价格之比达到什么程度就会导致采购某种类型企业的产品比较合算。取得13%增值税税率专用发票与取得普通发票税收成本如何换算呢？

假设从一般纳税人处购进货物金额（含税）为 A，从小规模纳税人处购进货物金额（含税）为 B。销售额为不含税销售额，企业适用的增值税税率为增值税税率1，供应商作为一般纳税人适用的增值税税率为增值税税率2，供应商作为小规模纳税人适用的增值税税率为增值税税率3。

（1）从一般纳税人处购进货物的净利润为：

净利润 R_1 = 销售额 - 购进货物成本 - 城市维护建设税及教育费附加 - 企业所得税

= (销售额 - 购进货物成本 - 城市维护建设税货物成本及教育费附加)

× (1 - 所得税税率)

= {销售额 - A ÷ (1 + 增值税税率2) - [销售额 × 增值税税率1

- A ÷ (1 + 增值税税率2) × 增值税税率2] × (城市维护建设税税率

+ 教育费附加征收率)} × (1 - 所得税税率)

（2）如果小规模纳税只能开具普通发票，则：

净利润 R_2 = 销售额 - 购进货物成本 - 城市维护建设税及教育费附加 - 企业所得税

= (销售额 - 购进货物成本 - 城市维护建设税货物成本及教育费附加)

× (1 - 所得税税率)

= [销售额 - B - 销售额 × 增值税税率1 × (城市维护建设税税率

+ 教育费附加征收率)] × (1 - 所得税税率)

（3）如果小规模纳税人申请代开增值税专用发票，则：

净利润 R_3 = 销售额 - 购进货物成本 - 城市维护建设税及教育费附加 - 企业所得税

= (销售额 - 购进货物成本 - 城市维护建设税货物成本及教育费附加)

× (1 - 所得税税率)

= {销售额 - B ÷ (1 + 增值税税率3) - [销售额 × 增值税税率1

- B ÷ (1 + 增值税税率3) × 增值税税率3] × (城市维护建设税税率

+ 教育费附加征收率)} × (1 - 所得税税率)

【例4-9】某企业属于增值税一般纳税人,其所使用的原材料有两种进货渠道:一种是从一般纳税人处进货,含税价格为120元/件,可以开具13%的增值税专用发票;另一种是从小规模纳税人处进货,含税价格为105元/件,不能开具增值税专用发票。该批货物的销售价格为200元/件。请提出该企业的纳税筹划方案。

由于从小规模纳税人处购进货物,在取得普通发票时不能抵扣进项税额,因此,含税价格就是纳税人的进货成本;而从一般纳税人处购进货物,在取得增值税专用发票时可以抵扣进项税额,因此,不含税价格是纳税人的进货成本。

第一种方案:以一般纳税人为进货方。

每件产品应缴纳增值税 = 200÷(1+13%)×13% - 120÷(1+13%)×13%
= 9.20(元)

每件产品应缴纳城市维护建设税及教育费附加 = 9.20×(7%+3%) = 0.92(元)

每件产品应缴纳企业所得税 = [200÷(1+13%) - 120÷(1+13%) - 1.10]×25%
= 17.42(元)

每件产品税后净利润 = [200÷(1+13%) - 120÷(1+13%) - 1.10]×(1-25%)
= 52.27(元)

企业综合税收负担率 = (9.20+0.92+17.42)÷(52.27+9.20+0.92+17.42)
= 34.51%

第二种方案:以小规模纳税人为进货方。

每件产品应缴纳增值税 = 200÷(1+13%)×13% = 23.01(元)

每件产品应缴纳城市维护建设税及教育费附加 = 23.01×(7%+3%) = 2.30(元)

每件产品应缴纳企业所得税 = [200÷(1+13%) - 105 - 2.30]×25% = 17.42(元)

每件产品税后净利润 = [200÷(1+13%) - 105 - 2.30]×(1-25%) = 52.27(元)

企业综合税收负担率 = (23.01+2.30+17.42)÷(52.27+23.01+2.30+17.42)
= 44.98%

因此,从一般纳税人处购进货物的税后净利润较高,税负较轻。该企业应当选择一般纳税人为供货商。

当然,选择购货伙伴除了考虑这里的增值税负担以外,还要考虑其他因素,如企业信用、运输成本、洽谈成本等,因此,应当将这里的增值税负担标准与其他的标准综合考虑。

2. 一般纳税人选择应税(增值税)服务提供方的税务筹划。

"营改增"之后,目前应税服务增值税税率分为一般纳税人适用的13%、9%、6%、零税率和适用于小规模纳税人及一般纳税人提供特定应税服务选择简易计税方3%的征收率。

一般纳税人企业在选择应税服务的提供方时,既可以选择一般纳税人,也可以选择小规模纳税人;在税率相同的前提下,小规模纳税人也可进一步分为能开具增值税发票的小规模纳税人和只能开具普通发票的小规模纳税人。在对应税服务的提供方进行选择时,除了考虑其是否为一般纳税人,还要综合考虑其他因素,比如简易计税方法、税收优惠政策、转化服务性质进行纳税筹划等。

3. 小规模纳税人选择购货对象或应税服务提供方的税务筹划。

对于小规模纳税人来说,无论是从一般纳税人还是从小规模纳税人购得货物或接受应税服务,其选择是比较容易的。小规模纳税人可以获得增值税专用发票,但不能进行进项税额的抵扣,只要比较一下购货对象或应税服务的含税价格,从中选择价格较低的一方即可。

对营改增的企业来说,营改增纳税人可以登记为一般纳税人和小规模纳税人,选择合适的纳税人身份,也是纳税筹划的重要部分。根据规定,应税行为的年应征增值税销售额(简称应税销售额)超过500万元的纳税人为一般纳税人,未超过500万元的纳税人为小规模纳税人。年应税销售额超过规定标准的其他个人不属于一般纳税人。年应税销售额超过规定标准但不常发生应税行为的单位和个体工商户可选择按照小规模纳税人纳税。

如果一般纳税人提供交通运输服务,其税率为9%。小规模纳税人适用的增值税征税率为3%。由于营改增之前的营业税的最低税率为3%,所以,只要选择小规模纳税人身份,营改增纳税人的税负就不会上升,由于增值税是价外税,在计算增值税时还需要将取得的价款换算为不含税销售额,因此,选择小规模纳税人身份的营改增纳税人,其税负一定会下降。

【例4-10】甲公司提供交通运输服务,年含税销售额为515万元,在营改增之后选择了一般纳税人身份,由于在营改增之前按照3%的税率缴纳营业税,而营改增之后按照9%的税率缴纳增值税,虽然可以抵扣一些进项税额,但整体税负仍然超过了营改增之前。请提出纳税筹划方案。

甲公司的销售额为5 150 000÷(1+3%)=5 000 000(元)。由于并未超过500万元的标准,可以选择小规模纳税人的身份。在营改增之前,甲公司需要缴纳营业税:5 150 000×3%=154 500(元),税后营业收入为5 150 000-154 500=4 995 500(元)。营改增之后,如果甲公司选择小规模纳税人身份,需要缴纳增值税为5 150 000÷(1+3%)×3%=150 000(元),销售收入为5 150 000-150 000=5 000 000(元)。通过税收筹划,增加销售收入为5 000 000-4 995 500=4 500(元)。

(二)购货规模和结构的税务筹划

1. 合理确定不同税率货物的采购规模与结构。由于不同货物具有不同的增值税税率,因此,采购规模与结构不但对企业的生产具有极大影响,对企业当期的税负高低也有重要影响。企业应采取各种方式,充分享受各种低税率货物给企业带来的低税负。就农产品而言,这种情况体现得更为明显。

根据规定,农业生产者销售的自产农产品免征增值税,但其他生产者销售的农产品不能享受免税待遇。农产品,是指初级农产品,具体范围由财政部、国家税务总局确定。购进农产品除取得增值税专用发票或者海关进口增值税专用缴款书外,按照农产品收购发票或者销售发票上注明的农产品买价和9%的扣除率计算的进项税额。进项税额计算公式为:进项税额=买价×扣除率。

【例4-11】一些农户直接出售原木,每立方米价格为200元。另一些农户则不满足廉价出售原木,自己对原木进行深加工,如将原木加工成薄板、包装箱等再出售。假设加工每立方米原木需要耗用电力6元、人工费4元,因此,其出售价最低为210元。但是,这个价格没有人愿意收购,深加工以后的原木反而要以比没有加工的原木更低的价格出售。请分析其中的原因并提出纳税筹划方案。

农户出售原木属免税农业产品,增值税一般纳税人收购后,可以抵扣9%的税款。因此,增值税一般纳税人收购200元的原木可抵扣18元税金,原材料成本只有182元。而农户深加工的产品出售给工厂,工厂不能计提进项税。增值税一般纳税人根据这种情况,只愿意以192元的价格收购深加工的产品(182元的原木成本加上加工所耗用的电力和人工费10元)。

可以采取另一种方式避免出现以上情况,工厂先向农户收购原木,然后委托农户加工并另外支付加工费。经过这样一种业务调整,工厂仍然是从农户手中取得加工后的木材,但可以在收购原木时开具农产品收购发票,计算并抵扣增值税进项税额。

2. 选择合适的委托代购方式。企业在生产经营中需要大量购进各种原材料、辅助材料。由于购销渠道的限制,企业常常需要委托其他企业代购各种材料。委托代购业务分为受托方只收取手续费和受托方按正常购销价格购销双方结算两种形式。两种形式均不影响企业生产经营,但其会计核算和纳税利益各异。

以支付手续费的方式代购货物,委托方可以按现代服务业的税率抵扣增值税进项税,以加价销售的方式代购货物,委托方可以按购销货物的税率抵扣增值税进项税,具体哪种方案更有利于委托方,取决于手续费和加价率之比。

(三) 结算方式的税务筹划

企业可以充分利用增值税纳税义务发生时间的规定,通过适当调整结算方式实施税务筹划。无论采取何种结算方式,作为采购方税务筹划的基本思路就是要在税法允许的范围内,尽量采取有利于企业的结算方式,延迟付款,为企业赢得一笔无息贷款。具体而言,在应用时应注意以下方面:货款未付,先取得对方开具的发票;说服供应方接受托收承付与委托收款结算方式，尽量让对方先垫付税款；采取赊购和分期付款方式，使供应方垫付税款；尽可能少用现金支付。

二、企业生产过程的税务筹划

企业产销规模的决策需要考虑许多因素，包括市场、价格、原料等。如果企业生产规模达不到要求，或者生产出来的产品不能完全销售出去，都会给企业带来不利影响。因此，在实际生产经营过程中，企业必须结合自身特点综合考虑，确定适当的产销结构。

其中，利用小型微利企业以及高科技企业的低税率优惠是进行纳税筹划的重要方法。该方法主要涉及企业所得税，依据税法规定，对小型微利企业年应纳税所得额不超过100万元的部分，减按25%计入应纳税所得额，按20%的税率缴纳企业所得税；对年应纳税所得额超过100万元但不超过300万元的部分，减按50%计入应纳税所得额，按20%的税率缴纳企业所得税。上述小型微利企业是指从事国家非限制和禁止行业，且同时符合年度应纳税所得额不超过300万元、从业人数不超过300人、资产总额不超过5 000万元等三个条件的企业。从业人数，包括与企业建立劳动关系的职工人数和企业接受的劳务派遣用工人数。所称从业人数和资产总额指标，应按企业全年的季度平均值确定。具体计算公式为：

$$季度平均值 = (季初值 + 季末值) \div 2$$
$$全年季度平均值 = 全年各季度平均值之和 \div 4$$

年度中间开业或者终止经营活动的，以其实际经营期作为一个纳税年度确定上述相关指标。

同时，国家需要重点扶持的高新技术企业，减按15%的税率征收企业所得税。国家需要重点扶持的高新技术企业，是指拥有核心自主知识产权，并同时符合下列条件的企业：(1) 产品（服务）属于《国家重点支持的高新技术领域》规定的范围；(2) 研究开发费用占销售收入的比例不低于规定比例；(3) 高新技术产品（服务）收入占企业总收入的比例不低于规定比例；(4) 科技人员占企业职工总数的比例不低于规定比例；(5) 高新技术企业认定管理办法规定的其他条件。

上述低税率优惠政策都有严格的条件限制，处于持续经营期的企业若想扩大生产规模，必须考虑到投产后税收是否有所增加，税收对利润的影响如何等。如果企业难以将自身改造为小型微利企业或者高科技企业，也可以通过设立子公司或者将部分分支机构转变为子公司来实现。

【例4-12】某企业从业人数90人，资产总额为2 800万元，某年度12月30日测算的年度应纳税所得额为107万元。第一种方案，该企业按标准进行纳税申报；第二种方案，企业将下年初需支付的一笔费用 7 万元提前到 12 月 1 日支付。请问两种方案哪种节税？

第一种方案，该企业不实施税收筹划，则：

企业所得税的应纳税额 = 107 × 25% = 26.75（万元）

第二种方案，12 月 1 日支付费用 7 万元，则：

该企业应纳税所得额 = 107 - 7 = 100（万元）

应纳税额 = 100 × 10% = 10（万元）

通过税收筹划，支付费用成本仅为 7 万元，获得节税收益 = 26.75 - 10 = 16.75（万元），显然，节税空间是相当大的。

三、企业销售过程的税务筹划

（一）销售方式的税务筹划

1. 折扣销售的税务筹划。折扣销售的税务筹划主要包括以下四种。

（1）商业折扣纳税筹划。根据规定，企业采取折扣方式销售货物，如果销售额和折扣额在同一张发票上分别注明的，可按折扣后的销售额征收增值税；如果将折扣额另开发票，不论其在财务上如何处理，均不得从销售额中减除折扣额。根据规定，企业采取折扣方式销售货物，销售额和折扣额在同一张发票上分别注明是指销售额和折扣额在同一张发票上的"金额"栏分别注明，可按折扣后的销售额征收增值税。未在同一张发票"金额"栏注明折扣额，而仅在发票的"备注"栏注明折扣额的，折扣额不得从销售额中减除。

【例 4-13】某企业为了促销，规定凡购买其产品在 5 000 件以上的，给予折扣 20%。该产品不含税单价 100 元，折扣后的不含税价格为 80 元。该企业未将销售额和折扣额在同一张发票上分别注明。请计算该企业应当缴纳的增值税，并提出纳税筹划方案。

由于该企业没有将折扣额写在同一张发票上，该企业缴纳增值税应当以销售额的全额计缴，即：100 × 5 000 × 13% = 65 000（元）。

如果企业熟悉税法的规定，将销售额和折扣额在同一张发票上分别注明，那么企业应纳增值税应当以折扣后的余额计缴为 80 × 5 000 × 13% = 52 000（元）。

纳税筹划所导致的节税效果为 65 000 - 52 000 = 13 000（元）。

（2）利用不同促销方式实施纳税筹划。根据规定，企业以买一赠一等方式组合销售本企业商品的，不属于捐赠，应将总的销售金额按各项商品的公允价值的比例来分摊确认各项的销售收入。这样，就把赠送行为隐藏在销售行为之中，避免了赠送商品所承担的税收。

(3) 将实物折扣变成价格折扣实施纳税筹划。企业在运用折扣销售的方式进行纳税筹划时,还应当注意一个问题,即折扣销售的税收优惠仅适用于对货物价格的折扣,而不适用于实物折扣。如果销售者将资产、委托加工和购买的货物用于实物折扣,则该实物款额不仅不能从货物销售额中扣除,而且还应当对用于折扣的实物按照"视同销售货物"的"赠送他人"项目,计征增值税。因此,企业在选择折扣方式时,尽量不选择实物折扣,在必须采用实物折扣方式时,企业可以在发票上通过适当调整而变为价格折扣。

(4) 现金折扣的税务筹划。现金折扣,是指企业在销售货物或提供应税劳务的行为发生后,为尽快收回资金而给债务方一定的价格优惠的形式。销售折扣通常采用"3/10,1/20,N/30"等符号。这三种符号的含义是:如果债务方在10天内付清款项,则折扣额为3%;如果在20天内付清款项,则折扣额为1%;如果在30天内付清款项,则应全额支付。由于销售折扣发生在销售货物之后,本身并不属于销售行为,而为一种融资性的理财行为,因此销售折扣不得从销售额中减除,企业应当按照全部销售额计缴增值税。销售折扣在实际发生时计入财务费用。

从企业税负角度考虑,现金折扣方式可以降低税负,且不影响营业收入,但如果对方企业没有及时付款,企业将会遭受损失。

2. 混合销售与兼营行为的合理区分。混合销售与兼营行为的合理区分主要包括以下方面。

(1) 一般业务的混合销售与兼营行为的税务筹划。如果一个企业既涉及货物又涉及服务,就可能发生混合销售行为和兼营行为。而根据规定,企业兼营销售货物、劳务、服务、无形资产或者不动产,适用不同税率或者征收率的,应当分别核算适用不同税率或者征收率的销售额;未分别核算的,从高适用税率。同时,一项销售行为如果既涉及服务又涉及货物,为混合销售。从事货物的生产、批发或者零售的单位和个体工商户的混合销售行为,按照销售货物缴纳增值税;其他单位和个体工商户的混合销售行为,按照销售服务缴纳增值税。这里所称从事货物的生产、批发或者零售的单位和个体工商户,包括以从事货物的生产、批发或者零售为主,并兼营销售服务的单位和个体工商户在内。在这种情况下,就要考虑是按销售货物缴纳增值税还是按照销售服务缴纳增值税的问题。在现实中,这些问题往往会被忽略,不利于企业降低营销成本,同时,也不利于减轻企业的税收负担。企业在进行税务筹划时,主要应比较混合销售行为和兼营行为下税负的高低,选择低税负的行为。

【例 4-14】某钢材厂属于增值税一般纳税人。某月销售钢材,取得含税销售额 2 000 万元,同时又经营农机,取得含税销售额 220 万元。前项经营的增值税税率为 13%,后项经营的增值税税率为 9%。该厂对两种经营统一进行核算。请计算该厂应纳增值税税款,并提出纳税筹划方案。

在未分别核算的情况下，该厂应纳增值税为：

（2 000＋220）÷（1＋13%）×13%＝255.40（万元）

由于两种经营的税率不同，分别核算对企业有利，建议该企业对两种经营活动分别核算，该厂应纳增值税为：

2 000÷（1＋13%）×13%＋220÷（1＋9%）×9%＝245.25（万元）

分别核算和未分别核算之差为：

255.40－245.25＝10.15（万元）

由此可见，分别核算可以为该钢材厂减轻增值税税负。

（2）代销方式的税务筹划。代销就是委托销售，一般发生在工业企业与商业企业之间，工业企业委托他人为自己代销商品，而商业企业为他人代销。对商业企业来说，采用代销方式销售商品是一种明智选择，本身能减轻销售等方面的风险，同时又可以获得一定的经营利润；对于工业企业也可以通过此次委托适当降低营销成本，同时迅速拓宽销售市场。

根据税法规定，代销行为分为以下两种。

第一种是视同买断的代销行为。委托方根据签订的协议价格将货物交付给受托方，受托方自行确定实际售价。货物售出后，委托方按协议价收取价款，受托方获得实际售价与协议价的差额。双方比照销售进行增值税会计处理，分别按不含税协议价和不含税实际售价计量收入，确定销项税额。受托方同时将委托方收取的增值税，作为进项税额予以抵扣。

第二种是收取手续费的代销行为。委托方按双方签订的协议确定代销货物的售价，受托方按其定价代销，并按售价的百分比收取手续费。双方同样按不含税售价计算销项税额，委托方将其销售货物的价款记作收入，受托方则记作应付账款；受托方将委托方开来的专用发票上的进项税额用于抵扣，同时收到手续费时，按手续费金额的多少计算应纳增值税。

两种代销方式对于企业的税收负担影响不同，企业要具体情况具体计算，选择适宜的方式加以运作。

（二）销售结算方式的税务筹划

依据税法规定，增值税纳税义务发生时间如下。

1. 采取直接收款方式销售货物，不论货物是否发出，均为收到销售款或者取得销售款凭据的当天。

2. 采取托收承付和委托银行收款方式销售货物，为发出货物并办妥托收手续的当天。

3. 采取赊销和分期收款方式销售货物,为书面合同约定的收款日期的当天,无书面合同的或者书面合同没有约定收款日期的,为货物发出的当天。

4. 采取预收货款方式销售货物,为货物发出的当天,但生产销售生产工期超过12个月的大型机械设备、船舶、飞机等货物,为收到预收款或者书面合同约定的收款日期的当天。

5. 委托其他企业代销货物,为收到代销单位的代销清单或者收到全部或部分货款的当天。未收到代销清单及货款的,为发出代销货物满180天的当天。

6. 销售应税劳务,为提供劳务同时收讫销售款或者取得索取销售款的凭据的当天。

7. 企业发生视同销售货物行为,为货物移送的当天。

8. 进口货物,为报关进口的当天。

销售结算方式的筹划就是在税法允许的范围内,尽量采取有利于本企业的结算方式,推迟纳税时间,获得纳税期的递延,或打时间差,避免应纳税额过于集中,减轻企业资金的压力。

【例 4-15】 甲公司委托乙公司代销一批货物。甲公司于 2019 年 1 月 1 日发出货物,2019 年 12 月 1 日收到乙公司的代销清单和全部货款 113 万元。甲公司是按月缴纳增值税的企业。甲公司应当在何时缴纳增值税,并提出纳税筹划方案。

甲公司应当在发出代销货物满 180 天的当天计算增值税的纳税义务,即 2019 年 6 月 29 日计算增值税,应纳增值税 = 113 ÷ (1 + 13%) × 13% = 13(万元),甲公司应当在 7 月 15 日之前缴纳 13 万元的增值税(如有进项税额,可以抵扣进项税额后再缴纳)。经过纳税筹划,甲公司为了避免在发出货物满 180 天时产生增值税的纳税义务,可以在发出货物 179 天之时,即 2019 年 6 月 28 日,要求乙公司退还代销的货物,然后在 2019 年 6 月 29 日与乙公司重新办理代销货物手续。这样,甲公司就可以在实际收到代销清单及 113 万元的货款时计算 13 万元的增值税销项税额,并于 2020 年 1 月 15 日之前缴纳 13 万元的增值税。

(三) 销售价格的税务筹划

简单来说,企业在制定价格时,应该特别注意价格的高低对企业税负可能造成的影响。在现实生活中,产品的销售价格提高,会导致销量减少,有可能导致总收入下降。同时,考虑到税收征管中的临界点因素,价格过高可能会导致税负大幅增加。因此,根据企业的经营情况灵活调节商品价格是进行销售价格筹划的主要方式。

另外,对于跨国税务筹划,转让定价是一种重要的税务筹划方法。转让定价是指关联企业之间在销售货物、提供劳务、转让无形资产等时制定的价格。

其一般做法是,高税国企业向其低税国关联企业销售货物、提供劳务、转让无形资产时制定低价；低税国企业向其高税国关联企业销售货物、提供劳务、转让无形资产时制定高价。这样，利润就从高税国转移到低税国，从而达到最大限度减轻其税负的目的。

在当今世界经济一体化的大潮中，跨国公司或集团公司内部的交易对于企业的整体运营发挥的作用日益重要，而公司集团内部交易的定价问题，无论对于企业还是税务机关都是转让定价研究的核心内容。依据税法规定，转让定价方法包括可比非受控价格法、再销售价格法、成本加成法、交易净利润法、利润分割法和其他符合独立交易原则的方法。

关联企业之间的转让定价主要发生在有形资产的销售、无形资产的转让、服务提供、金融交易等领域。跨国关联公司或集团公司内部之间转让定价的主要策略如下。

1. 有形财产。利用商品交易价格转移应税所得，可概括为"一抬二控制"。一是抬高企业实物投资的资本额，不仅从中获利，而且可以增大投资额，虚增固定资产，造成多提折旧，少缴税款。二是控制企业购销权，也就是控制产品外销渠道，控制零部件或原材料进货渠道，通常表现为"高进低出"或"低进高出"，或通过产品销售使海外公司收取较高或较低的佣金或回扣，来实现转移利润，达到减轻企业整体税负的目的。

2. 无形资产。运用无形资产转让定价的做法：调高无形资产的转让价格，提高权益受益人的特许权使用费支付比例，订立转让特许权收费包税条款，以设备价款、技术培训费的名目分解专有技术价款等方式。由于无形资产的评定缺乏可比性，很难找到统一的标准，因此，对于无形资产的交易，如专利、专有技术、厂商名称、品牌、商标等的使用和转让，跨国公司更容易通过调节特许使用费的高低来影响子公司的成本和利润。

3. 劳务、管理或者服务。跨国公司的母公司与子公司之间、子公司之间难免牵涉劳务和管理问题。跨国公司完全可以采用多收或者少收劳务费、服务费、管理费的方式在母子公司之间进行税务筹划，通常是高税负的公司为低税负的公司承担费用。利用母公司控制的运输公司、保险公司，通过向子公司收取较高或较低的运输费、装卸费、保险费，来影响海外公司的成本和利润。

4. 融资。跨国公司通过提供贷款收取利息的高低来影响子公司的成本费用，通过控制对海外子公司租赁固定资产的使用期限来影响子公司的成本费用，进而转移利润。

（四）销售地点的税务筹划

销售地点的税务筹划主要体现在流转税和企业所得税上。其具体形式有设立办事处和设立分公司两种形式。分公司可以从事经营活动，因此，要在当地缴纳增值税和企业所得税，而办事处一般只能从事总公司营业范围内的业务联络活动，所以无须缴纳增值税及企业所得税。

对于分公司而言，企业所得税可以在分公司所在地税务机关缴纳，也可以汇总后由总公司集中缴纳。一般来说，汇总纳税优于独立纳税，因为总公司和分公司的盈亏可以互相弥补。同时，也必须看到，国家为了鼓励某些地区的发展，在税法上体现出地区倾斜政策而导致的地区性税负差别，以及不同国家之间税收政策的差异，这也是销售地点筹划存在的依据。从国内看，我国的税收政策在区域上的差别主要体现在所得税方面，其中有经济特区的税收优惠、经济开发区的税收优惠、沿江开发区的税收优惠、沿边开发区的税收优惠、民族自治区的税收优惠和我国西部开发的税收优惠等。在这些区域开办企业，一般情况下，不仅能够享受到税收上的优惠，而且能享受到当地政府有关税费减免或者财政返还上的优惠。特别是设立具有独立生产经营职能的分公司。

（五）存货计价方法的税务筹划

企业会计准则规定，应当采用先进先出法、加权平均法或者个别计价法确定发出存货的实际成本。

1. 先进先出法。即假设先入库先发出，每次发货时，先按第一批购入该种存货的单价计算，超出部分再按第一批购入该种存货的单价计算，以此类推。

2. 加权平均法。即以月初结存的存货实际成本与全月收入该种存货实际成本之和除以月初结存存货数量与全月收入该种存货数量之和，求得平均单价。这种平均单价每月计算一次。

3. 个别计价法。个别计价法是指原材料发出时认定每件或每批材料的实际单价，以计算该件或该批材料发出成本的方法。但个别计价法由于在实际操作中工作繁重，成本较高，对大多数存货品种来说都不实用。

一般情况下，企业在利用存货计价方法进行税务筹划时，要考虑企业所处的环境及物价波动等因素的影响。具体包括以下两方面。

（1）在实行比例税率条件下，对存货计价方法进行选择，必须充分考虑市场物价变化趋势因素的影响。当材料价格不断下降，采用先进先出法来计价，会导致期末存货价值较低，销货成本增加，从而减少应纳税所得，达到节税目的；而当物价上下波动时，企业则应选择加权平均法对存货进行计价，以避免销货成本的波动影响各期利润的均衡性，进而造成应纳所得税额上下波动，增加企业安排资金的难度。

（2）在实行累进税率条件下，选择加权平均法对企业发出和领用存货进行计价，以使企业获得较轻的税收负担。因为采用加权平均法对存货进行计价，企业各期计入产品成本的材料等存货的价格比较均衡，不会时高时低，使企业产品成本不致发生较大变化，各期利润比较均衡。如果企业正处于所得税的免税期，意味着企业在该期间内获得的利润越多,其得到的减免税额也就越多,在物价上涨情况下,企业就可以通过选择先进先出法计算材料费用,减少材料费用的当期摊入,扩大当期利润。

四、企业其他经营环节的税务筹划

(一) 利用固定资产加速折旧实施税务筹划

《税法》规定:"在计算应纳税所得额时,企业按照规定计算的固定资产折旧,准予扣除。"固定资产是指企业为生产产品、提供劳务、出租或经营管理而持有的、使用时间超过一年的非货币性资产,包括房屋、建筑物、机器、机械、运输工具以及其他与生产经营活动有关的设备、器具、工具等。固定资产按照直线法计算的折旧,准予扣除。

可以采取缩短折旧年限或者采取加速折旧方法的固定资产,包括由于技术进步,产品更新换代较快的固定资产,以及常年处于强震动、高腐蚀状态的固定资产。

无论采用哪种折旧提取方法,对于某一特定固定资产而言,企业所提取的折旧总额是相同的,同一固定资产所抵扣的应纳税所得额并由此所抵扣的所得税额也是相同的,所不同的只是企业在固定资产使用年限内每年所抵扣的应纳税所得额是不同的,由此导致每年所抵扣的所得税额也是不同的。

在具备采取固定资产加速折旧条件的情况下,企业应当尽量选择固定资产的加速折旧,这样有利于加速成本收回,可以使后期成本费用前移,由于资金存在时间价值,在税率稳定的情况下,所得税的递延缴纳相当于向国家取得了一笔无息贷款。当然,如果企业当前适用的税率较低或者正处于免税期,该企业就不宜选择加速折旧,而应当在税率较高的期间扣除较多折旧,在税率较低期间扣除较少折旧。

(二) 期间费用的税务筹划

期间费用的税务筹划主要包括以下三方面。

1. 销售费用的税务筹划。销售费用是企业销售商品和材料、提供劳务的过程所发生的各种费用包括广告费、运输费、装卸费、包装费、展览费、保险费、销售佣金、代销手续费、经营性租赁费及销售部门发生的差旅费、工资、福利费等费用。其中,广告宣传费用支出具有一定的筹划空间。

根据规定,企业发生的符合条件的广告费和业务宣传费支出,除国务院财政、税务主管部门另有规定外,不超过当年销售收入15%的部分,准予扣除;超过部分,准予在以后纳税年度结转扣除,其中销售收入中含视同销售收入。

要充分利用广告宣传费的扣除额度,一方面,可以提高费用扣除的计算基数,例如,如果一家企业的广告宣传费用金额超出了可扣除限额,则可以将公司的销售部分设立成一个独立核算的销售公司,将原企业的产品卖给销售公司,销售公司再对外销售。这样,销售费用就可以在每个公司分配,充分利用两个公司的扣除额度。另一方面,则可以将广告宣传费转变为无扣除限额的费用。例如,如果委托广告公司进行宣传的广告宣传费过高,则可以采取聘请员工进行促销的方式,因为工资可以税前扣除,招聘员工进行促销可以有效地进行节税。

2. 管理费用的税务筹划。管理费用是指企业行政管理部门为组织和管理生产经营活动而发生的各种费用。管理费用主要包括:企业董事会和行政管理部门在企业经营管理中发生的,或者应当由企业统一负担的公司经费、工会经费、待业保险费、劳动保险费、董事会费、聘请中介机构费、咨询费、诉讼费、业务招待费、办公费、差旅费、邮电费、绿化费、管理人员工资及福利费等。其中,加计扣除以及业务招待费有税收筹划的空间。

(1) 利用加计扣除优惠进行税务筹划。加计扣除优惠包括以下两项内容。

一是研究开发费。根据规定,企业开发新技术、新产品、新工艺发生的研究开发费用,未形成无形资产计入当期损益的,在按照规定据实扣除的基础上,按照研究开发费用的50%加计扣除;形成无形资产的,按照无形资产成本的150%摊销。也就是说,前者费用按收益性支出可以直接在当期扣除,而后者要作为资本性支出进行摊销排除,前者比后者能获得更多的时间价值。

二是企业安置残疾人员所支付的工资。企业安置残疾人员的,在按照支付给残疾职工工资据实扣除的基础上,按照支付给残疾职工工资的100%加计扣除。根据有关规定,企业安置国家鼓励安置的其他就业人员所支付的工资的加计扣除办法,由国务院另行规定。

【例4-16】以前年度,企业未单独核算研究人员工资等研究开发费用,未能享受技术开发费用的加计扣除。今年该企业不仅单独设立了技术开发部门,而且单独核算研究开发费用,并向税务机关报送了相关资料。

如果今年的技术开发费用为600万元研究开发费用,则可以享受加计扣除,减少的所得税 = 600 × 25% × 75% = 112.50(万元)。

(2) 业务招待费的税务筹划。依据税法规定,企业发生的与生产经营活动有关的业务招待费支出,按照发生额的60%扣除,但最高不得超过当年销售收入的0.5%。因此,可以利用业务招待费的临界点进行税务筹划。

【例4-17】某企业某年发生会务费、差旅费共计19万元,业务招待费4万元,其中,部分会务费的会议邀请函以及相关凭证等保存不全,导致5万元的会务费无法扣除。该企业当年的销售收入为380万元。试计算企业所得税额并进行纳税筹划。

根据税法的规定,如凭证票据齐全,则19万元的会务费、差旅费可以全部扣除,但其中凭证不全的 5 万元会务费和会议费只能算作业务招待费,而该企业当年可扣除的业务招待费限额为 1.9 万元（380×0.5%）。超过的 7.1 万元（4+5-1.9）不得扣除,也不能转到以后年度扣除。仅此项超支费用企业需缴纳企业所得税 1.78 万元（7.1×25%）。下年度,企业加强财务管理,严格将业务招待费尽量控制在 1.9 万元以内,各种费用都按税法规定保留了完整合法的凭证,同时,在不违反规定的前提下,将部分类似会务费性质的业务招待费并入会务费项目核算,使得当年可扣除费用达 6 万元。由此可节约企业所得税 1.5 万元（6×25%）。

3. 财务费用的税务筹划。财务费用是指企业为筹集生产经营所需资金等而发生的费用。财务费用的主要项目包括：利息净支出（利息支出减利息收入后的差额）、汇兑净损失（汇兑损失减汇兑收益的差额）、金融机构手续费以及筹集生产经营资金发生的其他费用等。

根据规定,企业在生产经营活动过程中所发生的合理的不需要资本化的借款费用,准予扣除。根据规定,借款费用是指企业因借款而发生的利息及其他相关成本,包括借款利息、折价或者溢价的摊销、辅助费用以及因外币借款而发生的汇兑差额。其中,借款利息是指企业向其他组织、个人借用资金而支付的利息,包括企业向银行或者其他金融机构等借入资金发生的利息,发行公司债券发生的利息等。以上列举的借款费用如果不需要资本化,则允许在发生当期扣除。

因此,为了减轻税负,企业应尽可能加大借款费用计入费用的份额,减少借款费用资本化的金额。此外,企业还应适当增加债务资本,减少权益资本,使企业所得税税前扣除金额最大。

此外,依据税法规定,为购置、建造和生产固定资产、无形资产而发生的借款,在有关资产购建期间发生的借款费用,应作为资本性支出计入有关资产的成本;有关资产交付使用后发生的借款费用,可在发生当期扣除。

根据规定,在计算应纳税所得额时,企业实际支付给关联方的利息支出,不超过规定比例和税法及其实施条例有关规定计算的部分,准予扣除,超过的部分不得在发生当期和以后年度扣除。企业实际支付给关联方的利息支出,除符合相关规定外,其接受关联方债权性投资与其权益性投资比例,金融企业为 5:1,其他企业为 2:1。

具体融资相关的税务筹划,将在"企业融资的税务筹划"部分详细分析,这里不再赘述。

五、国际税务筹划

国际税务筹划可以说是税务筹划行为的一个国际延伸,与境内税务筹划的原理没有本质差别，但有其自身的特点。由于国与国之间的税制差异较大，国际税务筹划的空间也更大，手段也更复杂。

（一）税收管辖权与国际税收协定

国际税务筹划是企业将税务筹划的原理和方法应用于跨国投资或跨国经营的一种税务筹划行为。企业往往会利用国与国之间的税制差异以及国际税收规范在跨国投资经营活动中选择对自己有利的业务安排，在不违反任何国家税收法律的前提下减轻其全球总税负。因此税收管辖权以及国际税收协定在国际税务筹划中，是两个很重要的概念。

税收管辖权，指一个国家在征税方面所拥有的管辖权力，即国家在税收领域中的主权，一国政府有权决定对什么人征税，征什么税和征多少税。但一国政府征税的权力不是可以任意决定的，而要受该国政治权力涉及范围的限制。这种限制表现在两个方面：一是人员限制，即一国政府只能对本国公民或居民征税；二是地域的限制，即一国政府只能对处于其政府管辖范围内的所得或收益征税。

国际税收协定是指两个或两个以上的主权国家为了协调相互间在处理跨国企业征纳事务方面的税收关系，本着对等原则，通过政府间谈判所签订的确定其在国际税收分配关系的具有法律效力的书面协议或条约，也称为国际税收条约。它是国际税收重要的基本内容，是各国解决国与国之间税收权益分配矛盾和冲突的有效工具。

（二）国际税务筹划的工具与手段

国际税务筹划的工具与手段主要包括以下四个方面。

1. 转让定价。转让定价是指公司集团内部机构之间或关联企业之间相互提供产品、劳务、资金或财产而进行的内部交易作价；通过转让定价所确定的价格称为转让价格。转让定价问题已经在"企业销售过程的税务筹划"部分讨论过，这里不再重复。

2. 成本分摊协议。依据税法规定，所谓成本分摊协议是指参与方共同签署的对开发、受让的无形资产或参与的劳务活动享有受益权，并承担相应的活动成本的协议。参与方使用成本分摊协议所开发或受让的无形资产不需另支付特许权使用费。根据规定，关联方承担的成本应与非关联方在可比条件下为获得上述受益权而支付的成本相一致。企业对成本分摊协议所涉及无形资产或劳务的受益权应有合理的、可计量的预期收益，且以合理商业假设和营业常规为基础。

最常见的成本分摊协议是无形资产共同开发协议，每一个参与者都可以获得所开发无形资产的一份权利。在这种成本分摊协议中，每个参与者都被授予独立的利用无形资产的权利。当参与者对成本分摊协议开发的资产拥有所有者权益，且贡献是按适当比例划分时，参与者无须为使用与其获得的权益相一致的资产，而支付特许权使用费或其他报酬。

成本分摊协议运用在国际税务筹划中时,具体的操作方式是,让高税国的母公司与位于低税国或避税地的关联企业签订无形资产研发的成本分摊协议,然后使这一部分无形资产带来的收益合理合法地转移到低税国或避税地关联企业的账上,并使这部分利润远离母公司居住国的征税权。

【例 4-18】苹果公司是美国的高科技企业,母公司(总部)位于美国加利福尼亚州的库比蒂诺。1980 年苹果母公司在爱尔兰注册成立子公司苹果运营国际公司(AOI),苹果母公司直接和间接持有其 100% 的股权;AOI 是一家"空壳"公司,没有雇员,只有三个高管,由于在爱尔兰没有经营活动,所以不需要在当地纳税。

AOI 又在爱尔兰投资注册成立了子公司——苹果运营欧洲公司(AOE),AOE 又在爱尔兰投资成立了苹果销售国际公司(ASI)。ASI 是苹果公司在爱尔兰一系列关联企业中的主体公司,从事主要的购销活动。AOI、AOE、ASI 三家公司均在爱尔兰注册成立,但管理和控制的中心机构都设在爱尔兰以外,从而并不构成爱尔兰的居民企业;由于这三家公司均不在美国注册,所以也不是美国的居民企业。苹果母公司主要与 ASI 签订有无形资产研发的成本分摊协议,2009~2012 年的四年中,ASI 分摊的研发成本共计 49 亿美元,占其与母公司研发成本总额的 55.1%,但同期 ASI 分得的利润共计为 740 亿美元,占其与母公司利润总额的 67%。可见,苹果公司利用成本分摊协议向低税的爱尔兰关联企业 ASI 转移了利润。

3. 资本弱化。资本弱化,是指企业和企业的投资者为了最大化自身利益或其他目的,在融资和投资方式的选择上,降低股本的比重、提高贷款的比重而造成的企业负债与所有者权益的比率超过一定限额的现象。根据经济合作与发展组织的解释,企业权益资本与债务资本的比例应为 1:1,当比值小于 1 时,即为资本弱化。

通过资本弱化,公司可以在税前扣除较大金额的利息支出,从而缩小企业所得税的税基。跨国公司在国际税务筹划中使用这种方法,可以达到将利润转移到境外的目的。特别是让企业集团的低税国企业向高税国企业进行债务融资,高税国企业支付的利息不仅可以税前列支,从而冲减税基,而且可以在低税国企业作为收入负担较轻的所得税。

4. 间接转让境外公司股权。企业到海外投资,未来可能面临退出海外市场,从而需要出售子公司股权的情形。如果股权转让价格超过了投资成本,企业需要就股权转让所得缴纳企业所得税。而部分东道国的资本利得税税率较高,会导致企业要以较高成本转让股权。

因此,企业到海外投资,可以先在第三国设立一个中介公司,又称管道公司,然后再通过该中介公司持有东道国目标企业的股权;此后,一旦要退出东道国的经营,则只需要转让第三国中介公司的股权。相应地,中介公司应当选择在不征收或者少征收资本利得税的国家和地区设立。

5. 信任委托。信托是委托人基于对受托人的信任，将其财产权委托给受托人，由受托人按委托人的意愿以自己的名义，为受益人的利益或特定目的，进行管理和处分的行为。

信托存在国际税务筹划的机会是因为，如果一个国家的所得税税率较高，该国居民就可以通过信托将自己的财产转移到境外，并以全权信托的方式把这笔财产委托给设在避税地的信托机构代为管理。

不过，我国是大陆法系国家，因此，在我国企业想用信托手段规避我国的所得税是行不通的。

> **财眼看问题**
>
> 基于国际化时代，管理会计师考虑国际税务筹划时，应该熟悉并深刻理解税收协定，避免滥用税收协定（treaty shopping）。所谓滥用税收协定是指非税收协定缔约国的居民通过在税收协定缔约国设立中介公司的做法获取其本不应享有的税收协定的税收优惠。

第五节　企业收益分配的税务筹划

企业收益分配是指企业的收益在为企业提供生产要素的各个利益主体之间合理分配的过程。企业收益分配的对象是企业收益分配的起点，其中息税前利润是企业收益分配的主要对象，在向企业投入资本的参与者中分配，包括权益资本、债务资本、人力资本和环境资本。本节主要涉及人力资本的税务筹划。

一、个人所得税综合所得的税务筹划

个人所得税综合所得的税务筹划是指利用税收法规所规定的政策，在事前对所得进行合理的调整和安排，在合法合规的前提下降低税负。因为综合所得是与劳动群体的利益最为密切的税收项目，所以综合所得的税务筹划是企业收益分配税务筹划的重点。

（一）综合所得的法律规定

根据相关规定，综合所得是指居民个人取得的工资、薪金所得、劳务报酬所得、稿酬所得和特许权使用费所得，按纳税年度合并计算个人所得税。

工资、薪金所得，是指个人因任职或者受雇取得的工资、薪金、奖金、年终加薪、

劳动分红、津贴、补贴以及与任职或者受雇有关的其他所得。

劳务报酬所得，是指个人从事劳务取得的所得，包括从事设计、装潢、安装、制图、化验、测试、医疗、法律、会计、咨询、讲学、翻译、审稿、书画、雕刻、影视、录音、录像、演出、表演、广告、展览、技术服务、介绍服务、经纪服务、代办服务以及其他劳务取得的所得。

稿酬所得，是指个人因其作品以图书、报刊等形式出版、发表而取得的所得。

特许权使用费所得，是指个人提供专利权、商标权、著作权、非专利技术以及其他特许权的使用权取得的所得；提供著作权的使用权取得的所得，不包括稿酬所得。

根据相关规定，居民个人综合所得以每年收入额减除60 000元以及专项扣除、专项附加扣除和依法确定的其他扣除后的余额，为应纳税所得额。综合所得中的劳务报酬所得、稿酬所得、特许权使用费所得以收入减除20%的费用后余额为收入额。稿酬所得的收入额减按70%计算。个人兼有不同的劳务报酬所得，应当分别减除费用，计算缴纳个人所得税。目前，我国居民个人综合所得实行七级超额累进税率（见表4-16）。

表4-16　　　　　　个人所得税税率表（综合所得适用）

级数	全年应纳税所得额	税率（%）	速算扣除数
1	不超过36 000元的	3	0
2	超过36 000元至144 000元的部分	10	2 520
3	超过144 000元至300 000元的部分	20	16 920
4	超过300 000元至420 000元的部分	25	31 920
5	超过420 000元至660 000元的部分	30	52 920
6	超过660 000元至960 000元的部分	35	85 920
7	超过960 000元的部分	45	181 920

企业向居民个人支付工资、薪金所得时，应当按照累计预扣法计算预扣税款，并按月办理全员全额扣缴申报。具体计算公式如下：

本期应预扣预缴税额 =（累计预扣预缴应纳税所得额 × 预扣率 - 速算扣除数）
　　　　　　　　　- 累计减免税额 - 累计已预扣预缴税额

累计预扣预缴应纳税所得额 = 累计收入 - 累计免税收入 - 累计减除费用 - 累计专项扣除
　　　　　　　　　- 累计专项附加扣除 - 累计依法确定的其他扣除

取得综合所得且符合下列情形之一的企业，应当依法办理汇算清缴：

（1）从两处以上取得综合所得，且综合所得年收入额减除专项扣除后的余额超过6万元。

(2) 取得劳务报酬所得、稿酬所得、特许权使用费所得中一项或者多项所得，且综合所得年收入额减除专项扣除的余额超过6万元。

(3) 纳税年度内预缴税额低于应纳税额。

(4) 企业申请退税。

【例4-19】某公司职工2019年1月工资为9 000元。按照所在省人民政府规定的比例提取并缴付的"五险一金"为1 935元。个人所得税费用的扣除标准为5 000元。计算该职工1月应预扣预缴的个人所得税。

根据现行规定，累计预扣预缴应纳税所得额 = 9 000 - 1 935 - 5 000 = 2 065（元）

本期应预扣预缴税额 = 2 065 × 3% - 0 = 61.95（元）

（二）综合所得的税务筹划的常见方法

综合所得的税务筹划的常见方法主要包括以下两方面。

1. 工资、薪金所得税务筹划。工资、薪金所得税务筹划的基本思路可以概括为在法律允许的范围内做到应税收入的最小化、适用税率的最小化和费用扣除的最大化。所以在进行工资、薪金的税收筹划时，应该充分考虑以下方面。首先是考虑影响工资、薪金所得的应纳税额的因素。根据应纳税额的计算公式可以得知影响因素有两个，分别是应纳税所得额和适用税率。因此进行纳税筹划时可以在合法合规的前提下减少应纳税所得额，或者使应纳税所得额适用较低档位的税率。其次是合理运用个人所得税的税收优惠政策，税收优惠政策是税法对某些企业和征税对象给予鼓励与照顾的一种特殊规定，企业可以充分利用税收优惠政策以实现减轻税负的效果。

根据税法规定，如果纳税人只在一个单位取得工资薪金收入，预扣结果与最终汇算清缴结果都会是一样的，不需要再进行汇算清缴；如果纳税人在两个以上单位取得工资薪金收入，合计收入减除个人缴纳社保不超过6万元，意味着每个单位都未预扣个税，最终汇算清缴也不需要缴纳个税，不需要再进行汇算清缴。

(1) 降低名义工资进行税务筹划。在实际运用中，企业可以通过福利的形式减少员工的名义工资、薪金，以公司的名义支付个人的支出，能帮助员工降低应纳税所得额，但实际上没有减少个人收入，从而减轻税负。常见的形式有：企业免费接送员工上下班、企业免费为员工提供工作餐和企业为员工提供宿舍等。

【例4-20】王经理2019年每月工资收入15 000元，每月需另外支付上下班通勤费1 000元。请计算王经理2019年需缴纳的个人所得税。假设不考虑其他扣除，王经理仅有一项收入，请对王经理的工资进行税务筹划。

第一种方案，情况不变。

应纳个人所得税 = (15 000 × 12 - 60 000) × 10% - 2 520 = 9 480（元）

第二种方案，企业为员工免费提供上下班班车接送，通勤时间不变，但此时王经理每月工资降为 14 000 元。

应纳个人所得税 =（14 000 × 12 - 60 000）× 10% - 2 520 = 8 280（元）

所以经过税务筹划，在不降低原有生活质量的前提下，帮助王经理在 2019 年减轻税负 1 200 元。

（2）利用税前扣除政策实施税务筹划。根据税法规定，企事业单位按照国家或省（自治区、直辖市）人民政府规定的缴费比例或办法实际缴付的基本养老保险费、基本医疗保险费和失业保险费，免征个人所得税；个人按照国家或省（自治区、直辖市）人民政府规定的缴费比例或办法实际缴付的基本养老保险费、基本医疗保险费和失业保险费，允许在个人应纳税所得额中扣除。目前，单位和个人可以分别在不超过职工本人上一年度的平均工资 12% 的幅度内将其实际缴纳的住房公积金在个人所得税所得额中扣除。在实际中有些企业不愿按照最高的 12% 标准为员工缴纳住房公积金，员工可以通过与企业协商，由个人承担企业不足部分，减少个人应发的工资、薪金，即实际上将一部分的应税所得额转化为住房公积金存款，减轻了纳税负担。

【例 4-21】某企业员工王某的工资有两种发放方案。

第一种方案，2019 年 1 月工资为 10 000 元，个人和企业缴存住房公积金的比例为 10%。

第二种方案，在不增加企业负担的前提下，与公司协商将个人和企业的住房公积金提取比例升为 12%。假设不考虑其他扣除，王某仅有一项收入来源，请计算其 2019 年 1 月应预扣预缴的个人所得税，并为他的工资进行税务筹划。

第一种方案，该员工应预扣预缴的个人所得税 =（10 000 - 10 000 × 10% - 5 000）× 10% - 210 = 190（元）

该员工的实际收入 = 10 000 - 190 = 9 810（元）

第二种方案，在不增加企业负担的情况下，即企业为员工缴纳 12% 的住房公积金后，对该员工的总支出仍是 11 000 元（10 000 + 10 000 × 10%），所以有：

员工此时的工资 = 11 000 ÷（1 + 12%）≈ 9 821.43（元）

则

该员工应预扣预缴的个人所得税 =（9 821.43 - 9 821.43 × 12% - 5 000）× 10% - 210 = 173.93（元）

两种方案比较可知，在不增加企业负担的前提下，即员工的总收入不变的情况下，缴纳的住房公积金越多，员工缴纳的个人所得税越少。

（3）利用专项附加扣除实施税务筹划。根据相关规定，个人所得税专项附加扣除是个人所得税法规定的子女教育、继续教育、大病医疗、住房贷款利息、住房租金和赡养老人等六项专项附加扣除。

根据规定,在子女教育方面,纳税人子女从年满3岁开始一直到整个全日制学历教育阶段的支出,按照每孩每月1 000元标准扣除;在继续教育方面,纳税人接受学历学位继续教育的,按每月400元的标准扣除,接受技能人员和专业技术人员职业资格继续教育的,在取得证书的当年按3 600元的标准扣除;在大病医疗方面,纳税人或其配偶、未成年子女医保目录范围内自付的医药费用超过1.5万元部分,在每年8万元限额内据实扣除;在住房贷款利息方面,纳税人或其配偶发生的首套住房贷款利息支出按每月1 000元的标准扣除;在住房租金方面,按所在城市不同,分别按每月800元、1 100元、1 500元的标准扣除;在赡养老人方面,独生子女按每月2 000元的标准扣除,非独生子女与其兄弟姐妹按照每月2 000元的标准分摊扣除,但每个人的分摊额度不能超过1 000元。

因此,企业可以根据自身实际情况,充分利用专项附加扣除的条件,留存相关资料,减少应纳税所得额从而降低税收负担。

(4)利用税率临界点实施税务筹划。根据规定,全年一次性奖金是指行政机关、企事业单位等根据其全年的经济效益和对员工的绩效考核向员工发放的一次性奖金。根据规定,对一次性奖金,明确有三年过渡期,并允许选择不同的计税方式。居民个人取得全年一次性奖金,符合规定的,全年一次性奖金收入除以12个月得到的数额,按照按月换算后的综合所得税率表确定适用税率和速算扣除数,单独作为一个月的工资、薪金所得计算纳税;也可以选择并入当年综合所得计算纳税。对于过渡期,可以具体测算两种方式最终带来的税负差异,以选择较轻的税负方案。自2022年1月1日起,居民个人取得全年一次性奖金,应并入当年综合所得计算缴纳个人所得税。

其中,全年一次性奖金不并入当年综合所得的计算方式有两种情况。

第一种是发放全年一次性奖金当月的工资、薪金小于5 000元,计算公式为:

应纳税额=(全年一次性奖金收入-当月工资、薪金额的与费用扣除额的差额)
×适用税率-速算扣除数

第二种是发放全年一次性奖金当月的工资、薪金大于5 000元,其应纳税额计算公式为:

应纳税额=全年一次性奖金收入×适用税率-速算扣除数

其中,适用税率与速算扣除数是根据全年一次性奖金除以12个月得出的金额,对照月度工资、薪金税率表得出。

【例4-22】某公司甲员工和乙员工2019年12月的工资均为6 000元,公司对他们全年的工作绩效进行考核,决定给予甲员工全年一次性奖金36 000元,给予乙员工全年一次性奖金 36 010 元。请计算两位员工全年一次性奖金的税后净收入。

因为两位员工发放全年一次性奖金当月的工资大于 5 000 元，所以适用计算公式为：

$$应纳税额 = 全年一次性奖金 \times 适用税率 - 速算扣除数$$

对于甲员工，36 000÷12 = 3 000（元），可确定适用税率为 3%，速算扣除数为 0，则有：

全年一次性奖金应纳税额 = 36 000 × 3% − 0 = 1 080（元）

对于乙员工，36 010÷12 = 3 000.83（元），可确定适用税率为 10%，速算扣除数为 210，则有：

全年一次性奖金应纳税额 = 36 010 × 10% − 210 = 3 391（元）

甲、乙员工全年一次性奖金的税负差异 = 3 391 − 1 080 = 2 311（元）

从以上的对比可知，甲、乙员工的月工资一致，但乙员工的全年一次性奖金比甲员工的全年一次性奖金多发了 10 元，导致乙员工比甲员工需要多缴纳税款 2 311 元。这是由于根据按月换算后的综合所得税率表，会产生新的临界点，而导致虽然企业多发钱，但员工实际拿到的钱更少。所以企业在发放全年一次性奖金时应充分考虑税负的影响，在某些特殊区间内适当调整全年一次性奖金的金额，减少员工的税收负担。

【例 4−23】王先生 2019 年每月工资为 5 000 元，全年一次性奖金为 60 000 元，不考虑其他专项扣除，请帮助王先生进行税务筹划。

第一种方案，将全年一次性奖金并入年度综合计算所得。

王先生全年收入 = 5 000 × 12 + 60 000 = 120 000（元）

应纳税额 = (120 000 − 60 000) × 10% − 2 520 = 3 480（元）

第二种方案，将全年一次性奖金单独计算。每月工资 5 000 元应缴纳的个人所得税为 0 元；将全年一次性奖金平均成 12 个月，60 000÷12 = 5 000（元），可确定适用税率为 10%，速算扣除数为 210，则有：

全年一次性奖金应纳税额 = 60 000 × 10% − 210 = 5 780（元）

所以 2019 年王先生要缴纳个人所得税额为 5 780 元。

由此可见，王先生的情况适用于将全年一次性奖金并入年度综合计算所得，这样可以帮助他节税 2 300 元。

(5) 捐赠支出的税务筹划。依据税法规定，纳税人将其所得通过中国境内的社会团体、国家机关向教育或其他社会公益事业以及遭受严重自然灾害地区、贫困地区的公益性捐赠，捐赠额未超过纳税人申报的应纳税所得额 30% 的部分可以从其应纳税所得中扣除。涉及的公式如下：

$$捐赠扣除限额 = 应纳税所得额 \times 30\%$$

应纳税额 =（应纳税所得额 - 允许扣除的捐献额）× 适用税率 - 速算扣除数

其中，如果实际捐赠额大于捐赠限额，只能按照捐赠限额扣除；如果捐赠额小于或等于捐赠限额，按照实际捐赠额扣除。

如果企业没有通过法定中介机构进行捐赠，或者超过了捐赠的限额，该笔捐赠就全部或部分无法享受税前扣除。所以进行税务筹划时应该确认法定的中介机构和调整捐赠的金额，当一次公益性捐赠金额较大超过了允许扣除的限额，可以将一笔捐赠拆分为两个纳税期间进行捐赠。

2. 劳务报酬的税务筹划。根据劳务报酬所得的特性，劳务报酬的税务筹划主要是通过增加费用开支，可以减少税基而降低税率；其次可以利用综合所得的具体要求进行所得性质的转换。

（1）增加费用，减少名义劳务报酬实施税务筹划。纳税人提供劳务时，可以将本应由自身承担的费用改由对方提供，减少名义上的劳务报酬而减轻税务负担。常见的方式有：由对方提供餐饮、住宿、办公用具等，扩大费用开支，相应地减少自己的劳务报酬总额。

【例4-24】王先生在某学校任职负责讲学活动，2019年取得劳务报酬所得共100 000元，另自行负担交通费和食宿费10 000元。假设王先生没有其他收入，不考虑其他扣除，请为王先生进行税务筹划。

第一种方案，王先生选择自理交通费和食宿费。

应纳税所得额 = 100 000 × (1 - 20%) = 80 000（元）

应纳税额 = (80 000 - 60 000) × 3% = 600（元）

第二种方案，活动方扣除费用后再发放酬金。

应纳税所得额 = (100 000 - 10 000) × (1 - 20%) = 72 000（元）

应预扣预缴税额 = (72 000 - 60 000) × 3% = 360（元）

由此可见，王先生选择学校方承担费用会帮助他节税240元。

（2）改变所得性质实施税务筹划。由于劳务报酬的应纳税所得额为收入减去定率或定额费用，根据规定，取得劳务报酬所得、稿酬所得、特许权使用费所得中一项或者多项所得，且综合所得年收入额减除专项扣除的余额超过6万元，应依法办理汇算清缴。而根据工资、薪金和劳务报酬所得的计算差异，可以转化收入性质，以减轻税收负担。

【例4-25】王先生在某学校任职负责讲学活动，2019年王先生每月取得工资、薪金10 000元。请为王先生进行税务筹划，判断他是否应该与学校解除雇佣关系。不考虑其他扣除，且王先生仅有这一项收入。

第一种方案，保持雇佣关系，则适用工资、薪金所得的计税方法。

全年应纳税额 = (10 000 × 12 - 60 000) × 10% - 2 520 = 3 480（元）

第二种方案，解除雇佣关系，则适用劳务报酬所得的计税方法。王先生实际应缴税额应为汇算清缴后所得的应纳税额。

全年劳务报酬所得 = 10 000 × (1 - 20%) × 12 = 96 000（元）

全年应纳税额 = (96 000 - 60 000) × 3% = 1 080（元）

由此可见，根据王先生的情况，应与学校解除雇佣关系，将工资、薪金所得转化为劳务报酬所得，能为他减少税务负担2 400元。

二、股息、红利的税务筹划

股息是指上市公司从税后利润中按照股息率派发给股东的收益，红利则是上市公司在分派股息之后按照持股比例向股东分配的剩余利润。

（一）股息、红利所得的法律依据

根据相关规定，股份制企业用资本公积金转增股本不属于股息、红利性质的分配，对个人取得的转增股本数额，不作为个人所得，不征收个人所得税。根据相关解释，资本公积金是指股份制企业股票溢价发行收入所形成的资本公积金，将此转增股本由个人取得的数额，不作为应税所得征收个人所得税。而与此不相符合的其他资本公积金分配个人所得部分，应当依法征收个人所得税。

（二）股息、红利所得的税务筹划方法

上市公司以资本公积中的资本溢价转增股本，对投资者而言包括企业投资者和个人投资者，均不用缴纳相应的企业所得税和个人所得税，上市公司也无须履行相应的扣缴义务；上市公司用盈余公积转增资本或用盈余公积派送新股，用未分配利润分配给股东或投资者的现金股利或利润以及分配给股东的股票股利，符合条件的居民企业之间的股息、红利等权益性投资不用缴纳企业所得税，个人股东需缴纳个人所得税，在税务筹划时可以利用这一点避免重复征税，增加税务负担。

三、非法人企业收益分配的税务筹划

非法人企业又称企业非法人，是指经过工商行政管理机关登记注册的，从事营利性生产经营活动，但不具有法人资格的经济组织。非法人企业主要包括个人独资企业、合伙企业等。

个人独资企业是指按照《中华人民共和国个人独资企业法》在中国境内设立的个人投资经营的、归个人所有和控制、由个人承担经营风险和享有全部收益的企业。个人独

资企业的投资者对企业的债务承担无限责任。

合伙企业是指按照《中华人民共和国合伙企业法》在中国境内设立的,由两个或两个以上的自然人通过签订合伙协议,共同出资、合伙经营、共享收益、共担风险,并对合伙企业债务承担无限连带责任的营利性组织。

(一) 非法人企业所得计税的法律依据

对个人独资企业和合伙企业投资者的生产、经营所得比照个体工商户的生产、经营所得征收个人所得税(见表4-17)。

表4-17　个人所得税税率表(个体工商户生产、经营所得适用)

级数	全年应纳税所得额	税率(%)	速算扣除数
1	不超过30 000元的	5	0
2	超过30 000元至90 000元的部分	10	1 500
3	超过90 000元至300 000元的部分	20	10 500
4	超过300 000元至500 000元的部分	30	40 500
5	超过500 000元的部分	35	65 500

注:个人独资和合伙企业每一纳税年度的收入总额减去成本、费用以及损失后的余额为应纳税所得额。

(二) 非法人企业收益税务筹划的基本方法

由于个人独资企业和合伙企业投资人比照个体工商户征收个人所得税,适用于五级超额累进税率,最低一级税率为5%,最高一级税率为35%,所以应纳税所得额越高,适用的税率越高,纳税人的税务负担越重。

1. 对于个人独资企业。

(1) 分立个人独资企业。当个人独资企业拥有多项具有独立性的经营业务时,可以分立个人独资企业,以降低每个企业的应纳税所得额,适用较低的税率,从而达到整体税收负担较小的效果。

【例4-26】王先生创立了一家个人独资企业,主要的经营范围是销售商品和修理业务。王先生负责修理业务,他的妻子负责销售商品。2019年该个人独资企业销售商品的应纳税所得额为20 000元,修理业务的应纳税所得额为30 000元。请为王先生的个人独资企业实施税务筹划。

第一种方案,情况不变时。

应纳税额 = (20 000 + 30 000) × 10% - 1 500 = 3 500(元)

第二种方案，分立个人独资企业，王先生负责修理业务的个人独资企业，妻子负责销售商品的个人独资企业。

王先生个人独资企业的应纳税额 = 30 000 × 5% = 1 500（元）

其妻子个人独资企业的应纳税额 = 20 000 × 5% = 1 000（元）

总计应纳税额 = 1 500 + 1 000 = 2 500（元）

由此可见，通过分立个人独资企业，可以帮助王先生家庭减少税负 1 000 元。

（2）通过财产出租、转让实施税务筹划。根据相关规定，从 2000 年 1 月 1 日起，对个人独资企业按"生产、经营"所得征收个人所得税，不再征收企业所得税。个人独资企业以每一纳税年度的收入总额减除成本、费用以及损失后的余额为生产经营所得。其中，纳税人的收入总额，是指企业从事生产经营以及与生产经营有关的活动所取得的各项收入，包括商品（产品）销售收入、营运收入、劳动服务收入、工程价款收入、财产出租或转让收入、利息收入、其他业务收入和营业外收入。根据此项规定，如果个人独资企业将账面的固定资产对外出租或转让，其取得的收益不再按"财产租赁所得"或"财产转让所得"项目征税，而是并入企业的应纳税所得额统一按"生产经营所得"项目征税。但如果投资者将个人拥有的与企业生产经营无关的固定资产用于对外出租或转让，则对其取得的收益，应按"财产租赁所得"或"财产转让所得"项目单独征收个人所得税。因此，如果投资者将可用于经营的财产投入企业（增资），或将其所有的财产从企业账面中抽出（减资），就可以改变其财产出租、转让收益的应税项目和适用税率，从而达到减轻税负的目的。

而财产租赁所得一般以个人每次取得的收入，定额或定率减除规定费用后的余额为应纳税所得额。每次收入不超过 4 000 元，定额减除费用 800 元；每次收入在 4 000 元以上，定率减除 20% 的费用。财产租赁所得以一个月内取得的收入为一次。财产租赁所得适用比例税率，税率为 20%。

【例 4-27】某个人独资企业 2019 年度实现内部生产经营所得 50 000 元，另外固定资产的出租取得不含税收入 20 000 元，与财产租赁相关税费为 1 100 元。请帮该个人独资企业进行税务筹划。

第一种方案，该固定资产作为企业财产，租赁收益并入个人独资企业生产经营所得纳税。

应纳税额 = (50 000 + 20 000 − 1 100) × 10% − 1 500 = 5 390（元）

第二种方案，该固定资产作为个人独资企业投资者的其他财产，租赁收益按照财产租赁所得单独计税。

生产经营所得应纳税额 = 50 000 × 10% − 1 500 = 3 500（元）

财产租赁所得应纳税额 = [20 000 × (1 − 20%) − 1 100] × 20% = 2 980（元）

个人独资企业投资者合计应纳税额 = 3 500 + 2 980 = 6 480（元）

由此可见，该个人独资企业的投资者可以将原属于投资者个人的其他财产转换为企业财产，可以帮助他节税 1 090 元。

【例 4-28】某个人独资企业 2019 年实现内部生产经营所得 50 000 元，另外取得转让不动产收益 20 000 元（转让价格 80 000 元，该不动产原值 150 000 元，已提折旧 100 000 元，与之相关税费 10 000 元）。请帮助该个人独资企业进行税务筹划。

第一种方案，该不动产作为企业的财产，转让收益合并入生产、经营所得统一纳税。

应纳税额 =（50 000 + 20 000）× 10% - 1 500 = 5 500（元）

第二种方案，该不动产作为投资者个人的其他收益，转让不动产收益按照财产转让所得计税。

生产、经营所得应纳税额 = 50 000 × 10% - 1 500 = 3 500（元）

财产转让所得应纳税额 = 20 000 × 20% = 4 000（元）

该个人独资企业合计应纳税额 = 3 500 + 4 000 = 7 000（元）

由此可见，该个人独资企业投资者选择将个人其他财产转换为企业财产，能帮助他节税 1 500 元。

在实际运用中，企业可以根据自身实际情况通过增减资的方式，改变适用税目从而达到减轻税负的目的。

2. 对于合伙企业。

（1）增加合伙企业的合伙人。合伙企业可以通过增加合伙人的数量，分散合伙企业的所得，从而适用较低的税率。但是增加的合伙人必须是真正对合伙企业出资，不能因单纯减少税负而虚报人数，否则会被认定为避税或偷税。

【例 4-29】王先生与妻子共同出资 100 000 元创立了合伙企业，两人所占份额均为 50%。2019 年该合伙企业的应纳税所得额为 90 000 元。请为该合伙企业进行纳税筹划。

第一种方案，情况不变。

应纳税额 =（90 000 × 50% × 10% - 1 500）× 2 = 6 000（元）

第二种方案，增加合伙人，三个合伙人各占企业 1/3 的份额。

应纳税额 = 90 000 × 30% × 5% × 3 = 4 500（元）

由此可见，合伙企业通过增加合伙人数量可以帮助王先生家庭减少税负 1 500 元。

（2）通过财产出租、转让实施税务筹划。根据相关规定，即合伙企业将账面的固定资产对外出租或转让，其取得的收益不再按"财产租赁所得"或"财产转让所得"项目征税，而是并入企业的应纳税所得额统一按"生产经营所得"项目征税。但如果投资者将个人拥有的与企业生产经营无关的固定资产用于对外出租或转让,则对其取得的收益,应按"财产租赁所得"或"财产转让所得"项目单独征收个人所得税。所以合伙企业也可以根据自身实际情况通过增减资的方式,改变适用税目从而达到减轻税负的目的。

> **财眼看问题**
>
> 管理会计师在考虑收益分配的税务筹划时,务必把握最新政策,应该特别注意以下三点。
>
> 1. 准确把握最新政策(包括中央政策和地方政策),采取合理、合法的个税筹划方法推进该项工作实施,进而确保实现收益最大化。
>
> 2. 收益分配过程的税务筹划主要涉及改变税种所得和利用法定扣除以降低名义应纳税所得额,进而降低最终的应纳税额。
>
> 3. 不能过分追求最低应纳税额,以免触犯到法律底线。

第六节 税务沟通

作为纳税人的企业,要与税务机构沟通,必须要理解企业的权利与义务。

一、企业的权利与义务

在与税务机关的沟通中,作为纳税人的企业应当首先了解自己的权利与义务。《国家税务总局关于纳税人权利与义务的公告》规定,企业在履行纳税义务过程中,依法享有下列权利。

(一)知情权

企业有权向税务机关了解国家税收法律、行政法规的规定以及与纳税程序有关的情况,主要包括:现行税收法律、行政法规和税收政策规定;办理税收事项的时间、方式、步骤以及需要提交的资料;应纳税额核定及其他税务行政处理决定的法律依据、事实依据和计算方法;与税务机关在纳税、处罚和采取强制执行措施发生争议或纠纷时,企业可以采取的法律救济途径及需要满足的条件。

(二)保密权

企业有权要求税务机关为企业的情况保密。税务机关将依法为企业的商业秘密和个人隐私保密，主要包括企业的技术信息、经营信息和企业、主要投资人以及经营者不愿公开的个人事项。上述事项，如无法律、行政法规明确规定或者企业的许可，税务机关将不会对外部门、社会公众和其他个人提供。但根据法律规定，税收违法行为信息不属于保密范围。

（三）税收监督权

企业对税务机关违反税收法律、行政法规的行为，如税务人员索贿受贿、徇私舞弊、玩忽职守，不征或者少征应征税款，滥用职权多征税款或者故意刁难等，可以进行检举和控告。同时，企业也有权检举其他企业的税收违法行为。

（四）纳税申报方式选择权

企业可以直接到办税服务厅办理纳税申报或者报送代扣代缴、代收代缴税款报告表，也可以按照规定采取邮寄、数据电文或者其他方式办理上述申报、报送事项。但采取邮寄或数据电文方式办理上述申报、报送事项的，需经企业的主管税务机关批准。

企业如采取邮寄方式办理纳税申报，应当使用统一的纳税申报专用信封，并以邮政部门收据作为申报凭据。邮寄申报以寄出的邮戳日期为实际申报日期。

数据电文方式是指税务机关确定的电话语音、电子数据交换和网络传输等电子方式。企业如采用电子方式办理纳税申报，应当按照税务机关规定的期限和要求保存有关资料，并定期书面报送给税务机关。

（五）申请延期申报权

如果企业不能按期办理纳税申报或者报送代扣代缴、代收代缴税款报告表，应当在规定的期限内向税务机关提出书面延期申请，经核准，可在核准的期限内办理。经核准延期办理申报、报送事项的，应当在税法规定的纳税期内按照上期实际缴纳的税额或者税务机关核定的税额预缴税款，并在核准的延期内办理税款结算。

（六）申请延期缴纳税款权

如企业因有特殊困难，不能按期缴纳税款的，经省、自治区、直辖市税务局批准，可以延期缴纳税款，但是最长不得超过3个月。计划单列市税务局可以参照省级税务机关的批准权限，审批企业的延期缴纳税款申请。

企业满足以下任何一个条件，均可以申请延期缴纳税款：（1）因不可抗力，导致企业发生较大损失，正常生产经营活动受到较大影响的；（2）当期货币资金在扣除应付职工工资、社会保险费后，不足以缴纳税款的。

（七）申请退还多缴税款权

对企业超过应纳税额缴纳的税款，税务机关发现后，将自发现之日起 10 日内办理退还手续；如企业自结算缴纳税款之日起 3 年内发现的，可以向税务机关要求退还多缴的税款并加算银行同期存款利息。税务机关将自接到企业退还申请之日起 30 日内查实并办理退还手续，涉及从国库中退库的，依照法律、行政法规有关国库管理的规定退还。

（八）依法享受税收优惠权

企业可以依照法律、行政法规的规定书面申请减税、免税。减税、免税的申请须经法律、行政法规规定的减税、免税审查批准机关审批。减税、免税期满，应当自期满次日起恢复纳税。减税、免税条件发生变化的，应当自发生变化之日起 15 日内向税务机关报告；不再符合减税、免税条件的，应当依法履行纳税义务。

如企业享受的税收优惠需要备案的，应当按照税收法律、行政法规和有关政策规定，及时办理事前或事后备案。

（九）委托税务代理权

企业有权就以下事项委托税务代理人代为办理：办理、变更或者注销税务登记，除增值税专用发票外的发票领购手续，纳税申报或扣缴税款报告，税款缴纳和申请退税，制作涉税文书，审查纳税情况，建账建制，办理财务，税务咨询，申请税务行政复议，提起税务行政诉讼以及国家税务总局规定的其他业务。

（十）陈述与申辩权

企业对税务机关作出的决定，享有陈述权、申辩权。如果企业有充分的证据证明自己的行为合法，税务机关就不得对企业实施行政处罚；即使企业的陈述或申辩不充分合理，税务机关也应向企业解释实施行政处罚的原因。税务机关不应因企业的申辩而加重处罚。

（十一）对未出示税务检查证和税务检查通知书的拒绝检查权

税务机关派出的人员进行税务检查时，应当向企业出示税务检查证和税务检查通知书；对未出示税务检查证和税务检查通知书的，企业有权拒绝检查。

（十二）企业对税务机关作出的决定，依法享有申请行政复议、提起行政诉讼、请求国家赔偿等权利

企业、纳税担保人同税务机关在纳税上发生争议时，必须先依照税务机关的纳税决

定缴纳或者解缴税款及滞纳金或者提供相应的担保，然后可以依法申请行政复议；对行政复议决定不服的，可以依法向人民法院起诉。如企业对税务机关的处罚决定、强制执行措施或者税收保全措施不服的，可以依法申请行政复议，也可以依法向人民法院起诉。

当税务机关的职务违法行为给企业和其他税务当事人的合法权益造成侵害，企业和其他税务当事人可以要求税务行政赔偿。这主要包括：

1. 企业在限期内已缴纳税款，税务机关未立即解除税收保全措施，使企业的合法权益遭受损失的情形。

2. 税务机关滥用职权违法采取税收保全措施、强制执行措施或者采取税收保全措施、强制执行措施不当，使企业或者纳税担保人的合法权益遭受损失的情形。

（十三）依法要求听证的权利

对企业作出规定金额以上罚款的行政处罚之前，税务机关会向企业送达《税务行政处罚事项告知书》，告知企业已经查明的违法事实、证据、行政处罚的法律依据和拟将给予的行政处罚。对此，企业有权要求举行听证。税务机关将应企业的要求组织听证。如企业认为税务机关指定的听证主持人与本案有直接利害关系，企业有权申请主持人回避。

对应当进行听证的案件，税务机关不组织听证，行政处罚决定不能成立。但企业放弃听证权利或者被正当取消听证权利的除外。

（十四）索取有关税收凭证的权利

税务机关征收税款时，必须给企业开具完税凭证。扣缴义务人代扣、代收税款时，企业要求扣缴义务人开具代扣、代收税款凭证时，扣缴义务人应当开具。

税务机关扣押商品、货物或者其他财产时，必须开付收据；查封商品、货物或者其他财产时，必须开付清单。

企业在享有上述权利的同时，在纳税过程中负有以下义务。

1. 依法进行税务登记的义务。企业应当自领取营业执照之日起 30 日内，持有关证件，向税务机关申报办理税务登记。税务登记主要包括领取营业执照后的设立登记，税务登记内容发生变化后的变更登记，依法申请停业、复业登记，依法终止企业的注销登记等。

在各类税务登记管理中，企业应该根据税务机关的规定分别提交相关资料，及时办理。同时，企业应当按照税务机关的规定使用税务登记证件。税务登记证件不得转借、涂改、损毁、买卖或者伪造。

2. 依法设置账簿、保管账簿和有关资料以及依法开具、使用、取得和保管发票的义务。企业应当按照有关法律、行政法规和国务院财政、税务主管部门的规定设置账簿，根据合法、有效凭证记账，进行核算；从事生产、经营的，必须按照国务院财政、税务主管部门规定的保管期限保管账簿、记账凭证、完税凭证及其他有关资料；账簿、记账凭证、完税凭证及其他有关资料不得伪造、变造或者擅自损毁。

此外，企业在购销商品、提供或者接受经营服务以及从事其他经营活动过程中，应当依法开具、使用、取得和保管发票。

3. 财务会计制度和会计核算软件备案的义务。企业的财务、会计制度或者财务、会计处理办法和会计核算软件，应当报送税务机关备案。企业的财务、会计制度或者财务、会计处理办法与国务院或者国务院财政、税务主管部门有关税收的规定抵触的，应依照国务院或者国务院财政、税务主管部门有关税收的规定计算应纳税款、代扣代缴和代收代缴税款。

4. 按照规定安装、使用税控装置的义务。国家根据税收征收管理的需要，积极推广使用税控装置。企业应当按照规定安装、使用税控装置，不得损毁或者擅自改动税控装置。如企业未按规定安装、使用税控装置，或者损毁或者擅自改动税控装置的，税务机关将责令企业限期改正，并可根据情节轻重处以规定数额内的罚款。

5. 按时、如实申报的义务。企业必须依照法律、行政法规规定或者税务机关依照法律、行政法规的规定确定的申报期限、申报内容如实办理纳税申报，报送纳税申报表、财务会计报表以及税务机关根据实际需要要求企业报送的其他纳税资料。

作为扣缴义务人，企业必须依照法律、行政法规规定或者税务机关依照法律、行政法规的规定确定的申报期限、申报内容如实报送代扣代缴、代收代缴税款报告表以及税务机关根据实际需要要求企业报送的其他有关资料。

企业即使在纳税期内没有应纳税款，也应当按照规定办理纳税申报。享受减税、免税待遇的，在减税、免税期间应当按照规定办理纳税申报。

6. 按时缴纳税款的义务。企业应当按照法律、行政法规规定或者税务机关依照法律、行政法规的规定确定的期限，缴纳或者解缴税款。

未按照规定期限缴纳税款或者未按照规定期限解缴税款的，税务机关除责令限期缴纳外，从滞纳税款之日起，按日加收滞纳税款万分之五的滞纳金。

7. 代扣、代收税款的义务。如企业按照法律、行政法规规定负有代扣代缴、代收代缴税款义务，必须依照法律、行政法规的规定履行代扣、代收税款的义务。企业依法履行代扣、代收税款义务时，企业不得拒绝。如果企业拒绝履行代扣、代收税款义务，企业应当及时报告税务机关处理。

8. 接受依法检查的义务。企业有接受税务机关依法进行税务检查的义务，应主动配合税务机关按法定程序进行的税务检查,如实地向税务机关反映自己的生产经营情况和执行财务制度的情况,并按有关规定提供报表和资料,不得隐瞒和弄虚作假,不能阻挠、刁难税务机关的检查和监督。

9. 及时提供信息的义务。企业除通过税务登记和纳税申报向税务机关提供与纳税有关的信息外,还应及时提供其他信息。如企业有歇业、经营情况变化、遭受各种灾害等特殊情况的,应及时向税务机关说明,以便税务机关依法妥善处理。

10. 报告其他涉税信息的义务。为了保障国家税收能够及时、足额征收入库,税收法律还规定了企业有义务向税务机关报告如下涉税信息。

(1) 企业有义务就企业与关联企业之间的业务往来向当地税务机关提供有关的价格、费用标准等资料。

企业有欠税情形而以财产设定抵押、质押的,应当向抵押权人、质权人说明企业的欠税情况。

(2) 企业合并、分立的报告义务。企业有合并、分立情形的,应当向税务机关报告,并依法缴清税款。合并时未缴清税款的,应当由合并后的企业继续履行未履行的纳税义务;分立时未缴清税款的,分立后的企业对未履行的纳税义务应当承担连带责任。

(3) 报告全部账号的义务。如企业从事生产、经营,应当按照国家有关规定,持税务登记证件,在银行或者其他金融机构开立基本存款账户和其他存款账户,并自开立基本存款账户或者其他存款账户之日起 15 日内,向企业的主管税务机关书面报告全部账号;发生变化的,应当自变化之日起 15 日内,向企业的主管税务机关书面报告。

(4) 处分大额财产报告的义务。如企业的欠缴税款数额在 5 万元以上,企业在处分不动产或者大额资产之前,应当向税务机关报告。

二、行政违法型危机公关技巧

如果企业涉嫌违法,应当尽量举证自己并不构成违法。如果已经构成违法行为,则应当尽量采取措施减轻违法行为的后果。《中华人民共和国行政处罚法》(以下简称《行政处罚法》)第二十七条规定,当事人有下列情形之一的,应当依法从轻或者减轻行政处罚:主动消除或者减轻违法行为危害后果的;受他人胁迫有违法行为的;配合行政机关查处违法行为有立功表现的;其他依法从轻或者减轻行政处罚。行政行为轻微并及时纠正,没有造成危害后果的,不予行政处罚。

《行政处罚法》第三十一条规定,行政机关在作出行政处罚决定之前,应当告知当事人作出行政处罚决定的事实、理由及依据,并告知当事人依法享有的权利。第三十二条规定，当事人有权进行陈述和申辩。行政机关必须充分听取当事人的意见，对当事人提出的事实、理由和证据，应当进行复核；当事人提出的事实、理由或者证据成立的，行政机关应当采纳，行政机关不得因当事人申辩而加重处罚。因此，企业应当充分行使陈述权和申辩权，争取对自己有利的处理结果。

在符合法律规定条件时，企业还可以申请听证。《行政处罚法》第四十二条规定，行政机关作出责令停产停业、吊销许可证或者执照、较大数额罚款等行政处罚决定之前，应当告知当事人有要求举行听证的权利；当事人要求听证的，行政机关应当组织听证。当事人不承担行政机关组织听证的费用。听证依照以下程序组织：当事人要求听证的，应当在行政机关告知后三日内提出；行政机关应当在听证的七日前，通知当事人举行听证的时间、地点；除涉及国家秘密、商业秘密或者个人隐私外，听证公开举行；听证由行政机关指定的非本案调查人员主持；当事人认为主持人与本案有直接利害关系的，有权申请回避；当事人可以亲自参加听证，也可以委托1~2人代理；举行听证时，调查人员提出当事人违法的事实、证据和行政处罚建议；当事人进行申辩和质证；听证应当制作笔录；笔录应当交当事人审核无误后签字或者盖章。

企业对税务机关的处理决定不服，可以申请行政复议。《税务行政复议规则》规定，公民、法人和其他组织（以下简称申请人）认为税务机关的具体行政行为侵犯其合法权益，向税务行政机关申请行政复议，税务行政复议机关办理行政复议事项，适用该规则。税务行政复议机关，指依法受理行政复议申请、对具体行政行为进行审查并作出行政复议决定的税务机关。行政复议应当遵循合法、公正、公开、及时和便民的原则。行政复议机关应当树立依法行政观念，强化责任意识和服务意识，认真履行行政复议职责，坚持有错必纠，确保法律正确实施。行政复议机关在申请人的行政复议请求范围内，不得作出对申请人更为不利的行政复议决定。申请人对行政复议决定不服的，可以依法向人民法院提起行政诉讼。行政复议机关受理行政复议申请，不得向申请人收取任何费用。

行政复议机关受理申请人对税务机关下列具体行政行为不服提出的行政复议申请。

1. 征税行为，包括确认纳税主体、征税对象、征税范围、减税、免税、退税、抵扣税款、适用税率、计税依据、纳税环节、纳税期限、纳税地点和税款征收方式等具体行政行为，征收税款、加收滞纳金，扣缴义务人、受税务机关委托的单位和个人作出的代扣代缴、代收代缴、代征行为等。

2. 行政许可、行政审批行为。

3. 发票管理行为，包括发售、收缴、代开发票等。

4. 税收保全措施、强制执行措施。

5. 行政处罚行为：罚款；没收财物和违法所得；停止出口退税权。

6. 不依法履行下列职责的行为：颁发税务登记；开具、出具完税凭证、外出经营活动税收管理证明；行政赔偿；行政奖励；其他不依法履行职责的行为。

7. 资格认定行为。

8. 不依法确认纳税担保行为。

9. 政府信息公开工作中的具体行政行为。

10. 纳税信用等级评定行为。

11. 通知出入境管理机关阻止出境行为。

12. 其他具体行政行为。

三、刑事犯罪型危机公关技巧

如果企业涉嫌犯罪，应当尽量举证证明自己不构成犯罪。如果是因偷税而构成犯罪，则应当在税务机关依法下达追缴通知后，尽快补缴应纳税款，缴纳滞纳金，并接受税务机关的行政处罚。《中华人民共和国刑法》（以下简称《刑法》）第二百零一条规定，企业采取欺骗、隐瞒手段进行虚假纳税申报或者不申报，逃避缴纳税款构成逃税罪的，经税务机关依法下达追缴通知后，补缴应纳税款，缴纳滞纳金，已受行政处罚的，不予追究刑事责任；但是，五年内因逃避缴纳税款受过刑事处罚或者被税务机关给予二次以上行政处罚的除外。

企业应当核算偷逃税款占应纳税额比例是否构成逃税罪的界限。《刑法》第二百零一条规定，企业采取欺骗、隐瞒手段进行虚假纳税申报或者不申报，逃避缴纳税款数额较大并且占应纳税额10%以上的，处3年以下有期徒刑或者拘役，并处罚金；数额巨大并且占应纳税额30%以上的，处3年以上7年以下有期徒刑，并处罚金。扣缴义务人采取前款所列手段，不缴或者少缴已扣、已收税款，数额较大的，依照前款的规定处罚。对多次实施前两款行为，未经处理的，按照累计数额计算。逃避缴纳税款数额占应纳税额10%以下的，可以免于刑事处罚。

如果企业确实构成刑事犯罪，应当尽量配合公安机关调查，如果有可能自首，应当尽量自首。《刑法》第六十七条规定，犯罪以后自动投案，如实供述自己的罪行的，是自首。对于自首的犯罪分子，可以从轻或者减轻处罚。其中，犯罪较轻的，可以免除处罚。被采取强制措施的犯罪嫌疑人、被告人和正在服刑的罪犯，如实供述司法机关还未掌握的本人其他罪行的，以自首论。犯罪嫌疑人虽不具有前两款规定的自首情节，但是如实供述自己罪行的，可以从轻处罚；因其如实供述自己罪行，避免特别严重后果发生的，可以减轻处罚。

如果有可能揭发他人犯罪行为，可以考虑以此立功，争取对自己减轻处罚。《刑法》第六十八条规定：犯罪分子有揭发他人犯罪行为，查证属实的，或者提供重要线索，从而得以侦破其他案件等立功表现的,可以从轻或者减轻处罚;有重大立功表现的,可以减轻或者免除处罚。

四、税企关系的沟通与协调

根据不同的标准,可以对税企关系进行不同的分类:从企业纳税环节的角度可以分为税务日常管理的税企关系、纳税申报与税款缴纳的税企关系、税务稽查的税企关系、税务处罚的税企关系、税务复议和诉讼的税企关系。

从基层税务机关的角度出发,构建和谐型税企关系应处理好以下四对关系。

(一) 处理好涵养税源与大力组织收入的关系

经济是税收的基础,经济兴则税源兴。一方面要牢固树立正确的税收经济观,始终将服务经济建设作为改善税收征纳关系的出发点和落脚点;另一方面要注重涵养经济税源,为地方经济发展营造良好的税收环境,给党委和政府提供科学的建议,利用各种税收政策促进生产要素流动,引导资源优化配置,推动经济持续健康稳定增长,加快地方经济发展。

(二) 处理好征税与维护企业合法权益的关系

征纳是一个有机结合的统一体,要构建和谐的征纳关系,首先要强化税源管理,准确掌握企业的生产经营状况,依法组织收入。同时,要广泛宣传国家的税收政策,为企业释疑解惑,让企业明白交税、放心交税,变被动交税为主动交税。

(三) 处理好依法治税与优化服务的关系

依法组织收入是税收工作的前提,要牢固树立依法治税的观念,树立服务观念,在执法过程中服务,在服务过程中执法。一方面要严格按照税收法律征税,坚决杜绝"人情税"或"关系税"的发生,维护税法的权威,提高税法的遵从度;另一方面要为企业提供优质高效的服务,简化办税手续,落实好国家相关税收政策,提供多样化、人性化的服务,加强税企沟通和交流,解决企业的实际困难,提高企业的满意度,实现依法治税与优化服务的融合。

(四) 正确处理规范管理与队伍建设的关系

税收征管科学化、精细化给税务机关的管理水平和干部队伍素质提出了更新的更高的要求,要正确处理好两者的关系,一方面要强化税收征管,狠抓征管薄弱环节,提高征管质量和水平，向管理要收入；另一方面要坚持走人才兴税的道路，加强干部队伍建设，通过业务讲学、全员大练兵和各种教育培训的方式，狠抓业务学习，全面提高全体干部的业务能力和水平，增强创新意识，让全体干部善于创新、勇于创新，在具体工作中要做到教育有针对性，监督有时效性，机制有长效性，促进干部素质与治税水平的同步提高，从而更好地为经济发展服务。

从企业的角度来看，税企关系协调的方法包括日常沟通法、特殊事项请教法、讲座与座谈会法等。企业应当根据自身实际，综合运用多种方法进行税企协调，争取与税务机关建立和谐的税企关系。无论是何种类型的企业，都尽量不要与税务机关形成对立型税企关系。

财眼看问题

作为纳税人的代表，管理会计师要与税务机关沟通，首先，必须理解税收政策和企业经营业务；其次，需要换位思维，以自己的专业素养，与税务机关处于同一个"频道"，"同频共振"。这样，管理会计师才能取得预期的沟通成效。

参考文献

[1] 中国注册会计师协会：《税法》，经济科学出版社 2016 年版。

[2] 汉弗莱·H. 纳什：《未来会计》，中国财政经济出版社 2001 年版。

[3] 艾丽希·科齐勒：《税收行为的经济心理学》，中国财政经济出版社 2012 年版。

[4] 盖地、孙莉：《税务筹划学》（第 6 版），中国人民大学出版社 2018 年版。

[5] 朱青：《企业税务筹划原理与方法》，中国人民大学出版社 2017 年版。

[6] 汪华亮、邢铭强、索晓辉：《企业税务筹划与案例解析》（第 4 版），立信会计出版社 2018 年版。

[7] 王素荣：《税务筹划与国际税务》，机械工业出版社 2014 年版。

[8] 翟继光：《新税法下企业税务筹划》，电子工业出版社 2018 年版。

[9] 应小陆、姜静雅：《税收筹划》（第二版），上海财经大学出版社 2018 年版。

[10] 孙莉莉：《2019 个税新政实操手册（全场景案例版）》，人民邮电出版社 2018 年版。

第五章

内部控制与风险管理

企业[①]的经营活动经常面临各种不确定性。这些不确定性可能影响企业的持续性发展。为了应对这些不确定性，内部控制（internal control）与风险管理（risk management）分别从不同的层面提出了一整套方案。从实施的角度，内部控制与风险管理都是"一把手工程"，内部控制偏向于具体执行的技术操作层面，而风险管理偏向于战略决策层面。显然，风险管理更能引发企业董事会等决策层的兴趣与关注。

企业经营活动的结果难以准确预测并控制，但经营活动的过程却可以人为控制。按照 2013 年美国反虚假财务报告委员会下属的发起人委员会（The Committee of Sponsoring Organizations of the Treadway Commission，COSO）内部控制基本框架的定义，内部控制是"一个过程"，其解决方案的内在逻辑是以过程的确定性应对结果的不确定性。然而，过程由人来实施和执行，内部控制的有效性受制于管理层和其他员工的主观行为，员工的实际操作往往出现与控制的"过程"相背离的状况。

随着信息技术（information technology，IT）应用的深入，国际上推出了一系列 IT 内部控制模型与标准，以提升企业内部控制的质量。信息系统和技术控制目标（Control Objectives for Information and Related Technology，COBIT）作为全球公认的最先进的信息技术内部控制框架，得到企业和其他组织广泛应用。信息技术固化了企业的业务流程与员工的行为，其解决不确定性问题的逻辑是以技术的确定性应对员工行为的不确定性。

2017 年，COSO 风险管理框架发生了颠覆性的变革，风险管理被定义为是一种"文化、实践与能力"。风险管理不再聚焦于"过程"，如果企业全体员工没有形成"共识"，即使"过程"IT 化也无法达成"共为"。新风险管理框架放弃了内部控制的"立方体"结构，通过构建高层的"文化、实践与能力"，统一企业全体员工的意志，以此稳定员工的行为。其解决方案的内在逻辑是以员工行为的确定性应对企业的一切不确定性。

---

① 尽管内部控制与风险管理的基本原理适用于一切组织（包括企业），但考虑到本书的主要读者群，本章以企业替代组织。

2008年，财政部、证监会、审计署、银监会和保监会五部委联合发布《企业内部控制基本规范》，2010年，财政部、证监会、审计署、银监会和保监会五部委又联合发布了18个《企业内部控制应用指引》等相关配套指引，这标志着我国"以防范风险和控制舞弊为中心、以控制标准和评价标准为主体，结构合理、层次分明、衔接有序、方法科学、体系完备"的企业内部控制标准体系建设目标基本实现。

我国企业内部控制建设通常分为两个层面：单位层面和业务层面。单位层面内部控制建设强调人的作用，科学设置决策、执行、监督三权制衡机制，"锁定"积极向上优秀的企业文化，为企业开展业务活动构建一个良好的基础。业务层面内部控制建设把内部控制五要素嵌入具体业务流程之中，固化采购、生产、销售等八大业务活动。

第一节 2013年COSO内部控制基本框架

1985年，由美国注册会计师协会、美国会计协会、财务经理人协会、内部审计师协会、管理会计师协会联合成立了反虚假财务报告委员会，目的在于探讨财务报告中舞弊产生的原因及其解决方法。1987年，该委员会的赞助机构成立了COSO委员会，致力于研究内部控制方面的问题。1992年，COSO委员会发布了著名的COSO报告——《内部控制——整合框架》。该框架发布并使用了20多年，主体业务及经营环境发生了巨大改变，利益相关者致力于寻求更加透明和可靠的内部控制整合体系。2013年，COSO委员会修订《内部控制——整合框架》，保留了内部控制的核心定义及五个要素，将原来基本概念性的内容提炼为与五要素结合在一起的具体原则，为设计和实施内部控制体系提供了清晰的思路。

一、内部控制的定义

内部控制是一个由企业的董事会、管理层和其他员工实施的，旨在为实现运营、报告和合规目标提供合理保证的过程。

根据不同的需要，使用者可以关注于与报告相关的内部控制或与法律法规等合规要求相关的内部控制，也可以关注于某一特定的业务单位或运营活动的控制。企业根据特定需求或情况维持内部控制体系，内部控制既可以覆盖机构整体，也可以在分支机构、分部、业务单元层级，又或者在与运营、报告和合规目标相关的某个职能部门内开展。

内部控制主要有以下特征。

（一）旨在实现目标

内部控制定义强调实现企业目标，这些相互独立但又互有重叠的目标包括运营、报告和合规三种不同类别。

1. 运营目标——企业运营的效果和效率，包括运营和财务绩效目标、保护资产安全不受损失。

2. 报告目标——内外部的财务和非财务报告的可靠性、及时性、透明度，以及监管者、标准制定机构和组织政策所要求的其他方面。

3. 合规目标——遵守企业所适用的法律法规。

这些截然不同但又互相重叠的类别（某一目标可以被归类到一个或以上的类别中）能满足不同需求，也可能是不同人员的直接责任。这三种类别也体现了人们对内部控制的期望。

内部控制体系为企业实现外部报告和遵守法律法规等相关目标提供了合理的保证。如何实现这些目标，在很大程度上取决于企业如何执行立法者、监管机构和标准制定者建立的法律、条例、规章或标准。通常，管理层和董事会如不是为了应付外部监管机构的要求，其在设定企业内部的报告目标时就会有更大的自由度。可是，企业可以选择整合内部和外部报告目标的方式，以便使内部报告为外部报告提供更有力的支持。

一些运营目标的实现有时并不能受企业控制，如特定的投资收益率、市场份额或保持安全运营。例如，假设某航空公司设定了一个目标，要求90%航班能准时起飞，飓风和暴风雪等恶劣天气就是管理层无法控制但可能对目标的实现产生重大影响的因素。对此，内部控制体系仅能为管理层和董事会了解信息提供合理的保证，也就是说可以让他们及时了解目标完成的情况。

当外部事件对特定经营目标产生重大影响的可能性很小，或者有能力合理地预测外部事件的性质和时间，并且能将产生的影响降低到可接受的水平时，企业才能够对于目标的实现提供合理保证。例如，假设管理层设定了机器设备每运转500小时需要进行常规维护保养的目标。管理层相信这个目标的实现很大程度上在其控制范围内，同时也已考虑到可能会发生的外部事件影响，比如流感爆发，虽然会因劳动力减少而造成维护保养时间缩短，从而对目标的实现造成潜在影响，但其实际可能发生的概率非常小。

（二）一个持续不断的过程[①]

内部控制不是一个事件或情况，而是一个动态且反复的过程，内部控制的过程包括

---

① 尽管被称为一个过程，但内部控制包括很多过程。

持续的任务和活动,是达到目的的手段,而非目的本身,内部控制作为管理层经营企业的固有方式渗透于企业的各类活动中。嵌入在过程的控制由政策和程序组成。政策反映了管理层或董事会对如何使内部控制有效的要求,这种要求可以用多种形式传达,例如以文档记录的形式、以管理层沟通的形式,或者通过管理层的行动和决策传达。程序则由落实政策的一系列行动构成。

管理层运用规划、执行和检查等基本的管理活动对单独的或跨单位、跨职能的业务流程进行管理,内部控制应与这些流程整合。通常嵌入业务流程的内部控制与单独的内部控制相比,可以收到更好的效率和效果。

(三) 由人来实施

内部控制由董事会、管理层和其他人员实施,即内部控制由企业的人及其言行举动来完成。这些人员先建立企业目标,然后将其付诸行动。内部控制不仅仅是单纯的政策、流程手册、系统和表单,而且包括企业各层级人员及其所实施的可能影响内部控制的行动。

董事会的监督职责包括:向管理层提供建议和指导、建设性地质疑管理层、审批政策和交易,以及对管理层的活动进行监管。因此,董事会是内部控制的一个重要组成部分。董事会和高级管理层要建立高层基调,以强调内部控制和行为准则的重要性。

企业每天都会面临各种问题,相关人员可能无法完全理解这些问题的性质。企业的每个人都具有独特的背景和能力,并且每个人都会有不同的需求以及对事情重要性的认识。这些个体差异可能为企业的创新和生产力带来与生俱来的价值,但如果这些个体差异不能正确地与企业目标协调一致,便可能适得其反。相关人员必须清楚地知道自己的职责和权限,并且,需要在其内容以及实现沟通、执行、保持与企业目标一致性的方法之间建立一个明确且紧密的联系。

(四) 可以提供合理保证

有效的内部控制体系为管理层和董事会实现企业目标提供合理保证,而非绝对保证。"合理保证"与"绝对保证"的区别在于:合理保证承认内部控制体系存在局限性,没有人能够绝对准确地预测不确定性,"绝对保证"不切实际。

有效的内部控制能够提高企业实现其目标的可能性。然而,所有内部控制体系的固有局限性,如人为错误、固有不确定性的判断、发生在内部控制和管理层控制范围之外事件的潜在影响等,都会对实现目标的可能性造成影响。另外,如果员工串通舞弊,内部控制体系将会形同虚设。更需要注意的是,如果管理层凌驾于内部控制之上,那么,整个内部控制体系可能会完全失效。虽然一个企业的内部控制体系应当被设计成能预防和识别串通舞弊、人为错误和管理层凌驾，但一个有效的内部控制体系仍有可能遭遇失败。

（五）与企业的结构相适应

内部控制可灵活地应用于整个企业或其中一个分支机构、业务部门、业务单元或某业务流程之中。企业的结构可以按照不同维度设立。管理运营模式可以按照产品或服务线设计，而其报告则可以由合并的企业、分部或业务单元来完成，再按照不同的区域市场划分出更细分的或汇总的绩效。同时，有的管理运营模式也可能可以利用外包服务供应商来协助其目标的实现。

法人结构通常为了遵循监管要求、控制风险或享受税务优惠的目的而特别设计，经常与管理运营模式截然不同。管理运营模式通常被用来进行经营管理、资源分配、绩效考核和成果报告。

基于管理层决策和法律法规的要求，内部控制可适用于管理运营模式、法人结构或两者的组合。

二、内部控制的目标

一个企业需要设立使命和愿景、制定战略规划、建立预设目标并制订实现目标的具体计划。设定目标既可以针对整个企业也可以针对主体内某些特定的具体活动。虽然有些目标是个别企业所特有的，但实际上还是有许多目标是具有共性的。比如，大多数企业的共同目标是维持企业的成功、向利益相关者汇报、吸引并留用工作积极性高且具有工作胜任能力的员工、实现和维护良好声誉以及合法合规。

管理层应在董事会的监管之下，设定与企业使命、愿景和战略相协调的企业层面目标。这个高层目标反映了企业管理层和董事会在为利益相关者创造、保护及实现价值时如何抉择。这些目标可以重点关注企业自身的经营需求，也可以关注立法者、监管机构以及标准制定者颁布的法律、条例、规章及标准。设定目标不仅是内部控制的先决条件，其本身也是战略规划管理流程的重要组成部分。

内部控制体系的参与者应了解企业制定的整体战略和目标。作为内部控制的组成部分之一，管理层需要首先详细说明其目标，进而才能够识别和评估影响目标实现的所有风险。详细说明的目标应当具体、可测量或可观察、可实现、相关且有时间限制。

事实上，企业可能没有明确记录这些目标。但如果企业能恰当地具体说明这些目标，将更有利于目标执行者理解这些目标。

（一）企业目标类型

企业目标分为三种类别：运营目标、报告目标及合规目标。

1. 运营目标。运营目标与企业使命和愿景的实现有关，这也是企业存在的根本理由。企业的运营模式、行业特点及与绩效评估相关的管理决策不同，可能造成目标的多样化。企业层面目标被分解为相关各部门、各分支机构、各业务单元以及职能部门的子目标，可能有效地提高实现企业终极目标的效果和效率。

因此，运营目标可以与提高财务绩效、生产能力（比如，避免浪费和返工）、产品质量、环境保护、改革创新以及客户和员工的满意度相关。这些目标适用于所有类别的企业，不过，不同类别企业的侧重点不同。

运营目标包括资产安全，即保护和保存企业的资产。例如，一个企业可能设定目标以防止资产流失、及时发现并报告资产损失。这些目标就是与资产安全相关的风险评估工作，是降低风险控制的选择和执行工作的基础。

企业有效地使用资产并避免由于浪费、使用效率低下或经营决策失误造成损失（如产品销售价格过低、增加信用额度导致坏账风险、核心人员的流失、允许专利侵权行为的发生以及不可预见债务风险的发生），可能涉及更宽泛的运营目标，而不仅仅是资产安全本身。

法律、条例、规章和外部标准建立了一个要求，即管理层应将预防并发现未经授权取得、使用或处置企业资产的行为作为内部控制的报告内容。此外，有些企业可能将资产安全作为一个单独的目标。

2. 报告目标。报告目标是指编制报告，供企业及其利益相关者使用。报告目标与财务或非财务、内部或外部报告相关。内部报告的目标由内部要求所驱动，用来回应诸如企业战略方向、运营计划以及各级绩效考核等各种潜在需求。外部报告的目标主要由监管机构和标准制定机构制定的法规和（或）标准所驱动。

外部财务报告目标——企业需要实现外部财务报告目标，以履行对利益相关者的义务并满足其期望。财务报表是企业进入资本市场必不可少的文本，并且在获得合同或与供应商打交道时也可能至关重要。投资者、分析师和债权人往往会依赖于企业的财务报表，通过与同业或其他替代投资对象的对比来评估其绩效。管理层也必须按照法律、条例和外部标准所设定的要求对外公布财务报表。

外部非财务报告目标——管理层按照法律、条例、规章、标准或其他框架的要求报告外部非财务信息。管理层根据法规和标准的要求，汇报与财务报表相关的内部控制的有效性，是外部非财务报告目标的组成部分之一。在没有法律、条例、规章、标准或框架要求的情况下，外部报告则代表外部沟通。

内部财务和非财务报告目标——给管理层和董事会的内部报告包含管理企业所必需的信息，用于支持决策及评估企业的活动和绩效。内部报告目标依赖于管理层和董事会的偏好和判断。由于企业的战略方向、运营计划和期望各不相同，因此，内部报告目标也不同。

四类报告目标之间的整体关系如图5-1所示。

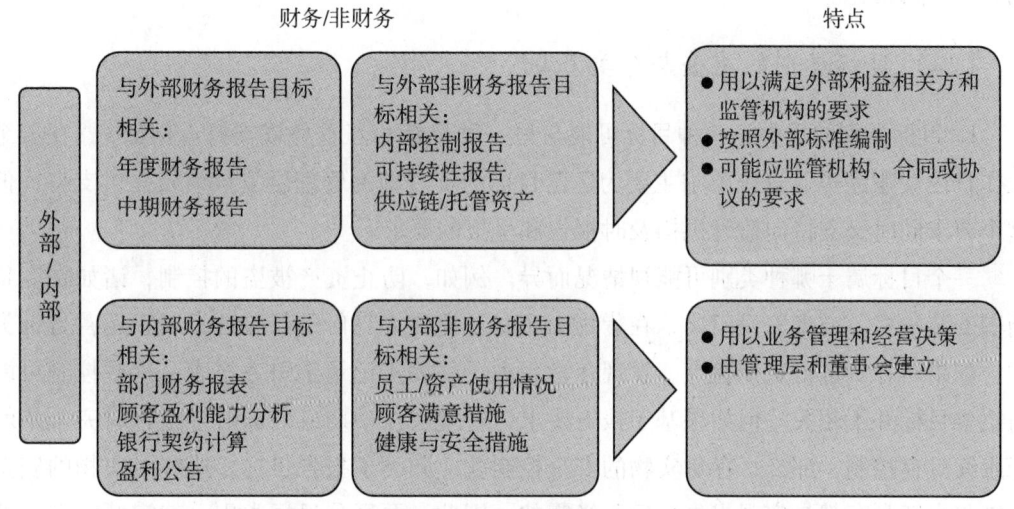

图5-1　四类报告目标之间的整体关系

报告目标和信息与沟通要素不同。当企业需要对实现特定报告目标有合理保证时，管理层应在董事会的监督下确定报告目标。在这种情况下，内部控制的五个要素都必不可少。例如，为董事会撰写一份关于整合并购公司现阶段成果的内部非财务报告时，企业应该明确内部报告的目标（比如，编制可靠、相关且有价值的报告）、任命具有胜任能力的人员、评估与特定目标相关的风险、在五个要素中选择并执行能够降低这些风险的控制活动、制定内部控制的监督机制，从而完成特定的非财务报告目标。

与之相比，信息与沟通要素则支持报告目标、经营及合规目标的所有要素持续运行。例如，信息与沟通过程的控制可以支持上述报告的撰写、提供报告所需的信息，但这些控制不过是企业整个内部控制体系的一部分内容而已。

3. 合规目标。企业必须根据相关法律法规的要求开展活动，并经常需要采取特定的行动。作为合规性目标的一部分，企业必须清楚企业适用哪些法律、条例以及规章。通常，许多法律法规普遍为人所熟悉，比如那些与人力资源、税收以及环境保护相关的要求，但其他法律法规却可能被了解甚少，比如那些在国外开展业务的企业应适用的法律法规。

法律和法规为企业建立了最低的行为准则要求。企业应当将这些行为准则整合到企业目标，一些企业可能制定比法律法规行为准则要求更严格的目标。在设定这些目标时，管理层可以行使自主裁量权。例如，某个专项法律可能要求未成年人在校期间每周课余工作不可超过 18 个小时，但某食品零售服务公司可能将未成年员工每周工作时间限制为 15 个小时。

显然，对外部法律法规的遵循属于合规目标，而对企业自身内部政策和程序的遵循则属于运营目标。

(二) 目标类别的重叠与分类基础

1. 目标类别的重叠。一种目标可能与另一种目标相互重叠或支持。例如，"在五个工作日内关账完毕"这个要求主要为运营目标的实现即为管理层复核绩效提供支持，但这个要求同时又支持向监管机构及时报告和呈报的要求。

一个目标属于哪种类别可能视情况而异。例如，防止资产被盗的控制，诸如在存货周围安装护栏，或者安设门岗，在货物出库时对提货方身份进行验证，属于运营目标类别。如果对存货进行定期盘点，发现存货丢失，并如实记录于财务报表，这些控制可能与报告目标并不相关。但如果基于报告要求，管理层在中期或内部财务报告时完全依赖于永续盘存控制，那么，存货实物的安全控制就应归类于报告目标。这些对实物的安全控制与永续盘存都是实现报告目标所必需的。因此，要区分目标类别，就需要对企业的业务流程、政策和程序以及其对每类目标造成的不同影响有一个清楚的理解。

2. 目标分类的基础。有些目标是源于企业所处行业的监管或环境要求。例如，某些企业要向环境保护机构披露信息。这些目标主要由法律或法规设定，属于合规目标、外部报告目标或者两者兼而有之。

相反，运营目标及内部报告目标则更多地基于企业的偏好、判断和选择。不同企业的目标区别很大，因为信息灵通并有能力的企业可能选择不一样的目标。例如，一个企业可能领先采用新兴技术去开发新产品，而另一家企业可能选择充当快速效仿者，或选择较晚才应用该项技术。这些选择反映了企业的战略及其研究开发的能力、技术和控制水平。因此，并不存在一个放之四海而皆准的标准化目标。

(三) 目标与子目标

管理层将企业层面的目标分解为贯穿于整个企业的更为具体的子目标。子目标的制定也是战略制定流程的一部分，并与企业及其下属单位，以及销售、生产、工程、市场、生产力、员工参与度、创新和信息技术等职能活动息息相关。管理层将子目标与企业层面目标进行整合并在整个企业内予以协同。

当企业层面的目标与过往的实践和绩效表现一致时，各项活动之间的关联是显而易见的。当目标偏离企业过往的实践时,管理层就得致力于建立它们之间的联系或接受增加的风险。例如,一个涉及顾客满意度的企业层面目标依赖于向顾客推出一项服务的子目标,而该服务采用了一种较新的、较不成熟的技术基础架构。如果以前实践中的服务采用的是较旧、较成熟的技术,子目标可能就需要大幅调整。

业务单元和职能活动的子目标应当具体、可量化或可观察、可实现、相关以及有时间限制。此外,子目标还应该便于执行人员的理解。管理层和其他人员需要形成两点共识:一是将要完成的任务是什么;二是怎样衡量任务的完成程度,从而确保个人与团队能对此负责。

基于企业层面目标以及与合规目标和报告目标相关的既定标准,企业可以视情况为每个活动设定多个子目标。例如,采购业务目标可以是购买符合工程规格要求的产品;从可以符合环境、健康和安全等特殊要求的企业购买商品(例如未雇用童工、良好的工作条件);协商可接受的价格及其他条款。

当设定与编制外部财务报表相关的适当外部报告目标时,管理层应该全面考虑适用于企业及其下属单位的会计准则、财务报表认定以及定性特征。例如,管理层可能会设定如下企业层面的对外财务报告目标:"本公司按照公认会计准则编制可靠的财务报表,以真实反映公司的交易和重大事件。"

管理层也可以为分部、子公司、运营单元和职能部门设定适合的、足够清晰的子目标,以支持企业层面的目标。例如,管理层在为销售业务设定子目标时,应根据具体情况采用适用的会计准则,并符合相关财务报表认定以及质量特征,比如及时记录所有发生的销售交易、在正确的会计科目下记录正确的销售交易金额、销售交易被准确且完整汇总在企业的账簿和记录中、与销售有关的表达与披露被恰当地描述、筛选和分类。

三、内部控制的要素和原则

COSO 内部控制基本框架设定了适用于所有企业的内部控制五要素和代表要素基本概念的 17 项原则。17 项原则适用于每种目标类别以及每一类别内的所有目标和子目标。例如,企业可能可以应用该基本框架去遵循国外某种关于商业安排的特定法律,这就是合规目标类别内的某个子目标。下面是对内部控制五要素以及各要素所对应原则的汇总。

(一)控制环境

控制环境是一套标准、流程和结构,能够为企业实施内部控制提供基础。董事会和高级管理层应建立高层基调,以强调内部控制和预期行为准则的重要性。

与控制环境相关的五项原则是:(1)企业应展现对诚信和道德价值的承诺;(2)董

事会应展现出其独立于管理层,并对内部控制的开展与成效实施监督;(3)管理层为实现目标,应在董事会的监督下确立组织架构、汇报路线、合理的权力与责任;(4)企业应展现出其对吸引、培养和留用符合企业目标要求的人才的承诺;(5)企业为实现目标,应要求员工承担内部控制的相关责任。

(二)风险评估

风险评估是一个动态的、反复更新的过程,通过识别和评估影响目标实现的各种风险,能够为确定如何管理风险提供基础。管理层应考虑各种外部环境及自身商业模式可能会阻碍其目标实现的变化。

与风险评估相关的四项原则是:(1)企业应设定清晰明确的目标,以识别和评估与目标相关的风险;(2)企业应对影响其目标实现的风险进行全范围的识别和分析,并以此为基础来决定应如何管理风险;(3)企业应在评估影响其目标实现的风险时,考虑潜在的舞弊行为;(4)企业应识别并评估对其内部控制体系可能造成重大影响的改变。

(三)控制活动

控制活动是通过政策和程序所确立的行动,旨在协助确保管理层关于降低影响目标实现的风险的方针已经落实。在企业的各个层级、业务流程的各个环节以及技术环境都应实施控制活动。

与控制活动相关的三项原则是:(1)企业应该选择并执行那些可以将影响其目标实现的风险降至可接受水平的控制活动;(2)针对技术,企业应选择并执行一般控制活动以支持其目标的实现;(3)企业应通过政策和程序来实施控制活动。政策是建立预期,程序是将政策付诸行动。

(四)信息与沟通

企业为实现其目标而行使内部控制责任时,信息非常必要。沟通应同时发生于内部及外部,并为企业日常控制提供必要的信息。沟通可以使员工了解内部控制责任,以及他们对实现目标的重要性。

与信息与沟通相关的三项原则是:(1)企业应获取或生成和使用高质量、相关的信息来支持内部控制的持续运行;(2)企业应在内部对内部控制目标和责任等必要信息进行沟通,从而支持内部控制持续运行;(3)企业应就影响内部控制发挥作用的事宜,与外部进行沟通。

(五)监督活动

持续评估、单独评估或两者的组合,能够确认内部控制的五要素(包括为实现企业及其下属单位相关原则的控制活动)是否存在并持续运行。对监督时所发现的问题应进行评估,并及时沟通缺陷,如有重大事项应向高级管理层和董事会报告。

与监督活动相关的两项原则是:(1)企业应选择、开展并实施持续和(或)单独评估,以确认内部控制的各要素存在并持续运行;(2)企业应评价内部控制缺陷,并及时与整改责任方沟通,必要时还应与高级管理层和董事会沟通。

四、内部控制的有效性

一个有效的内部控制体系可以为企业目标的实现提供合理保证。由于内部控制与企业及其分支都相关,一个有效的内部控制体系可能只涉及企业结构的特定部分。有效的内部控制体系可以将风险降低到一个可接受的水平。这些风险可能涉及一种、两种或全部三种目标类别。

(一)内部控制有效性的要求

衡量一个内部控制体系是否有效,管理层应运用判断去评估各要素和相关原则是否存在并持续运行,以及是否以整合的方式共同运行。内部控制有效必须同时达到两个要求:(1)内部控制五要素的每个要素以及相关原则必须同时存在并持续运行;(2)五要素以整合的方式共同运行。

1. 存在并持续运行。这里的"存在并持续运行"适用于各要素和原则:(1)"存在"是指在内部控制体系的设计和实施以实现特定目标的过程中,应确定各要素和相关原则存在;(2)"持续运行"是指在内部控制体系的执行以实现特定目标的过程中,应确定各要素和相关原则持续存在。

在判定某个要素是否存在并持续运行时,高级管理层应在董事会的监督下,判断出要素所涉及的相关原则存在并持续运行的程度。然而,某个原则的存在并持续运行并不意味着该企业必须要实现该原则运用的最高水平。这需要管理层对如何平衡设计、实施和执行内部控制的成本与效益做出判断后决定。

2. 共同运行。COSO内部控制基本框架要求所有要素以整合的方式共同运行。"共同运行"是指确定五要素共同持续运行,以将影响目标实现的风险降低至可接受的水平。

各要素相互依存。这是由于彼此间存在大量关联和联系,特别是通过各原则在相关要素内以及各要素之间互动的方式。存在并持续运行的要素间保持着紧密的相互依存关系。各要素共同运行的案例主要包括:

(1)企业在控制环境内建立预期行为准则并设定绩效指标和激励措施,从而减少潜在的舞弊行为,并可能对风险评估过程所评价的舞弊风险等级产生影响。

(2) 政策和程序的制定与部署作为控制活动的一部分，有助于降低在风险评估时所识别和分析出的风险。

(3) 信息与沟通过程所处理的相关高质量信息，有助于控制活动的业务流程和交易控制的配置，以及在监督活动过程中对此控制进行持续和单独评估。

向执行整改责任人通报内部控制缺陷属于监督活动的一部分，这需要对企业结构、报告路线、控制环境所列明的有关权利和责任，以及信息与沟通过程的要求有全面的了解。

因此，当出现以下情况时，管理层可以证明各要素"共同运行"：

(1) 各要素存在并持续运行。

(2) 跨要素的内部控制缺陷并没有导致一个或多个重大缺陷的存在。

（二）目标、要素和企业的关系

目标是企业所致力于实现的；要素是支持企业实现目标必不可少的因素；企业结构包括业务单元、法人结构和其他结构。这三者之间具有直接的联系。图 5-2 展现了三者之间的联系。

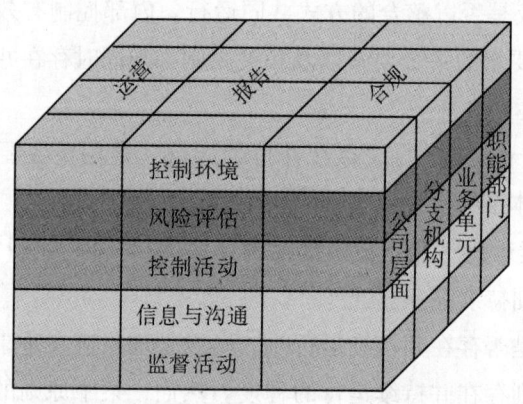

图 5-2 内部控制立方体框架

根据图 5-2，立方体的纵向代表内部控制目标的三种类别，立方体的横向代表内部控制的五个要素，而立方体的第三维层次代表企业结构，包括整个企业、分部、下属单位、业务单元或者职能部门，如销售、采购、生产、市场营销以及其他与内部控制相关的流程。

每个要素都适用于全部目标类别。例如，吸引、培养和保留内部控制方面的人才是控制环境要素的一部分，其与三种目标类别都相关。

三种目标类别并非针对企业的某个组成部分或业务单元而言。例如，运营目标是关于企业的整体运营效率和效果的,并不是专门针对销售、市场营销、采购或人力资源等某些具体的业务单元或职能部门。

因此,打个比方,在考量与报告相关的目标时,充分掌握企业经营信息是必要的。但在这种情况下,关注的重点是立方体模型的中间一列——报告目标,而不是运营目标。

内部控制是一个动态、反复且整合的过程。例如,风险评估不仅影响控制环境和控制活动,而且也要求企业需要重新考虑信息与沟通或监督活动。因此,内部控制不是上一个要素对下一个要素产生影响的线性过程。内部控制是一个各要素之间互相产生影响的整合过程。

没有两个企业拥有相同的内部控制体系。企业、目标和内部控制体系会因行业、监管环境以及内部因素,如规模、运营管理模式的性质、可容忍的风险、对技术的依赖程度、员工数量和胜任能力的不同而不同。

因此,虽然所有企业的有效内部控制都通过内部控制五要素的共同协作来维持,但每个企业的内部控制体系都各具特色。

五、内部控制的局限性

COSO内部控制基本框架认为,一个有效的内部控制体系,在为实现企业目标提供合理保证的同时,其固有的局限性始终存在。因此,即使是一个有效的内部控制体系也有可能出现失败。造成这些局限性的原因主要包括:

(1) 目标设定的适当性是内部控制的先决条件。
(2) 在决策过程中的人为判断可能造成错误和偏差。
(3) 因差错等人为过失而导致的内部控制失效。
(4) 管理层凌驾于内部控制之上。
(5) 管理层、企业其他人员和(或)第三方通过串通而规避控制。
(6) 发生超出企业控制能力的外部事件。

这些局限性导致董事会和管理层无法绝对保证能够实现企业目标。也就是说,内部控制仅能提供合理保证而非绝对保证。

第二节 COBIT 5.0 的基本框架

COBIT 即信息系统和技术控制目标,在 1996 年由国际信息系统审计与控制协会(Information Systems Audit and Control Association,ISACA)首次推出,2012 年 6 月发布

了 COBIT 5.0（企业 IT 治理和管理的业务框架）。目前，COBIT 5.0 被公认为国际上最先进、最权威的安全与信息技术管理和控制标准。截至 2014 年 9 月，调查结果显示，我国已有 163 家 A 股上市公司正在使用 COBIT 5.0 框架作为 IT 内部控制的建设依据，同时有公司表示未来会考虑采用该框架。

一、COBIT 5.0 简介①

COBIT 5.0 整合了所有重要的国际信息系统审计与控制协会的框架和指引，同时兼容了目前众多的最佳实践和标准，提供了广泛接受的原则、实务、分析工具及模型。与以往版本相比，COBIT 5.0 有了长足的改进。一方面，从发展历程来看，COBIT 从最初关注审计提升到企业层面 IT 治理，在企业内部实现自上而下的 IT 治理（见图 5-3）；另一方面，与众多的 IT 治理框架与标准的详尽程度及关注点相比，COBIT 5.0 关注的 IT 周期更广，涵盖了 IT 治理、战略及战术（tactics）管理阶段，更有利于在企业层面从 IT 应用全周期、整体指导企业进行 IT 治理与管理，以创造源于 IT 的价值。②

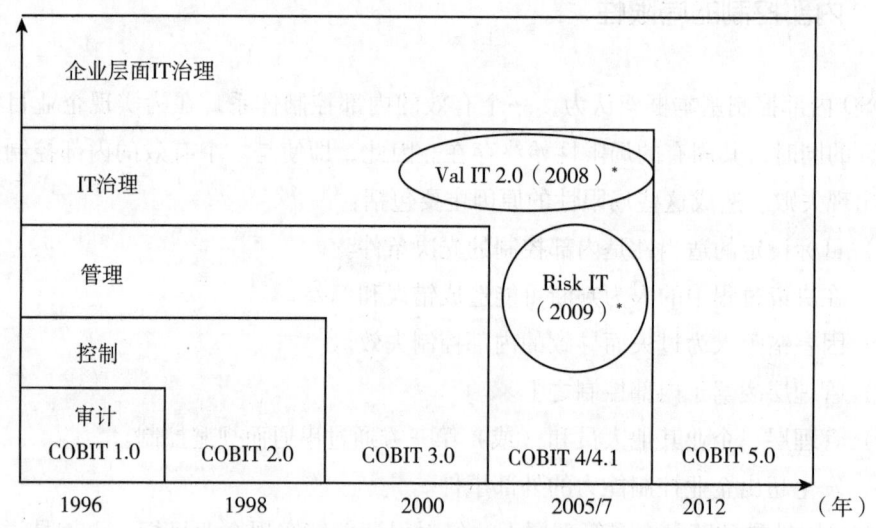

图 5-3 COBIT 发展历程及关注范围

注：* Val IT 2.0（2008）为 IT 价值管理框架，Risk IT（2009）为 IT 风险管理框架，旨在实现 IT 治理。

---

① 资料来源：www.isaca.org/cobit。
② 比如，一方面，COSO 对 IT 治理的关注仅限于治理与企业相关的基础事项，没有对 IT 治理在企业的应用做出详尽的说明。另一方面，虽然信息技术基础框架库（Information Technology Infrastructure Library，ITIL）较为详尽，但停留在 IT 管理，而不是 IT 治理层面，并且关注 IT 战术，并非关注 IT 战略。

二、COBIT 5.0 的组成结构①

COBIT 5.0 主要由框架、促成因素指引、专业指引及支持 COBIT 5.0 应用的网络环境四部分组成（见图 5-4）。COBIT 5.0 列示了关于 IT 的一系列控制措施，并通过 IT 相关流程的综合框架将控制措施组织起来，以帮助企业实现其 IT 治理和管理的目标，即帮助企业通过维持收益实现（benefits realization）、优化风险等级（risk optimization）和优化资源利用（resource optimization）之间的平衡，为企业创造源于 IT 的价值。

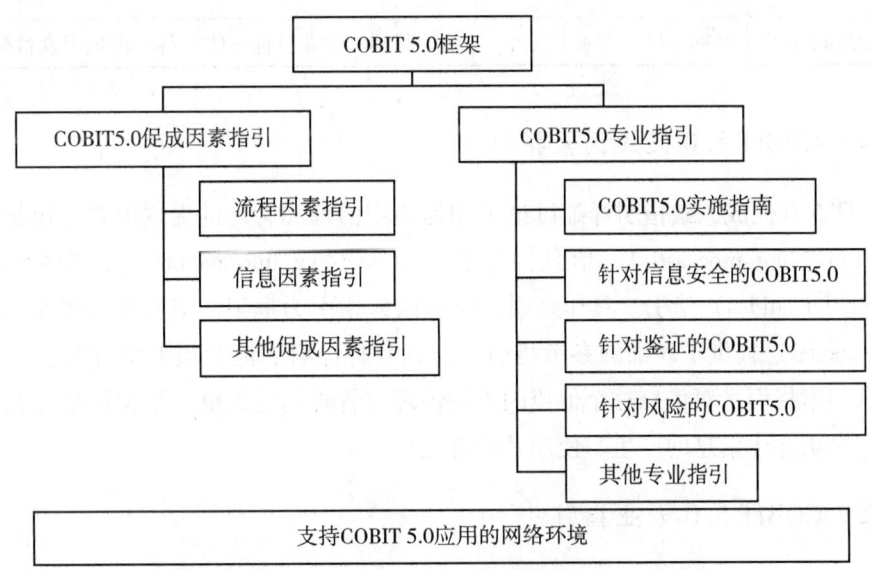

图 5-4　COBIT 5.0 的组成结构

COBIT 5.0 的组成结构图揭示了 COBIT 模型各个要素之间的联系。

（一）COBIT 5.0 框架

这是 COBIT 模型的主体部分，定义了 7 个促成因素（enabler）和 5 项原则，这些原则涵盖并包括对企业 IT 治理和管理动力的精细指导。具体来说，COBIT 5.0 框架以 5 项原则为基础，以利益相关者需求为驱动，以实现价值创造为 IT 治理目标，并层层分解为企业目标、IT 目标、7 项促成因素目标，通过实现促成因素的目标逐步实现相应的企业目标，进而实现价值创造（见表 5-1）。

---

① 资料来源：COBIT 5.0 FAMILY OF PRODUCT. P11 of COBIT 5.0: A Business Framework for the Governance and Management of Enterprise IT.

表5-1 COBIT 5.0 框架简介

项目	内容	具体描述
IT治理目标	价值创造	维持收益实现、优化风险等级和优化资源的平衡
IT治理原则	5项原则	(1)满足利益相关者的需要；(2)端到端覆盖企业；(3)运用单一整合式框架；(4)采用一个系统全面的方法；(5)区分治理和管理
IT治理关注点	7项促成因素（enabler）	(1)原则、政策和框架；(2)流程；(3)组织结构；(4)文化、道德和行为；(5)信息；(6)服务、基础设施和应用程序；(7)人员、技能和能力
治理目标实现路径	目标分层（平衡计分卡）	治理目标—企业目标—IT目标—促成因素目标

(二) COBIT 5.0 促成因素指引

COBIT 5.0 促成因素指引详细讨论了如何使用治理和管理的促成因素，包括流程因素指引（enabling processes）、信息因素指引（enabling information）及其他促成因素（other enabler guides）指引。具体来说，流程因素指引为框架的流程参考模型（process reference model）提供了详细的参考指引，包括目标分解、流程模型解释与流程参考模型；信息因素指引，对信息这个促成因素的治理与管理问题提供了结构性思考及参考指引，并完全贯穿于信息的产生、使用及处理流程。

(三) COBIT 5.0 专业指引

COBIT 5.0 专业指引（professional guides）主要介绍如何利用促成因素实现相关目的，包括 COBIT 5.0 实施指南（implementation）、针对信息安全（information security）、针对鉴证（assurance）、针对风险（risk）的 COBIT 5.0 及其他专业指引。具体来说，COBIT 5.0 实施指南，提供了一个良好的实施企业 IT 治理与管理的实务指南，并持续改进以满足企业特定需求；针对信息安全的 COBIT 5.0，为 IT 与安全专家及相关人员理解、利用、实施、管理重要的信息安全相关活动，及在确保了解新兴技术及相应威胁下做出更有效的决策提供指引；针对鉴证的 COBIT 5.0，为鉴证专家及其他相关人员就如何使用 COBIT 5.0 来支持 IT 鉴证活动提供了更详尽及可操作性指引；针对风险的 COBIT 5.0，主要用来帮助企业利用 COBIT 5.0 管理 IT 风险。

(四) 支持 COBIT 5.0 应用的网络环境

支持 COBIT 5.0 应用的网络环境（online collaborative environment）提供了支持 COBIT 5.0 运用的网络环境，如提供接入 COBIT 5.0 产品及其他 IT 治理的信息的端口等。

三、COBIT 5.0 的主要变化

与 COBIT 4.1 相比，COBIT 5.0 的制定基调有着极大的不同。具体来说，COBIT 4.1 以业务为中心、以流程为导向、以控制为基础、以绩效测评为驱动。COBIT 5.0 则从企业整体视角出发，以利益相关者需求为中心、以 5 项关键原则为基础、以 7 项促成因素为支持、以绩效测评为辅助。制定基调的不同使 COBIT 5.0 的具体内容发生了本质的变化（见表 5-2）。

表 5-2 　　　　　　　　COBIT 5.0 与 COBIT 4.1 的比较分析

项目	COBIT 5.0	COBIT 4.1
关注层面	企业整体	业务层面
立方体模型	无	有
IT 治理目标	价值创造	交付符合信息标准的信息
IT 治理原则	5 项原则	无
IT 治理关注点	7 项促成因素（enabler）	IT 流程
治理目标实现路径	治理目标—企业目标—IT 目标—促成因素目标	治理目标—业务目标—IT 目标
输入与输出	促成因素层面	流程层面
促成因素管理	促成因素通用型模型（enablers：generic）	无
流程评价方法	流程能力模型	成熟度模型
流程参考模型	5 个域（1 个治理域，4 个管理域），37 个流程	4 个域（管理域），34 个流程

COBIT 5.0 的变化主要体现在以下七个方面。

（一）在治理目标上强调价值创造，取消了立方体模型

COBIT 5.0 强调 IT 在创造价值时的重要作用。COBIT 5.0 认为，IT 治理的主要目标为价值创造，以满足利益相关者的需求。价值创造需要企业通过维持收益实现、优化风险等级和优化资源这三项治理目标之间的平衡，从而创造源自 IT 的最优价值。

COBIT 4.1 则主要关注业务层面，其立方体模型基于下述原则：IT 的最终目标是为企业实现业务活动提供其所需的符合信息标准的信息，这些标准包括信息的有效性、效率性、保密性、完整性、可用性、符合性和可靠性，即业务的信息需求。要提供企业达到其目标的符合信息标准所需的信息，企业需要使用一组结构化的 IT 流程来投资、管理和控制 IT 资源，以提供服务来交付企业所需的信息。而 COBIT 5.0 淡化了立方体模型，将 IT 治理目标从交付满足业务需求、符合信息标准的信息提升为价值创造、满足利益相关者需求。

(二)以原则为导向,建立了新的IT治理原则

COBIT 5.0建立了新的IT治理五大原则,并以其为导向,构成了IT治理与管理的基础,而COBIT 4.1却没有类似的原则。这五大原则如下所述。

1. 满足利益相关者需求。企业拥有众多利益相关者,在"价值创造"时就意味着利益相关者之间存在不同诉求。因此,治理就要在面对不同利益相关者的不同诉求时,协商并作出决策。将利益相关者的需求转变成企业可行动的战略,以利益相关者需求作为起始点,将其逐层分解为具体、可行动和定制化的企业目标、IT目标和促成因素目标(enabler goals)。

2. 端到端覆盖企业。COBIT 5.0将企业IT治理整合到企业治理,将IT归类为资产,覆盖企业内所有处理信息的职能部门和流程,并不仅仅只关注"IT功能"。COBIT 5.0将与企业信息、IT治理和管理有关联的所有内外部的人和事都纳入其中,明确相关责任者的角色、活动和关系,以整个企业作为其治理范围,通过7项促成因素实现治理目标。

3. 运用单一整合式框架。如前所述,COBIT 5.0将以前分散在国际信息系统审计与控制协会(ISACA)的各种不同框架的所有知识整合在一起(COBIT 4.1、Val IT及Risk IT框架),保持与其他最新标准和框架一致(如BMIS、ITAF、ITIL等)[1],完整地覆盖整个企业,对目前使用的其他框架、标准和实践做了深度整合。

4. 采用一个系统全面的方法。COBIT 5.0定义了7项促成因素以支持企业IT的综合治理和管理体系的实施[2],企业要重视促成因素间的相互作用,实行高效和有效的企业IT治理与管理,通过实现促成因素的目标进而逐步实现相应的企业目标。

5. 区分治理和管理。COBIT 5.0将IT相关的实践和活动以治理与管理相区分,并在治理和管理之间有所互动,形成有效的治理体系。COBIT 4.1认为,IT治理是董事会和高级管理层的责任,包括领导能力、组织结构和流程,以确保企业的IT能支持和增强企业的业务战略和目标。而COBIT 5.0则将治理和管理明确区分开来,指出两者包含不同类型的活动,需要不同的组织结构,并服务于不同的对象。治理和管理之间的关键区别在于:治理是指要在确保利益相关者需求的前提下,设立企业目标与实现目标的路径,并对路径的绩效和合规性进行监督。管理是指要保证管理层在计划、构建、运行和监控阶段的活动与治理机构设立的路径相一致,以实现企业目标。多数企业的整体治理是董事长领导下的董事会的责任,而管理是CEO领导下行政管理层的责任。

(三)修订了治理目标实现路径,更新了企业目标和关联的IT目标

COBIT 5.0更专注于通过IT治理与管理实现企业目标,扩大了IT作用的外延。

---

[1] BMIS为信息安全商业模式,ITAF为IT鉴证框架,ITIL为IT基础框架库。
[2] 促成因素在广义上定义为任何能够帮助实现企业目标的因素。

COBIT 5.0 在利益相关者价值交付的基础上,将治理目标(即价值创造)从三个维度(实现收益、优化风险等级、优化资源)进行分解,并将治理目标按照平衡计分卡从财务、顾客、内部业务流程、学习与成长等四个维度与 17 项企业目标①和 17 项 IT 目标②进行关联,反映的是企业层次的视角。而 COBIT 4.1 则是将 COBIT 信息标准按照平衡计分卡从财务、顾客、内部业务流程、学习与成长等四个维度与 17 项业务目标和 17 项 IT 目标进行关联,反映的是业务层次的视角。

(四)关注 IT 治理实施的 7 大促成因素(enabler),而非 IT 流程

COBIT 4.1 重视 IT 流程,以流程为导向,仅在流程层面提供输入和输出,而 COBIT 5.0 则以促成因素为导向,在每个促成因素考虑输入与输出。COBIT 5.0 定义的 7 项促成因素范畴包括:原则、政策和框架;流程;组织结构;文化、道德和行为;信息;服务、基础设施和应用程序;人员、技能和能力。IT 治理是为实现企业的主要目标,任何企业必须始终要考虑到一套互为联系的促成因素,也就是说,每个促成因素需要其他促成因素的输入才能完全有效,同时每个促成因素为其他促成因素提供输入。然而,COBIT 4.1 并没有提及促成因素,并将信息、基础设施、应用程序和人员(人员、技能和能力)列为 IT 资源,同时在流程中也很少提及原则、政策和框架。

(五)构建促成因素通用型模型(enablers:generic),用以管理促成因素

COBIT 5.0 所列示的 7 项促成因素均有一套共同维度,即利用促成因素通用型模型提供一种共同、简单、结构化方式以处理促成因素,并促进发挥促成因素的作用。促成因素通用型模型包括两大维度。第一个维度为促成因素维度,由利益相关者、促成因素需要达到的目标、促成因素的生命周期、促成因素的良好实践(practices)四个要素组成;第二个维度为促成因素绩效管理维度,包括事后指标(是否满足利益相关者的需

---

① 17 项企业目标分别为:(1)商业投资的利益相关者价值;(2)竞争性产品与服务的组合;(3)管理的业务风险;(4)外部法律法规的合规性;(5)财务透明度;(6)以顾客为中心的服务文化;(7)业务服务的持续性和可用性;(8)对变化的企业环境敏捷的反应;(9)信息为本的战略性决策;(10)服务交付成本优化;(11)业务流程功能性优化;(12)业务流程成本优化;(13)管理的业务变更方案;(14)运营及员工生产率;(15)内部政策合规性;(16)熟练的有进取心的人员;(17)产品和业务创新的文化。其中,(1)~(5)为财务维度,(6)~(10)为顾客维度,(11)~(15)为内部业务流程维度,(16)~(17)为学习与成长维度。

② 17 项 IT 目标分别为:(1)IT 与业务战略的一致性;(2)IT 合规和对业务的外部法律法规合规的支持;(3)行政管理层对 IT 相关决策的承诺;(4)管理的 IT 相关业务风险;(5)从 IT 驱动的投资和服务组合中实现的收益;(6)IT 成本、收益和风险的透明度;(7)符合业务要求的 IT 服务交付;(8)应用程序、信息和技术解决方案的充分利用;(9)IT 敏捷性;(10)信息、处理基础设施和应用程序的安全;(11)IT 资产、资源和能力的优化;(12)通过将应用程序和技术整合到业务流程推动和支持业务流程;(13)准时、按提交收益和满足要求及质量标准的项目集交付;(14)用于决策之可靠和有用的信息的可用性;(15)IT 对内部政策的合规性;(16)胜任的有进取心的业务和 IT 人员;(17)业务创新的知识、专门技术和首创精神。

求？促成因素的目标是否实现？）与前导指标（生命周期是否予以管理？良好实践是否应用？），事后指标用来评价促成因素的实际结果，前导指标用来评价促成因素本身的实际功能性。通过促成因素通用型模型来管理、评价、提高促成因素的作用。

（六）建立流程能力模型，取消成熟度模型

由于 COBIT 5.0 将流程作为 7 项促成因素之一。如果仍采用成熟度模型评价方法，就会导致以局部描述整体的错误。因此，COBIT 5.0 基于 ISO/IEC 15504 标准[①]建立了流程能力模型，中止了成熟度模型的应用，该模型可以提供一种手段，以测评任何治理流程和管理流程的绩效，并为有待识别的改进留有一定的空间。流程能力模型将流程可能实现的能力分为六个层级：不完善流程（0）、已执行流程（1）、已管理流程（2）、已建立流程（3）、可预测流程（4）和最优化流程（5）。同时，基于能力指标（通用实践、通用资源、通用工作产品）和绩效指标（流程成果、基本实践、工作产品），利用 9 个流程能力属性来界定流程能力等级[②]。这些属性覆盖了部分的成熟度属性，但在程度上有所不同。

（七）修订了流程参考模型

COBIT 5.0 流程参考模型将企业 IT 治理和管理划分为两大主要流程领域（治理域与管理域），在对 COBIT 4.1 的流程重新梳理与修订的基础上，共分为 5 个域和 37 个流程，治理域包括 5 个治理流程[③]，管理域包括 4 大领域和 32 个管理流程[④]，治理域对管理域起着指导、评价和监控的作用。而 COBIT 4.1 包括 4 个域和 34 个流程，且都归属于管理域。同 COBIT 4.1 相比，COBIT 5.0 新增了"治理域"，强调治理的重要性，使得企业的

---

① ISO/IEC 15504 是软件过程评估的国际标准，提供了一个软件过程评估的框架。ISO/IEC 15504 可以被任何组织用于软件的设计、管理、监督、控制以及提高"获得、供应、开发、操作、升级和支持"的能力。ISO/IEC 15504 提供了一种结构化的软件过程评估方法。

② 9 个流程能力属性分别为流程绩效、绩效管理、工作产品管理、流程定义、流程部署、流程管理、流程控制、流程创新和流程优化。

③ 5 个治理流程为：EDM01 确保治理框架建立和维护；EDM02 确保实现收益；EDM03 确保优化风险等级；EDM04 确保资源优化；EDM05 确保利益相关者透明。

④ 4 个管理域及流程分别为：(1) 定位、计划和组织（APO）域：APO 01 管理 IT 管理框架；APO 02 管理战略；APO 03 管理企业架构；APO 04 管理创新；APO 05 管理投资组合；APO 06 管理预算和成本；APO 07 管理人力资源；APO 08 管理关系；APO 09 管理服务协议；APO 10 管理供应商；APO 11 管理质量；APO 12 管理风险；APO 13 管理安全。(2) 构建、购置和实施（BAI）域：BAI 01 管理项目集和项目；BAI 02 管理要求定义；BAI 03 管理解决方案识别和构建；BAI 04 管理可用性和容量；BAI 05 管理组织变更环境；BAI 06 管理变更；BAI 07 管理变更验收和移交；BAI 08 管理知识；BAI 09 管理资产；BAI 10 管理配置。(3) 交付、服务和支持（DSS）域：DSS 01 管理运营；DSS 02 管理服务请求和事故；DSS 03 管理问题；DSS 04 管理持续性；DSS 05 管理安全服务；DSS 06 管理业务流程控制。(4) 监控、评价和评估（MEA）域：MEA 01 监控、评价和评估绩效与合规性；MEA 02 监控、评价和评估内部控制系统；MEA 03 监控、评价和评估外部要求合规性。

IT 治理工作可以得到更明确的评价、指导和监督流程的支撑。同时，为了与 ITIL 和 ISO/IEC 20000 等其他 IT 管理和控制实践的兼容，COBIT 5.0 又适当调整了管理域的流程。

综上所述，COBIT 5.0 具有重大改变，无论是整体框架和具体实施细节都有了长足的改进。COBIT 5.0 有助于实现企业战略与 IT 战略的互动，并形成持续改进的良性循环机制，为企业 IT 治理和内部控制实践提供具有一定参考价值的解决方案。

延伸阅读 5-1

COBIT 5.0 的理论与现实意义

尽管 COBIT 4.1 是非常流行的治理框架，但在实务中，多数使用者认为 COBIT 4.1 是 IT 框架（过多关注流程导向，缺少考虑治理问题），而不是企业层面 IT 治理的框架。国际信息系统审计与控制协会（ISACA）于 2012 年对其会员中 3 700 余名 IT 专业人员进行了"企业 IT 治理"全球调研（以下简称调查），调查结果显示：虽然被调查企业有一半以上采用了相关的框架进行 IT 内部控制，但仍然有 47% 的企业发生了与 IT 相关的未预期损失。基于权变理论，没有一成不变的 IT 治理最佳模式，企业需要根据经营环境的变化适当调整其 IT 框架。面对新技术的出现，企业经营的方式必须做出相应的调整与改变，原有的 IT 内部控制框架无法满足新技术的治理需求。有鉴于此，COBIT 5.0 具有重要的理论与现实意义。

一、强调满足利益相关者需求，有助于提高 IT 与业务的匹配程度

IT 的应用，扩大了企业传统的经营边界。企业与利益相关者的关系也日益紧密起来，形成了一条价值链，企业不再处于信息孤岛，利益相关者的互动为企业提供了相关的输入和输出，企业可能受到利益相关者的决策、行为的影响，能否满足利益相关者的需求成为制约企业长久发展的重要因素之一。与此同时，在企业内部，IT 与业务匹配程度对 IT 绩效的发挥有着至关重要的作用。然而，COBIT 4.1 仅以达到自身业务目标为宗旨，业务目标的设定并没有考虑到利益相关者的需求，无法满足不同利益相关者需求的现实诉求，同时也不利于从更深层次地发掘 IT 的价值。COBIT 5.0 强调满足利益相关者需求，从战略高度有针对性地设立企业目标，将董事会、管理层和 IT 统一起来，有助于提升 IT 与业务的匹配程度，进而创造源于 IT 的价值。

二、以原则为导向，有助于建立适应具体组织的 IT 治理范式

COBIT 是企业建立健全 IT 内部控制通用的指引而不是指令性的指引。COBIT 必须调整以适应企业特定利益相关者需求。COBIT 5.0 以 5 项原则为基础，以原则性的规定指引企业有针对性地选择相关流程，达到适应企业特定需求的目的，使 IT 治理更加适宜企业的具体情境，提升治理效果，帮助管理层更好地实施财务报告内部控制。

三、以价值创造为IT治理目标，有利于发挥IT潜在价值

近年来，IT迅速发展，企业也意识到IT在改善企业经营效益、实现企业战略等方面的重要性。IT不再被视为一种经营工具，而是类似于企业其他资产一样，与企业的经营密不可分。企业需要从IT驱动的投资中产生商业价值，通过对IT的吸收和内化以保证IT发挥作用，并实现价值创造。相关研究表明，很多企业即使采纳了IT，但由于未能充分吸收，仍然不能发挥其作用。可见，IT能否有效发挥作用，促进企业战略目标的实现，很大程度上取决于IT是否完全融入企业整体。COBIT 5.0以价值创造为治理目标，并与IT目标相关联，从企业整体视角关注IT的作用，将IT融入企业的方方面面，促进企业对IT的充分吸收，有利于从更深层次发挥IT的潜在价值。

四、强调文化、道德和行为建设，充分发挥"软控制力"的作用

内部个体的行为对企业目标能否实现发挥着重要作用。然而，网络世界的无形性和匿名性可能使行为人产生侥幸心理，从而可能降低犯罪的心理阈值，道德准则控制日益复杂化。有鉴于此，企业更需要引导正向的道德观，通过强调文化、道德和行为等一些"软控制"对行为人产生一定的约束作用。COBIT 5.0首次将文化、道德和行为作为促成因素之一，强调其在实现IT治理目标上所能起到的重要作用，这也与COSO（2013）框架第一个原则所强调的"对诚信和道德价值的承诺"一致。可见，"软控制"已成为IT内部控制的重要手段之一。强调文化、道德和行为建设，有助于营造良好的IT内控环境，更好地发挥员工个体能动性，助力治理目标的实现。

五、强调对流程执行的关注，降低流程评估的复杂程度

COBIT 4.1成熟度模型评估需要使用大量的特定组件，如通用成熟度模型、流程成熟度模型、控制目标和流程控制以支持流程评估，增加了企业评估流程的成本和复杂性，而且利益相关者就评估结果往往可能产生争议和分歧。流程是否能达到预期的目标更取决于流程的执行情况。COBIT 5.0引入流程能力模型，将相应的评估资源投入确认流程实际达到的目的和交付预期所必需的成果之中，消除重复和不必要的内容，关注流程的执行情况，有助于改善流程能力评估活动和评价的可靠性及可重复性。

六、区分治理与管理，推进IT治理向本质回归

调查结果显示，近1/4被调研者认为管理层并没有很好地发挥治理作用。这主要是由于COBIT 4.1将IT治理的责任同时赋予董事会和管理层，造成责任划分、认定不明确。COBIT 4.1是一种狭义的IT治理。COBIT 5.0为企业制定了良好的治理与管理基调，将治理与管理相区分，使得IT治理责任上升到董事会的职责范畴，IT管理责任则归属于管理层，董事会制定相关的治理目标，并指导和监督管理层实现IT管理责任，清晰划分相关责任者的权利与义务。COBIT 5.0是广义的IT治理。相关研究表明，董事会层面

的 IT 治理有助于提升企业的绩效。COBIT 5.0 将 IT 治理融入公司治理之中，有助于推进 IT 治理向本质回归。

第三节 2017 年 COSO 风险管理基本框架

2004 年，COSO 委员会发布《企业风险管理——整合框架》。风险管理主要是企业高层战略决策的问题，然而，该整合框架虽然新增加了战略目标，但具体实施仍然沿用内部控制的"立方体"结构，因此，风险管理活动陷于内部控制细节的泥潭，企业高层很快就失去兴趣。2017 年，COSO 委员会修订发布《企业风险管理——整合战略与执行》，新风险管理框架放弃了内部控制框架的"立方体"结构，重点关注如何把战略制定与战略实施整合起来的"文化、能力和实践"。

一、风险管理的定义

一个企业的战略和业务目标可能受到潜在事项的影响。由于无法预测事项的发生与否及其影响，企业面临着极大的不确定性。所有准备实现其未来战略和业务目标的企业都面临着不确定性。

风险是事项发生并影响战略和业务目标之实现的不确定性。

风险管理是企业在创造、保持和实现价值的过程中，整合战略制定和实施，赖以进行管理风险的文化、能力和实践。

为了更深入地解读企业风险管理的定义，必须先理解以下六个问题。

（一）文化认知

企业各层级人员的行为塑造了文化。企业的使命、战略和业务目标的创立者将企业风险管理全面落实。同样，企业风险管理影响人们的决策和行为，每个人的特点影响着其发现、评估及应对风险的方式。企业风险管理帮助人们作出决策，同时使人们理解文化在决策中起着重要作用。

（二）培养能力

每个企业都在一个不断变化的环境中致力于实现其战略和业务目标。由于受到全球化市场、技术突破、合并与收购、动荡的资本市场、竞争、政治不稳定、员工胜任能力和监管要求等诸多不稳定因素的影响，企业很难了解实现战略和业务目标过程中的所有风险。

风险始终存在且总是在变化，因此，追求及实现目标很困难。企业控制不了某项风险可能带来的所有后果，但可以增强适应多变环境的能力。这种能力称为可持续发展能力、韧性和敏锐度。

为了创造价值，企业追求各种竞争优势。企业风险管理增加了实现企业使命和愿景所需的技能，并预测可能阻碍企业成功的挑战。一个有能力适应变化的企业，在面对市场和资源的限制和机会时，将更有恢复能力、发展能力。

（三）应用实践

企业风险管理并非一成不变，也不是企业运营的附属品。相反，企业风险管理被持续应用于整个工作范围、专题研究和新起步项目中。企业风险管理是企业内所有层级管理决策的一部分。

企业风险管理应用始于企业的最高层，并通过部门、业务单元和职能部门向下流动。这些实践旨在帮助企业内部人员更好地理解其战略、制定的业务目标、存在的风险、可承受的风险量、风险如何影响绩效，以及应如何管理风险。

（四）战略制定和实施的整合

企业制定的战略应对其使命和愿景起支撑作用，并与使命和愿景协同一致。企业所制定的业务目标应源自战略，并向下流转至企业的业务单元、部门和职能部门。在最高层，管理者了解企业的整体风险概况以及备选战略可能对该风险概况产生的影响，并将企业风险管理与战略制定整合起来。管理层尤其应留意市场的创新和新机遇。

但企业风险管理不止于此。企业风险管理应持续在企业的日常运营过程中发挥作用并带来重大效益。在竞争激烈的市场中，成本节约可以是企业成功的关键。若企业将风险管理整合到其日常工作，而不是仅仅停留在企业风险管理程序的表面，风险管理便更有可能帮助企业降低成本。同样，管理层可通过将风险管理嵌入企业的核心运营，更好地识别企业增长的新机会。

企业风险管理也可与其他管理方式整合。特殊的任务需要特殊的行动，如业务规划、运营和财务管理。例如，一个关注信用和汇率风险的企业需要开发模型并取得大量分析所需的数据。通过将风险管理与企业的运营活动进行整合，理解风险可能如何影响整个企业而非一个领域，企业风险管理将变得更为有效。

企业风险管理实践可以与业务的所有方面相整合，包括公司治理、绩效管理和内部控制实践。

（五）管理战略和业务目标的风险

企业风险管理是实现战略和业务目标不可或缺的一部分。精心设计的企业风险管理实践能够为管理层和董事会提供实现企业的总体战略和业务目标的合理期望。合理期望的存在意味着管理层和董事会意识到没有人能够完全准确地预知未来，但可以预测与企业实现战略及业务目标匹配的风险量。

尽管存在合理期望，但企业难免会经历意料之外的挑战。这也就是定期检查企业风险管理实践的重要性所在。检查并在必要时修正，可维持实践的稳定，从而增加管理层对企业成功应对意外并实现其战略和业务目标的信心。

（六）风险管理影响企业价值

企业的价值很大程度上取决于管理层所作出的决策——从总体战略决策到日常决策。这些决策可能决定企业是否创造、保持、侵蚀或实现价值。

1. 当从资源配置中获得的效益超过其成本时，企业便创造了价值。例如，当一个新产品被成功设计和发布，并带来利润时，便创造了价值。这些资源可以是人员、金融资本、技术、流程和市场形象（品牌）。

2. 当日常运营的资源配置价值能维持所创造的效益时，企业便保持了价值。例如，企业可通过交付优质的产品、服务、生产能力而保持价值，提高顾客及各利益相关者的满意度和忠诚度。

3. 当管理者实施的战略未达到预期效果或无法指导日常任务时，价值就会受到影响。例如，企业在中途放弃了某个消耗大量开发资源的新产品。

4. 当利益相关者获得了企业所创造的效益（财务效益或非财务效益）时，该企业便实现了价值。

企业必须根据其风险偏好，管理与战略和业务目标相关的风险。风险偏好是企业在追求价值的过程中所愿意承受的广义风险的总量和种类。风险偏好的首要表现方式体现在企业的使命和愿景，不同的战略会将企业置于不同的风险或多个相似的风险之中。

企业风险管理可帮助管理层制定一项协同价值创造预期、企业风险偏好和其风险管理能力的战略。把风险控制在风险容限内可提高企业创造、保持和实现价值的能力。

总之，风险管理可以被任何规模的企业使用，从小型企业，到以社区为基础的社会企业，到政府机构，甚至财富500强企业。

二、风险管理的目标：战略、业务目标和实施的整合

风险管理不仅仅是一个功能，也不仅仅涉及某个部门。风险管理更是一种文化、能力和实践，风险管理是企业把战略制定与战略实施整合起来的文化、能力和实践，也是企业把创建、维护和实现价值过程的风险管理目标集成起来的文化、能力和实践。

(一)战略、业务目标和实施

风险管理可以帮助企业更好地理解:(1)在制定战略时,如何根据使命、愿景和核心价值观定义现阶段可接受的风险类型和风险量;(2)战略和业务目标与使命、愿景和核心价值观不一致的可能性;(3)企业可能因选择某种战略而面临的风险量和种类;(4)执行战略和实现业务目标时,存在的固有风险类型和风险量,以及在该风险水平下的可接受度和最终价值。

图5-5展示了企业基于使命、愿景与核心价值观制定战略,进而指引企业的整体方向并驱动实施绩效。

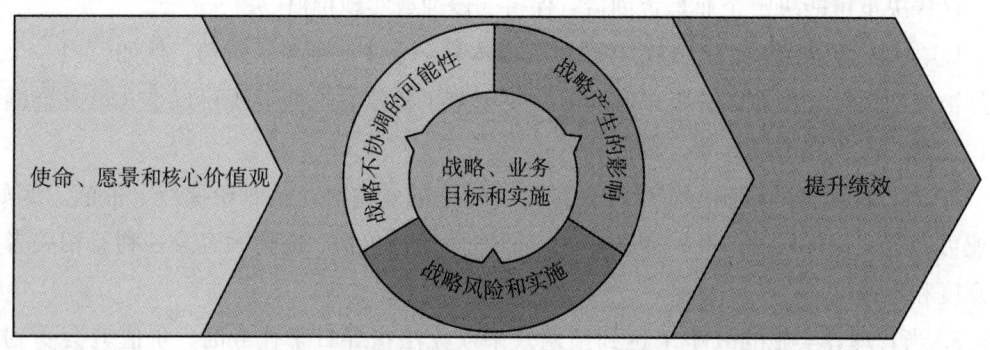

图5-5 基于使命、愿景与核心价值观驱动主体的整体方向和绩效

1. 使命、愿景和核心价值观。使命和愿景从高层的视角为企业提供了可承受的风险种类和总量。这有助于企业建立边界,从而聚焦于决策如何影响到战略。一个了解其使命和愿景的企业可根据其希望的风险概况制定战略。

【例5-1】某医疗服务供应商的使命、愿景和核心价值观。

使命:通过提供高质量的护理、全面热情及便捷周到的服务体验来改善患者的健康状况。

愿景:我们的医院将成为医生与患者的首选医疗服务供应商,且会以空前的高质量、领先的服务和高水平的医疗实践而闻名。

核心价值观:我们的价值观是我们所有言行举止的基石。我们以尊重、诚实和包容的态度对待我们的医生、患者和同事,同时让他们以这些价值观为己任。

这些使命、愿景和核心价值观的陈述将引导企业去判断可能遇到及愿意承受的风险种类和总量。该医疗服务供应商可能考虑提供高质量医疗(使命)、提供方便快捷渠道(使命)以及成为一个伟大的医疗服务供应商(愿景)的风险。考虑到其对质量、服务及广泛的技术的高度重视,该医疗服务供应商可能寻求一种与护理质量和患者服务相关的风险较低的战略。这意味着其主要提供住院或门诊服务,而非线上运营。相反,如果企业的使命是有关护理方式的创新或先进的交付渠道,企业将采取具备其他风险概况的战略。

企业可以通过风险管理避免战略不协调。企业可以通过风险管理增强其自身洞察能力,从而确保其选择的战略支持其更广泛的使命和愿景,以贴合管理层和董事会的思路。

2. 评估所选战略。风险管理并不为企业创造战略,但可以提示企业备选战略和所采取战略的相关风险。企业需要评估所选战略可能会对其风险概况产生的影响,以及企业可能面临的风险种类和总量。

在企业评估战略可能带来的风险时,管理层也应该斟酌所选战略所依据的关键假设。这些假设构成战略的重要组成部分,且可能考虑到企业的某些业务环境。风险管理深入了解企业对假设变化的敏感度,即假设对战略实现影响的大小。

【例5-2】战略注入使命、愿景和核心价值观。

我们的战略:

(1) 通过在不同的服务领域提高质量,为我们的患者带来最大的价值。

(2) 减少成本上升的趋势。

(3) 整合运营效率和成本管理措施。

(4) 协调医生与临床整合。

(5) 利用临床项目创新。

(6) 发展战略伙伴关系。

(7) 管理病人的服务交付、减少实际的等待时间。

【例5-2】承【例5-1】,说明了上述医疗服务供应商如何将使命、愿景和核心价值观注入战略,企业需要考虑由此所选定的战略可能带来的风险。例如,与医疗创新相关的风险可能较为显著;与提供高质量医疗的能力相关的风险可能随着成本管理措施的实施而增加;与管理新业务伙伴相关的风险可能是企业从未关注过的方面。许多风险都是因战略选择而产生的结果。然而,尚存的一个问题是,该企业能否通过战略实现其使命和愿景,或者是否存在影响既定目标实现的高风险。

3. 评估实施战略和业务目标的风险。执行某项战略向来存在风险,这是每个企业都必须考虑的问题。在此,重点是理解所制定的战略及其相关性和可行性存在的风险。当风险变得足够重要时,企业可能希望重新审视其战略,并考虑修正或选择更适合风险概况的战略。

企业也可以从业务目标的角度审视有关执行战略的风险。企业可以运用多种技术,使用某种通用的指标评估风险,将风险的严重性与既定的绩效指标联系起来。

4. 风险管理和绩效。评估战略和业务目标的风险,企业需要理解风险和绩效之间的关系。风险概况为企业特定层级(如企业层级、业务单元层级和职能部门层级)或商业模式层面(如产品、服务、地理位置)提供了一个风险组合观。企业应在评估备选战略前了解可能的风险概况,战略一旦确定,风险关注点便转移至了解所选战略及相关业务目标所对应的风险概况上。

如图5-6所示,每个条形都代表了一个业务目标下某层级的绩效所对应的风险量。目标线描述了企业制定战略时选定的绩效水平,从而通过业务目标传递了战略制定的要求。随着绩效水平上升,业务目标的风险概况具有典型的上升趋势,例如,在运输与物流决策时,随着货物数量增加,运输车队的规模以及运营的复杂性同步增加,导致了风险量的增长。

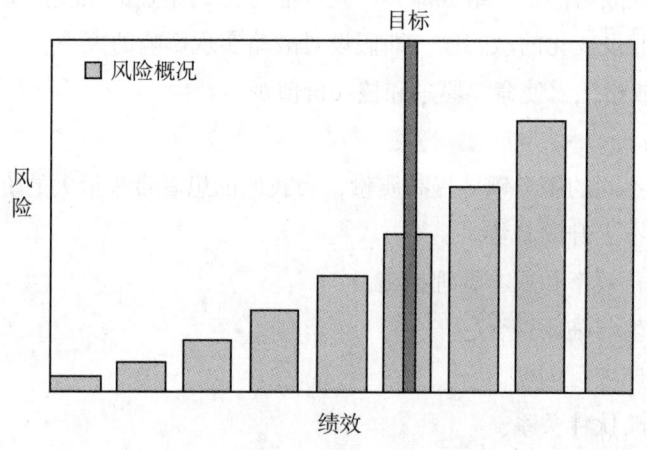

图5-6 与绩效相关的风险

(二)整合企业风险管理

企业的成功取决于其每天所做出的无数个决策。这些决策将影响实施绩效,并最终将影响企业战略和业务目标的实现。大部分决策需要从多种替代方案中选出一种,许多决策并不是简单地判断"正确"或者"错误",更是需要在时间与质量、效率与成本、风险与收益之间做出权衡。

管理层和董事会在做这类决策时,必须始终把风险管理融入企业各个部分的动态业务环境中。这不是简单地在企业内部各职能部门"添加"些什么,而是把文化、实践和能力整合在一起,并应用于企业整体之中。

将风险管理整合至企业经营活动和流程中,可以更好地为决策提供有用信息,从而助推改进决策并提高绩效。除此之外,还会帮助企业达成以下事宜。

1. 更早或更明确地预知风险,在为风险管理提供更多选择的同时,最大限度地降低潜在的绩效偏差、损失、事故和失败。

2. 根据企业的风险偏好和战略,明确现有机会并追求新的机会。

3. 更快速、一致地理解和应对绩效偏差。

4. 形成并报告更全面、更一致的风险组合观,从而让企业更好地分配有限的资源。

5. 提高企业内部的协作、信任及信息共享。

整合使企业做出决策,以加速瓦解个别风险,并结合寻求新的机遇。风险激进型企业可能需要快速地获取风险相关的信息并简化决策过程,以便抓住瞬息万变的机会。以一家投资公司为例,该公司有机会参与一笔新生意的竞标,但需要在几小时内做出回应。在竞标过程中,该公司只有将风险管理实践与自身能力结合考虑,才能使其在要求的时间内收集和审核可用信息并做出决策。

如果风险管理实践和能力分开(即没有整合),那么收集相关信息、识别利益相关者和制定决策都要耗费更长时间。这可能危及企业紧急期限内完成任务的能力。简而言之,企业的风险越大,风险整合的价值就越大。

三、风险管理的要素与原则

企业风险管理由五个相互影响的要素构成。图 5-7 说明了这些构成要素及其与企业的使命、愿景和核心价值观之间的关系。"战略与目标制定""实施""检查与完善"三色线条是贯穿于企业的常见流程。另外两个色带,即"治理与文化""信息、沟通和报告",为企业风险管理的支持层面。企业风险管理不是静止的,而是通过日常决策渗透于战略发展、业务目标制定和目标的贯彻执行之中。当企业将风险管理与战略发展、业务目标的制定、执行和实施进行整合时,会实现价值提升。

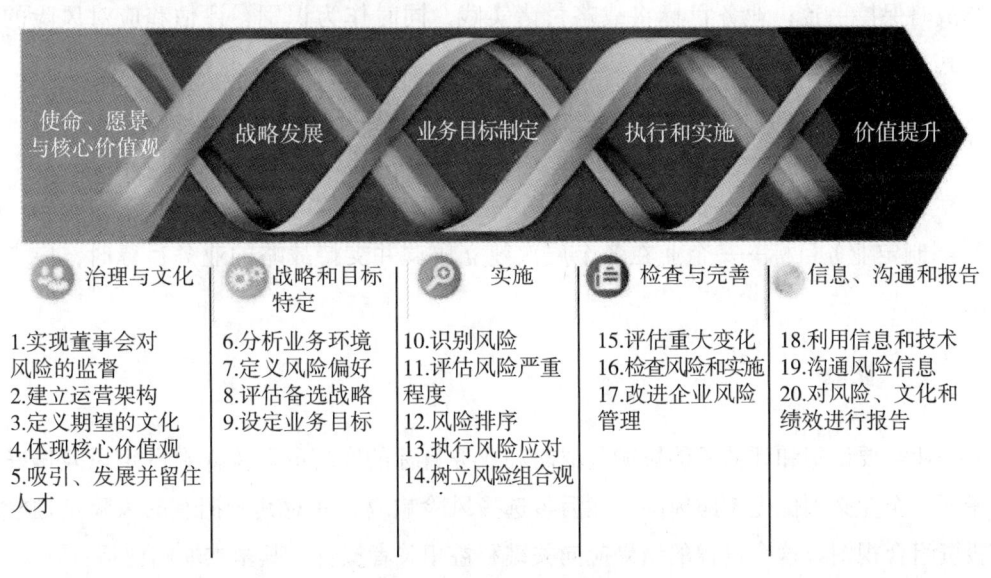

图 5-7 企业风险管理框架

五个构成要素内有一系列的原则。这些原则为企业风险管理实践的一部分,表述了企业为此而需要做的事情。尽管这些原则是通用的,并且是任何有效的企业风险管理行动的一部分,但管理层在运用这些原则时必须做出判断。

(一)治理与文化

治理与文化共同为企业风险管理所有其他构成要素奠定了基础。治理设置了企业的基调,强调了企业风险管理的重要性,并建立了对企业风险管理的监督责任。文化反映在决策中,它与伦理价值、期望的行为以及对企业风险的理解有关。其基本原则包括以下五个方面。

1. 董事会执行风险监督——董事会对战略进行监督,执行治理责任,以支持管理层实现战略和业务目标。
2. 建立运营机构——企业建立运营机构以达成战略和业务目标。
3. 定义所崇尚的文化——企业定义期望的行为来描述所崇尚的文化。
4. 展示对核心价值观的承诺——企业展现对其核心价值观的承诺。
5. 吸引、开发和保留有胜任能力的员工——企业致力于建立符合战略和业务目标的人力资本。

(二)战略与目标制定

在战略规划过程中,企业风险管理、战略和目标设定"三位一体"。定义风险偏好并与战略保持一致;业务目标将战略付诸实践,同时作为识别、评估和应对风险的基础。其基本原则包括:

1. 分析业务环境——企业对业务环境的潜在影响进行风险预测。
2. 定义风险偏好——企业在创造、维持和实现价值的背景下定义风险偏好。
3. 评估替代战略——企业评估替代战略,并对其潜在影响进行风险预测。
4. 制定业务目标——企业在各个层次建立协调并支持战略的业务目标时,应考虑风险。

(三)实施

企业需要识别和评估可能影响其战略和业务目标的实现的风险。在既定风险偏好的背景下,企业必须优先考虑风险,然后再选择风险响应,并对其所拥有的风险量描绘出其投资组合视图。这个过程的结果应向关键利益相关者报告。其基本原则包括:

1. 识别风险——企业识别影响战略和业务目标绩效的风险。

2. 评估风险的严重程度——企业评估风险的严重程度。

3. 风险排序——企业对风险进行排序,并作为风险应对的基础。

4. 实施风险应对——企业识别并选择风险应对措施。

5. 确立风险组合观——企业确立和评估风险组合观。

(四) 检查与完善

通过回顾企业的绩效,企业可以考虑风险管理要素如何随着时间的变化,以及需要做哪些修改。其基本原则包括:

1. 评估实质性变化——企业识别和评估可能严重影响战略和业务目标的变化。

2. 评价风险和绩效——企业评价其绩效并考虑风险。

3. 企业风险管理的持续改进——企业持续完善风险管理工作。

(五) 信息、沟通和报告

企业风险管理需要一个持续的过程,从内部和外部的来源获取与共享必要的信息。这些信息流入、流出或者交汇于企业。其基本原则包括:

1. 利用信息系统——企业利用信息技术系统来支持风险管理。

2. 沟通风险信息——企业使用沟通渠道来支持风险管理。

3. 风险、文化和绩效报告——企业在各个层次进行风险、文化和绩效的报告。

四、企业风险管理的角色及职责

在任何企业中,每个人都承担风险管理的责任。企业的领导人(即首席执行官或总裁)对风险管理承担最终责任,掌控实现企业战略及业务目标的所有权,并充分了解阻碍战略实现的因素。其他管理者负责遵从与企业文化相符的行为、监督风险管理、利用信息系统工具并监控实施过程。其他人员负责了解并遵从文化规范及行为、所处领域的业务目标,以及相关风险管理实践。董事会对战略的实现进行风险监督。

(一) 董事会与专门委员会

董事会负责对企业风险管理文化、能力及实践进行风险监督。有效的董事会成员应该拥有与企业的运营及环境相匹配的技术知识及专业能力,也必须投入必要的时间履行其日常风险监督责任及义务。在某些司法管辖区,法律要求董事会履行监督职责。表5-3列示了董事会的监管活动。

表 5-3　　　　　　　　　　　　　　　董事会的监管活动

企业风险管理要素	董事会风险监管活动
治理与文化	• 评估企业战略的适当性，与使命、愿景和核心价值观的一致程度及战略的固有风险。 • 为企业定义董事会风险治理的角色及包括附属委员会在内的架构。 • 与管理层沟通，以确定企业风险管理的适宜性。 • 监督主体文化的评估进程，以便管理层纠正明显的偏差。 • 提升风险意识，以使企业的成熟度与其文化保持一致。 • 监督经营表现、承担的风险及平衡短期与长期战略实现的激励/补偿措施。 • 指出管理层的潜在偏差及组织倾向，践行其独立、公正的监督角色。 • 了解企业的战略、运营模式、行业以及影响企业的事项及挑战。 • 了解管理层如何监控风险
战略与目标制定	• 制定将企业风险管理整合到战略管理过程（包括战略规划、资本配置等）的目标。 • 讨论、了解风险偏好，并考虑风险偏好是否符合其期望。 • 与管理层沟通，以了解业务环境可能影响战略的变化及这些变化与新的、正在出现的或已经显现的风险之间的联系。 • 鼓励管理层思考战略固有的风险及潜在的业务假设。 • 要求管理层了解该企业的风险容限以应对大型意外事件
战略与目标的实施	• 以风险组合观为依据，检查企业的战略及基本假设。 • 制定风险报告的期望，包括向董事会报告的关于企业风险偏好的风险指标及外部企业风险报告披露。 • 了解管理层如何识别及讨论企业的投资组合视图所描述的最严重的风险。 • 检查及了解最重大的风险，包括新出现的风险及风险组合观的重大变化，特别是管理层正采取的应对及行动。 • 了解可能改变风险组合观的情况
检查与完善	• 询问管理层实际执行过程可能出现的所有风险（包括积极风险及消极风险）。 • 询问管理层企业风险管理的流程并考察管理者对这些流程的应用及运作情况
信息、沟通和报告	• 识别董事会履行监督职责所需的信息、基础数据并通过各种形式展现（如图像、图表、风险曲线及其他可视工具）。 • 获取有助于有效风险监督的内外部信息及见解。 • 从内部审计人员、外部审计人员及其他独立方获取关于管理观念及假设的意见

董事会可以选择通过整个董事会层级履行其风险监督职责,也可以将特定任务分派给关注特定风险的下属委员会。如果企业没有为风险监督设立特殊的委员会,则由董事会自身承担责任。董事会层级的下属委员会包括审计委员会、风险委员会、薪酬委员会和提名委员会。

(二) 管理层与三道责任条线

管理层负责管理主体的所有方面,包括企业风险管理。这里概述了分配给各级管理层的职责。

1. 首席执行官。首席执行官(CEO)[①]对董事会负责,并主管整个企业风险管理文化、能力及实践,以实现企业的战略及业务目标。与其他人相比,首席执行官在上层定下基调并以明示或默示的方式定义企业文化内的价值观、行为及规范。

首席执行官在企业风险管理方面的职责包括:

(1) 为管理层的高级成员提供引领及指导,并塑造主体的核心价值观、标准、能力期望、组织架构及责任。

(2) 评估备选战略、选择战略并结合与业务环境相关的支撑假设及企业风险偏好范围内的资源及能力制定业务目标。

(3) 持续监督企业所面临的风险(例如,指导所有管理层及其他人员主动识别、评估、优先处理、响应及报告可能妨碍实现战略及业务目标的风险)。

(4) 指导整个企业风险管理程序的开发及实施,并根据企业的不同层级将其委派给不同层级的管理层。

(5) 传达期望(如诚信、能力、关键政策)及信息需求(如企业将使用的计划及报告系统的类型)。

2. 首席风险官。首席风险官(CRO)是企业风险管理最重要的角色之一。该职位作为风险管理的第二责任条线,负责监督企业风险管理工作。通常,首席风险官应有与首席执行官直接沟通的权限,或有权访问特定事项或风险。企业也可以将首席风险官的职责分配给其他管理层。

有些企业选择将首席风险官的角色与首席战略官相结合,以便协助首席执行官共同管理战略和风险。而有些企业将风险管理的职责指派给第一责任条线职能部门(包括运营单位及职能部门负责人),将第二责任条线的职责留给首席风险官。通常,这些企业将部门、运营单位及职能条线与首席风险官联动,以支持整个企业的企业风险管理工作。

[①] 在私人所有及非营利性企业中,这个职位可能有不同的头衔,但一般来说责任是一样的。

3. 管理层。管理层由首席执行官、关键运营单位和业务辅助部门的高级管理成员构成。不同企业，各个管理层的角色在风险管理条线承担着不同的责任及义务。例如，首席技术官在一家金融服务公司担任第二责任条线，但在科技公司则作为第一责任条线的角色。一些较小的企业可以将这些角色合并，让一个人担任一个或多个角色。表5-4列示了大型公共企业或私营企业、较小的企业以及政府机构的管理层。

表5-4　　　　　　　　　　不同企业的管理层角色

大型公共企业/私营企业	小型企业	政府机构
• 首席执行官及总裁 • 首席行政长 • 首席审计执行官 • 首席合规官 • 首席数据官 • 首席财务官 • 首席人力资源官 • 首席信息官 • 首席创新官 • 首席法律官/法律总顾问 • 首席营销官 • 首席运营官 • 首席风险官 • 首席战略官	• 总裁 • 首席财务官/财务副总裁/财务总监/财务主管/主任 • 首席运营官 • 风险管理总监/风险管理主管 • 总经理/运营副总裁 • 人力资源经理/总监 • IT经理 • 市场经理	• 秘书 • 助理秘书/副主任/副部长 • 首席财务官 • 首席信息官 • 首席人力资源官 • 办公厅主任 • 副助理部长/理事会 • 风险管理总监/风险管理主管 • 法律总顾问 • 监察长

有些企业的首席执行官建立了一个由高级管理人员（包括职能经理，如首席财务官、首席审计执行官、首席信息官等）组成的企业风险管理委员会。

管理层还在各自的职位或运营部门指导企业风险管理的设计与实施，并验证这些实践是否可以协调一致地应用。

根据企业的管理层级，子单元或较低级别的管理人员更深入直接地参与执行政策及步骤。他们负责执行高级管理层设计及实施的企业风险管理过程。每个管理者都对其企业风险管理的高一层次管理者负责，首席执行官最终对董事会负责，董事会对外部利益相关者（如股东或企业的所有者）负责。

第一条线：核心业务。

管理层负责识别职责内与业务和体系相关的风险，并管理其实施过程。第一条线的职责包括对战略及业务目标的固有风险负责。管理层作为风险的主要责任者，制定业务目标、制定可接受的绩效偏差、培训员工并加强风险应对。简而言之，第一条线是为了实现战略及业务目标，对风险和实施过程开展日常管理。

第二条线：支持性职能。

支持性职能（也称为业务辅助职能）包括负责监管实施过程及企业风险管理的管理层及其他人员。他们对实施过程及企业风险管理的要求提供指导，并评估对已定标准的遵守情况。每一个辅助职能在某种程度上都独立于第一条线，并从管理实施过程和谨慎性的角度挑战第一条线的职能，以实现战略及业务目标。而有些企业，不同团队缺少单独且清晰的报告线。这可能带来一定程度的挑战。这些企业职能或运营单位通过专业技术（如专业的技术风险管理、财务、产品/服务质量管理、技术、合规、法律、人力资源等）辅助企业。作为管理职能的发挥，他们可以在适当的风险应对过程中直接干预修正及支持第一条线。

有多种方式使这两层问责制的落实达到客观标准。例如，一家公司安排风险管理团队负责第一条线职能，另外授权独立团队负责第二条线职能。另一家公司基于其业务的复杂性及性质，安排其风险管理团队同时负责两类职能。只要监督公正，所有方式都可以发挥作用。

第三条线：保证职能。

保证职能，常由内部审计人员负责，通常通过对企业风险管理实践的审计或检查、识别问题及改进机会、提出建议并使董事会及管理层时刻关注需解决的问题，以形成最后一道防线。最后一道防线有两个因素与其他两条防线不同：高度的独立性与客观性（通过直接向董事会报告体现），以及对整个企业的设计与运营效率进行评估并提出建议的权力。

第四节　单位层面的内部控制

企业应当完善单位层面的内部控制，厘清单位管理层级体系及各级内部不同部门、不同岗位的职责权限，按照层级关系及各部门职能绘制企业组织结构图，形成归口清晰、衔接顺畅的整体组织架构，进而实现统分结合、分级管理的管理模式和决策、执行、监督三权分立的权力制衡机制。

单位层面的内部控制为业务层面的内部控制提供环境基础，聚焦于对单位内部控制机构设置、人员配置、不相容岗位相互分离及制衡等，主要包括以下六个方面的内容。

一、科学设置机构

企业应该按照内部控制有关要求，单独设置内部控制职能部门，负责企业各类经济活动的梳理、风险分析及应对策略选择等内部控制活动。对于条件有限的企业，可以确定某个职能部门作为内部控制牵头部门，负责组织协调内部控制工作。同时，内部控制部门应当充分发挥企业内部的财务、审计、纪检监察等部门或岗位在内部控制中的协同作用，各司其职、各尽其能，围绕内部控制的目标开展工作。

实行和完善内部控制，首先要从本企业的组织结构开始，确定企业的组织形式、明确相关的管理职能和报告关系以及为每个企业内部划分责任权限。根据内部控制的要求，企业在确定和完善组织结构的过程中，应当遵循不相容职务相分离的原则。所谓不相容职务，是指那些如果由一个人或一个部门担任，既可能弄虚作假，又能够自己掩盖其舞弊行为的职务。企业的经济活动通常可以划分为授权、签发、核准、执行和记录等五个步骤。通常，如果上述每个步骤都由相对独立的人员或部门实施，就能够保证不相容职务的分离，便于内部控制作用的发挥。

二、合理配备人员

企业对内部控制职能部门的人员配备应严格把关，对于关键岗位人员应具备与其岗位相匹配的能力和资格。同时，企业应当加强内部控制岗位人员的继续教育，通过业务培训和职业道德教育相结合，不断夯实内部控制岗位人员的素质。

人员素质控制包括企业在招聘、使用、培养、奖惩等方面对员工素质进行控制。招聘是保证企业的员工应有素质的重要环节。企业的人事部门和用人部门应当共同对应聘人员的素质、水平、能力等有关情况进行全面的测试、调查、试用，以确保受聘人员能够适应工作要求。如果管理层重视对企业员工的投资、管理和使用，合理配置人力资源，员工所创造的价值必然会增加；反之，就会造成人力资源价值的不充分发挥，甚至损失和浪费。

三、严格履行议事决策制度

企业应当建立健全集体研究、专家论证和技术咨询相结合的议事决策机制。重大经济事项的内部决策，应当由企业领导班子集体研究决定。重大经济事项的认定标准应当根据有关规定和企业实际情况确定，一经确定，不得随意变更。

严格履行"三重一大"制度，是内部控制的一个重要环节，关乎内部控制建设的成败。对于一个内部控制体系健全的企业，一方面是从机制建设上健全，另一方面是在制度执行上进行监控。"三重一大"作为企业内部的领导班子集体决议，代表着企业的最高决策，必须严格控制，严格执行经济活动的决策、执行和监督的相互分离。

四、建立关键岗位责任制

企业应当建立健全内部控制关键岗位责任制,明确岗位职责及分工,确保不相容岗位相互分离、相互制约和相互监督。企业应当实行内部控制关键岗位工作人员的轮岗制度,明确轮岗周期。不具备轮岗条件的企业应当采取专项审计等控制措施。

内部控制关键岗位主要包括预算业务管理、收支业务管理、采购业务管理、资产管理、建设项目管理、合同管理以及内部监督等经济活动的关键岗位。对于各关键岗位,一方面是要配备与其岗位相匹配的人员,明确各岗位的工作内容及职责;另一方面也要清晰划分各岗位应承担的业务,明确责任划分,为内部控制在执行环节的监督和考核奠定基础。

五、严格设置财务体系

(一)建立健全财务部门

企业应当按照相关会计、财经法规要求设置会计机构,配备具有相应资格和能力的会计人员,并为财务部门和财务人员提供必需的办公场地、环境及其他办公条件,以便财务部门正常开展工作及实施不相容岗位相互分离的内部控制。

(二)理顺财务管理体制

企业应当根据自身的发展规模及财务管理要求,采用合适的财务管理模式,按照财权与事权的匹配关系,逐步完善财务管理关系,健全财务管理机制,确保单位财务管理政策合规、统一,会计核算真实、完整、准确。

(三)完善财务管理制度

企业应当按照国家级主管部门的财经法律法规要求,结合自身的财务管理实际情况,健全内部财务管理制度。同时,能够根据国家政策变动及引导,及时更新现有财务管理制度体系,持续完善财务制度建设。

(四)依法开展会计工作

企业应当根据实际发生的经济业务事项按照国家统一的会计制度及时进行账务处理、编制财务会计报告,确保财务信息真实、完整。

会计信息的内部控制要求是保证会计信息反映及时、完整、准确、合法,一个企业的会计机构实行会计记录控制,要建立会计人员岗位责任制,对会计人员进行科学的分工,使之形成相互分离和制约的关系。经济业务一经发生,就应对记载经济业务的所有凭证进行连续编号,通过复式记账,在两个或两个以上相关账户进行登记,以防止经济业务的遗漏、重复,揭示某些弊端问题。

六、充分运用科学工具

企业应当充分运用现代科学技术手段加强内部控制,对信息系统建设实施归口管理,将经济活动及其内部控制流程嵌入信息系统,减少或消除人为操纵因素,保护信息安全。

> **财眼看问题**
> 1. 实施内部控制不是一个"千人一面"的项目。内部控制的设计可能因企业的组织形式、行业特点、业务规模、管理要求的不同而有所不同。
> 2. 内部控制的设计应该秉承"服务""引导"企业发展战略目标的宗旨。因此,企业应当首先明确战略目标,然后再层层分解,落实各项内部控制目标和管控措施。

第五节 业务层面的内部控制

企业应当在设置组织架构的基础上,以业务为主线具体分析企业的主要业务,通过信息化手段固化事前审批、事中控制及事后记录的具体流程,遵循不相容岗位相互分离原则。在完善业务流程控制体系过程中,将容易发生舞弊和腐败的采购、工程项目等关键业务列为业务流程内部控制的重点内容,实现风险管控关口前移,针对具体风险点实施事前预防和事中管控,最终实现有效应对企业的业务层面风险。业务层面的内部控制主要包括预算业务控制、收支业务控制、采购业务控制、资产控制、建设项目控制和合同控制等六大模块。

一、预算业务控制

预算管理,是指企业内部各部门、各单位利用预算,对未来一定期间内的各种财务及非财务资源进行分配、协调、控制、考核、评价,以便有效地开展各项业务活动,进而实现企业的既定目标。预算管理的基本业务流程如图5-8所示。

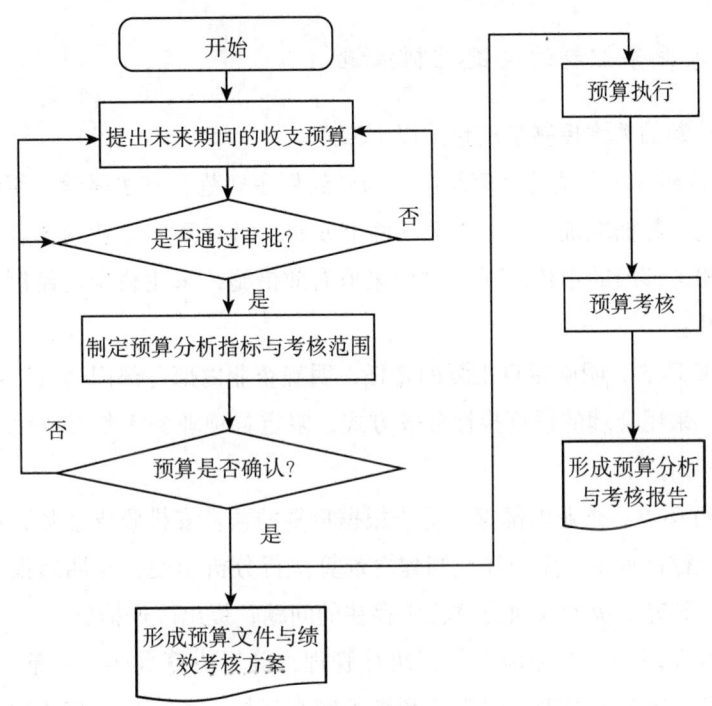

图 5-8　预算管理的基本业务流程

企业应当建立健全预算编制、审批、执行、决算与评价等预算内部管理制度，合理设置岗位，明确相关岗位的职责权限，确保预算编制、审批、执行、评价等不相容岗位相互分离。

(一) 预算业务控制的主要风险

预算业务控制的主要风险包括以下四点。

1. 预算编制的时间短，准备不充分，可能导致预算编制质量低；财务部门与其他职能部门之间缺乏有效沟通或业务部门不参与其中，可能导致预算编制与预算执行脱节；预算项目不细、编制粗糙、随意性大，可能导致预算约束不够。

2. 企业内部预算指标分解批复不合理，可能导致内部各部门财权与事权不匹配，影响部门职责的履行和资金使用效率。

3. 未按规定的额度和标准执行预算，资金收支和预算追加调整随意无序，存在无预算、超预算支出等问题；不对预算执行进行分析，沟通不畅，可能导致预算执行进度偏快或偏慢。

4. 未按规定编报决算报表，不重视决算分析工作，决算分析结果未得到有效运用；未按规定开展预算绩效管理，评价结果未得到有效应用，可能导致预算管理缺乏监督。

（二）预算业务控制的关键控制措施

预算业务控制的关键控制措施包括以下四点。

1. 预算编制环节。企业的预算编制应当做到程序规范、方法科学、编制及时、内容完整、项目细化、数据准确。这主要包括两个方面：（1）落实企业内部各部门的预算编制责任，强化相关部门的审核责任；（2）采取有效措施，采用科学的编制方法，确保预算编制的合规性。

2. 预算批复环节。明确预算批复的责任，明确企业内部各部门对预算批复工作的管理职责。同时，采用合理的预算指标分解方式，限定各项业务工作计划的预算金额、标准和具体支出方向。

3. 预算执行环节。企业内部部门应当根据批复的预算安排收支业务，严格按照预算执行。在预算执行过程中，企业还应当建立预算执行分析制度，定期通报和分析各部门预算执行情况，研究解决预算执行过程中存在的问题，提出改进措施。

4. 决算与评价环节。企业应当加强决算管理，确保决算真实、完整、准确、及时。同时，应当加强预算绩效管理，建立"预算编制有目标、预算执行有监控、预算完成有评价、评价结果有反馈、反馈结果有应用"的全过程预算绩效管理机制。

二、收支业务控制

企业应当加强收支业务管理，建立健全收支业务内部管理制度，合理设置岗位，明确相关岗位的职责权限，确保收款和会计核算、支出申请和内部审批、付款审批和付款执行、业务经办和会计核算等不相容岗位相互分离。

（一）收入业务控制

收入是指企业开展业务活动取得的、导致本期净资产增加的经济利益或者服务潜力的流入。企业的收入包括商品销售收入、提供服务收入、投资收益、政府补助收入、捐赠收入等主要业务活动收入和其他收入。企业收入的基本业务流程如图5-9所示。

1. 收入业务控制的主要风险。收入业务控制的主要风险包括：（1）违反"收支两条线"管理规定，收费不规范或违规乱收费；（2）缺乏收入统一管理和监控，存在私设"小金库"的风险；（3）疏于对各类票据、印章管控，可能导致票据丢失、相关人员发生错误或舞弊的风险。

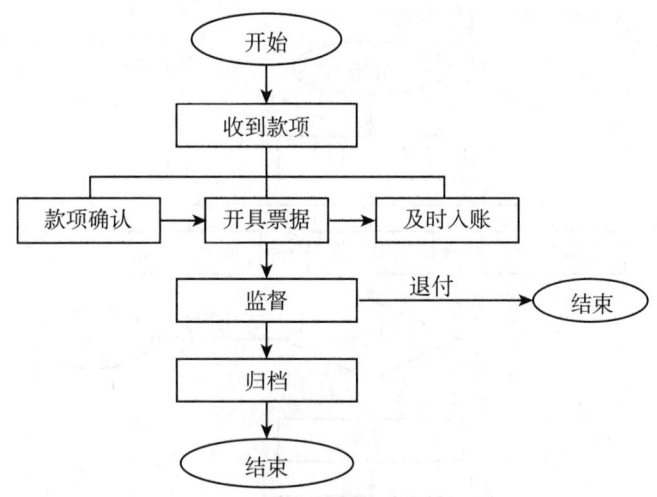

图 5-9 企业收入的基本业务流程

2. 收入业务控制的关键控制环节及控制措施。收入业务控制的关键控制环节及控制措施包括:(1) 严格执行"收支两条线"管理规定,对收入业务实施归口管理。明确由财务部门归口管理各项收入并进行会计核算,严禁设立账外账。确保各项收入应收尽收,及时入账;对应收未收项目应当查明情况,明确责任主体,落实催收责任。(2) 建立收入分析和对账制度。财务部门应当根据收入预算及所掌握的合同情况,合理分析收入征收情况,判断有无异常情况,定期与负有征收义务的部门对账,及时检查并做出必要的处理。(3) 建立健全票据管理制度。企业应当明确规定票据保管、登记、使用和检查的责任。财政票据、发票等各类票据的申领、启用、核销、销毁均应履行规定手续。票据应当按照顺序号使用,不得拆本使用,做好废旧票据管理。企业不得违反规定转让、出借、代开、买卖财政票据、发票等票据,不得擅自扩大票据适用范围。

(二) 支出业务控制

支出(费用)是指企业为了开展业务活动所发生的、导致本期净资产减少的经济利益或者服务潜力的流出。企业的支出(费用)应当按照其功能分为业务活动成本、管理费用、筹资费用和其他费用等。企业支出的基本业务流程如图 5-10 所示。

1. 支出业务控制的主要风险。支出业务控制的主要风险包括:(1) 支出申请不符合预算管理要求,支出不符合国库集中支付、政府采购、公务卡结算等国家有关政策规定,支出范围及开支标准不符合相关规定;(2) 采用虚假或不符合要求的票据报销,或支出未经适当的审核、审批,重大支出未经企业领导班子集体研究决定;(3) 对各项支出缺乏定期的分析与监控,对重大问题缺乏应对措施。

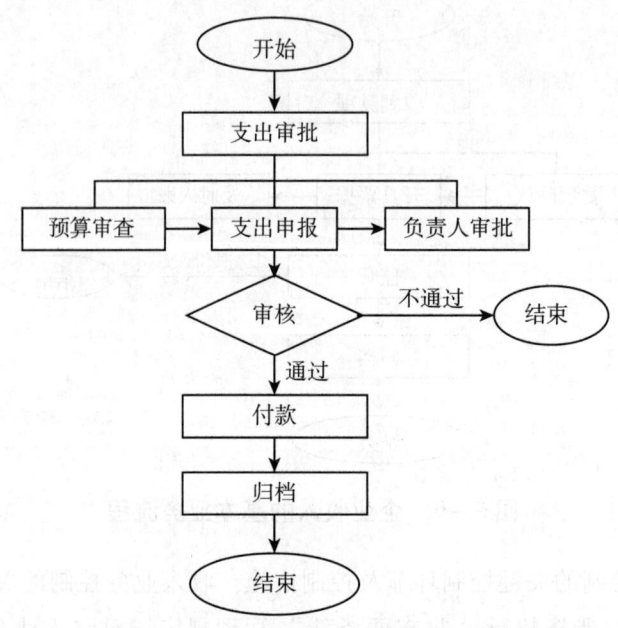

图 5-10　企业支出的基本业务流程

2. 支出业务控制的关键控制环节及控制措施。支出业务控制的关键控制环节及控制措施包括：（1）加强支出事前申请控制。明确各支出事项的开支范围和开支标准，明确支出的内部审批权限、程序、责任和相关控制措施。（2）加强支出审核控制。办理资金支付前应当全面审核各类单据，重点审核单据来源是否合法，内容是否真实、完整，使用是否准确，是否符合预算，审批手续是否齐全。支出凭证应当附上反映支出明细内容的原始单据，并由经办人员签字或盖章。超出规定标准的支出事项应由经办人员说明原因并附审批依据，确保与经济业务事项相符。（3）加强资金支付和会计核算控制。财务部门应当按照规定办理资金支付业务，签发的支付凭证应当进行登记。使用公务卡结算的，应当按照公务卡使用和管理有关规定办理业务。

三、采购业务控制

企业应当加强采购管理，建立健全采购预算与计划管理、采购活动管理、验收管理等采购内部管理制度，明确相关岗位的职责权限，确保采购需求制定与内部审批、招标文件准备与复核、合同签订与验收、验收与保管等不相容岗位相互分离。企业采购业务基本流程如图 5-11 所示。

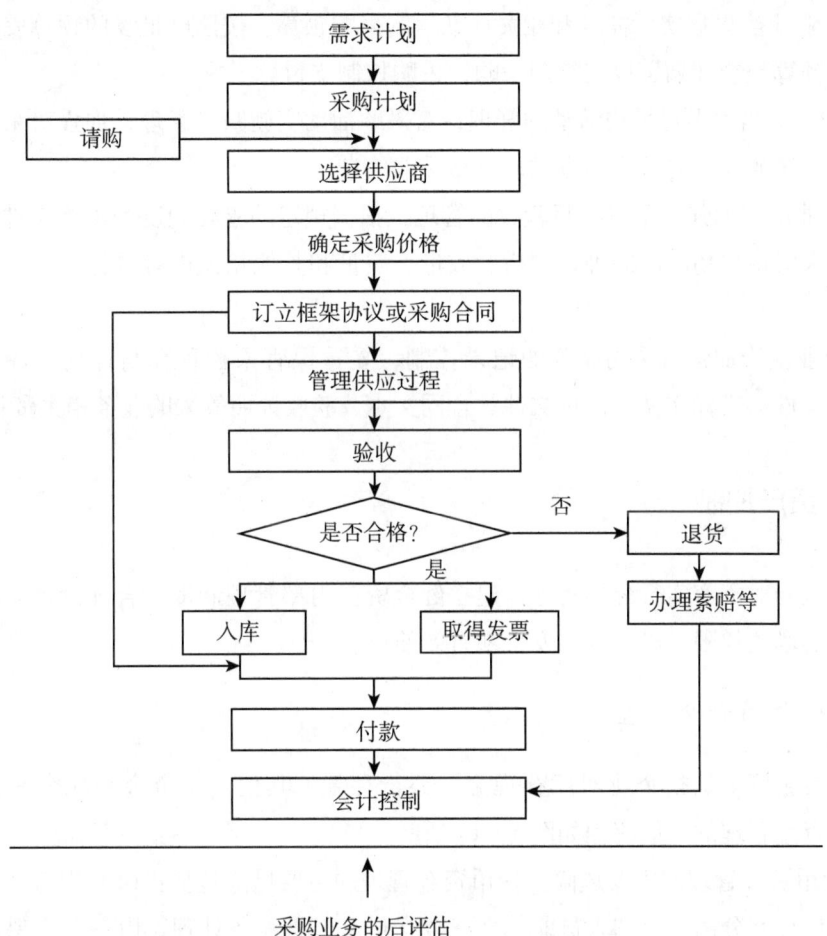

图 5-11 采购业务基本流程

(一) 采购业务的主要风险

采购业务的主要风险包括以下三点。

1. 资产管理和预算编制部门缺乏沟通协调,没有按要求编制采购预算和计划,采购预算和计划编制不合理等。

2. 业务活动不规范,未按照规定选择采购方式、发布采购信息,以化整为零或其他方式规避公开招标,在招标活动中存在舞弊行为；采购验收不规范,付款审核不严格。

3. 采购业务相关档案保管不善。

(二) 采购业务的关键控制环节及控制措施

采购业务的关键控制环节及控制措施包括以下四点。

1. 企业应当根据实际需求和相关标准编制采购预算，按照已批复的预算安排采购计划，实现预算控制计划、计划控制采购、采购控制支付。

2. 企业应当加强对采购活动的管理，对采购活动实施归口管理，加强对采购申请的内部审核，按照规定选择采购方式、发布采购信息。

3. 企业应当加强对采购项目验收的管理，根据规定的验收制度和采购文件，由指定部门或专人对所购物品的品种、规格、数量、质量和其他相关内容进行验收，并出具验收证明。

4. 企业应当加强对采购业务的记录控制，妥善保管采购预算与计划、各类批复文件、招标文件、投标文件、评标文件、合同文本、验收证明等采购业务相关资料。

四、资产控制

企业应当对资产实行分类管理，建立健全资产内部管理制度，合理设置岗位，明确相关岗位的职责权限，确保资产安全和有效使用。

（一）货币资金管理

货币资金管理是指企业对库存现金、银行存款、其他货币资金和现金等价物的管理。货币资金管理的一般流程如图 5-12 所示。

1. 货币资金管理的主要风险。货币资金管理的主要风险包括：(1) 财务部门未实现不相容岗位相互分离，出纳人员既办理资金支付又经管账务处理，由一个人保管收付款项所需的全部印章；(2) 对资金支付申请没有严格审核把关，支付申请缺乏必要的审批手续，大额资金支付没有实行集体决策和审批；(3) 货币资金的核查控制不严，未建立定期、不定期抽查核对库存现金和银行存款余额的制度；(4) 未按照有关规定加强银行账户管理。

2. 货币资金管理的关键控制环节及控制措施。货币资金管理的关键控制环节及控制措施包括：

（1）不相容岗位分离控制。企业应当建立健全货币资金管理岗位责任制，合理设置岗位，不得由一人办理货币资金业务的全过程，确保不相容岗位相互分离。关键控制措施包括以下三个方面：第一，加强出纳人员管理，出纳不得兼管稽核、会计档案保管和收入、支出、债权、债务账目的登记工作。第二，加强印章管理，财务专用章应当由专人保管，个人名章应当由本人或其授权人员保管，严禁一人保管收付款项所需的全部印章。第三，加强签章管理。按照规定应当由有关负责人签字或盖章的，应当严格履行签字或盖章手续。

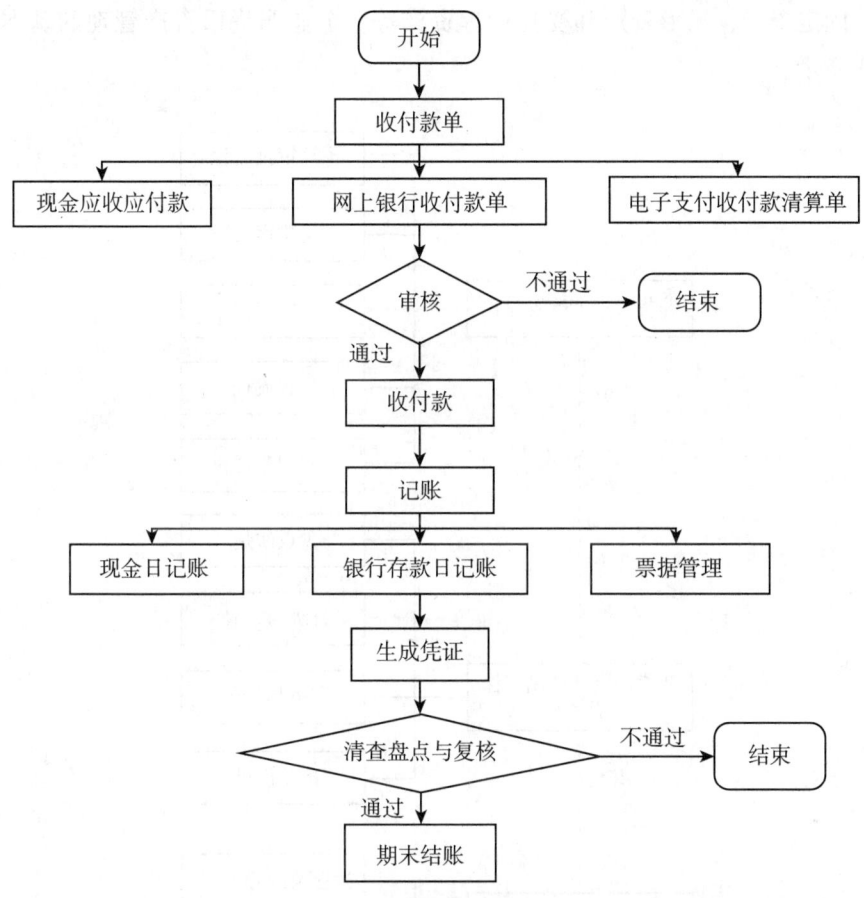

图 5-12 货币资金管理基本流程

(2) 授权审批控制。企业应当建立货币资金授权制度和审核批准制度,明确审批人对货币资金的授权批准方式、权限、程序、责任和相关控制措施,规定经办人办理货币资金业务的职责范围和工作要求。

(3) 货币资金核查控制。企业应当指定不办理货币资金业务的会计人员定期和不定期抽查盘点库存现金,核对银行存款余额,抽查银行对账单、银行日记账及银行存款余额调节表,核对是否账实相符、账账相符。对调节不符、可能存在重大问题的未达账项应当及时查明原因,并按照相关规定处理。

(4) 银行账户控制。企业应当加强对银行账户的管理,严格按照规定的审批权限和程序开立、变更和撤销银行账户。禁止出租、出借银行账户。

(二) 非货币资产管理

非货币资产是指企业过去的交易或者事项形成并由企业拥有或者控制的资源,该资源预期会给企业带来经济利益或者服务潜力。企业的非货币资产主要包括流动资产、长期投资、固定资产、无形资产和受托代理资产等。企业非货币资产管理的基本流程如图 5-13 所示。

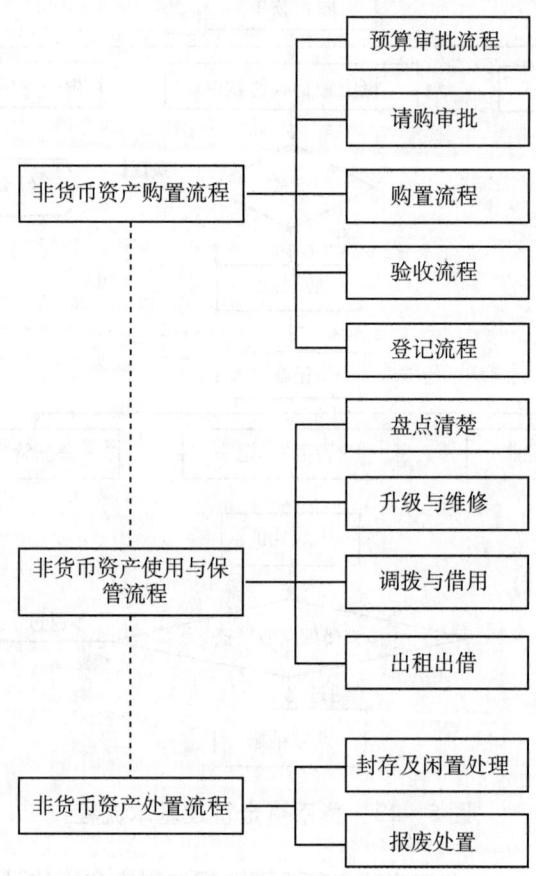

图 5-13 非货币资产管理基本流程

企业应当加强对实物资产和无形资产的管理，明确相关部门和岗位的职责权限，强化对配置、使用和处置等关键环节的管控。

1. 非货币资产管理的主要风险。非货币资产管理的主要风险包括：

（1）资产管理职责不清，没有明确归口管理部门，没有明确资产的使用和保管责任；资产管理不严，资产领用、发出缺乏严格的登记审批制度，没有建立资产台账和定期盘点制度。

（2）未按照资产管理相关规定办理资产的调剂、租借、对外投资、处置等业务；资产日常维护不当、长期闲置等。

2. 非货币资产管理的关键控制环节及控制措施。非货币资产管理的关键控制环节及控制措施包括：

（1）明确资产的归口管理部门和资产使用保管责任人，落实资产使用人在资产管理中的责任。

（2）按照资产管理相关规定，明确资产的调剂、租借、对外投资、处置的程序、审批权限和责任。

（3）建立资产台账，加强资产的实物管理。企业应当定期清查盘点资产，确保账实相符。发现不符的，应当及时查明原因，并按照相关规定处理。

（4）建立资产信息管理系统，做好资产的统计、报告、分析工作，实现对资产的动态管理。

（三）对外投资管理

企业应当根据国家有关规定加强对对外投资的管理，建立健全对外投资内部管理制度，合理设置岗位，明确相关岗位的职责权限，确保对外投资的可行性研究与评估、对外投资决策与执行、对外投资处置的审批与执行等不相容岗位相互分离。

1. 对外投资控制的主要风险。对外投资控制的主要风险包括：

（1）未按照国家有关规定进行投资，或对外投资决策程序不当，未经集体决策，缺乏充分可行性论证，超过单位的资金实力进行投资。

（2）没有明确管理责任、建立科学有效的资产保管制度，没有加强对投资项目的追踪管理。

2. 对外投资控制的关键控制环节及控制措施。对外投资控制的关键控制环节及控制措施包括：

（1）企业应当明确投资的管理部门，审慎选择对外投资项目，严格周密地论证项目可行性。对外投资应当由企业领导班子集体研究决定后，按国家有关规定履行报批手续。投资立项通过以后，应当编制投资计划，严格按照计划确定的项目、进度、时间、金额和方式投出资产。

（2）对于股权投资，企业应当指定部门或岗位对投资项目进行跟踪管理，及时掌握被投资单位的财务状况和经营情况，对被投资单位的重要决策、重大经营事项、关键人事变动和收益分配，要及时向企业领导班子汇报。企业应当加强对投资项目的会计核算，及时、全面、准确地记录对外投资的价值变动和投资收益情况。

（3）建立责任追究制度。如果企业对外投资出现重大决策失误、未履行集体决策程序和不按规定执行对外投资业务，应当追究相关人员的责任。

五、建设项目控制

项目管理，是指企业运用科学的手段和方法，利用先进的管理理念，对具有明确目标和时间限制的一次工作的顺利完成所实施的管理活动。项目管理的基本流程如图 5-14 所示。

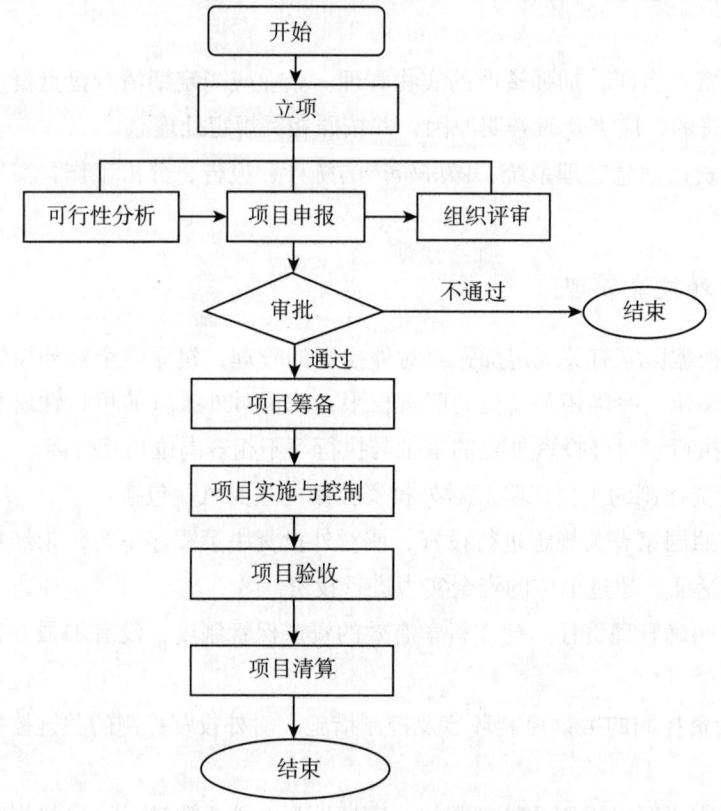

图 5-14 项目管理基本流程

企业应当加强建设项目管理,建立健全建设项目内部管理制度,合理设置岗位,明确内部相关部门和岗位的职责权限,确保项目建议和可行性研究与项目决策、概预算编制与审核、项目实施与价款支付、竣工决算与竣工审计等不相容岗位相互分离。

(一) 建设项目的主要风险

建设项目的主要风险包括以下五点。

1. 立项缺乏可行性研究或者可行性研究流于形式、决策不当、审批不严;项目设计方案不合理,概预算脱离实际,技术方案未能有效落实。

2. 招投标过程中存在舞弊行为;项目变更审核不严格、工程变更频繁。

3. 建设项目价款结算管理不严格,价款结算不及时,项目资金不落实、使用管理混乱。

4. 竣工验收不规范,最终把关不严;虚报项目投资完成额、虚列建设成本或者隐匿结余资金,未经竣工财务决算审计。

5. 建设项目未及时办理资产及档案移交，资产未及时结转入账。

（二）建设项目的关键控制环节及控制措施

建设项目的关键控制环节及控制措施包括以下五点。

1. 立项、设计与概预算控制。企业应当建立与建设项目相关的议事决策机制，对项目建议和可行性研究报告的编制、项目决策程序等做出明确规定，确保项目决策科学、合理。企业应当择优选取具有相应资质的设计单位，并签订合同，重大建设项目应采用招标方式选取设计单位。

2. 招标控制。企业应当依据国家有关规定组织建设项目招标工作，并接受有关部门的监督，保证招标活动的公平、公正、合法、合规。

3. 建设项目资金和工程价款支付控制。企业应当对建设项目资金实行专款专用，财务部门应当加强与建设项目承建单位的沟通，准确掌握建设进度，加强价款支付审核，按照规定办理价款结算。

4. 项目记录控制。企业应当加强对建设项目档案的管理，做好相关文件、资料的收集、整理、归档和保管工作。

5. 竣工验收控制。建设项目竣工后，企业应当按照规定的时限及时办理竣工决算，组织竣工决算审计，并根据批复的竣工决算和有关规定办理建设项目档案与资产移交等工作。如果建设项目已经实际投入使用但超过时限尚未办理竣工决算，企业应当根据建设项目的实际投资额暂估入账，并转为相关资产管理。

六、合同控制

所谓合同，是指企业开展业务活动时，与自然人、法人及其他组织等平等主体之间设立、变更、终止民事权利义务关系的协议。合同管理的基本流程如图 5-15 所示。

合同控制包括合同管理制度建设以及涵盖合同签订、执行、监督全过程管理的风险防控，企业应当建立合同归口管理部门，确保合同管理规范有序开展。

（一）合同管理的主要风险

合同管理的主要风险包括以下四点。

1. 应签订合同的经济活动未订立合同，违规签订担保、投资和借贷合同，可能导致企业经济利益受损。

2. 未经授权对外订立合同，合同对方主体资格未达到要求、合同内容存在重大疏漏和欺诈，可能导致企业经济利益受损。

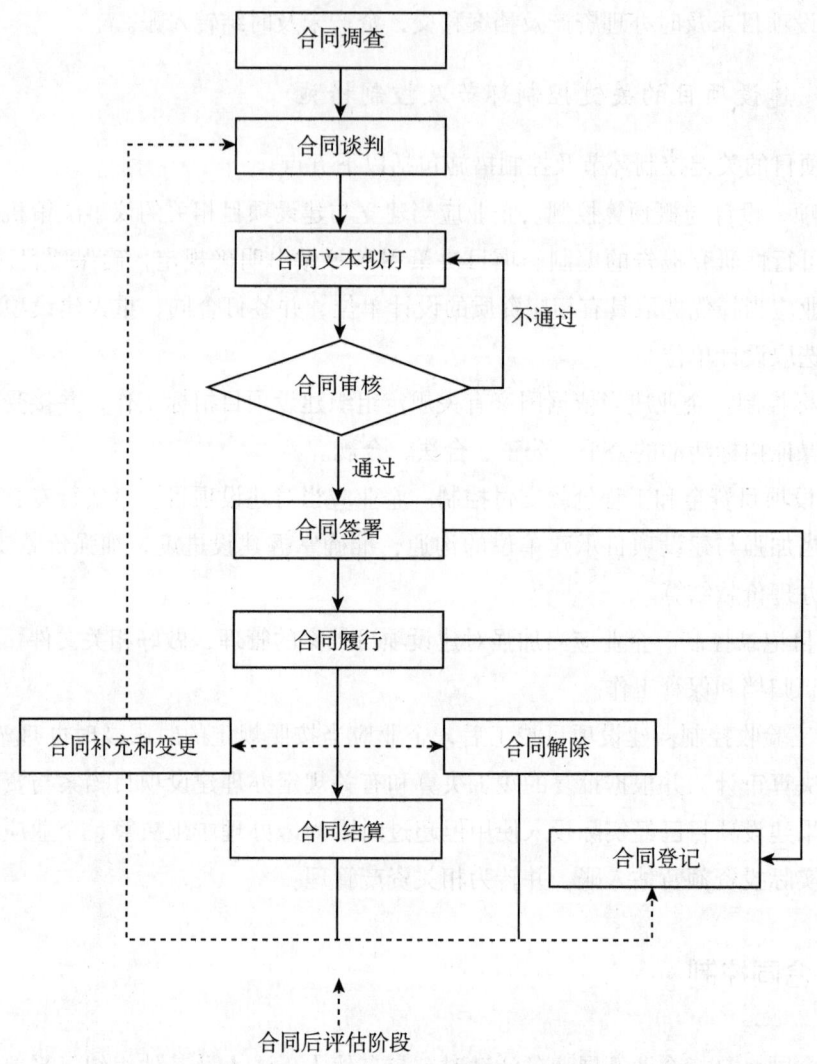

图 5-15 合同管理业务基本流程

3. 合同未全面履行或监控不当,可能导致企业诉讼失败或经济利益受损。
4. 合同纠纷处理不当,可能导致企业的利益、信誉和形象受损。

(二) 合同管理的关键控制措施

合同管理的关键控制措施包括以下四点。

1. 合同订立控制。明确合同订立的范围和条件,严禁未经授权擅自以企业名义对外签订合同。
2. 合同履行控制。对合同履行情况实施有效监控,对因对方或企业自身原因导致可能无法按时履行的,应当及时采取应对措施。

3. 合同登记控制。定期对合同进行统计、分类和归档,详细登记合同的订立、履行和变更情况,实行对合同的全过程管理。

4. 合同纠纷控制。如果合同发生纠纷,企业应当在规定时效内与对方协商谈判。

> **财眼看问题**
>
> 1. 业务层面的内部控制聚焦于具体执行层面的风险防范。在设计业务层面的内部控制时,要注重成本效益原则,合理权衡、有效防控。
>
> 2. 内部控制广泛涉及业务流程,各项业务流程的关键风险控制点不同,务必注重各项控制程序的衔接,确保内部控制程序与业务流程环环相扣,协同发挥效力。
>
> 3. 内部控制策略并非一成不变,企业应该根据其面临的内外部环境变化,及时调整内部控制策略。
>
> 4. 单位层面内部控制与业务层面内部控制相辅相成,应该统筹兼顾,切勿顾此失彼。

第六节 内部控制建设

我国《企业内部控制基本规范》强调内部控制的"过程观",提出建设内部控制的五大目标、五大原则和五大要素,是我国企业建设内部控制的总体框架。根据《企业内部控制基本规范》,所谓内部控制,是指由企业董事会、监事会、经理层和全体员工实施的、旨在实现控制目标的过程。内部控制的目标是合理保证企业经营管理合法合规、资产安全、财务报告及相关信息真实完整,提高经营效率和效果,促进企业实现发展战略。与COSO基本框架不同,我国内部控制建设包括"战略目标",从而把企业内部控制和风险管理融合在一个框架体系之中。

一、内部控制建设原则

企业建立与实施内部控制应当遵循下列原则。

1. 全面性原则。内部控制应当贯穿决策、执行和监督全过程,覆盖企业及其所属单位的各种业务和事项。

2. 重要性原则。内部控制应当在全面控制的基础上,关注重要业务事项和高风险领域。

3. 制衡性原则。内部控制应当在治理结构、机构设置及权责分配、业务流程等方面形成相互制约、相互监督,同时兼顾运营效率。

4. 适应性原则。内部控制应当与企业经营规模、业务范围、竞争状况和风险水平等相适应,并随着情况的变化及时加以调整。

5. 成本效益原则。内部控制应当权衡实施成本与预期效益,以适当的成本实现有效控制。

二、内部控制建设要素

企业建立与实施有效的内部控制,应当包括下列要素。

1. 内部环境。内部环境是企业实施内部控制的基础,通常包括治理结构、机构设置及权责分配、内部审计、人力资源政策、企业文化等。

2. 风险评估。风险评估是企业及时识别、系统分析经营活动过程与实现内部控制目标相关的风险,合理确定风险应对策略。

3. 控制活动。控制活动是企业根据风险评估结果,采用相应的控制措施,将风险控制在可承受度之内。

4. 信息与沟通。信息与沟通是企业及时、准确地收集、传递与内部控制相关的信息,确保信息在企业内部、企业与外部之间进行有效沟通。

5. 内部监督。内部监督是企业对内部控制建立与实施情况进行监督检查,评价内部控制的有效性,发现内部控制缺陷,应当及时加以改进。

《企业内部控制基本规范》的基本结构如图 5-16 所示。

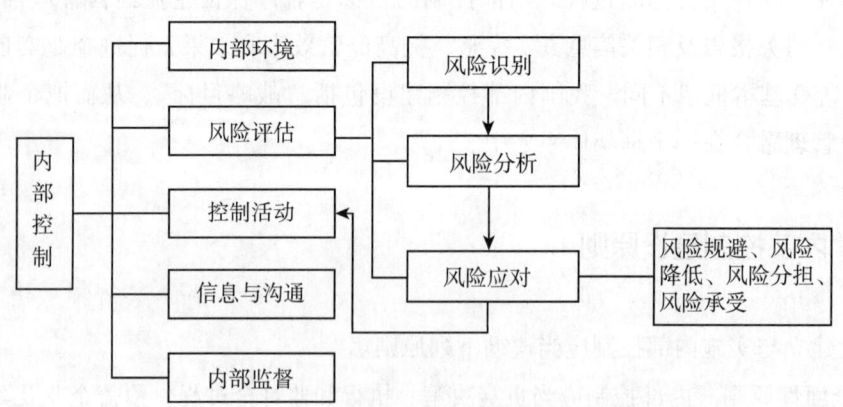

图 5-16 《企业内部控制基本规范》的基本结构

三、内部控制建设流程

内部控制建设难以一蹴而就。通常,内部控制建设包括计划阶段、评估阶段、测试阶段和报告阶段。[①]

(一)计划阶段

企业应当明确内部控制建设的各组织成员职责,结合现有制度,识别为达成企业目标所面临的重大风险领域,以此确定内部控制建设的目标、范围和时间安排。在计划指导下,企业应当首先开展内部控制调研工作,采用访谈、调查问卷、流程图等方式,确定并记录企业内部控制的初步情况。随着内部控制建设项目的持续开展,计划应当做好动态调整。

(二)评估阶段

企业在获得企业内部控制的初步信息后,应当开始内部控制梳理工作,运用风险评估的方法,发现内部控制现存的缺陷环节,考虑并建设相应的内部控制,提出改进方法。企业可以从风险发生的可能性与影响程度两个维度评价风险,对风险排序,从而将主要精力放在重大风险点和控制环节上。

(三)测试阶段

企业对内部控制有效性的测试主要包括设计的有效性与执行的有效性。企业在测试内部控制有效性时,可以根据风险的大小和某个内部控制程序消除风险的重要性采取不同的测试方法,从而以最小成本达到最佳效果。每一轮测试,都伴随着内部控制的完善。

(四)报告阶段

内部控制建设的初衷往往出于外部监管合规的要求,因此,最终的内部控制评价结果总是以一定的形式呈报监管部门。实际上,在内部控制建设的几个阶段,随着项目的开展,不同阶段都会形成阶段性的报告,并呈送给企业的治理层和高管层。

内部控制的建设、运行和维护是一个动态过程。企业的外界环境总在不断变化,企业本身也在不断成长,内部控制必须适应环境而进行动态的调整,从而不断改进完善。

---

① 张庆龙、聂兴凯:《企业内部控制建设与评价》,经济科学出版社2011年版,第59~60页。

四、内部控制模式的选择

内部控制模式是形成于特定环境或特定控制目标,具有一定共性特征的控制系统。内部控制模式是内部控制系统的运作机理,内部控制模式的选择需要以坚实的基础理论作为支撑,并与企业的具体环境相衔接。

从内部控制模式的历史发展来看,可分成合规性内部控制模式、风险导向内部控制模式和价值链内部控制模式。[1]

(一) 合规性内部控制模式

合规性内部控制模式是以岗位职责分权为基础,以相互牵制为手段,达到防错防弊控制目标的一种内部控制模式。传统的合规性内部控制模式适用于商品短缺、市场为卖方市场的情况。但随着市场需求的多元化、产品生命周期的短期化、市场竞争的国际化,产品市场由卖方市场转变为买方市场,企业经营的风险急剧增加。能否规避和控制风险,成为企业能否成功的重要因素,也是内部控制的关键。

(二) 风险导向内部控制模式

风险导向内部控制模式是以风险识别和评估为基础,管理风险,继而分析、设计和实施内部控制的过程,旨在降低风险以实现企业的既定目标。风险导向的内部控制要求董事会与管理层将主要精力放在可能产生重大风险的环节上,而不是关注企业管理的所有细节(见图 5-17)。

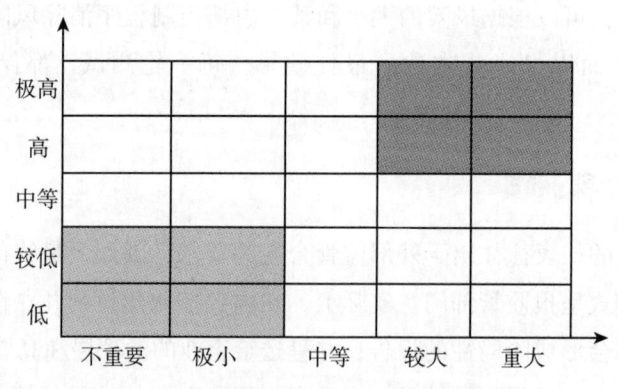

图 5-17 企业风险图

---

[1] 张庆龙、聂兴凯:《企业内部控制建设与评价》,经济科学出版社 2011 年版,第 65 页。

当前我国企业主要选择风险导向内部控制模式。这主要由其所处的环境和面临的挑战所决定：(1) 企业经营环境日趋复杂；(2) 企业海外战略面临新的风险；(3) 企业本身基础管理水平较低，风险意识差；(4) 成本效益原则要求企业能将有限的资源发挥更大的作用。

(三) 价值链内部控制模式

价值链内部控制模式是一种关注价值创造，并将内部控制延伸至上游企业和下游企业，通过协同控制来达到价值创造最大化的模式。目前主要是企业内部业务流程的控制，局限于企业内部。

第七节 内部控制评价与审计

2010 年，财政部会同证监会等五部委发布《企业内部控制应用指引》《企业内部控制评价指引》和《企业内部控制审计指引》，要求执行企业内部控制规范体系的企业，应当对企业内部控制的有效性进行自我评价，披露年度自我评价报告，同时聘请会计师事务所依照相关审计标准对其财务报告内部控制的有效性进行审计，并出具审计报告。

《企业内部控制评价指引》是内部控制"自我体检"的标准，企业内部控制自我评价应当具有自觉性和持续性。《企业内部控制审计指引》属于"外部体检"标准，企业内部控制审计应当更具有专业性和公正性。

一、内部控制评价原则

企业实施内部控制评价至少应当遵循下列原则。[①]

1. 全面性原则。内部控制的评价工作应当包括内部控制的设计与运行，涵盖企业及其所属单位的各种业务和事项。

2. 重要性原则。内部控制的评价工作应当在全面评价的基础上，关注重要业务单位、重大业务事项和高风险领域。

3. 客观性原则。内部控制的评价工作应当准确地揭示经营管理的风险状况，如实反映内部控制设计与运行的有效性。

---

① 财政部等：《企业内部控制评价指引》，2010 年 4 月 15 日。

二、内部控制评价内容

根据《企业内部控制应用指引》对内部控制框架进行五个层面的划分,企业在开展内部控制评价时要对控制环境、风险评估、控制活动、信息与沟通、内部监督五个方面做出评价。

(一)控制环境评价

控制环境是整个企业内部控制的基石,企业在开展控制环境评价时应当以组织架构、发展战略、人力资源、企业文化、社会责任等应用指引作为依据或参考。企业内部控制环境通常包含管理层、治理层及员工的诚信道德等价值观,对胜任能力的重视,管理层的理念和经营风格,也包括组织架构及职权与责任的分配。控制环境可能深刻影响员工的内部控制意识,也是其他部分的基础。

(二)风险评估评价

风险评估是识别并评估企业在经营过程中所遇到的风险。企业在组织开展风险评估评价时,应当以《企业内部控制基本规范》有关风险评估的要求,以及各项应用指引所列示的主要风险为依据,结合企业的内部控制制度,对日常经营管理过程的目标设定、风险识别、风险分析、应对策略等进行认定和评价。

(三)控制活动评价

控制活动指的是确保管理层指令得以执行的活动,贯穿整个企业、各种层次和功能,主要包括授权、绩效评价、信息处理、实物控制和职责分离。企业开展控制活动评价时,应在企业内控制度基础上,对其设计和运行情况做出评价。

(四)信息与沟通评价

企业开展信息与沟通评价,应当以内部信息传递、财务报告、信息系统等相关指引为依据,结合企业的内部控制制度,对信息收集、处理和传递的及时性、反舞弊机制的健全性、财务报告的真实性、信息系统的安全性,以及利用信息系统实施内部控制的有效性进行认定和评价。

(五)内部监控评价

内部监控是指在企业经营过程中,为了保证内部控制得以正常运行而做出的一系列监督活动，并对其中的问题向上级汇报。企业可以通过内部审计人员或具有类似职能的人员对内部控制的设计和执行做出评价并提出相应的改善建议。

三、内部控制缺陷评价

内部控制缺陷按原因分为设计缺陷和运行缺陷，按严重程度分为重大缺陷、重要缺陷和一般缺陷。

（一）按照内部控制缺陷的原因分类

按照内部控制缺陷的原因，内部控制缺陷可以分为：（1）设计缺陷。设计缺陷是指企业在设计内部控制的时候没有考虑全面或某个环节存在漏洞，导致没有达到内部控制目标所需要的控制或现存的控制不合理。（2）运行缺陷。运行缺陷是指内部控制的设计是合理有效的，但在执行运作上没有按照原有意图去实施或执行人员没有得到授权或没有相应胜任能力，导致无法正确执行内部控制。

（二）按照内部控制缺陷的严重程度分类

按照内部控制缺陷的严重程度，内部控制缺陷可以分为：（1）重大缺陷。重大缺陷，是指一个或多个控制缺陷的组合，可能严重影响内部整体控制的有效性并导致财务报表出现重大错报，进而导致企业无法及时防范或发现严重偏离整体控制目标的情形。（2）重要缺陷。重要缺陷是指一个或多个一般缺陷的组合，虽然影响程度小于重大缺陷，但也足够引起管理层重视。因为重要缺陷也可能会使企业出现无法及时防范或发现严重偏离整体控制目标的情况。（3）一般缺陷。一般缺陷是指除重要缺陷、重大缺陷外的其他缺陷。

四、内部控制审计

内部控制审计，是指会计师事务所承接企业的委托，对特定基准日的内部控制设计与运行的有效性进行审计。内部控制审计意见包含财务报告内部控制和非财务报告内部控制，前者主要针对有效性发表意见，后者针对非财务报告内部控制的重大缺陷并予以披露，从成本效益以及投资者对财务信息质量的要求看，财务报告内部控制审计是核心要求。[1]

---

[1] 中国注册会计师协会：《审计》，中国财政经济出版社2018年版，第443~444页。

（一）财务报告内部控制审计意见[①]

注册会计师应当对获取的证据进行评价，形成对内部控制有效性的意见。财务报告内部控制审计意见包括无保留意见、无法表示意见、否定意见。

1. 企业的内部控制满足指引要求且在所有重大方面保持了有效的内部控制，并且在审计过程没有受到限制，注册会计师应当对财务报告内部控制出具无保留意见的内部控制审计报告。

2. 企业的内部控制虽不存在重大缺陷，但存在一项或者多项重大事项需要让管理层注意，那么，注册会计师应当在内部控制审计报告中增加强调事项段进行说明，而该强调事项并不影响对财务报告内部控制发表的审计意见。

3. 财务报告内部控制存在一项或多项重大缺陷，除非审计范围受到限制，注册会计师应当对财务报告内部控制发表否定意见。

4. 如果审计范围受到限制，注册会计师应当解除业务约定或出具无法表示意见的内部控制审计报告，并就审计范围受到限制的情况，以书面形式与董事会沟通。

（二）非财务报告内部控制审计意见

注册会计师对在审计过程中注意到的非财务报告内部控制缺陷，应当区别具体情况予以处理。

1. 非财务报告内部控制缺陷为一般缺陷时，注册会计师需要让企业注意并予以优化，但无须在内部控制审计报告中说明。

2. 非财务报告内部控制缺陷为重要缺陷时，注册会计师应当以书面形式与企业管理层沟通，但无须在内部控制审计报告中说明。

3. 非财务报告内部控制缺陷为重大缺陷时，注册会计师不仅以书面形式与企业管理层沟通，同时应当在内部控制审计报告中增加非财务报告内部控制重大缺陷描述段对影响程度做出披露。

第八节 企业风险管理

2019年，我国财政部发布《管理会计应用指引第700号——风险管理》。该指引界定了风险管理的含义，指出风险管理应当遵循的原则，说明了风险管理的应用环境、应

---

① 财政部等：《企业内部控制审计指引》，2010年4月15日。

用程序及可应用的工具。企业可以结合自身的风险管理目标和实际情况，单独或综合应用风险矩阵、风险清单等风险管理工具方法。

根据《管理会计应用指引第 700 号——风险管理》的规定，风险管理是指企业为实现风险管理目标，对企业风险进行有效识别、评估和应对等管理活动的过程。值得注意的是，企业内部控制不能替代企业风险管理，企业风险管理也不能替代企业内部控制。

一、风险识别

企业应根据风险形成机制，识别可能影响风险管理目标实现的内外部风险因素和风险事项，查找企业各业务单元、各项重要经营活动及其重要业务流程是否存在风险，存在哪些风险，确定企业面临的风险类别。企业可能面临的风险类型主要包括政治风险、法律与合规风险、社会文化风险、技术风险、自然环境风险、市场风险、产业风险、战略风险、运营风险、财务风险等。企业可以采用定性与定量方法相结合开展风险分析活动。风险识别的方法主要包括以下四种。

（一）头脑风暴法

头脑风暴法又称为智力激励法或自由思考法，是指刺激并鼓励一群知识渊博、知悉风险情况的人员畅所欲言，集思广益，开展集体讨论的方法。

（二）德尔菲法

德尔菲法又称为专家意见法，是在一组专家中取得可靠共识的程序。德尔菲法的基本特征是专家单独、匿名表达各自的观点。当然，专家也有机会了解其他专家的观点。

（三）失效模式影响和危害度分析法

失效模式影响和危害度分析法是一种自下而上的分析方法，可用来分析、审查系统的潜在故障模式，可以对其他风险识别方法提供数据支持。

（四）情景分析法

情景分析法可用来预计威胁和机遇可能发生的方式，以及如何将威胁和机遇用于各类长短期风险。通过模拟不确定性情景，对企业面临的风险进行定性与定量分析。

二、风险评估

企业应当在风险识别的基础上，对风险成因和特征、风险之间的相互关系，以及风险发生的可能性、对目标影响程度和可能持续的时间进行分析。企业可以采用定性与定量方法相结合开展风险评估活动。

企业应当在风险评估的基础上，针对需重点关注的风险，设置风险预警指标体系监测风险的状况，并通过将指标值与预警临界值的比较，识别预警信号，并进行预警分级。

风险评估应由企业相关职能部门和业务单位实施，也可以聘请有资质、信誉好、风险管理专业能力强的中介机构协助实施。风险评估可以采用关键风险指标管理的方法。其操作步骤如下。

（一）量化风险指标

量化风险指标的主要步骤如下。

1. 分析风险成因，从中找出关键成因。
2. 将关键成因量化，确定其度量，分析确定导致风险事件发生（或极有可能发生）时该成因的具体数值。

（二）建立预警系统

建立预警系统的主要步骤如下。

1. 以该具体数值为基础，以发出风险信息为目的，加上或减去一定数值后形成新的数值，该数值即为关键风险指标。
2. 建立风险预警系统，即当关键成因数值达到关键风险指标时，发出风险预警信息。

（三）监控实施预警措施

监控实施预警措施主要包括以下两点。

1. 制定出现风险预警信息时应当采取的风险控制措施。
2. 跟踪监测关键成因的变化，一旦出现预警，即实施风险控制措施。

企业应当对风险管理信息实行动态管理，定期或不定期实施风险识别、分析、评估，以便重新评估新产生的风险和原有风险的变化。

三、风险应对

企业应当针对已发生的风险或已超过监测预警临界值的风险，采取风险接受、风险规避、风险转移、风险分担、风险转换、风险对冲、风险补偿、风险降低等策略，把风险控制在风险容忍度之内。

（一）风险接受

风险接受是指企业对所面临的风险采取接受的态度，从而承担风险带来的后果。企业对未能识别出的风险以及识别出但由于缺乏能力进行主动管理、没有备选方案或从成本效益方面考虑风险承担属于最优方法的风险，选择风险承担工具。而对于重大风险，一般不应该采用风险承担。

（二）风险规避

风险规避是指企业回避、停止或退出蕴含某种风险的商业活动或商业环境，避免成为风险的所有人。例如，企业退出某个市场以避免激烈竞争、拒绝与信用不好的交易对手发生交易或外包某项对工人健康安全风险较高的工作等。

（三）风险转移

风险转移是指企业通过合同将风险转移到第三方，企业对转移后的风险不再拥有所有权。风险转移不会降低其可能的严重程度，只是从一方移除后转移到另一方。例如，保险、非保险型的风险转移以及风险证券化。

（四）风险分担

风险分担是指受托人与受益人共担风险，是信托公司作为受托管理资产的金融机构所特有的风险管理策略，也是在风险管理过程中合理处理信托当事人各方利益关系的一种策略。

（五）风险转换

风险转换是指企业通过战略调整等手段将企业面临的风险转换成另一种风险。风险转换一般不会直接降低企业总体风险，其简单形式就是在减少某种风险的同时，增加另一种风险。企业可以通过风险转换在两种或多种风险之间进行调整，以达到最佳效果。

（六）风险对冲

风险对冲是指采取各种手段，引入多种风险因素或承担多种风险，使这些风险能够互相对冲。风险对冲可能涉及风险组合，而不仅仅涉及单一风险。

（七）风险补偿

风险补偿是指企业对风险可能造成的损失采取适当的措施进行补偿，其形式包括财务补偿、人力补偿、物资补偿等。

（八）风险降低

风险降低是指通过控制风险事件发生的动因、环境、条件等，来达到减轻风险事件发生时的损失或降低风险事件发生概率的目的，其控制对象通常是可控风险。

总体而言，企业制定风险管理策略的一个关键环节，就是根据不同业务特点统一确定风险偏好和风险承受度，并据此确定风险的预警线及相应采取的对策。

延伸阅读5-2

风险管理的主要工具

企业风险管理的主要工具包括风险矩阵（risk matrix）和风险清单。

一、风险矩阵

风险矩阵是企业风险管理的工具方法之一。风险矩阵是一种根据危险发生的可能性和伤害的严重程度综合评估风险大小的定性风险评估分析方法，是一种风险可视化的工具，主要用于风险评估领域。

风险矩阵的基本原理是根据企业风险偏好，判断并度量风险发生可能性和后果严重程度，计算风险值，以此作为主要依据，在矩阵中描绘出风险的重要性等级。

其主要思想是，通过定性分析和定量分析综合考虑风险影响和风险概率两个方面的因素，对风险因素对项目的影响进行评估的方法。

从具体内涵看，风险矩阵可用来根据风险等级对风险、风险来源或风险应对进行排序。它通常作为一种筛查工具，以确定哪些风险需要更细致的分析，或是应首先处理哪些风险，这是一种更高层次的管理。

企业应用风险矩阵工具方法的一般程序包括：绘制风险矩阵坐标图（包括确定风险矩阵的横纵坐标、制定风险重要性等级标准、分析与评价各项风险、在风险矩阵中描绘出风险点），沟通报告风险信息和持续修订风险矩阵图。

（一）建立风险矩阵坐标

风险矩阵坐标，是以风险后果严重程度为横坐标、以风险发生可能性为纵坐标的矩阵坐标图。企业可以根据风险管理精度的需要，确定定性、半定量或定量指标来描述风险后果严重程度和风险发生可能性。

风险后果严重程度的横坐标等级可以定性描述为"微小""较小""较大""重大"等（也可以采用1、2、3、4等M个半定量分值），风险影响等级的确定可参考表1。风险发生可能性的纵坐标等级可以定性描述为"不太可能""偶尔可能""可能""很可能"等（也可以采用1、2、3、4等N个半定量分值或概率水平值），风险描述与对应的概率水平可以参考表2。由此，就形成了 M×N 个方格区域的风险矩阵图。当然，企业也可以根据需要通过定量指标更精确地描述风险后果严重程度和风险发生可能性。

表1　　　　　　　　　　　　风险影响等级的定义

风险影响等级	定义或说明
重大	一旦风险事件发生，将很可能导致项目失败
较大	一旦风险事件发生，会导致经费大幅增加，项目周期延长，可能无法满足项目的二级需求
较小	一旦风险事件发生，会导致经费一般程度的增加，项目周期一般性延长，但仍能满足项目一些重要的要求
微小	一旦风险事件发生，经费只有小幅增加，项目周期延长不大，项目需求的各项指标仍能保证
可忽略	一旦风险事件发生，对项目没有影响

表2　　　　　　　　　　　　风险发生概率的解释性说明

风险概率范围（%）	解释说明
0～10	非常不可能发生
11～40	不可能发生
41～60	可能在项目中期发生
61～90	可能发生
91～100	极可能发生

（二）确定风险重要性等级

企业在确定风险重要性等级时，应当综合考虑风险后果严重程度和发生可能性，以及企业的风险偏好，将风险重要性等级划分为可忽视的风险、可接受的风险、要关注的风险和重大的风险等级别。

对于使用半定量指标和定量指标描绘的矩阵，企业可将风险后果严重程度和发生可能性等级的乘积（即风险值）划分为与风险重要性等级相匹配的区间。为了突出风险矩阵的可视化效果，企业可以将不同重要性等级的风险用不同的标识进行区分。最终风险等级的确定可以参考表3。

表 3　　　　　　　　　　　　确定风险等级

风险概率范围（%）	可忽略	微小	较小	较大	重大
0~10	低	低	低	中	中
11~40	低	低	中	中	高
41~60	低	中	中	中	高
61~90	中	中	中	中	高
91~100	中	高	高	高	高

（三）分析和评价风险

企业在逐项分析和评价需在风险矩阵展示的风险时，应当考虑各风险的性质和企业对该风险的应对能力。风险分析应当包括风险之间的关系分析，以便发现各风险之间的自然对冲、风险事件发生的正负相关性等组合效应，从风险策略方面统一集中管理风险，同时还应当评估企业拥有的资源和能力（关注核心资源和能力），以便优化风险应对措施。

对单个风险发生的可能性和风险后果严重程度的量化应当参考相关历史数据，评估多项风险时，应当根据对风险发生可能性的高低和对目标的影响程度的评估，绘制风险坐标图，对各项风险进行比较，初步确定对各项风险的管理优先顺序和策略。

企业在综合职能部门和业务部门等相关方的意见之后，应当组织有关职能部门和业务单位实施风险评估，也可以聘请有资质、信誉好、风险管理专业能力强的中介机构协助实施，并最终得到每种风险发生可能性和后果严重程度的评分结果。

（四）绘制风险矩阵

企业应当将每种风险发生的可能性和后果严重程度的评分结果组成的唯一坐标点标注在建立好的风险矩阵图中，标明各点的含义并给风险矩阵命名，完成风险矩阵的绘制。

原始风险矩阵和风险矩阵坐标图分别如表 4 和图 1 所示。

表 4　　　　　　　　　　　　原始风险矩阵

项目需求	所用技术	风险	风险影响	风险概率（%）	风险等级	风险管理

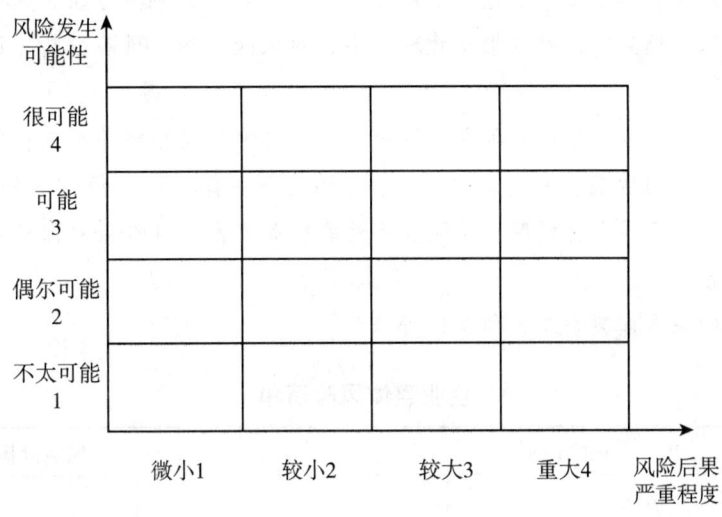

图1　风险矩阵

（五）风险矩阵的传递与应用实施

企业应当将绘制完成的风险矩阵及时传递给企业管理层、各职能部门和业务部门。企业还可以将风险矩阵纳入企业风险管理报告,以切实指导风险预警和应对活动,提高风险管理效果。

（六）更新与改进风险矩阵

企业应当根据风险管理的需要或企业管理层的要求,对风险管理信息实行动态管理,定期或不定期地实施风险识别、分析和评价,以更新风险矩阵所展示的各类风险及其重要性等级,并重点检查依据风险矩阵所实施的结果是否有效。

二、风险清单

风险清单是管理活动的一种工具和方法。风险清单以表单的形式将企业自身战略、业务特点和风险管理要求联系起来,从而进一步实行风险识别、风险分析、风险应对措施、风险报告和沟通等活动。

企业应用风险清单工具方法的主要目标是进一步管控风险。具体来说,首先,使企业从整体上了解自身风险概况和存在的重大风险。其次,明晰各相关部门的风险管理责任,规范风险管理流程,并为企业构建风险预警和风险考评机制奠定基础。

企业一般按企业整体和部门两个层级编制风险清单。企业整体风险清单的编制一般按照构建风险清单基本框架、识别风险、分析风险、制定重大风险应对措施等程序进行；部门风险清单的编制可根据企业整体风险清单,梳理出与本部门相关的重大风险,依照上述流程进行。

中小企业编制风险清单,也可以不区分企业整体和部门。

企业风险清单基本框架一般包括三部分，即风险识别、风险分析、风险应对。企业构建风险清单基本框架时，可以根据管理需要，对风险识别、风险分析、风险应对的要素进行调整。

风险识别部分主要包括风险类别、风险描述、关键风险指标等要素；风险分析部分主要包括可能产生的后果、关键影响因素、风险责任主体（以下简称责任主体）、风险发生可能性、风险后果严重程度、风险重要性等级等要素；风险应对部分主要包括风险应对措施等要素。

风险清单的基本框架如表5和表6所示。

表5　　　　　　　　　　　　企业整体风险清单

风险识别							风险描述	关键风险指标	风险分析			
风险类别									可能产生的后果	关键影响因素	风险责任主体	风险发生可能性
一级风险		二级风险		……								
编号	名称	编号	名称	编号	名称							
1	战略风险	1.1										
		1.2										
		……										
2	营运风险	2.1										
		2.2										
		……										
3	财务风险	3.1										
		3.2										
		……										
……												

表6　　　　　　　　　　　　部门风险清单

风险识别						风险分析				
风险类别				风险描述	关键风险指标	关键影响因素	可能产生的后果	风险责任主体	风险发生可能性
一级风险		二级风险								
编号	名称	编号	名称							
1	业务1	1.1	流程1							
		1.2	流程2							
		……	……							
2	业务2	2.1								
		2.2								
		……								
3	业务3	3.1								
		3.2								
		……								
……										

风险矩阵侧重于使企业了解自身存在的各类风险重要性等级，而风险清单则侧重于使企业了解自身风险概况和存在的重大风险，明晰各相关部门的风险管理责任。总体而言，风险清单将风险细化到各部门、各操作流程。风险清单是风险矩阵的实操性延伸。

财眼看问题

　　1. 商界不可能没有风险。企业家就是创造风险、利用风险和摆平风险的人。因此，企业应该管理风险，而不是消除风险。

　　2. 经理人需要有风险意识。风险是一个中性词。风险高不见得就是坏事，风险低也不见得就是好事。

参考文献

[1] 财政部：《管理会计应用指引第 700 号——风险管理》，2018。

[2] 财政部：《管理会计应用指引第 701 号——风险矩阵》，2018。

[3] 财政部：《管理会计应用指引第 702 号——风险清单》，2018。

[4] 财政部：《管理会计应用指引第 603 号——平衡计分卡》，2017。

[5] 胡玉明主编：《管理会计应用指引详解与实务》（最新版），经济科学出版社 2019 年版。

[6] 林斌、曹健、舒伟：《信息技术内部控制研究——基于 COBIT5 的分析》，载于《江西财经大学学报》，2016 年第 1 期。

[7] 张庆龙、聂兴凯：《企业内部控制建设与评价》，经济科学出版社 2011 年版。

[8] COSO 发布、财政部会计司组织翻译：《内部控制——整合框架》，中国财政经济出版社 2014 年版。

[9] COSO. Enterprise Risk Management—Integrating with Strategy and Performance (2017) [EB/OL]. https：//www. coso. org/pages/ERM-Framework-urchase. aspx.

[10] COSO. Enterprise Risk Management—Integrated Framework [EB/OL]. https：//www. coso. org/ Pages/ ERM-integrated framework. aspx.

[11] COSO. Internal Control—Integrated Framework [EB/OL]. https：//www. coso. org/Pages/ IC-integrated framework. aspx.

第六章

内部审计

第一节 内部审计概述

纵观国内外的内部审计发展历史,内部审计基本可以划分为三个阶段,即早期的内部审计阶段、近代内部审计阶段和现代内部审计阶段。早期的内部审计大体是以庄园审计、寺院审计等形式存在。而后,随着资本主义和股份公司的兴起,公司股东或投资者为了保护自己的经济利益便设立了内部审计机构,除了起到查错纠弊功能之外,还对企业的经营管理做出评价。同时,由于企业的业务不断扩大,控制企业内部风险显得尤为重要,企业需要定期组织内部审计师(internal auditor)① 对各环节进行监控并提出改进意见,从而渗透到各个环节。此时,内部审计有更多建设性功能,甚至从原有的事后评价转向事前控制,并成为现代企业制度不可缺少的组成部分。

一、内部审计的概念

内部审计的概念有许多,结合主流及我国现状,这里引述国际内部审计师协会(IIA)、中国内部审计协会(CIIA)以及审计署对内部审计的定义并进行对比。

国际内部审计师协会(IIA)在《国际内部审计专业实务框架》中将内部审计定义为:"内部审计是一种独立、客观的确认和咨询活动,旨在增加价值和改善组织的运营。它通过应用系统的、规范的方法,评价并改善风险管理、控制和治理过程的效果,帮助组织实现其目标。"

我国内部审计协会(CIIA)在 2013 年颁布的《第 1101 号——内部审计基本准则》将内部审计定义为:"一种独立、客观的确认和咨询活动,它通过运用系统、规范的方

---

① 为了叙述方便,本章的内部审计师泛指参与内部审计工作的内部审计人员。

法，审查和评价组织的业务活动、内部控制和风险管理的适当性和有效性，以促进组织完善治理、增加价值和实现目标。"

审计署于 2018 年修订《审计署关于内部审计工作的规定》，并将内部审计定义为："对本单位及所属单位财政财务收支、经济活动、内部控制、风险管理实施独立、客观的监督、评价和建议，以促进单位完善治理、实现目标的活动。"

根据上述三个定义，汇总对比如表 6-1 所示。

表 6-1　　　　　　　　　　　内部审计不同定义对比

	国际内部审计师协会	中国内部审计协会	审计署
主体	无具体标明	无具体标明	单位内部
客体	风险管理、控制和治理过程	业务活动、内部控制和风险管理	财政财务收支、经济活动、内部控制、风险管理
目标	增加价值和改善组织运营	促进组织完善治理、增加价值和实现目标	促进单位完善治理、实现目标
职能	确认、咨询、评价、改善	确认、咨询、审查、评价	监督、评价、建议
特征	独立客观	独立客观	独立客观

表 6-1 中国际内部审计师协会与中国内部审计协会对内部审计的定义基本趋同，而审计署则更加侧重对经济收支方面的管控。尽管上述三种内部审计的定义都有些不同，但其核心思想都是独立客观地监督评价单位内部各个环节做好风险管理和内部控制，进而完善单位治理帮助单位实现目标。

二、内部审计特征

独立性和客观性是审计服务内在价值的根本，独立性被看作审计职能的一种属性，而客观性则是内部审计师的属性。独立性是指内部审计部门公正地履行职责时免受任何威胁其履行能力的情况影响，而客观性是不偏不倚的心态，使内部审计师在开展业务时相信其工作成果，并且不会做出质量方面的妥协。

内部审计的独立性可以分为组织上的独立性、内部审计师的独立性、内部审计业务的独立性。

组织上的独立性要求内部审计师能够直接向有权力保障内部审计可以独立开展级别的人或机构进行层级报告，比如内部审计师可以向董事会或下属的审计委员会直接汇报。因为董事会可以批准内部审计相关计划、决定内部审计师的任免及薪资、确定内部审计是否受限等。

在两权分离及代理理论下,经理人可能会出于个人利益做出违背企业利益的决策,加之经理人更加了解业务及企业运营而董事会通过汇报得到信息,可能加剧信息不对称。为了保障内部审计的组织独立性,图6-1提供一个可供参考的单位组织架构。董事会通过审计委员会了解内部审计工作的重点以及所关注的问题,而审计委员会通过内部审计及时知道单位的内部风险,内部审计部门可以在开展内部审计的同时向总经理提供有建设性的意见并实施有效的监督。为了避免经理控制董事会影响独立性,董事会还需要独立董事参与,对于上市公司独立董事人数至少占董事会人数的1/3。

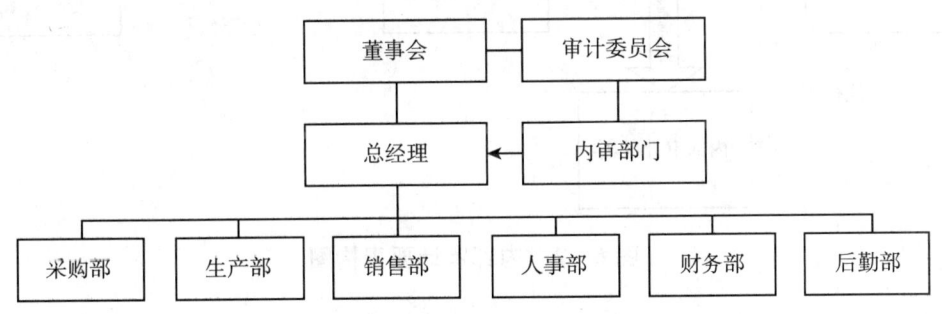

图6-1 组织独立性架构

内部审计师的独立性要求内部审计师在开展内部审计活动时不受任何外界干扰独立自主开展审计工作。这就要求内部审计师身份必须独立即不能由业务部门或财务会计部门人员兼任。因为只有在独立的基础上,内部审计师才能做出公正无偏见的判断,而最理想的情况下,内部审计师既要做到独立同时又要非常了解业务。

内部审计业务的独立性则与前者呼应,要求内部审计师不参与相应经济业务或生产经营活动,以第三者的身份独立地检查、监督、分析和评价单位活动。

客观性要求内部审计师做出职业判断的时候不应因其他因素而做出重大的质量妥协,也不能把对其他事物的判断凌驾于对审计实务的判断之上,而保持客观性的重要途径就是避免利益冲突。利益冲突会影响内部审计师做出公正判断,尤其影响人们对内部审计师的信心,甚至产生偏见并造成一定审计受限,虽然利益冲突并不一定会产生不道德或不恰当的行为后果,但必须尽量避免。

三、内部审计要素

内部审计师需要通过收集充分、适当的审计证据来评价单位的各项经营管理活动、财务收支活动、内部控制状况和风险状况等,并出具内部审计报告。因此,对于内部审计而言，内部审计业务包括内部审计业务三方关系人、单位内部活动、内部审计准则、审计证据、审计报告。内部审计要素构图如图6-2所示。

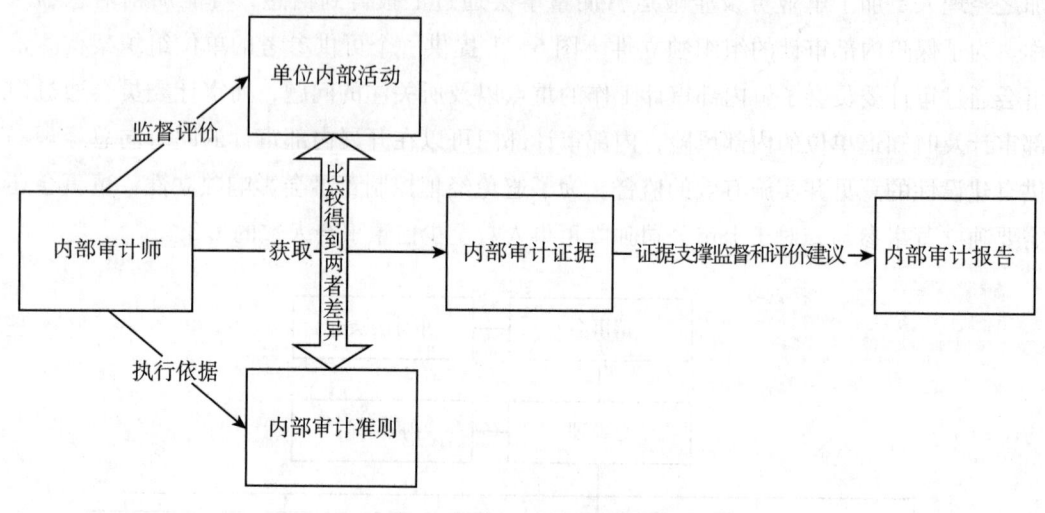

图6-2 内部审计要素构图

（一）内部审计三方关系人

内部审计三方关系人分别是内部审计师、业务部门管理层（责任方）、内部审计报告使用者。内部审计师通常指单位内部审计部门的工作人员或项目成员，是执行内部审计活动的具体人员及负责人；业务部门管理层通常指对单位各项业务活动的执行负有经济管理责任的人员，如采购部经理；内部审计报告使用者通常是分管内部审计部门的领导或者上级单位的监管部门或其他使用者，如本公司董事会或母公司董事会。当然，负责外部审计的注册会计师会适当利用本单位内部审计报告。

（二）单位内部活动

内部单位主要指内部审计的客体，即内部审计活动具体要监督评价的环节，一般这些环节是单位的生产销售、财务收支、行政后勤、信息控制等支撑单位不断运转和产生效益的，同时这些活动由于设计或外部原因会有风险或漏洞，影响单位甚至损害单位的利益。

（三）内部审计准则

内部审计准则是制约、协调与评价内部审计活动和内部审计师的规范性、权威性要求。中国内部审计准则依据《中华人民共和国审计法》《审计署关于内部审计工作的规定》及相关法律法规制定。以我国为例,内部审计准则主要包括内部审计基本准则、内部审计具体准则、内部审计实务指南三个层次。

中国内部审计准则适用于内部审计机构和人员进行内部审计的全过程。中国内部审计准则适用于各类组织,无论组织是否以盈利为目的,也无论组织规模大小和组织形式如何,内部审计机构和人员进行内部审计时,都应遵循内部审计准则。

（四）审计证据

内部审计证据是内部审计师为了得出内部审计结论和形成意见而使用的必要信息,主要通过审计程序获得。

内部审计证据根据来源可以分为外部证据和内部证据。外部证据是单位外部提供的证明如发票、对账单,内部证据则是单位内部使用的证据如出入库单据、会计凭证。通常,外部证据效力强于内部证据。

内部审计证据根据存在形式可以分为口头证据、书面证据和实物证据。口头证据指内部审计师询问被审计人员或其他人员而取得的口头答复,一般其可靠性会受到主观判断等影响;书面证据是以各种书面文件为形态的一类证据,包括各种报告、函件、凭证,书面证据是内部审计师收集证据的重要组成部分,其证明效力一般强于口头证据。实物证据则是实物形态存在的证据,一般通过观察或监盘可以获得,比如账上有100元物资则需要对应100元实物资产去证明。

内部审计证据的获取一般受充分性和适当性影响,充分性是对审计证据的衡量,一般评估的风险越大就需要更多的审计证据并受审计证据质量的影响,即质量越高所需要的数量越少。但是,一旦审计证据的质量很差,即使再多的审计证据也无法弥补质量缺陷,审计证据的适当性就是对质量的衡量。内部审计师在获取审计证据时需要考虑充分性与适当性的平衡,但不能仅以获取证据的困难和成本为由减少不可替代的程序。

（五）审计报告

内部审计报告是内部审计工作的"产品",是以经过核实的审计证据为依据形成审计结论,是内部审计工作成果的反映。内部审计报告通常包括标题、收件人、正文、附件、签章和报告日期等要素。正文包括以下主要内容。

1. 审计概况。审计概况说明审计立项依据、审计目的和范围、审计重点和审计标准等内容。

2. 审计依据。审计依据说明在审计过程中遵守的国家制定的相关法律、法规,上级单位制定的制度等外部依据。

3. 审计发现。即在实施审计活动中发现的主要问题的事实。

4. 审计结论。根据已查明的事实，对被审计单位经营活动和内部控制所作的评价，结论要正确、客观、公正、实事求是，该肯定就肯定，该否定就否定，不能含糊不清，更不能掺杂任何个人意志。

5. 审计决定和审计建议。即针对审计发现的主要问题提出的处理、处罚意见或合理化建议。审计建议要确保可行性，不仅要体现一定的政策性和指导性，符合有关法规和制度要求，同时也要结合实际情况有较强的针对性和可操作性，否则被审计单位难以达到整改要求。

延伸阅读 6-1

关于经纪业务委员会经纪业务的常规审计报告

经纪业务委员会：

根据年度审计工作的安排，稽核审计部于 200×年×月×日至×月×日对你委员会经纪业务自 200×年×月×日至 200×年×月×日期间开展业务的经营管理以及内部控制制度的执行情况进行了常规审计。根据相关部门提供的资料，具体审计情况如下。

一、基本情况

二、审计期内经营情况

三、审计发现的主要问题及建议

四、审计意见

针对本报告提出的具体问题，以及完善内部控制方面的意见和建议，相关部门应当组织讨论并采取相应的措施，逐项落实整改，完善内部控制，防范经营风险。请经纪业务委员会组织相关部门，在收到审计报告后 10 个工作日内提交具体的整改报告，并根据实际情况及时整改，直至整改完毕。

稽核审计部
200×年×月×日

四、内部审计风险

内部审计风险是指内部审计师未能发现被审计单位经营活动及内部控制中存在的重大差异或缺陷而做出不恰当审计结论的可能性。内部审计风险通常包括以下两方面。

（一）重大差异或缺陷风险

重大差异或缺陷风险指被审计单位经营活动及内部控制存在重大差异或缺陷的可能性。

(二) 检查风险

检查风险指内部审计师未能通过审计测试发现重大差异或缺陷的可能性。

内部审计风险的关系可以用如下模型表示：

$$内部审计风险 = 重大差异或缺陷风险 \times 检查风险$$

内部审计师应当合理运用专业判断，考虑以下事项来评估重大差异或缺陷风险：经理人的品德和能力、管理层遭受的异常压力、重要岗位人员的变动情况、经营活动的复杂性、影响被审计单位的环境因素、经营活动中运用估计和判断的程度、容易受损失或被挪用的资产、内部控制设计及执行情况的预估等。

由此可见，内部审计师对重大差异或缺陷风险有较强的主观性，但重大差异或缺陷风险是独立客观存在的，且风险水平越高，内部审计师就应当实施越详细的检查程序，以便将检查风险降低至可接受的水平。因此，根据上述模型及定义，可以推算出可接受的检查风险如下式所示：

$$可接受的检查风险 = 审计风险 \div 重大差异或缺陷风险$$

内部审计师应该在评估审计风险的基础上制定项目审计计划和审计方案。例如，内部审计师在计划阶段评估确定的内部审计风险可接受的水平为5%，确定的重大差异或缺陷风险评估值为80%，则内部审计师在该项审计中可接受的检查风险约为6.25%（即5%÷80%）。内部审计师应据此制订项目审计计划，确定所需审计证据的数量，合理确定审计范围、设计审计程序，将审计风险降低到可接受的水平。

延伸阅读6-2

重要性与审计风险

重要性是指被审计单位经营活动及内部控制中存在偏离特定目标的差异或缺陷的严重程度。这种程度的差异或缺陷在特定环境下可能会影响管理层的判断或决策以及被审计单位经营目标的实现。

内部审计师在编制审计方案时，应当对重要性做出初步判断，合理估计所需审计证据的数量。重要性标准越高，审计风险越低；重要性标准越低，审计风险越高，应当获取的审计证据越多。

内部审计师应当合理选用重要性标准的判断基础，采用固定比率、变动比率等确定重要性标准量。判断基础通常包括经营活动的业务量、业务的复杂性、内部控制的执行频率、资产总额、收入总额等。

例如，C公司期末资产总额为8 000万元，按1%的比率计算确定重要性水平金额为80万元。其重要性水平分配如表1所示。

表1　　　　　　　　　重要性水平分配　　　　　　　　　单位：元

账户	账户余额	重要性水平	
		A方案	B方案
资产总额	8 000	80	80
现金	1 500	15	5
应收账款	2 500	25	35
存货	2 000	20	30
固定资产	2 000	20	10

根据表1，A方案将资产总额的重要性水平按各账户余额占资产总额的比例分配至各个账户。但由于各个账户出现错漏报的可能性不一致，所以要A方案做一定调整，改用B方案。根据B方案，由于应收账款和存货错漏报的可能性较高，而现金和固定资产的错漏报风险较低，因此，调高了应收账款和存货的重要性水平，调低了现金和固定资产的重要性水平。

内部审计师应当将重要性标准的确定以及审计风险的评估过程记录于审计工作底稿中。

第二节　内部审计职业道德规范

道德属于一种社会意识形态，是调整人与人之间、个人与社会之间的关系行为规范的总和。而内部审计师需要更高的道德水准，因为内部审计是为了监督评价企业内部各项环节，尤其对保障社会公众公司的运营起到至关重要的作用，从而可能影响到社会的稳定。为了规范内部审计师的职业行为，维护内部审计职业声誉，国际内部审计师协会与中国内部审计协会都有相应的规范制度，限定内部审计师在执业过程中应当遵守的职业道德。

一、诚信正直

诚信的重要性不言而喻，诚信是生存之本，没有诚信整个内部审计就没有根基，其得到的结果无法让上级相信也无法得到他人的尊重。正直则要求内部审计师在执行业务过程中不受利益诱惑，保持廉洁，保障最终结果的真实。

内部审计师在实施内部审计业务时，应当诚实、守信，不应有下列行为。

1. 歪曲事实。
2. 隐瞒审计发现的问题。
3. 做出缺少证据支持的判断。
4. 做出误导性或含糊的陈述。

内部审计师在实施内部审计业务时，应当廉洁、正直，不应有下列行为。

1. 利用职权谋取私利。
2. 屈从于外部压力，违反原则。

二、客观性

客观性要求内部审计师应当基于中立立场，不可主观臆断，也不为委托单位或第三者的意见所左右，不得因成见或偏见、利益冲突和他人影响而做出损害内部审计的判断，而是一切以实实在在的证据出发，分析、处理问题并注重调查结果且得出结论。

三、保密性

内部审计的保密性可以分为外部保密与内部保密。由于单位内部有许多商业秘密，而在执行内部审计的时候必然会接触到单位内部的商业秘密，而这些商业秘密一旦被泄露或被利用，很可能就会给单位造成损失，如给竞争对手利用或暴露不利因素。除非有法定或披露义务，在未经适当或特别授权的情况下，内部审计师不得对外披露信息。通常，对外发布信息不是内部审计师的责任，而是董事会或审计委员会的责任。

内部保密性则是对内部人员保密，不仅是涉及的信息不可随意透露给内部人员（因为有职责权限的限定），而且是对于执行内部审计的程序也不可对内部人员透露，即增加审计程序的不可预见性，否则就会降低内部审计的效果。

同时，内部审计师需要警惕无意泄密的可能性，特别是警惕无意中向近亲属或关系密切的人员泄密的可能性。近亲属是指配偶、父母、子女、兄弟姐妹、祖父母、外祖父母、孙子女、外孙子女。另外，如果内部审计师调岗或离职不再从事内部审计行业或到别的单位从事内部审计，内部审计师仍利用以前的经验但不应利用或披露以前职业活动中获知的涉密信息。内部审计部门应当明确保密的必要性，采取有效措施，确保其下级员工以及为其提供建议和帮助的人员遵循保密义务。

四、专业胜任能力

专业胜任能力不仅要求内部审计师掌握专业知识包括掌握内部审计程序、熟悉会计原则,还要对经济学、法律、统计学和信息技术等领域的基本内容有所领会。

同时,内部审计部门的领导需要充分考虑每位下属的专业胜任能力,应当保证分配给每项业务的人员整体上具有适当地开展业务所需的知识、技能和其他相关能力,不可承担不能胜任的任务,也不得对外宣传夸大自身的专业胜任能力,否则,可能导致审计质量无法满足内部审计的需要。同时,单位及内部审计师都应鼓励内部审计师不断更新知识,或通过取得适当的专业资格证书和认证保证自身专业胜任能力得以满足业务的需要。在此基础上,内部审计师还需要充分认识到内部审计所需要的能力及自身的不足,根据需要利用外部专家的工作来完成内部审计。

除了专业技能外,内部审计师还需要拥有开展有效人际交流的技能、出色的口头和书面表达能力。内部审计师在处理人际关系时,应当主动、及时、有效地进行沟通,以保证信息的快捷传递和充分交流。

五、应有的职业审慎

应有的职业审慎指内部审计师在复杂的环境中,勤勉尽责、认真全面完成内部审计,并在审计过程中不断思考并一直保持职业怀疑态度,对最可能发生违法乱纪现象的情形和活动保持警惕。但是,应有的职业审慎并不代表要求内部审计师的工作没有任何差错,因为内部审计师不能绝对保证单位不存在不遵守规定或违法乱纪现象,也不可能对所有交易活动进行全盘审计。然而,无论何时开展内部审计,内部审计师都应该考虑存在重大违法乱纪现象或不遵守有关规定的现象的可能性,并考虑利用高效的审计方法和其他数据分析技术。

第三节 内部审计程序

内部审计程序主要包括内部审计计划、内部审计实施和出具审计报告。

一、内部审计计划

内部审计计划指内部审计师为完成审计工作,达到预期的审计目的,对一段时期的审计工作任务或具体审计项目做出的事先规划。

(一) 内部审计计划的作用

《百战奇略·计战》中提出:"凡用兵之道,以计为首。未战之时,先料将之贤愚,敌之强弱,兵之众寡,地之险易,粮之虚实。计料已审,然后出兵,无有不胜。"无论什么工作都应当有个计划。计划能成为工作质量和进度的考核标准,发挥了监督和约束工作人员的作用。内部审计也不例外。内部审计计划具有如下作用。

1. 明确审计目标。内部审计计划能帮助内部审计师明确方向,总体指导内部审计工作,有助于帮助内部审计师获取充分适当的审计证据。

2. 提高审计效率,降低审计成本。因为内部审计计划会明确审计范围、审计时间和方向,安排整个内部审计所需要的资源与人员,从而有效地把握审计进度,帮助内部审计师减少重复工作和提高效率。

3. 减少未来不确定因素的负面影响。内部审计计划会预先评估审计的重大错报风险及重要性等影响,并制定相应的能够有效控制审计风险和能将各种不利因素转化为有利因素的解决措施,以减少未来不确定因素的负面影响。

(二) 内部审计计划的内容

内部审计计划通常包括年度审计计划、项目审计计划和审计方案三个层次。年度审计计划是对年度的审计任务所作的事先规划,是年度工作计划的重要组成部分;项目审计计划是对实施具体审计项目所需要的审计内容、审计程序、人员分工、审计时间等做出的安排;审计方案是对具体审计项目的审计程序及其时间等所作的详细安排。

年度审计计划应当在年度第一个季度内编制完成,以便指导部门年度工作,项目审计计划和审计方案应在审计实施前编制完成。

内部审计机构应当根据批准后的审计计划组织开展内部审计活动。内部审计计划除了自上而下也会自下而上,在审计计划执行过程中需要不断反馈,内部审计师应当根据对被审计单位情况的进一步了解及时对审计方案进行修改、补充,审计方案的修改、补充应当记录于审计工作底稿。

(三) 年度审计计划

年度审计计划应当包括内部审计年度工作目标、需要执行审计的具体审计项目及其先后顺序、各审计项目所分配的审计资源、后续审计的必要安排。

在制定年度审计计划前,应了解以下情况以评价各审计项目的风险程度,包括企业的发展目标及年度工作重点,严重影响相关经营活动的法规、政策、计划和合同,内部控制的质量，经营活动的复杂性及其岗位的近期变化，经营管理者的能力和品质，其他与项目有关的重要情况。

内部审计师应该根据年度审计计划确定的审计项目和大体时间安排编制项目审计计划和审计方案。

（四）项目审计计划

审计项目负责人应当根据被审计单位的下列情况编制项目审计方案，包括业务活动概况，内部控制、风险管理体系的设计及运行情况，财务和会计资料，重要的合同、协议及会议记录，上次审计结论、建议及后续审计情况，上次外部审计的审计意见，其他与项目审计方案有关的重要情况。

项目审计计划的基本内容应当包括审计目的，审计范围，重要性和审计风险的评估，对公司其他部门、外部审计单位以及监管部门工作结果的利用，审计小组的构成，审计时间的分配等。

（五）审计方案

审计方案应当在具体实施之前下达至审计小组的全体成员。审计方案的基本内容应当包括被审计单位的基本情况、具体的审计目的、审计重点、具体审计方法和程序、预定的执行人员及人员分工、时间进度预算。

延伸阅读 6-3

投资银行业务委员会常规审计方案

按照稽核审计部 2019 年审计计划，公司组成专门审计工作小组，审计小组组长×××，审计小组成员×××、×××拟于 2019 年 7 月 30 日起对公司投资银行业务委员会（以下简称投行委）进行常规审计，审计期间为 2017 年 8 月 1 日至 2019 年 6 月 30 日，审计方案如下。

一、审计目标

通过对投行委开展常规审计，对其 2017 年 8 月 1 日至 2019 年 6 月 30 日期间的财务状况、经营成果、业务开展以及内部控制制度的执行情况等进行评价，重点关注对 2018 年 7 月 1 日起实施的《证券公司投资银行类业务内部控制指引》的执行落实情况。

审计结束后对检查中发现的问题提出整改建议并督促落实，若检查中发现重大问题或风险，提请公司对责任主体进行内部问责。

二、审计范围

投行委制度建设、组织架构、综合管理以及审计期间的业务开展及经营成果情况。业务类型主要包括首次公开发行、上市公司再融资、新三板改制及挂牌、三板项目变更主办券商、新三板定增等。重点关注项目尽职调查、立项、内核、材料提交报送、发行上市或挂牌、后续管理等投行业务各阶段的内部控制是否符合公司及外部监管规定。

三、审计内容

1. 业务经营

1.1 尽职调查

1.2 立项

1.3 内部审核

1.4 材料提交报送

1.5 发行与承销

1.6 持续督导

2. 内部控制

2.1 制度建设

2.2 部门岗位设置

2.3 综合管理

四、时间安排及人员分工

（一）时间安排

本次常规审计，分为审计前准备、现场实施、沟通反馈检查发现问题、出具报告、问题跟踪整改几个阶段，时间安排如下。

1. 7月19~26日，写作审计方案，准备审计提供资料清单；

2. 7月29~30日，下发审计通知书，被审计单位提供审计资料；

3. 7月30日~8月23日，完善审计底稿，实施常规审计；

4. 8月26~30日，沟通反馈检查发现问题，写作审计报告初稿；

5. 9月2~6日，审计报告征求意见，出具正式报告；

6. 9月9~20日，被审计单位提交整改报告及整改材料，稽核审计部验收整改完成情况。

（二）人员分工

本次审计，稽核审计部5名员工共同参与审计实施，初步分工如下表所示，后期根据项目资料具体情况再行调整。

审计内容	检查人员
首次公开发行上市	
上市公司再融资	
新三板挂牌	
三板变更主办券商	
新三板定向增发	
持续督导	
综合管理	

二、内部审计实施

（一）现场工作

内部审计师制定审计计划之后，要按时进行现场工作来开展内部审计活动。现场工作是以现场收集、整理和分析相关记录与资料的方式对被审计单位进行审计计量和审计评价，是一项系统的审计取证工作。

现场工作通常以项目组的形式开展，并设负责人一名，项目组的人员配备应根据审计项目的工作量、难易程度，合理搭配人员。

项目组在进入审计现场之前，应向被审计单位出具所需资料清单，被审计单位或者部门需事先准备的资料一般包括：审计期间的会计报表、账册、会计凭证、盘点表、银行对账单、保证金日结表、客户档案、台账、签报、合同、诉讼文件、财务分析、经营分析、年度工作总结、制定的管理制度等。

项目组进入现场后，向被审计单位或个人说明本次审计的目的，并就本次审计的内容、审计工作的安排等进行交流，同时听取被审计单位负责人（或被审计人）及其他人员对本单位基本情况的介绍，并取得他们的协助。进场首次沟通后，项目组负责人应当评估审计方案是否需要修改、补充。

项目组成员在现场审计中发现的问题，应先在内部进行讨论（包括向部门汇报），根据发现问题的严重程度，重新确定重点审计领域，重新评估审计风险，追加审计程序，并据以修改、补充审计方案，同时要求被审计单位进一步解释或提供资料。

（二）信息收集

内部审计师进行现场工作后，应当收集与审计目标和工作范围相关的所有事项的信息,以支持审计从而实现审计目标。内部审计师通常需要了解单位及其环境包括法律和行业的外部环境、单位及部门性质、政策运用等。

内部审计师在审计过程中应当实施下列程序收集必要的信息:询问管理层和其他内部人员,观察和检查、分析程序。

1. 询问管理层和其他内部人员。询问管理层和其他内部人员是内部审计师了解信息的一个重要来源,通常可以考虑询问下列信息。

(1) 管理层所关注的主要问题。如行业的竞争对手尤其是新对手或潜在竞争者、主要客户及供应商的流失、战略目标、行业变化、法律法规的影响、关键绩效指标等。

(2) 单位或部门最近的财务状况或盈亏平衡等财务数据及业务数据,包括采购情况、生产情况、营业收入等。

(3) 重大的交易事项或业务流程变更如会计政策变更、并购、一般控制的系统更新,并需要关注对应的授权与审批。

(4) 询问参与生成、处理或者记录复杂异常交易的员工,进而评价内部重大交易环节的流程是否恰当。

(5) 询问法律顾问,了解是否有不遵守法律法规的情况或者舞弊的嫌疑、产品保证及合同条款含义等。

(6) 询问营销人员,是否有营销策略的变更、销售趋势或合同的安排,进而对销售费用等有大致了解。

(7) 询问员工对管理层的评价,如诚信、管理风格等。

(8) 单位及部门组织架构的变化、所有权的变化、单位及部门人数、岗位说明等。

2. 观察和检查程序可以支持对管理层和其他相关人员的询问结果,内部审计师可以实施下列观察和检查程序。

(1) 观察单位内部的经营活动。例如,观察内部职工进行的生产活动以及内部控制活动,通过之前的询问加上实地观察加深对各个环节尤其是重要环节的认识。

(2) 检查文件、记录和内部控制手册。例如,检查单位及部门的经营计划、预算信息、会议记录,各业务流程操作指引和内部控制手册等,并重点关注与其他单位签订的合同、协议、原始凭证如发票、出入库单,了解实际业务的发生是否与制度有冲突及风险疏漏。

(3) 追踪交易处理过程即穿行测试。通过追踪某笔或某几笔交易在业务流程中如何生成、记录、处理和报告,以及相关控制如何执行,内部审计师可以确定被审计单位或部门的交易流程和相关控制是否与之前通过其他程序所获得的信息一致,并确定相关控制是否得到执行。

(4) 实地观察被审计单位或部门的资产。通过现场访问和实地察看被审计单位或部门的资产，如存货和固定资产，可以帮助内部审计师了解被审计单位或部门的性质及其经营活动。同时通过双向检查及从账面检查资产、从资产检查账面，了解相应资产是否实实在在存在，与账上是否匹配，并可以观察检查相应资产是否存在抵押或破损现象，还可以进一步了解管理层是否有舞弊现象。

3. 实施分析程序。分析程序是指内部审计师通过分析研究不同财务数据之间以及财务数据与非财务数据之间的内在关系识别出相关信息不一致或与预期数据的不同进而确认业务活动信息的合理性、发现差异及重点关注领域。

在实施分析程序时，通常有以下分析方法：比较分析、比率分析、结构分析、趋势分析、回归分析。

通常可与五种数据进行比较分析：前期同类的数据、同行业的数据、被审计单位确定的预期财务数据、确定的预期财务数据、利用非财务信息确定的预期结果。

执行分析性程序通常采用基本的财务比率，内部审计常用的财务比率主要包括：

(1) 反映被审计单位短期偿债能力的财务比率，如流动比率（=流动资产总额/流动负债总额）和现金比率［=(现金+有价证券)/流动负债总额］。

(2) 反映被审计单位长期偿债能力的财务比率，如负债比率（=负债总额/资产总额）和利息收入倍数［=经营净利润/利息费用=(净利润+所得税+利息费用)/利息费用］。

(3) 反映被审计单位营运能力的财务比率，如应收账款周转率（=赊销收入净额/应收账款平均余额）和存货周转率（=销售成本/存货平均余额）。

(4) 反映被审计单位盈利能力的财务比率，如毛利率［=(销售收入－销售成本)/销售收入］。

【例6－1】×公司主要从事家用电器的生产和销售，主要产品包括电视机、电冰箱、空调、洗衣机、热水器等，其部分情况如下。

(1) ×公司上市后营业收入保持稳定增长，每年增长5%左右。2018年4月，×公司董事会向管理层下达2018年度经营目标，其中要求2018年度营业收入较2017年度至少增长10%。2019年1月，市场研究机构发布的报告显示，2018年家用电器行业营业收入增长率为6%。

(2) 为应对行业竞争和国内市场增长乏力，×公司在2018年7月采取了投资并购扩大企业及业务规模。

(3) ×公司在2018年下半年采取了加强研发，研发出多项新技术应对对手。

×公司财务数据摘录如表6－2所示。

表 6-2　　　　　　　　　　×公司财务数据摘录　　　　　　　金额单位：万元

项目	2018年度 （未审数）	2018年1~11月 （未审数）	2017年度 （已审数）
营业收入	3 762 571.33	3 292 131.15	3 420 396.00
净利润	219 882.60	201 423.32	221 239.90
减：存货跌价准备	408 140.11	420 763.00	271 460.00
开发支出	135.73	135.73	135.73

通过分析程序，内部审计师应该重点关注以下内容。

（1）×公司2018年度营业收入的目标增长率为10%，既高于×公司历史增长率，又高于行业增长率，而×公司2018年未经审计的营业收入刚好增长10%，×公司可能为了实现经营目标而粉饰财务报表。×公司2018年1~11月的营业收入为3 292 131.15万元，平均每月的营业收入为299 284.65万元，12月的收入为470 440.18万元（3 762 571.33万元-3 292 131.15万元），而12月的收入相比之前的平均收入都大幅增长，使得2018年度营业收入较2017年度增长了10%，说明×公司在临近期末时销售额大幅增加，并致使恰好满足×公司的经营目标。

（2）×公司在2018年下半年投资并购了若干同行业其他企业，激进的投资行为带来的企业合并会计处理的复杂性可能对财务报表整体产生重大影响。

（3）×公司2018年对多项新技术进行研发，开发支出余额应该会大幅上升但近两年都没变动。会计准则对于研究开发支出资本化条件有较严格的规定，×公司内部研究和开发无形资产错误地划分为研究和开发阶段，将大部分支出计入当期损益。

（三）工作底稿

审计工作底稿是指内部审计师在审计过程中形成的工作记录，是联系审计证据和审计结论的枢纽，同时需要根据政策及企业制度规定及时地完善和修改审计底稿。

内部审计师在审计过程中应该编制审计工作底稿，以达到以下目的：支撑审计报告、为评价内部审计工作质量提供依据、证明内部审计师遵循内部审计准则、为以后的审计工作提供参考。

审计工作底稿的形式可以是纸质也可以是电子版，无纸化的工作底稿应制作备份。

审计底稿应载明以下内容：被审计单位的名称、审计事项及其期间或截止日期、审计程序的执行过程和执行结果的记录、审计结论、编制人名称及编制日期、复核人名称、复核日期和复核意见、索引号及页次等。

审计工作底稿应当内容完整、记录清晰、结论明确，客观反映审计方案的制定及实施情况,并包括与形成审计结论和建议有关的所有重要事项以及内部审计师的专业判断。审计工作底稿应注明索引编号和顺序编号。相关工作底稿之间如存在勾稽关系应予以清晰反映,相互引用时应交叉注明索引编号。

内部审计底稿需要签字确认并复核。内部审计师应对其自行编制的审计工作底稿的真实性负责,并签字确认;项目负责人应现场复核项目组成员编制的工作底稿,并签字确认。

内部审计师应当对审计工作底稿进行分类整理,形成审计档案,并由项目组负责人立卷,办理移交手续后交保管人妥善保管。

延伸阅读 6-4

工作利用

工作利用指内部审计师在实施审计时利用公司相关部门、外部审计机构、专家以及监管机构的工作成果。

内部审计师应该充分关注监管机构出具的有关检查报告,并将其报告提到的有关问题作为审计重点领域。

内部审计师应当充分关注外部审计机构在审计过程中发现的问题,并就相关问题与外部审计人员进行讨论,必要时将此作为内部审计重点领域。

三、出具审计报告

内部审计师应当在实施必要的审计程序之后,以经过核实后的审计证据为依据,形成审计意见,出具审计报告,严禁未经审计就出具审计报告,并对出具的审计报告的真实性、合法性负责。出具的审计报告应为企业管理层对被审计单位的经营管理情况、业务经营风险等做出合理判断提供依据。

内部审计师对审计过程中所发现的问题,应当根据事项的重要程度,确定是否在审计报告中予以反映。

被审计单位和有关当事人对审计报告初稿持有异议的,审计项目负责人及相关人员应进行研究、核实,根据再次核实后的情况不断沟通反馈并修改审计报告初稿,达成一个总体意见形成正式审计报告。

内部审计师在审计过程中,由于审计范围受到被审计单位或客观环境的严重限制,不能获取充足的审计证据,以致无法对所审计事项发表意见,应当在审计报告中详细说明或拒绝出具审计报告。

财眼看问题

内部审计可以为企业的发展"保驾护航"。如果说管理会计为企业的发展"加油",那么内部审计就是确保为企业的发展"加好油"。因此,管理会计师应该与内部审计师配合,经常与内部审计师沟通,并理解和利用内部审计师的工作成果。

参考文献

[1] 张红英:《内部审计》,浙江人民出版社 2008 年版。

[2] 时现:《内部审计学》,中国时代经济出版社 2009 年版。

[3] 中审网校:《国际内部审计专业实务框架精要解读》,中国财政经济出版社 2019 年版。

[4] 丁朝霞:《轻轻松松学审计》,中山大学出版社 2016 年版。

第七章

绩效管理

第一节 绩效管理概述

一、绩效管理的目标

现代企业制度的基本特征就是所有权与经营权相分离。在"两权分离"的条件下，股东作为投资者，由于时间、精力和成本等因素往往无法直接参与企业的经营管理，监督企业的日常运营。企业的经营权通常掌握在代理人即管理者手中。按照经济学的基本假设，人都是理性的经济人，是为实现自身利益的最大化而行事的。经理人、投资者也都为实现自身效用最大化行事，而两者的利益是存在冲突的，两者的利益冲突产生了投资者和经理人之间的委托代理问题。

现代企业内部存在的这种委托代理关系，实际上体现在企业管理的各个层次包括投资者与董事会之间的委托代理关系，董事会与经理之间、上层经理与中层经理及基层经理之间的委托代理关系。当委托人（如投资者）与代理人（如经理人）的利益出现冲突时，出于自身利益的考虑，经理人往往会做出有利于自身而不利于委托人的决策，从而损害委托人的利益，形成代理成本。绩效管理的目标就是激励经理人按照委托人的利益做出各种决策，尽量降低委托代理关系的代理成本。按照委托代理理论，经理人的代理成本是由于所有权与经营权的分离，经理人掌握更多的信息，出于自身利益考虑会做出不利于委托人的行为，从而引起企业价值的损失，由此产生代理成本。

代理问题产生的根源在于经理人与投资者之间信息的不对称。经理人由于在生产经营管理第一线对企业生产经营的相关信息掌握得很充分，而投资者无法经常性监控企业的日常经营过程。这种信息不对称会导致经理人的道德风险，如通过更多的在职消费，比如占用更豪华的办公设备、乘坐更高档的轿车等，来增加自身利益而损害投资者的价值。投资者可以通过对经理人的监督和设置合理的激励补偿计划来降低这种代理成本。

经理人激励的主要目标就在于经理人的目标与投资者尽量一致，从而激励经理人做出合理的决策。具体来说，经理人激励的目标在于通过对经理人的激励约束机制，使经理人的利益与投资者的利益趋于一致，促使经理人能够按照投资者的利益，充分发挥自身的能力与创造性，提高企业价值。总之，经理人激励薪酬方案是企业管理制度的重要组成部分，它能够促使经理人追求企业和投资者利益的最大化。因此，一个科学合理的经理人薪酬激励方案对提升企业的竞争能力具有重要的促进作用。

二、绩效管理的内容

绩效管理包括绩效评价和激励契约的设计。绩效管理约束体系由相互联系的三个方面组成，包括市场竞争机制（产品市场的竞争、经理人市场的竞争和企业控制权市场的竞争）、绩效考核方法、薪酬激励体系。这三者中，市场竞争机制是企业外部因素，只有绩效考核方法和薪酬激励体系（薪酬契约设计问题）是由企业内部决定的。绩效管理逻辑框架如图7-1所示。

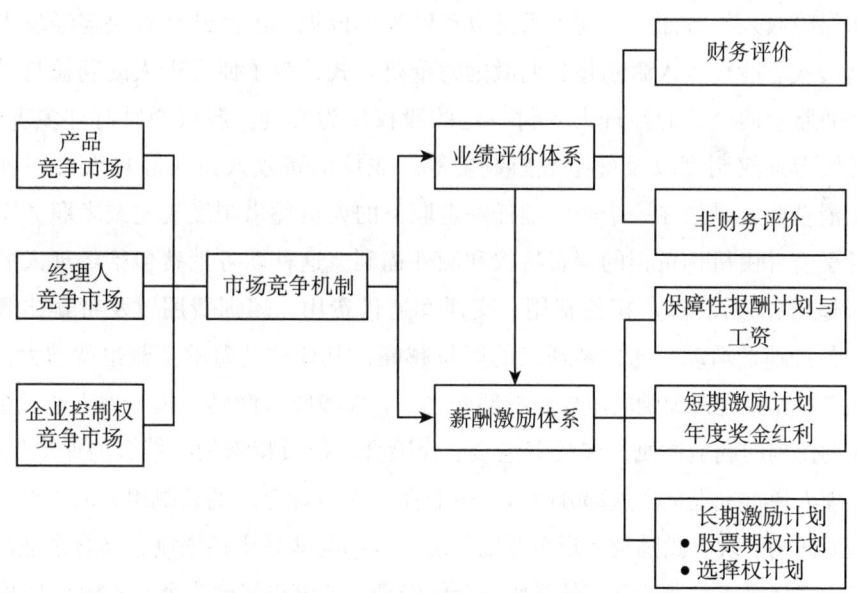

图7-1　绩效管理逻辑框架

首先，绩效管理制度受到外部竞争市场环境的影响，包括产品市场、经理人市场、企业控制权市场竞争程度的影响。其中，经理人市场的竞争程度对绩效管理的作用最为直接，一个完善、充分竞争的经理人市场可以促使经理人更加关注委托人的利益，提高其增加投资者价值的动力和压力。另外，控制权市场的竞争程度也会对经理人激励产生重要影响，在一个控制权市场发达的市场中，如果经理人不努力工作，企业价值可能被低估，就会面临被并购的危险，一旦企业被并购，往往要对企业原有的管理层进行更换，这种压力会促使经理人更加努力地工作。因此，良好的控制权市场对提高经理人的激励效果也具有重要作用。其次，绩效考核方法也是绩效管理的重要内容，通常经理人绩效的考核可以采用财务指标，也可以采用非财务指标。

薪酬激励体系是经理人激励的核心内容，薪酬激励体系包括激励的主体、激励的对象和激励的形式三个方面。从激励的主体来看，企业高层经理人的激励制度主要由企业的权力机构如股东大会、董事会决定。按照市场经济的一般规律，应该由投资者决定经理人的薪酬支付。但是，由于我国的国有企业存在投资主体缺位，"内部人控制"现象比较严重，企业存在自己给自己加薪的情况。美国企业的通常做法是设立独立的"薪酬委员会"，薪酬委员会主要由独立董事组成，可以独立、公正地评价和考核经理人的绩效，决定经理人的薪酬。激励对象主要包括企业的高层经理人。激励的形式多样化，通常是通过一个薪酬组合给予经理人各种形式的报酬。这个薪酬组合一方面结合企业的战略需要，另一方面结合企业的短期绩效进行支付。

企业的薪酬组合通常由各种报酬形式组成，主要包括年薪收入、股权收入、职位消费收入和保障收入等方面。年薪收入是以年度为单位视年度经营绩效决定经理人报酬的风险激励形式。股权收入激励是长期激励的重要方式，为了使经理人的利益与投资者保持一致，通常会向企业的经理人支付一定的股权作为奖励。股权激励有许多表现形式，如常见的股票期权制度以及虚拟股票制度等。职位消费收入是对经理人的一种特殊津贴。职位消费收入是指在一个企业担任一定职务的人员凭借制度规定或者职务支配的能力，自身享有并由机构负担的消费特权和额外福利。这种职务消费包括经理人的办公费用（如舒适的办公设施）、招待费用、交通和通信费用、培训费用以及带薪休假和以企业名义的各种消费活动。通常经理人的职位越高，其职位消费的金额也就越大，这种职位消费也应看作经理人激励的重要组成部分之一。保障收入激励是指经理人通过企业的各种福利计划得到的利益激励，包括养老金、保险金，以及特殊的补偿金的保险保障费用，因此，经理人通常也很重视这部分收入。企业在考虑设计合理的薪酬组合时，要兼顾长期激励与短期激励、现金激励与非现金激励、货币激励与非货币性激励，结合企业的实际情况和未来的发展需求，通过合理的激励组合使经理人能够更好地为企业的投资者服务。

合理的激励补偿方案，可以为企业经理人提供重要的激励和导向。良好的经理人激励补偿方案应该具有以下性质。

（1）一个合理的经理人激励方案应该将经理人的薪酬水平与企业的经营状况联系在一起，将经理人的利益与企业和投资者的利益联系在一起。

（2）激励方案应该充分考虑经理人的价值，给予其具有足够吸引力的奖励，以吸引并留住高素质的人才。

（3）通过奖励方案，能够在企业内部营造一种重视绩效的氛围，促使企业的经理人重视绩效、重视实效。

三、绩效管理的前提

绩效管理的前提是构建一套符合企业发展战略的科学的管理绩效评价系统。

有些企业的员工了无生气，干多干少都一个样，员工没有积极性。这里的一个重要原因是企业奖励了无效劳动，从而严重挫伤了努力工作员工的积极性。许多企业不是没有绩效管理，也不是没有薪酬制度，而是没有一套合理的管理评价各级经理人绩效的评价系统。什么样绩效才算好？什么样的绩效才增加企业价值？才符合企业发展战略？什么样的行为值得鼓励和提倡？什么样的绩效损害了企业价值，损害了企业战略目标的实现？一个具有先进绩效管理的企业，应该首先界定清楚这些问题，并设计出一套合理的管理关键绩效的评价指标，再根据这些指标设计经理人薪酬。只有这样，一个企业才能建立先进的绩效管理机制，从而充分调动全体经理人和广大员工的积极性、主动性和创造性，从而促进企业价值提升，推进企业战略目标的实现。

值得指出的是，经理人激励是企业管理的重要职能，可以分为高级经理人激励、中层经理人激励和员工激励三个层次。不同层次的激励问题有不同的特点，本章的经理人激励主要指中高层经理人的激励问题。

> **财眼看问题**
>
> 华为的任正非认为，华为的核心理念是"以客户为中心，以奋斗者为本"。在华为努力干，"工资成为零花钱"。华为核心员工主要收入来自股权的分红。其实，"隔行如隔山"。绩效管理具有鲜明的个性化特征。管理会计师一定要摒弃"拿来主义"的"情结"，务必立足企业发展战略和行业特征或商业模式，"量体裁衣"，辅助企业首席执行官（CEO）制定出适合企业的绩效管理制度。

延伸阅读 7-1

组织激励的研究成果

激励人们朝着组织战略目标前进的关键在于组织与个人目标相融的方法。人们会受到正激励与负激励的影响。正激励，或者"奖赏"，是提高个人需求满足程度的结果。相反，负激励，或者"惩罚"，是减少这些需求满足程度的结果。以下是西方国家关于激励研究的成果。

1. 与对处罚带来的恐惧相比,个人倾向于更容易受到奖励带来利益的影响。这就表明绩效管理系统应该是奖励导向型的。

2. 货币性奖赏是满足需要的重要手段。然而,在特定的满足程度之外,奖赏的数量并不必然与非货币性奖赏同等重要。

3. 如果管理部门的经理人以其行动表明绩效管理系统非常重要,其他部门的经理人也要将绩效管理系统看得很重要。否则,没有经理人会重视绩效管理系统。

4. 当个人收到对其绩效的报告或者反馈时,他们会得到高度的激励。没有这样的反馈,他们不可能有成就感或自我实现感,或者会思考如何改变他们的行为来实现目标。

5. 当行动与行动之间的时间间隔过长时,激励措施会变得没有效果。在组织的较低层次,常见的时间间隔通常是几个小时;对于高级经理人来说,则通常会是几个月。

6. 当人们感到诱因不可达到,或者过于容易实现时,激励的作用会非常小。当为达到目标需要一些努力而人们又认为这种目标的实现对其需求很重要时,激励的作用会很大。

7. 当经理人与其上级共同实现预算目标时,预算或其他目标的诱因的作用最大。只有当经理人把目标、目的或标准看做公平的并且许诺要达到这些目标时,才可能成为很强的诱因。当承诺实际上成为公开的记录时,也就是当经理人明确同意预算目标可以达到时,承诺的作用最大。

延伸阅读 7-2

国外企业绩效管理方案的发展趋势

从国外经济发达国家近年来绩效管理的发展趋势来看,主要呈现以下四个特点。

1. 经理人薪酬与普通员工薪酬水平差距逐步扩大。从国外经济发达国家的经理人薪酬水平来看,近几十年来,高层经理人与一般员工的薪酬水平差距逐渐加大。据调查,在20世纪70年代左右,美国大公司的首席执行官(CEO)平均收入水平大约为普通员工的35倍,到了20世纪90年代,由于经理人持股以及股票期权计划的普及,美国大公司的首席执行官的平均收入已经达到普通员工的190倍。

2. 长期激励形式成为主要的激励方式。在激励的薪酬结构方面,随着近几十年来国外经济发达国家对股票期权制度的广泛采用,经理人的收入结构中有很大一部分都来自股票、期权等长期激励形式。据统计,美国高层经理人基本薪酬占其薪酬总额的32%,短期激励(红利)占薪酬总额的17%,长期激励(期权)占总额的51%。同时,长期激励方式在形式上也不断创新,例如,股票期权、虚拟股票、股票增值期权、绩效股票等长期激励形式逐渐流行。这种激励结构的变化一方面使经理人与投资者的利益趋于一致,另一方面也增加了经理人收入的风险,促使其更加努力工作。

3. 薪酬决策逐步走向专业化。传统的薪酬制度往往由企业的老板或人力资源部门制定,形式简单,主观性较强。随着薪酬决策的日益复杂,企业经理人的薪酬决策越来越需要更多的专业知识。大多数大型公司和上市公司都设立专门的薪酬委员会,甚至聘请专业的外部咨询机构帮助其建立合理的激励机制。

4. 经理人的薪酬信息公开化。随着企业经理人薪酬水平的大幅度提高,上市公司的经理人薪酬成为社会公众所关心的问题,要求公开披露经理人收入信息的呼声也越来越高。特别是某些上市公司经理人丑闻频发,更是加快了经理人收入透明化的步伐。企业经理人薪酬信息的公开化,在一定程度上强化了政府和社会公众对上市公司高管薪酬水平的监管,有利于上市公司激励机制的良性运作。

第二节 绩效评价

一、绩效评价系统

如前所述,绩效管理首先要解决的问题是:什么样的绩效算好,符合企业发展战略,值得鼓励、奖赏和提倡?什么样的绩效不好,要提醒、警示和处罚?绩效评价系统的目标是实施战略。在建立这种系统时,管理会计师可能选择一些最能代表企业战略的指标。这些指标可以视为当前与未来的关键成功因素;如果这些指标得到改善,就证明企业已经实施其战略。绩效评价系统只是一个提高企业成功实施其战略的可能性机制。

图 7-2 展现一个设计绩效评价系统的框架。战略锁定了关键成功因素;如果企业对这些关键成功因素进行评估并据此计酬,员工就会受到激励去达到这些目标。

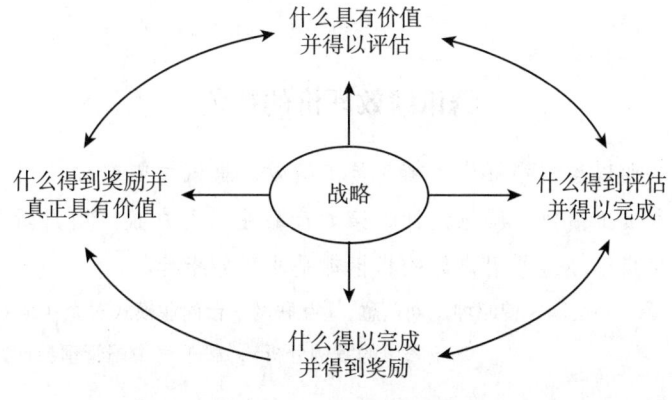

图 7-2 绩效评价系统

二、财务绩效评价与非财务绩效评价

财务绩效评价与非财务绩效评价各有利弊。

(一) 财务绩效评价的优点与缺点

财务绩效评价是根据财务信息来评价经理人绩效的方法,常见的财务评价指标包括净利润、资产报酬率、经济增加值(EVA)等。责任会计的各类责任中心就采用财务绩效评价。作为一种传统的评价方法,财务绩效一方面可以反映企业的综合经营成果,同时也容易从会计系统获得相应的数据,操作简便,易于理解,因此被广泛使用。但财务绩效评价也有其不足之处。首先,财务绩效体现的是企业当期的财务成果或短期绩效,无法反映经理人在企业的长期绩效改善方面所做的努力。其次,财务绩效是一种结果导向,即只注重最终的财务结果,而对达成该结果的改善过程则不予考虑。最后,财务绩效通过会计程序产生的会计数据进行考核,而会计数据则根据公认会计原则而产生,受到稳健性原则有偏估计的影响,因此可能无法公允地反映经理人的真正绩效。

(二) 非财务绩效评价的优点与缺点

非财务绩效评价是指根据非财务指标评价经理人绩效的方法。非财务指标包括:(1)与顾客相关的指标,如市场份额、关键顾客订货量、顾客满意度、顾客忠诚度等;(2)与企业内部营运相关的指标,如及时送货率、存货周转率、产品或服务质量(缺陷率)、周转时间等;(3)反映员工学习与成长的指标,如员工满意度、员工建议次数、员工拥有并熟练使用电脑的比率、员工第二专长人数、员工流动率等。

延伸阅读 7-3

腾讯绩效评价的特色

不同于传统企业以盈利指标为主衡量员工绩效,腾讯主要通过"用户体验"指标评价项目团队绩效和员工绩效。腾讯设计了诸如产品注册用户数、用户活跃度、付费用户转化率等共性量化指标。这些用户体验指标都是非财务指标。

(资料来源:刘运国、曾昭坤、刘芷蕙,《互联网平台商业模式对企业绩效管理的影响研究:基于腾讯的案例分析》,载于《中国管理会计》2018 年第 4 期。)

三、经济增加值

剩余收益概念出现以后,陆续衍生出各种不同版本的用于绩效评价的指标,其中最引人注目的是经济增加值(economic value added,EVA)。经济增加值是美国思腾思特(Stern Stewart)管理咨询公司开发并于20世纪90年代中后期推广的一种价值评价指标。国务院国有资产监督管理委员会从2010年开始对中央企业负责人实行经济增加值考核并不断完善,2012年12月29日发文要求于2013年1月1日开始施行第三次修订后的《中央企业负责人经营业绩考核暂行办法》(以下简称《暂行办法》)。

(一)经济增加值的概念

经济增加值的概念与剩余经营收益基本相似,是剩余经营收益的计算方法之一,或者说是剩余收益的一种"版本"。

经济增加值 = 调整后税后净营业利润 − 加权平均资本成本 × 调整后净投资资本

经济增加值与剩余经营收益有两点不同:(1)在计算经济增加值时,需要对会计数据进行一系列调整,包括税后净营业利润和净投资资本。(2)需要根据资本市场的机会成本计算资本成本,以实现经济增加值与资本市场的衔接;而剩余收益根据投资要求的报酬率计算,该投资报酬率可以根据管理的要求做出不同选择,带有一定主观性。

尽管经济增加值的定义很简单,但其实际计算却较为复杂。为了计算经济增加值,需要解决经营利润、资本成本和所使用资本数额的计量问题。不同的解决办法,形成了含义不同的经济增加值。基于"能考会用,考以致用"原则,下面仅仅介绍国资委采用的经济增加值及其计算。

(二)国资委规定的经济增加值计算问题

1. 经济增加值的定义及计算公式。经济增加值是指企业税后净营业利润减去资本成本后的余额。

经济增加值 = 税后净营业利润 − 资本成本
　　　　　 = 税后净营业利润 − 调整后资本 × 平均资本成本率

税后净营业利润 = 净利润 + (利息支出 + 研究开发费用调整项) × (1 − 25%)

企业通过变卖主业优质资产等取得的非经常性收益在税后净营业利润中全额扣除。

调整后资本 = 平均所有者权益 + 平均负债合计 − 平均无息流动负债 − 平均在建工程

2. 会计调整项目说明。

（1）利息支出是指企业财务报表中的"财务费用"项下的"利息支出"。

（2）研究开发费用调整项是指企业财务报表中的"管理费用"项下的"研究与开发费"和当期确认为无形资产的研究开发支出。对于勘探投入费用较大的企业，经国资委认定后，将其成本费用情况表中的"勘探费用"视同研究开发费用调整项按照一定比例（原则上不超过50%）予以加回。

（3）无息流动负债是指企业财务报表中的"应付票据""应付账款""预收款项""应交税费""应付利息""应付职工薪酬""应付股利""其他应付款"和"其他流动负债（不含其他带息流动负债）"；对于"专项应付款"和"特种储备基金"，可视同无息流动负债扣除。

（4）在建工程是指企业财务报表中符合主业规定的"在建工程"。

3. 资本成本率的确定。

（1）中央企业资本成本率原则上定为5.5%。

（2）对军工等资产通用性较差的企业，资本成本率定为4.1%。

（3）资产负债率在75%以上的工业企业和80%以上的非工业企业，资本成本率上浮0.5个百分点。

4. 其他重大调整事项。发生下列情形之一，对企业经济增加值考核产生重大影响的，国资委酌情予以调整：

（1）重大政策变化。

（2）严重自然灾害等不可抗力因素。

（3）企业重组、上市及会计准则调整等不可比因素。

（4）国资委认可的企业结构调整等其他事项。

【例7-1】假设加权平均税后资本成本为11%，并假设没有需要调整的项目，相关数据如表7-1所示。

表7-1　　　　　　某公司A、B部门的相关数据　　　　　　单位：元

项　目	A部门	B部门
部门税前经营利润	108 000	90 000
所得税（税率25%）	27 000	22 500
部门税后经营净利润	81 000	67 500
部门平均经营资产	900 000	600 000
部门平均经营负债	50 000	40 000
部门平均净经营资产（部门平均净投资资本）	850 000	560 000

根据这些资料，计算某公司 A、B 两部门的经济增加值。

A 部门经济增加值 = 调整后税后净营业利润 − 调整后净投资资本 × 加权平均资本成本
$$= 81\,000 - 850\,000 \times 11\% \times (1-25\%) = 10\,875\,（元）$$

B 部门经济增加值 = $67\,500 - 560\,000 \times 11\% \times (1-25\%) = 21\,300$（元）

显然，经济增加值和剩余收益都与投资报酬率相联系。剩余收益绩效评价旨在设定部门投资的最低报酬率，防止部门利益伤害整体利益；而经济增加值旨在使经理人员赚取超过资本成本的报酬，促进投资者财富最大化。

经济增加值与剩余收益也存在区别。部门剩余收益通常使用税前部门营业利润和税前报酬率计算，而部门经济增加值使用部门税后净营业利润和加权平均税后资本成本计算。当税金是重要因素时，经济增加值比剩余收益可以更好地反映部门盈利能力。当税金与部门绩效无关时，经济增加值与剩余收益的效果相同，只是计算更复杂。由于经济增加值与企业的实际资本成本相联系，因此，经济增加值是基于资本市场的计算方法，资本市场的权益成本和债务成本变动时，企业要随之调整加权平均资本成本。计算剩余收益使用的部门要求的报酬率，主要考虑管理要求以及部门个别风险的高低。

（三）经济增加值评价的优点和缺点

1. 经济增加值评价的优点。经济增加值最直接地与投资者财富的创造联系起来。追求更高的经济增加值，就是追求更高的投资者价值。对于投资者来说，经济增加值越多越好。从这个意义上说，经济增加值是唯一正确的绩效计量指标。经济增加值能够连续地度量绩效的改进。相反，销售利润率、每股收益甚至投资报酬率等指标，有时会侵蚀投资者财富。会计师拒绝对资本成本做出估计并在成本扣除，给报表使用者造成一种幻觉，误以为盈利企业都会或多或少地增加投资者财富。

经济增加值不仅仅是一种绩效评价指标，还是一种全面财务管理和薪金激励体制的框架。经济增加值的吸引力主要在于它把资本预算、绩效评价和激励报酬结合起来。过去，经理人使用净现值和内部报酬率评价资本预算，用权益资本报酬率或每股收益评价企业绩效，用另外的一些效益指标作为发放奖金的依据。经理人在决策时，常常要考虑一堆乱七八糟、相互矛盾或互不联系的财务指标。经理人的奖金计划不断变更，使其无所适从，只好糊里糊涂应付眼前事变。以经济增加值为依据的绩效评价，其经营目标是经济增加值，资本预算的决策基础是以适当折现率折现的经济增加值，衡量生产经营效益的指标是经济增加值，奖金根据适当的目标单位经济增加值来确定。如此一来，绩效评价变得简单、直接、统一与和谐。经济增加值框架下的综合财务管理系统，可以指导企业的每一个决策，包括营业预算、年度资本预算、战略规划、公司收购和公司出售等。经济增加值是一种培训员工,甚至培训企业最普通员工的简单而有效的方法。经济增加值是一个独特的薪金激励制度的关键变量。经济增加值第一次真正把经理人利益和投资者利益统一起来,使经理人像投资者那样思维和行动。经济增加值是一种治理企业的内部控制制度。在这种控制制度下,所有员工可以协同工作,积极地追求最好的绩效。

在经济增加值的框架下,企业可以向投资者宣传其目标和成就,投资者也可以用经济增加值选择最有前景的企业。经济增加值还是股票分析师手中一个强有力的工具。

2. 经济增加值评价的缺点。虽然经济增加值在理论上十分诱人,其概念基础被许多向下属单位分配资本成本和利息费用的企业所应用,一些专业机构定期公布上市公司的经济增加值排名,但在绩效评价中还没有被多数企业所接受。

由于经济增加值是绝对数指标,其缺点之一是不具有比较不同规模企业绩效的能力。

经济增加值也有许多与投资报酬率一样可能误导使用者的缺点。例如,处于成长阶段的企业经济增加值较少,而处于衰退阶段的企业经济增加值可能较高。

在计算经济增加值时,对于净利润应作哪些调整以及资本成本的确定等,尚存在许多争议。这些争议不利于建立一个统一的规范。而缺乏统一性的绩效评价指标,只能在一个企业的历史分析以及内部评价中使用。

四、平衡计分卡

平衡计分卡打破了传统的只注重财务指标的绩效评价模式。根据平衡计分卡的理念,传统财务指标属于滞后性指标,对于指导和评价企业如何通过投资于顾客、供应商、员工、生产流程、技术和创新等创造未来的价值远远不够。因此,需要在传统财务指标的基础上,增加用于评估企业未来投资价值好坏的具有前瞻性的先行指标。另外,《财富》杂志指出,事实上只有不到10%的企业战略被有效地执行,真正的问题不是战略不好,而是执行能力不够,至少70%的原因归诸战略执行的失败,而非战略本身的错误。战略执行失败是由沟通障碍、管理障碍、资源障碍和人员障碍造成的。为了解决有效的绩效评价问题和成功实施战略的问题,平衡计分卡应运而生。

(一)平衡计分卡的基本框架

平衡计分卡通过将财务指标与非财务指标相结合,将企业的绩效评价与企业战略发展联系起来,设计出了一套能使企业经理人迅速且全面了解企业经营状况的指标体系,用来表达企业实施战略性发展所必须达到的目标，把任务和决策转化成目标和指标。平衡计分卡的目标和指标来源于企业的愿景和战略。这些目标和指标从四个维度考察企业的绩效，即财务、顾客、内部业务流程、学习与成长。这四个维度构成平衡计分卡的基本框架（见图7-3）。

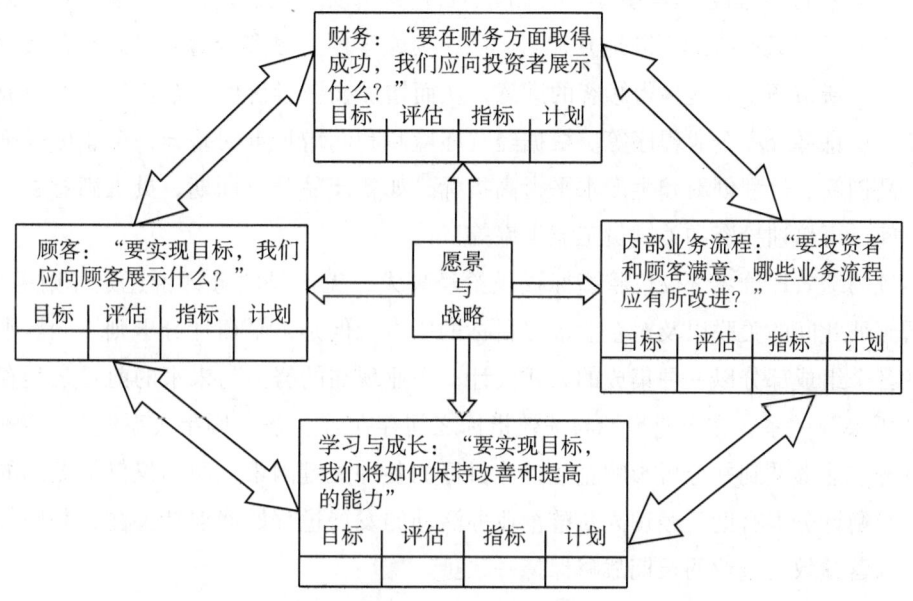

图7-3 化战略为行动的平衡计分卡基本框架

1. 财务维度。财务维度的目标是解决"投资者如何看待我们"这个问题，表明企业的努力是否最终对企业的经济收益产生积极的作用。众所周知，现代企业财务管理目标是企业价值最大化，而对企业价值目标的计量离不开相关财务指标。财务维度指标通常包括利润、收入、现金流量、投资回报率、经济增加值、增加的市场份额等。

2. 顾客维度。顾客维度回答"顾客如何看待我们"这个问题。顾客是企业之本，是现代企业的利润来源。顾客感受理应成为企业关注的焦点，应当从时间、质量、服务效率以及成本等方面了解市场份额、顾客需求和顾客满意度。常用的顾客维度指标包括按时交货率、新产品销售额占全部销售额的百分比、重要顾客的购买份额、顾客满意度指数、顾客忠诚度、新顾客增加比例、顾客利润贡献度等。

3. 内部业务流程维度。内部业务流程维度着眼于企业的核心竞争力，解决"我们的优势是什么"这个问题。企业要想按时向顾客交货，满足现在和未来顾客的需求，就必须以优化企业的内部业务流程为前提。因此，企业应当遴选出那些对顾客满意度影响最大的业务流程，明确自身的核心竞争能力，并把核心竞争能力转化为具体的测评指标。反映内部业务流程维度的指标包括生产布局与竞争情况、生产周期、单位成本、产出比率、缺陷率、存货比率、新产品投入计划与实际投入情况、设计效率、原材料整理时间或批量生产准备时间、订单发送准确率、货款回收与管理、售后保证等。

4. 学习和成长维度。学习和成长维度的目标是解决"我们是否能继续提高并创造价值"这个问题。只有持续不断地开发新产品，为顾客创造更多价值并提高经营效率，企业才能打入新市场，才能赢得顾客的满意，从而增加投资者价值。企业的学习与成长来自员工、信息系统和企业程序等。根据经营环境和利润增长点的差异，企业可以确定不同的产品创新、过程创新和生产水平提高指标，如新产品开发周期、员工满意度、平均培训时间、再培训投资和关键员工流失率等。

传统的绩效评价系统仅仅将指标提供给经理人，无论是财务评价还是非财务评价，很少看到彼此间的关联以及对企业最终目标的影响。但是，平衡计分卡则不同。平衡计分卡的各个组成部分以一种集成的方式设计，企业现在的努力与未来的前景之间存在着一种"因果"关系，在企业目标与绩效指标之间存在着一条"因果关系链"。经理人从平衡计分卡能够看到并分析影响企业整体目标的各种关键因素，而不仅仅是短期的财务结果。平衡计分卡有助于经理人对整个业务活动的发展过程始终保持关注，并确保现在的实际经营绩效与企业的长期战略保持一致。

根据这四个不同的维度，平衡计分卡的"平衡"包括外部评价指标（如投资者和顾客对企业的评价）和内部评价指标（如内部业务流程、新技术学习等）的平衡；成果评价指标（如利润、市场占有率等）和导致成果出现的驱动因素评价指标（如新产品投资开发等）的平衡；财务评价指标（如利润等）和非财务评价指标（如员工忠诚度、顾客满意程度等）的平衡；短期评价指标（如利润指标等）和长期评价指标（如员工培训成本、研发费用等）的平衡。

（二）平衡计分卡与企业战略管理

战略管理是企业管理的高级阶段，立足于企业的长远发展，根据外部环境及自身特点，围绕战略目标，采取独特的竞争战略，以求取得竞争优势。平衡计分卡突破了传统绩效评价系统的局限性，站在战略高度评价企业的经营绩效，把一整套财务与非财务指标同企业的战略联系在一起。因此，平衡计分卡是企业战略管理的基础。建立平衡计分卡，明确企业的愿景，就能协助经理人建立一个得到大家广泛认同的愿景和战略，并将这些愿景和战略转化为一系列相互联系的衡量指标，确保企业各个层级了解长期战略，驱使各级部门采取有利于实现愿景和战略的行动，将部门、个人目标与长期战略相联系。

1. 平衡计分卡与战略管理的关系。平衡计分卡与战略管理的关系如图7-4所示。

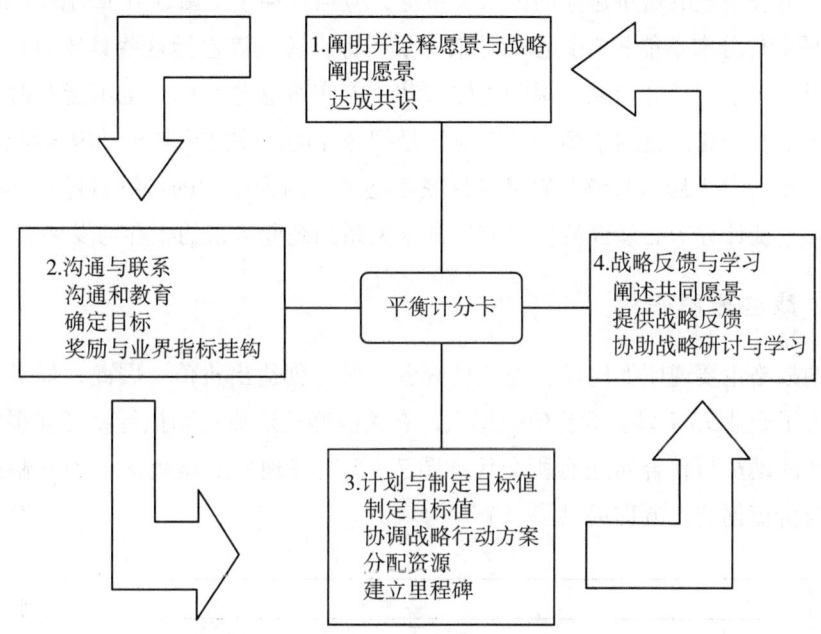

图7-4 平衡计分卡与战略管理之间的关系

根据图7-4可以看到：(1) 战略规划所制定的目标是平衡计分卡考核的一个基准；(2) 平衡计分卡又是一个有效的战略执行系统。平衡计分卡通过引入图7-4里的四个程序（说明愿景、沟通与联系、业务规划、反馈与学习），使得经理人能够把长期行为与短期行为联系在一起，具体的程序包括：

第一，阐明并诠释愿景与战略。所谓愿景，可以简单理解为企业所要达到的远期目标。有效地说明愿景，可以使其成为企业所有成员的共同理想和目标，从而有助于经理人就企业的使命和战略达成共识，这样才能成为描述企业取得成功的长期因素。

第二，沟通与联系。沟通与联系使经理人在企业内部上下沟通战略，并将战略与各个部门和个人目标联系起来。

第三，计划与制定目标值。计划与制定目标值使企业能够实现业务计划与财务计划一体化。

第四，战略反馈与学习。战略反馈与学习使企业以一个组织的形式获得战略型学习与改进的能力。

2. 平衡计分卡的要求。为了使平衡计分卡与企业战略更好地结合，必须做到以下三点。

(1) 平衡计分卡的四个维度应该互为因果，最终结果是实现企业的战略。一个有效的平衡计分卡,绝对不仅仅是绩效衡量指标的结合,而且各个指标之间应该互相联系、互相补充,围绕企业战略所建立的因果关系链,应当贯穿于平衡计分卡的四个维度。

(2) 平衡计分卡不能只有具体的绩效衡量指标,还应该包括这些具体衡量指标的驱动因素。否则,平衡计分卡无法说明怎样行动才能实现这些目标,也不能及时显示战略是否顺利实施。一套出色的平衡计分卡应该是把企业的战略结果与驱动因素结合起来。

(3) 平衡计分卡应该最终与财务指标联系起来。因为企业的最终目标是实现良好的经济利润。平衡计分卡必须强调经营成果,这关系到企业未来的生存与发展。

(三) 战略地图架构

企业的战略主要说明如何设法为其投资者、顾客创造出价值。因此,如果企业的无形资产代表了企业75%以上的价值,那么,有关战略的形成直到执行就必须很明确地针对无形资产的动员与整合问题有所交代。图7-5所展现的战略地图,为战略如何连接无形资产与价值创造的流程提供了一个架构。

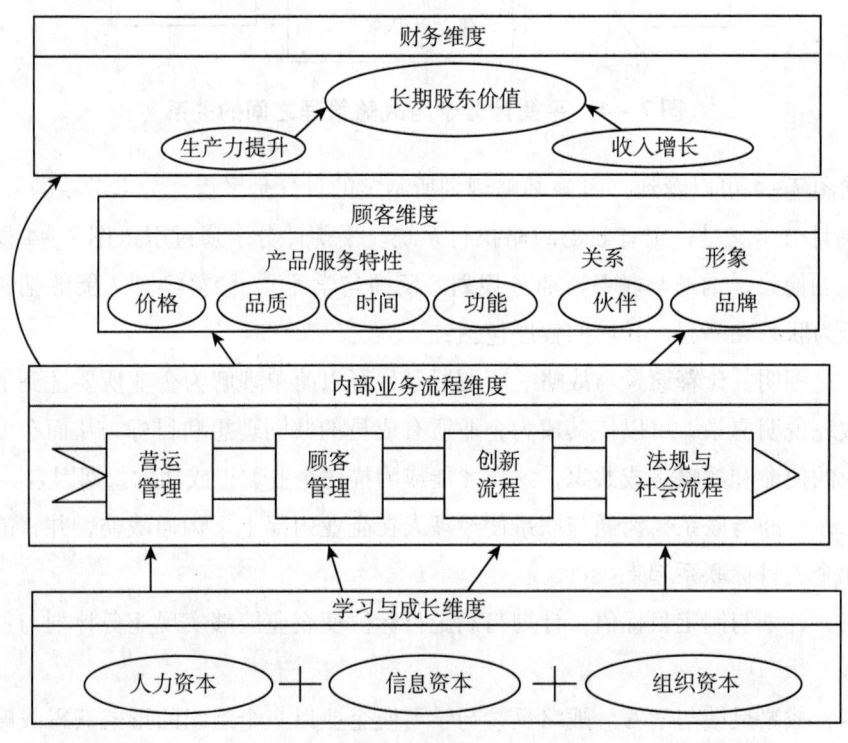

图7-5 战略地图架构

1. 财务维度:长短期对立力量的战略平衡。战略地图之所以保留了财务维度,是因为财务维度是企业的最终成果。财务绩效的衡量结果,代表了企业贯彻实施战略对其营运绩效改善的贡献高低。财务维度的目标通常都与获利能力的衡量相关。企业财务绩效的改善，主要靠增加收入与提升效率降低成本这两个基本途径。

2. 顾客维度：战略本是基于差异化的价值主张。企业采取追求收入增长的战略，必须在顾客维度选定价值主张。价值主张说明企业如何针对其目标顾客群创造出具有差异化而又可持续长久的价值。

总体而言，所有企业都希望能就常见的顾客衡量指标（如顾客满意度等）加以改进，但仅仅满足和维系顾客还称不上是战略。战略应该要标明特定的顾客群，作为企业成长和获利的标的。例如，美国西南航空公司就是采用低价战略，满足并维系对价格非常敏感的顾客群。在确实了解目标顾客群的身份特性之后，企业就可以根据所提出的价值主张确定目标与衡量项目。价值主张界定了企业打算针对目标顾客群所提供的产品、价格、服务以及形象的独特组合。因此，价值主张应能达到宣扬企业如何优于竞争者或显著不同于竞争者的目的。

3. 内部流程维度：价值由内部流程创造。内部流程完成了企业战略的两个重要部分：针对顾客的价值主张加以生产与交货；为财务维度的生产力要件进行流程改善与成本降低的作业，内部流程由营运管理流程、顾客管理流程、创新管理流程和法规与社会流程四个流程组成。

4. 学习与成长维度：无形资产的战略性整合。战略地图的学习与成长维度，主要说明企业的无形资产及其在战略中所扮演的角色。无形资产可以归纳为人力资本、信息资本和组织资本。

（四）平衡计分卡与传统绩效评价系统的区别

平衡计分卡与传统绩效评价系统存在以下主要区别。

1. 从"制订目标——执行目标——实际绩效与目标值差异的计算与分析——采取纠正措施"的目标管理系统来看，传统的绩效评价系统注重对员工执行过程的控制，平衡计分卡则强调目标制订环节。根据平衡计分卡的理念，目标制订的前提应当是员工有能力为达成目标而采取必要的行动方案，因此，设定绩效评价指标的目的不在于控制员工的行为，而在于使员工能够理解企业的战略使命并为之付出努力。

2. 传统的绩效评价系统与企业的战略执行脱节。平衡计分卡把企业战略和绩效管理系统联系起来。平衡计分卡是企业战略执行的基础架构。

3. 平衡计分卡在财务、顾客、内部业务流程以及学习与成长四个维度建立企业的战略目标，表达企业在生产能力竞争和技术革新竞争环境中所必须达到的、多样的、相互联系的目标。

4. 平衡计分卡帮助企业及时评价战略执行情况，根据需要（每月或每季度）适时调整战略目标和评价指标。

5. 平衡计分卡能够帮助企业有效地建立跨部门团队合作，促进内部管理过程的顺利进行。

五、关键成功因素

通俗地说，关键成功因素（critical success factor，CSF）就是驱动企业成功的因素。

（一）以顾客为中心的关键变量

以顾客为中心的关键变量包括以下七个。

1. 订货量。销量是企业的关键变量。基于理想状态，由于销量的不可预期变化会在未来对整个企业产生反冲作用，因此，销量相当于销售订货量。因为订购发生在销售收入实现以前，所以与销售收入相比，这是一个较好的指标。销量的降低预示着企业需要调整市场活动，如加强销售或生产作业或两者并用，进而改变经营规模。当然，实践中，可能还有一些变化。例如，在杂志社，到期续订百分比是一个关键变量；该变量的下降表明促销或杂志的内容质量出现问题。对于餐饮业，关键变量可以是一周的一天、一年的一个季节以及天气所调整的就餐次数或其他因素。

2. 退货量。作为销售与生产之间失衡的一个指标，从退货量可以看到顾客的不满意度。

3. 市场份额。如果企业不能严密监控市场份额，从整个行业增长推演出来的销量增长就可能掩盖企业竞争地位的弱化。

4. 关键顾客订货量。向零售商销售的企业，从特定的重要顾客（如大型百货商场、便利店、超市和邮购公司）收到的订货量可能揭示出早期的营销战略成功与否。

5. 顾客满意度。顾客满意度可以通过顾客调查、暗访和意见信来衡量。

6. 顾客维护度。顾客维护度可以通过与顾客保持关系的时间长度来衡量。

7. 顾客忠诚度。顾客忠诚度可以通过重复购买次数、顾客推荐次数、向顾客的销售占顾客对同种产品或服务的总需求的百分比来衡量。

（二）与企业内部业务流程相关的变量

企业内部业务流程相关的主要变量包括以下三个。①

---

① 除了列示的主要变量之外，还有及时送货率和存货周转率两个主要变量。但本书其他部分已经讨论过这两个主要变量。这里不再赘述。

1. 能力利用率。在固定成本占成本总额比较高的企业（如造纸业、钢铁业、铝业），生产能力利用率尤其重要。同理，对于专业性企业，向顾客收费所依据的可用专业时间问题的百分比是衡量固定资源利用率的一个指标。在旅馆业，每天房间占用百分比（即占用率）是能力利用的衡量指标。

2. 质量。与质量有关的主要指标包括供应商交付的次品数、延迟交付的资料与频率、产品所需部件数量、产品中通用部件与特别部件所占的百分比、产出率、一次通过率（即不需要返工的完工产品所占比率）、下料、返工率、机器停工率、未完成生产与交付安排的次数与频率、员工建议数量、顾客抱怨数量、顾客满意水平、担保求索权、专业服务费用、退货数与退货频率等。

3. 周转时间。周转时间可以作为分析存货需求的工具。周转时间的计算公式为"周转时间=加工时间+储存时间+转移时间+检查时间"。只有"加工时间"增加产品价值，而"储存时间""转移时间"和"检查时间"并没有增加产品价值。因此，分析要试图确认所有没有直接使产品增值的作业，并剔除或降低这些作业的成本。例如，把加工过程的部件从一个工作地点运送到另一个工作地点没有产生增值，因此，就要重新安排工作地点的位置，以使运输成本最小化。

适时生产系统不但使经理人关注传统的成本因素，而且使经理人关注时间。减少周转时间可能降低成本。监控适时生产系统的一个指标是加工时间占周转时间的比率。基于理想状况，该比率应该等于1，但不可能在一夜之间达到这个水平。企业可以为该比率建立目标，按照此目标监督生产过程的进展。通过强调将该比率向理想目标持续改进，企业会得到好的结果。

六、关键绩效指标

所谓关键绩效指标（key performance index，KPI）是对企业绩效产生关键影响力的指标，是通过对企业战略目标、关键成果领域的绩效特征分析，识别和提炼出的最能有效驱动企业价值创造的指标。下面简要讨论财务维度、顾客维度、内部业务流程维度和学习与成长维度的关键绩效指标。

（一）财务维度的关键绩效指标

财务维度的关键绩效指标通常包括（但不限于）利润率（资产报酬率、净资产报酬率、毛利率、净利率、员工平均利润、经济增加值）、收入（净收入、员工平均收入、新产品收入）、应收账款或存货周转率（或周转天数）、现金流量、信用评级、市场价值等。

经理人选择财务维度的评价指标,需要结合企业所处的成长阶段和战略方向。处于创业期和成长期的企业,产品刚刚进入市场,往往需要大量的投资,此时企业的利润和投资活动现金流量通常为负值,企业在这个阶段更注重赢得市场和顾客,因此,通常选择能体现企业成长性的指标如销售收入增长率和经营活动现金流量等。对于处于成熟阶段的企业,更注重增强企业盈利能力,通过提高运营效率、降低成本、改进质量以提高企业利润和现金流量。企业在这个阶段往往更注重利润额、投资报酬率以及现金流量净额这些反映盈利能力高低的指标。

(二) 顾客维度的关键绩效指标

顾客维度的关键绩效指标通常包括(但不限于)市场占有率、新顾客所占百分比、顾客平均销售额、顾客访问人数、顾客满意度、顾客忠诚度、品牌形象或认知、回复顾客投诉及时性或解决次数、退货率、顾客流失率或延续率、营销费用占销售额的比率、参展次数、广告件数、每位顾客的服务成本等。

(三) 内部业务流程维度的关键绩效指标

内部业务流程维度的关键绩效指标因企业的行业特点和经营方式的不同而有所不同。其关键绩效指标通常包括(但不限于)准时送达、平均前置时间、安全与环境、生产周期、在途产品和服务、空间利用率、研发费用、专利年限、盈亏平衡时间、存库量、不良品率、停工期、新产品或服务引进时间、可靠度、计划准确度、媒体正面报道的数量等。具体地说,针对研究开发过程的创新能力评价指标通常包括新产品收入的比例、盈亏平衡的时间、业务流程改善次数等指标。对经营过程改善能力的评价指标通常包括经营周期、制造周期效率(增值时间/制造周期时间)、准时交货率、质量合格率等。对售后服务过程的改善能力指标通常包括售后服务响应时间、一定时期内顾客的访问次数、产品的返修率、顾客抱怨次数等。

(四) 学习与成长维度的关键绩效指标

学习与成长维度的关键绩效指标通常包括(但不限于)平均训练时间、高学历的员工比例、员工满意度、分红入股计划、授权指数、建议件数、生产力、员工拥有计算机的比率、第二专长人数、专业证照数、领导发展、策略性信息比例、跨功能任务指派、知识管理、违反道德行为、旷职率、流动率、工作环境等。

平衡计分卡不能只是一些指标的清单;相反,平衡计分卡的各个指标必须按照因果关系联系起来,作为一种工具把战略转换为行动。

对这些关系理解越深，经理人和员工就越能够直截了当地促进企业成功实施其战略。

延伸阅读 7-4

戴尔公司的绩效评价实践

1999 年，戴尔是世界上最大的直销计算机公司，在 33 个国家雇佣着 16 000 名员工，顾客遍布世界 170 个国家。公司总部位于德州奥斯汀附近的圆石城（Round Rock）。1984 年，迈克尔·戴尔成立了该公司，当时他成为直接向顾客销售定制计算机的先驱。经过短短 15 年的时间，戴尔就超过 IBM、惠普和康柏，成为最大的个人计算机零售商。公司、政府、教育机构和个人消费者通过电话或者互联网向戴尔订购台式计算机、笔记本电脑、工作站和网络服务器。1996 年，戴尔开始网上销售；到 1999 年下半年，公司就已经有超过 40% 的销售是通过这个渠道实现的。在位于奥斯汀、爱尔兰的利默尼里克、马来西亚的槟榔屿和中国厦门的工厂，戴尔计算机系统按照订购要求，一次安装一个。

戴尔在增长率和获利能力两个方面都超过了它的竞争者。当公司在 1988 年 6 月上市时，它的市场价值已经达到了约 7 亿美元。到 1999 年，这个数字已经急剧上升并且超过 1 000 亿美元，是 11 年之前的 140 多倍——远远大于标准普尔 500 中的这个指数。迈克尔·戴尔在他 34 岁的时候，成为世界上 40 岁以下最富有的人物。

像 IBM、惠普和康柏等传统的计算机制造商是按照事先对市场预测的配置来设计与制造他们的产品。产品先被生产出来，储存在他们的库房里，然后再分发给代理商、零售商和其他中间商，这些中间商再把产品卖给消费者时一般会再加上 20%～30% 的加成。然而，戴尔计算机公司利用"直销"的模式：(1) 它把所有的部件外包，只负责装配；(2) 消除了零售商，把产品直接从工厂送到最终顾客手中；(3) 通过电话和互联网，接受对于硬件和软件定制化的订单。

戴尔是典型的从后向前的拉动式生产，是在收到订单后才制造电脑，而不先预测订单，再进行生产、库存。因此公司的部件和产成品的库存得到大幅度降低（戴尔的平均库存周转率为 7～11 天，而其他个人计算机 PC 制造商及其中间商为 70～100 天）。库存的大幅度减少带来库存投资的大幅度缩减。更重要的是，低库存给了戴尔一个巨大的技术优势。微处理器和其他部件的技术保持了连续的先进性。与 IBM 或康柏 PC 机中的部件相比，戴尔的部件提前更新 60 天。

戴尔的绩效评价系统支持公司的直销模式。公司的平衡计分卡包括财务指标（销售价格、毛利、制造成本和利润）和非财务指标（库存周转天数、应收账款回收天数、应付账款支付天数、现金转换周期)。戴尔计算机公司的副总裁凯文·罗林斯说:"在戴尔,我们每个月利用资产负债表和损益表作为工具进行管理经营。从资产负债表中,我们密切追踪三个现金流量指标。我们每周都要关注我们的存货多少天更新一次,产品部件多少天准备一次。然后我们就可以与我们的供应商密切合作,这样我们就可以及时得到存货。当这些稍微有些不正常时,我们可以利用我们的直销模式,指导我们的顾客看一下我们拥有的可比较产品。因此我们可以把库存信息同时用于前后两端。

"我们也对应收账款和应付账款进行紧密的追踪与管理。这是基本的业务,但是我们给予它很高的重视。其结果是我们有支付5天的现金转换周期——也就是说,在我们必须付给供应商的前5天就得到付款。由于我们的竞争者通常不得不通过提供信用来支持他们的代理商,这样直销模式就给予我们一个固有的成本优势。我们把现金回收周期缩短得越多,我们的优势就越大。"

"在利润表的即时绩效指标中,我们认为公司运营良好的最佳指标是毛利、平均销售价格及与销售相关的制造费用。我们按顾客、产品和国家把损益表分割成这些核心要素。这可以使我们紧密关注出现的问题,比如在任何一个国家正在销售的产品组合。"[1]

(资料来源:Vijay Govindarajan and Anil K Gupta. World wise: Building the Global Corporation of Tomorrow, Chapter 8)

财眼看问题

绩效评价方法、指标的选择,乃至各个指标的权重,都涉及经理人的权利与利益。因此,管理会计师必须洞察各层次经理人乃至员工的心态,切忌"孤芳自赏",武断地推行绩效评价系统。

第三节 经理人激励薪酬

企业建立激励机制的核心问题就是企业如何确定经理人激励薪酬(executive incentive compensation),促使经理人的自利行为减少到最小的限度,从而减少代理成本。在企业经营管理实践中,经理人的激励薪酬应该由多个部分组成。一般而言,经理人的激励薪酬包括基本工资(根据经理人和企业过去的绩效确定)、年度奖金(主要与当年企

---

[1] Joan Magretta. The Power of Virtual Integration: An Interview with Dell Computer's Michael Dell [J]. Harvard Business Review, March-April, 1998.

业绩效如利润或股票市场价格有关)、任期收入或远期收入(与企业未来几年乃至十几年的绩效如利润或股票市场价格有关)。总体而言,经理人的激励薪酬包括基本收入与风险收入两部分。企业激励机制的关键在于这两部分收入的比重如何以及风险收入如何确定。① 风险收入在经理人薪酬总额所占的比重因行业、企业性质而异,甚至因经理人的职位高低而异。在这里,难以一概而论。

一、经理人激励薪酬的绩效基础

企业确定经理人激励薪酬首先必须解决的第一个问题就是凭什么给经理人激励薪酬。通常的回答是"据绩付酬"(pay for performance)。那么,何谓"绩"呢?显然,这里的"绩"就是绩效(performance)。这就涉及经理人激励薪酬的绩效基础问题。

(一) 经理人激励薪酬的绩效基础:财务性绩效还是非财务性绩效,或者两者的结合

在相当长的时间内,企业普遍以财务性绩效为基础确定经理人激励薪酬。财务性绩效指标基本包括市场导向指标(如股票市场价格、股票价格年增长率等)和企业财务导向指标(如税前利润、税后利润、每股收益、现金流量和经济附加值等)两大类。

市场导向指标以投资者收益最大化作为企业经营的重要目标,以此为基础确定经理人激励薪酬,实际上,就是重视投资者利益。从委托代理关系的角度看,其激励效果相当明显。但是,其合理性建立在"企业的经营绩效能够决定企业的股票市场价格"这个前提之上。不过,在企业经营管理实践中,这个合理性前提却未必成立。企业的股票市场价格取决于一系列因素,企业经营绩效只是其中的一个影响因素,有时甚至还是一个次要因素。如果企业的股票市场价格与企业经营绩效相关性较弱,那么,以市场导向指标确定的经理人激励薪酬的激励效果就值得怀疑。

与市场导向指标相比,企业财务导向指标总体而言可以较为真实地反映企业的经营绩效,但是,企业财务导向指标容易为经理人所操纵。这种操纵有时对企业核心能力的损害是致命性的。因此,以企业财务导向指标为基础确定经理人激励薪酬的合理前提是企业经营绩效的取得不能以损害企业核心能力为代价。然而,这是一个悖论。以企业财务导向指标为基础确定经理人激励薪酬又如何能够确保经理人遵守这个前提呢?为了克

---

① 2014年8月29日,中共中央政治局召开会议审议通过了《中央管理企业负责人薪酬制度改革方案》。根据《中央管理企业负责人薪酬制度改革方案》,中央企业负责人的薪酬包括基本年薪、绩效年薪和任期激励收入。

服市场导向指标与企业财务导向指标各自的缺陷，企业应该将市场导向指标与企业财务导向指标结合起来，从而将眼前利益与长远利益相结合。

然而，不管是市场导向指标还是企业财务导向指标都是财务性绩效指标。基于顾客化、竞争化和变化的环境，单纯财务性绩效指标难以全面评价企业的经营绩效。非财务性绩效指标如顾客满意度、顾客需求的反应速度、企业的创新能力、企业学习与成长等对企业经营绩效评价也许更为重要。

（二）经理人激励薪酬的绩效基础：集体绩效还是个人绩效

确定企业经理人的激励薪酬面临的另一个重要问题是：经理人激励薪酬以集体绩效为基础还是以个人绩效为基础？一方面，如果以个人行为及其绩效为基础，不利于促进集体行为的进步，也不利于发挥当今流行的企业团队协作精神。同时，个人在企业的行为及其产生的绩效难以确定。另一方面，如果以集体行为及其绩效为基础，虽然集体行为及其绩效比较容易确定，但是，却难以明确个人行为如何影响集体绩效，更难以明确个人行为如何最终影响个人薪酬。这将削弱经理人激励薪酬的激励作用。同时，以集体行为及其绩效为基础确定经理人激励薪酬还将鼓励个人依赖他人的努力，逃避责任和"搭便车"。在企业经营管理实践中，有些企业强调团体协作精神，将集体绩效与个人绩效相结合，以集体绩效为基础确定经理人激励薪酬，同时按个人实现其绩效目标的能力确定其在薪酬总额中所占有的份额。

其实，经理人绩效薪酬的基础究竟是选择集体绩效还是个人绩效还体现了绩效评价者的导向——提倡合作还是独立。不过，其核心问题还在于信息不对称，基于团队工作无法获得（或获得信息的成本较高）各个成员对总体绩效的边际贡献信息，绩效评价者只能退而求其次以集体绩效为基础确定经理人激励薪酬，但同时又必须防止或减弱"搭便车"的行为，即应该确定个人的职责范围，以便真正达到"据绩付酬"的目的。

总之，经理人激励薪酬可能有助于形成"你做你的工作，我做我的工作"的态度，或者"让我们相互合作"的态度。基于特定管理情境，也许这些做法都是可取的。关键在于如何根据企业性质、战略和具体工作性质设置激励机制。

二、经理人激励薪酬战略

管理上有一句名言："人们总是喜欢去做受到奖励的事情。"诚然，薪酬作为一种激励措施，无疑可以从根本上影响着经理人的行为导向。因此，企业必须赋予薪酬以激励的功能。这就是激励薪酬的基本含义。

有人形象地将激励薪酬的确定比喻为"分蛋糕"的艺术。但从本质上说,激励薪酬的目的绝不是简单地"分蛋糕",而是通过"分蛋糕"实现企业的战略目标,从而使得企业将来的"蛋糕"做得更大。如此一来,激励薪酬的确定不仅仅是一项技术工作,而是一种战略思维。这就是所谓激励薪酬战略(incentive compensation strategy)问题。企业激励薪酬战略导源于企业的使命(mission)、愿景(vision)和核心价值观(core values),其根本目的在于:强化企业的核心价值观、支持企业战略的执行、培育和增强企业的核心能力。

那么,企业如何通过激励薪酬战略强化企业的核心价值观呢?这可以从两个方面来考虑:(1)各种激励薪酬计划的设计。如果企业强化绩效导向的文化,则风险收入的比例要大一些;如果企业强化能力导向的文化,则基本收入的比例要大一些。(2)绩效评价与激励相结合。有效的激励必须建立在有效的绩效评价基础之上。各种绩效评价指标及权重的设计,可以强化不同企业的文化特征。例如,企业要强化员工之间的团队协作,则绩效评价指标体系的设计就要加大团队协作的权重。

企业激励薪酬的基础是什么呢?毫无疑问,其基础就是价值创造。因此,企业激励薪酬战略必须以价值创造为依据,根据经理人对企业战略执行的实际贡献确定激励薪酬数额。其基本点包括:(1)外部竞争性。如果企业采用成本领先战略,那么,激励薪酬战略必须强调内部经营管理效率的提高;如果企业采用差异化战略,那么,激励薪酬战略必须鼓励经理人的创新行为。(2)内部公平性。企业战略实施过程是一种全员行为,必须加强各部门的协作效率,因此,必须根据各类经理人对企业总体战略目标的实际贡献程度进行合理的绩效评价,并在激励薪酬战略制定过程中保持内部的相对公平性。因此,在制定激励薪酬战略时,要从企业战略、制度和技术三个层面进行思考:(1)战略层面。每个企业的存在都有其自身的意义。有些企业是为了成就一项事业,有些企业是为了赚钱,有些企业则是为了做大,而有些企业只想在某一领域做强。这种不同的价值取向必然决定了企业关注的是长期利益还是短期利益,企业对经理人的评价是鼓励创新还是因循守旧。也就是说,企业激励薪酬战略必须与企业的战略和价值导向匹配。这样才能将经理人的行为引导到企业倡导的方向上来。总之,在制定激励薪酬战略时必须赋予其企业之"魂"(使命、愿景、核心价值观和战略),只有从战略上着眼,系统化地制定激励薪酬战略,才能达到激励薪酬的根本目的。(2)制度层面。制度是企业战略与理念落实的载体。制定制度要以战略为导向。在战略指引下,制度设计的方向更加明确,制度的存在才有意义。(3)技术层面。技术层面解决的是在战略与制度的指引下,如何立足职位分析、职位评估和薪酬调查,具体地设计激励薪酬的形式。

图7-6描述了制定激励薪酬战略的战略、制度与技术三个层面的关系。

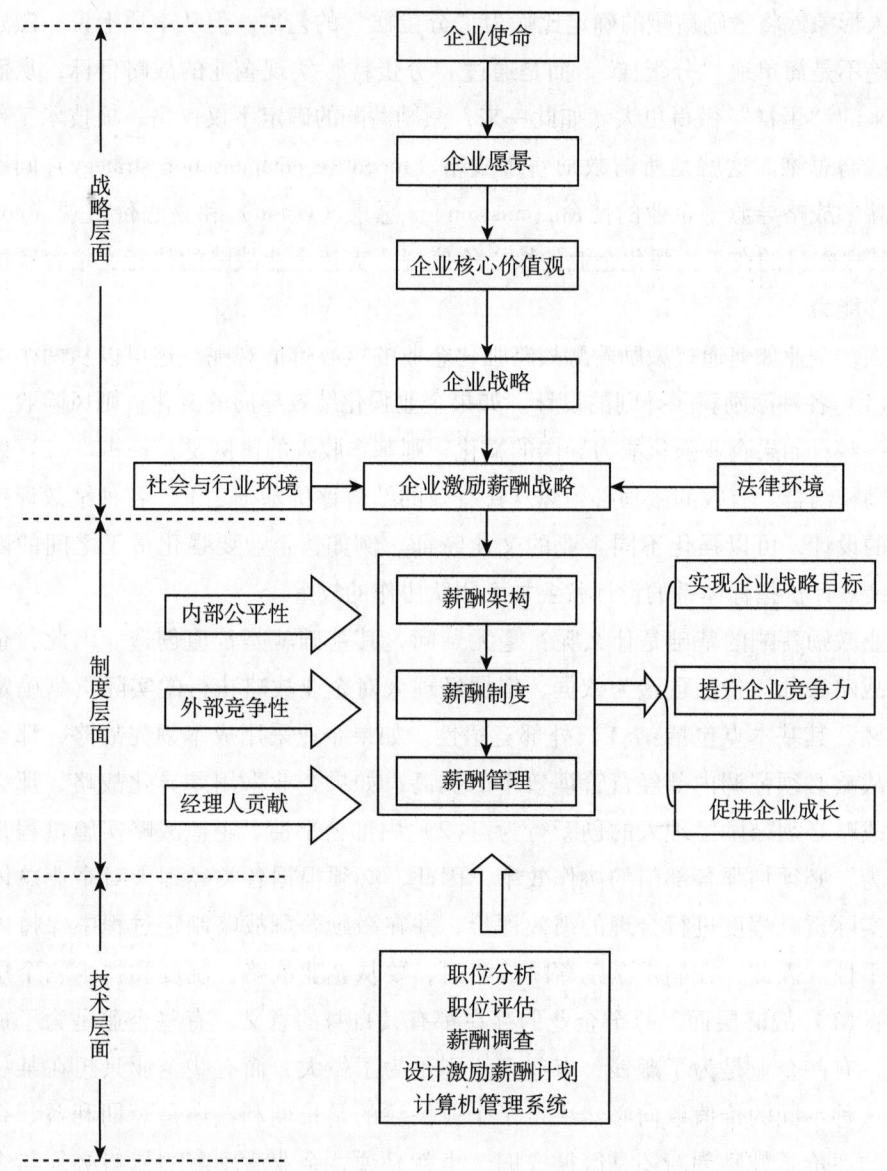

图 7-6 激励薪酬战略的战略、制度与技术三个层面的关系

总之,经理人激励薪酬战略就是赋予薪酬以激励功能,并通过各种激励薪酬计划,强化并实现企业的战略。

三、经理人激励薪酬的基本类型

根据企业经理人激励薪酬战略,如何将经理人从单纯的支薪阶层转向分享(风险)阶层是确定经理人激励薪酬需要解决的一个重要问题。因此,企业经理人的风险收入应该"嵌入"激励因素，使经理人的风险收入成为激励薪酬。

从确定经理人激励薪酬的角度看，经理人激励薪酬的基本类型包括奖金（bonus）、延期奖金（deferred bonus）与或有薪酬（contingent compensation）、股票期权（stock option）、虚拟股票（phantom stock）、经理人持股（executive stock ownership）和在职消费（non-pecuniary compensation）。

（一）奖金

这是企业根据经理人所完成的绩效所给予的奖励。在企业经营管理实践中，奖金可能按企业利润的固定百分比如10%计提，或者如果企业利润超过一定数额如1 000万元之后，对超出部分按一定比例计提。企业通过奖金的计提与发放将经理人的利益与投资者的利益联系起来，从而达到激励的功效。不过，作为一种激励薪酬，奖金属于短期的激励方式。

（二）延期奖金与或有薪酬

为了克服奖金具有短期激励功效的缺陷，有些企业采用延期奖金这种激励薪酬。基于延期奖金这种激励薪酬，奖金延期支付条款通常规定如果经理人自动离开企业或被开除，那么，其获得的延期支付奖金的权利将自动取消或丧失。也就是说，企业把经理人的部分年度奖金延迟到以后年度支付，而提前离开的经理人将丧失获取奖金的权利。至于或有薪酬则是指只有符合一定条件方可获取的薪酬。这里的一定条件就体现了企业的激励方向。

延期奖金与或有薪酬还有另外的功效。经理人在一个企业工作过程中能逐年积累与该企业或行业相关的大量专门知识与技能，其中相当部分可能耗费经理人所在企业大量成本而取得。延期奖金与或有薪酬使企业可以比较安心地实施人力资本投资，培养人才。因为如果具有专门知识的经理人离开企业，延期奖金与或有薪酬将自动失效，想利用其专门知识与技能而聘用该经理人的竞争对手至少要支付同等的薪酬补偿该经理人，从而提高了其聘用成本。这种激励方式被称为"金手铐"（golden handcuffs），它使企业关键的经理人脱离企业所付出的代价非常高昂。

延期奖金与或有薪酬特别适合高新技术企业。它可以减少因经理人转到竞争对手而造成的巨大损失。延期奖金与或有薪酬意味着企业经理人随意离开企业的可能性减少，而企业又可以放心地实施人力资本投资。延期奖金与或有薪酬对企业和经理人无疑是"双赢"的。

（三）股票期权

股票期权就是企业给予经理人在未来的某个时间以某个确定的价格购买一定数量的

企业股票的选择权利。

基于完善的金融市场环境，股票期权这种激励薪酬方式最具有激励功效。由于它给予经理人在规定日期按照预定价格购买一定数量股票的权利，如果经理人经营有方，企业的股票在金融市场表现良好，股票价格上升，经理人通过股票期权就可以获得相当可观的收益。其实，经理人的收益取决于行使股票期权时的股票市场价格与预定价格之间的差额。这部分收益实际上就是企业对经理人的奖励。例如，假设某经理人拥有以每股8.00元的价格在两年之后购买其所在企业股票100 000股的期权。如果两年之后，该企业的股票市场价格上升到12.00元，那么，该经理人行使股票期权，其收益为400 000元〔(12.00-8.00)×100 000〕。反之，如果股票市场价格不能达到每股8.00元以上的水平，该经理人当然不会行使其股票期权，自然不能得到任何收益。

股票期权可以促使经理人不仅关心企业长远发展，更关注企业股票在金融市场上的表现，更好地满足投资者的利益诉求。不过，实施股票期权必须具备一定的条件：(1) 金融市场充分有效。如果经理人努力工作，那么企业的绩效就好，而企业的绩效好，企业的股票价格就高。(2) 金融市场处于"牛市"状态。如果金融市场呈现"熊市"特征，经理人是不会接受股票期权这种激励薪酬的。因为经理人永远没有行权的机会。

如果具备上述这两个条件，股票期权就是一种"经理人如果想致富，首先要让投资者致富"的经理人与投资者"双赢"的有效激励方式。反之，如果上述这两个条件不具备，那么，企业实施股票期权激励薪酬就有可能激励经理人去"造假"。

鉴于上述这两个条件尤其是第一个条件很难满足，"金融市场充分有效"还只是一种"理想的境界"而已，许多企业尤其美国企业放弃了原先实施的股票期权激励薪酬。

（四）虚拟股票

基于股票期权激励薪酬方式，经理人在行使股票期权时需要支付一笔现金，如果该经理人并不富裕，恐怕就难以采用股票期权激励薪酬方式。这时，可以考虑采用虚拟股票激励薪酬方式，授予经理人一个购买名义而非真实股票的期权。例如，假设某企业授予某经理人100 000股的虚拟股票，预定价格每股8.00元，绩效考核期为两年。如果两年之后，该企业股票市场价格上升到12.00元，那么，企业应该支付给该经理人400 000元〔(12.00-8.00)×100 000〕。反之，如果股票市场价格不能达到每股8.00元以上的水平，经理人得不到任何收益。

有些企业做法更简单，直接授予经理人若干虚拟股票，规定若干年之后方可获得该虚拟股票。如果经理人获得规定的虚拟股票，就可以得到一笔现金。这笔现金的数额等于虚拟股票的数量乘以经理人获得虚拟股票时股票的市场价格。这时，虚拟股票实际上是一种延期奖金激励薪酬方式。但是，奖金数额是将来股票价格的函数。

（五）经理人持股

如果经理人实现了企业规定的绩效目标之后，企业给予其一定数量的企业股份，使经理人成为企业的投资者。有的企业甚至规定经理人所持有的股份在若干年之后方可出售，以便克服经理人的短期行为。经理人持股的目的在于使经理人与投资者一样思考、行事，尽量协调经理人与投资者的矛盾。[①]

意味深长的是，经理人持股这种激励薪酬方式与"两权分离"背道而驰。这在一定程度上解决了"两权分离"所产生的委托代理问题。西方许多企业的经理人都持有本企业的股份。中国许多企业也采用这种做法。

（六）在职消费

顾名思义，"在职消费"就是只有经理人在其位才能获得的"消费"，如优惠的生活、办公条件，如果经理人离任或离职，这种"消费"也就不存在。这就激励经理人努力为投资者利益而工作，保持现有职位乃至提升职位，从而维持或提高其"在职消费"水平。

由此可见，经理人激励薪酬的形式多种多样。上述各种类型的激励薪酬各有其适用性，企业应该根据其激励目标和激励对象，选择适当的激励薪酬方式。[②]

> **财眼看问题**
>
> 管理会计师务必注意"激励从偏好入手"，没有"放之四海而皆准"的激励薪酬形式。其实，"萝卜青菜，各有所爱"，管理会计师应该针对激励对象的需求，设计恰当的激励薪酬政策。

延伸阅读 7-5

平衡计分卡在青山公司的应用

为了贯彻中国兵器装备集团公司（以下简称兵装集团）战略，其下属的重庆青山工业有限责任公司（以下简称青山公司）运用平衡计分卡原理来确定公司战略、规划，取得了较好的管理效果。

一、平衡计分卡的主要做法

青山公司从公司、部门、班组和岗位四个层级，按战略制定、战略地图、计分卡、

[①] 从本质上说，经理人持股与股票期权都是使经理人成为投资者，但是，股票期权通常适用于上市公司，经理人持股通常适用于非上市公司。因此，经理人持股的适用范围较为广泛。

[②] 现在，经理人激励薪酬基本上都不是单一的激励薪酬类型，而是上述激励薪酬类型的某种组合即薪酬组合（compensation package）。

KPI、行动计划五个业务线编制平衡计分卡。

（一）战略地图

战略地图是平衡计分卡的起点，它从财务、客户、内部流程、学习与成长四个维度将战略目标在一张纸上呈现出来，反映了战略目标之间自下而上的逻辑关系，清晰展示出公司或部门未来几年"做什么""怎么做""做到什么程度"。

1. 公司战略地图编制方法。输入战略愿景、企业使命及最新战略规划，分别编制财务、客户、内部流程、学习与成长四个维度的战略目标，汇总形成公司战略地图，体现系统性、逻辑性及公司特色。

（1）财务维度战略目标最直观的理解就是企业"做什么赚钱""怎么赚钱""赚多少钱"，企业所有的改善最终都将通过财务目标体现。就青山公司而言，就是要通过"规模效益、结构效益、管理效益"三驾"马车"同步发力，确保企业的持续健康发展。

（2）客户维度战略目标最直观的理解就是为支撑上述财务维度战略目标，应有什么样的市场表现及结果，应提供什么样的产品与服务，必须思考在研发质量、制造质量、技术服务、市场响应及客户盈利能力管理等方面"做什么""怎么做""做到什么程度"。

（3）内部流程维度战略目标最直观的理解就是要支撑上述财务维度及客户维度战略目标，必须"做哪些事，怎么做这些事，形成什么样的能力"。重点关注企业面临的发展瓶颈问题，主要从市场掌控、新品研发、质量保证、成本控制、管理创新五大核心能力方面制定内部流程维度战略目标。

（4）学习与成长维度战略目标最直观的理解就是上述三个维度战略目标必须依靠"人"来实现，重点关注组织绩效提升、团队能力建设、人才队伍建设及领先文化建设等，描述了企业"文化、组织、团队、人才"等无形资产在战略中的作用。

汇总以上各个维度的战略目标，明确战略目标之间的因果关系，青山公司形成了完整的战略地图，如图1所示。

2. 部门战略地图编制方法。与公司战略地图编制不同，部门战略地图的编制流程需要从公司战略地图承接分解关联的战略目标，同时兼顾部门业务特点。

（1）部门财务维度战略目标。各部门必须准确理解本部门职能职责，清楚本部门能为公司创造哪些价值、通过什么途径创造价值、能够创造多少价值，据此将公司财务维度战略目标有效分解至本部门，从而制定本部门财务维度战略目标。

（2）部门客户维度战略目标。为支撑上述财务维度战略目标，各部门必须掌握本部门外部/内部客户需求，清楚本部门通过哪些途径、措施，提供什么样的产品、服务或工作成果，并有针对性地承接分解公司客户维度战略目标，据此制定本部门客户维度战略目标。

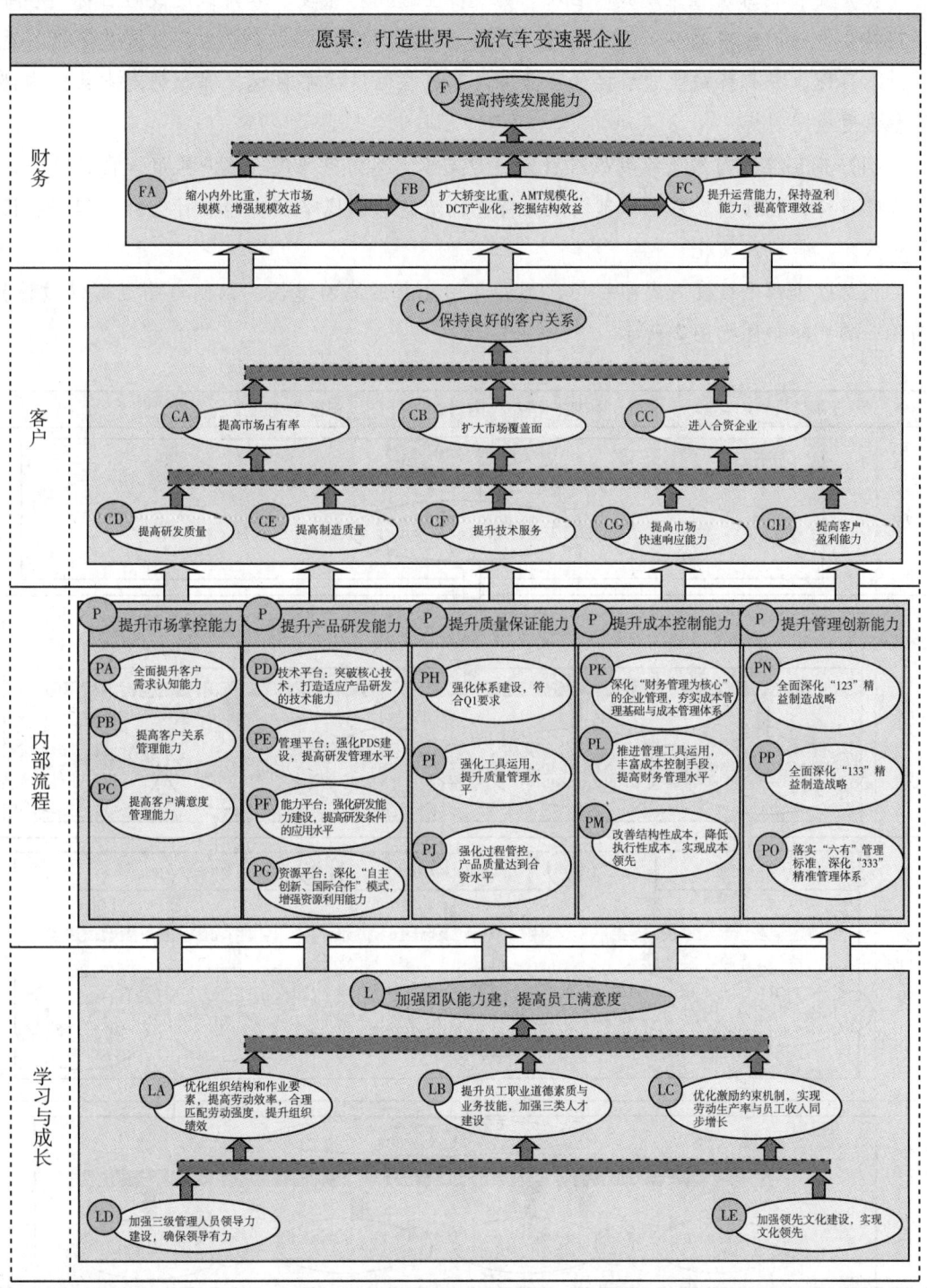

图1 青山公司战略地图示意图

(3) 部门内部流程维度战略目标。为支撑上述财务维度、客户维度战略目标，各部门应结合本部门管理地图、业务流程，系统分析部门应具备哪些能力、做哪些事情、达到什么目标，并有针对性地承接分解公司内部流程维度战略目标，据此制定本部门内部流程维度战略目标。

(4) 部门学习与成长维度战略目标。为支撑上述财务维度、客户维度、内部流程维度战略目标，各部门应基于本部门业务特色，清楚部门战略实现需要什么样的组织、团队、人才、技能及文化。

汇总以上四个维度的战略目标，形成部门完整的战略地图。以制造物流部（物流）为例，其战略地图如图2所示。

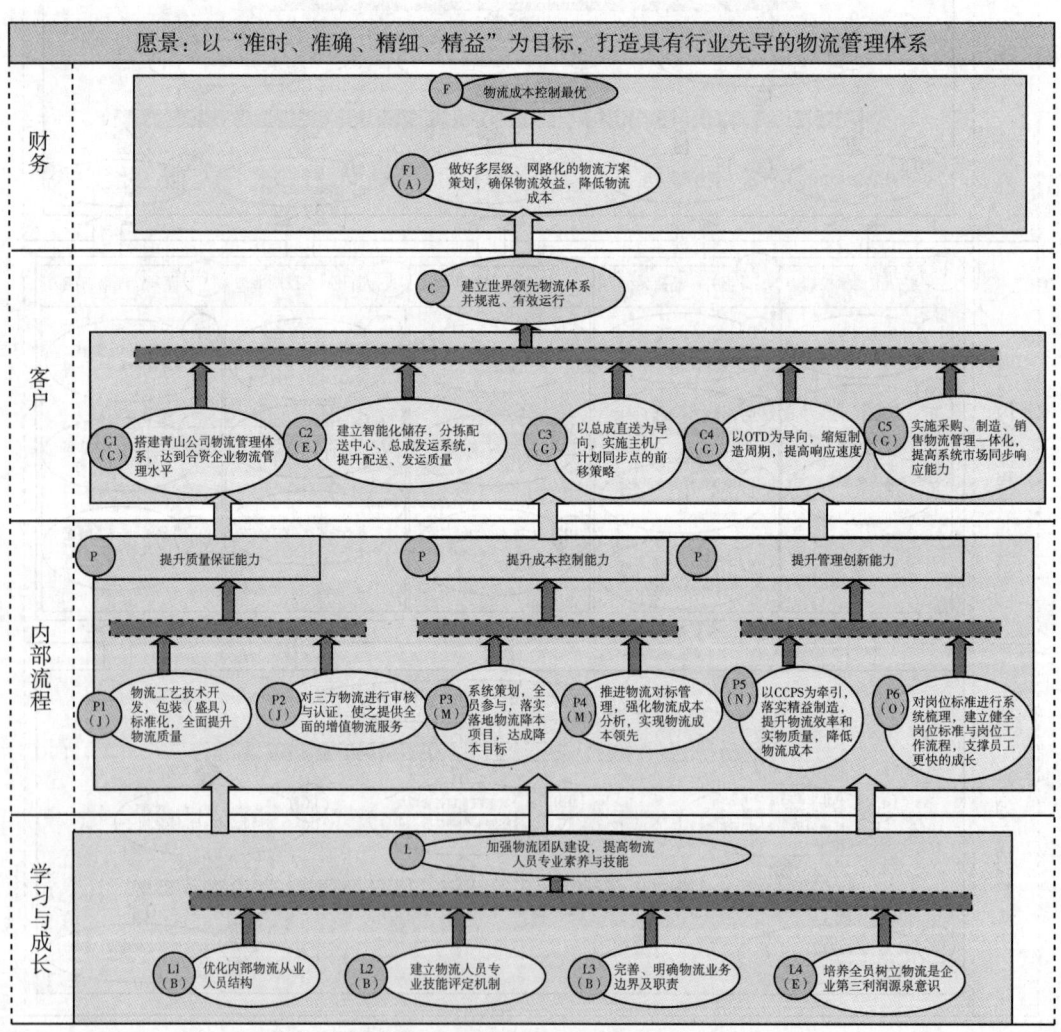

图2 青山公司制造物流部（物流）战略地图示例

（二）平衡计分卡

1. 定义战略目标。每一个战略目标确定后，须对战略目标进行精简的定义，使战略目标涵盖的内容和意义更加具体明确，为衡量指标和行动方案的制定提供指引。战略目标定义主要包含的内容有：对目标的概要解释（是什么）；实现目标途径的简要解释（怎么做）；目标实现程度的说明（做到什么程度）；本目标支撑哪一层面的哪些战略目标。

2. 确定衡量指标。衡量指标主要用来检验战略目标是否实现，衡量指标的表现形式可以是比率、绝对值、指数、百分比、名次排序、评分等级等；指标的选择要可量化、数据易收集、可层层分解并能驱动期望的行为。

青山公司衡量指标的确定流程包括：第一步，列举指标，即通过头脑风暴的方式，尽可能全面地列举出可以衡量战略目标的指标。第二步，筛选指标，主要考虑以下方面：关键性，是否能够有效衡量战略目标，是否驱动所期望的行为？衡量性，是否具备数据基础？测量结果是否可测量？测量成本是否低？管控性，不易被考核人操纵、便于管控。聚焦性，各战略目标都要争取只设定一个结果指标，每个战略目标如果不止一个衡量指标可以选用，则选用最能传达此战略目标意义的一个指标。第三步，确定指标，即将指标汇集，建立与战略目标的对应关系，并标明指标类型。其模板及示例如表1所示。

表1 衡量指标设置模板

角度	战略目标	衡量指标	指标类型
财务	缩小内外比重，扩大市场规模，增强规模效益	变速器销量	绝对值型
		营业收入	绝对值型
		内外市场比重	比率型
客户	提高市场占有率	市场占有率（微车/轿车/自变）	百分比、比率型
	进入合资车企	在合资车企的供货量	绝对值型
内部流程	提升产品质量保证能力	千台车维修频次	周期频率型
学习与成长	提高员工满意度	企业文化认同度	指数型

3. 定义衡量指标和目标值。衡量指标确定后，须对每一个指标进行定义，衡量指标

必须包括评价周期、计算公式、指标负责人、目标值、数据来源等因素。其模板及示例如表2所示。

4. 编制行动方案。行动方案是平衡计分卡的核心内容之一，战略目标、衡量指标、行动方案三者形成跟踪企业绩效的统一体。行动方案必须形成里程碑计划，并且有预算的配备；对于没有设立指标的战略目标，一定要设立行动方案；行动方案在计分卡上仅仅体现为一个项目名称，必须制定详细计划。其编制流程包括：第一步，列举行动方案，即通过头脑风暴的方式，依据战略目标和衡量指标，尽可能全面地列举出实现这些目标和指标的行动举措。第二步，筛选行动方案，主要考虑：重要性，即抓住公司经营的薄弱环节和紧迫的工作，抓住最能突破的关键事项；关键性，即对战略目标的提高和实现起到最大化的作用，且预期对目标达成和指标提升产生明显效果；非常规性，即选择非日常工作类、具备项目特征的行动项，对于没有设立指标的战略目标，一定要设立行动方案。第三步，确定行动方案，将行动方案汇集，建立与战略目标、衡量指标的对应关系。

具体行动方案确定后，为确保可执行性，须对每一个行动方案进行定义，包括方案的负责人、参与人、开始日期、结束日期、预期收益与影响以及具体的里程碑等。其模板及示例如表3所示。

（三）公司平衡计分卡逻辑体系

根据公司及部门战略地图、平衡计分卡、行动计划，结合公司年度KPI指标及GS重点工作，分解建立部门（班组）KPI、GS体系，有效运用KTM、QTM、OPEN三张表进行管理，实现月度滚动预算、业务预算与战略预算的有效衔接，从而确保战略落地（见图3）。

二、平衡计分卡的运行管理

（一）组织保障

青山公司建立了平衡计分卡体系管理领导小组和管理办公室。领导小组组长由总经理担任，成员包括公司分管领导，职责包括：全面指导公司平衡计分卡体系管理活动推进；负责审批公司及各职能战略、战略地图、平衡计分卡、行动计划表；负责审批公司平衡计分卡定期报告和战略执行总结汇报。管理办公室（挂靠运营管理部）主任由运营管理部部长担任，成员包括各单位负责人及运营管理部、精益管理相关人员，职责包括：负责公司战略规划与滚动更新；负责建立与完善公司平衡计分卡体系，编制与更新公司战略地图、平衡计分卡、行动计划并按时定期上报；组织公司战略回顾会议，跟踪落实公司战略回顾会议的决议；负责配合兵装集团和中国长安平衡计分卡督导检查、总结评价。

表2 衡量指标定义模板

战略目标	序号	衡量指标	衡量指标定义/计算公式	指标数据来源	评价周期	衡量单位	2013~2015年目标值			指标责任单位	指标责任人	备注
							2013年	2014年	2015年			
强化过程质量管控，降低零公里故障率和售后质量损失	M1	千台车维修频次(R/·1 000)	90天内出现的故障数/规定时间段内装配的零件数×1 000	主机厂	月	‰	微车：6 轿车：3	微车：4 轿车：2	微车：2 轿车：1	品质管理部	部门负责人	
千台车维修频次，降低质量损失	M2	零公里故障率(OPPM)	内外部质量损失总额/主营业收入×1 000	主机厂	月	PPM	150ppm	120ppm	100ppm	品质管理部	部门负责人	

表3 行动方案定义模板

序号	行动方案名称	行动方案具体描述	支持战略目标及指标名称	行动方案责任人	行动方案牵头部门	参与支持部门	行动方案开始日期	行动方案结束日期	具体行动计划(里程碑日期及描述)	所需资源概要	预期的收益与影响
K2	加强资产专题分析	建立资产管理常态化运行机制，加强资产基础数据的收集与统计，定期开展资产专题分析，为公司资产管理提出建设性改进建议	F2 (M3、M4)	×××	财务会计部	公司各单位	2013.03.01	2015.12.31	2013年6月建立资产月度盘存、月度分析例会等日常管理机制；2013年8月修订资产管理相关制度；2013年12月开展资产专题分析，形成资产分析报告；2014年1、4、7、10月按季度开展资产专题分析；2015年1、4、7、10月按季度开展资产专题分析	办公费	资产结构优化

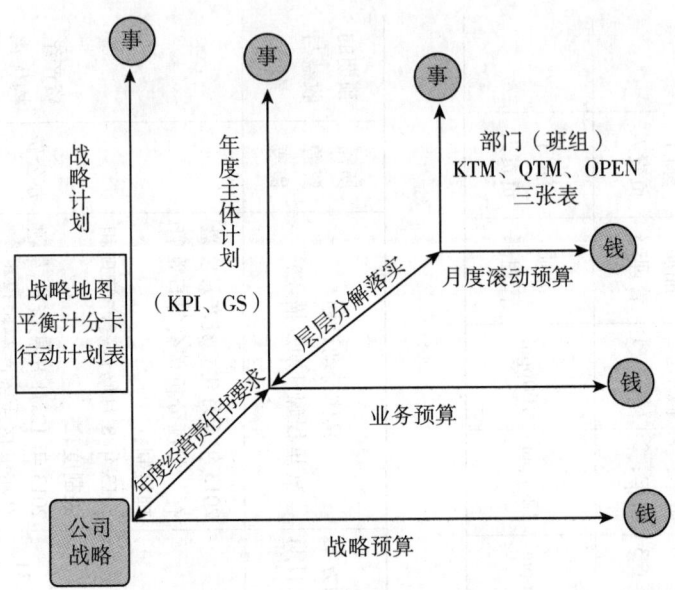

图 3　青山公司平衡计分卡逻辑关系

(二) 流程保障

青山公司根据平衡计分卡战略管理组织机构设置及职责，建立平衡计分卡体系运行管理主要流程，并与计划、预算等现有管理流程进行融合，确保平衡计分卡体系的执行，如图4所示。

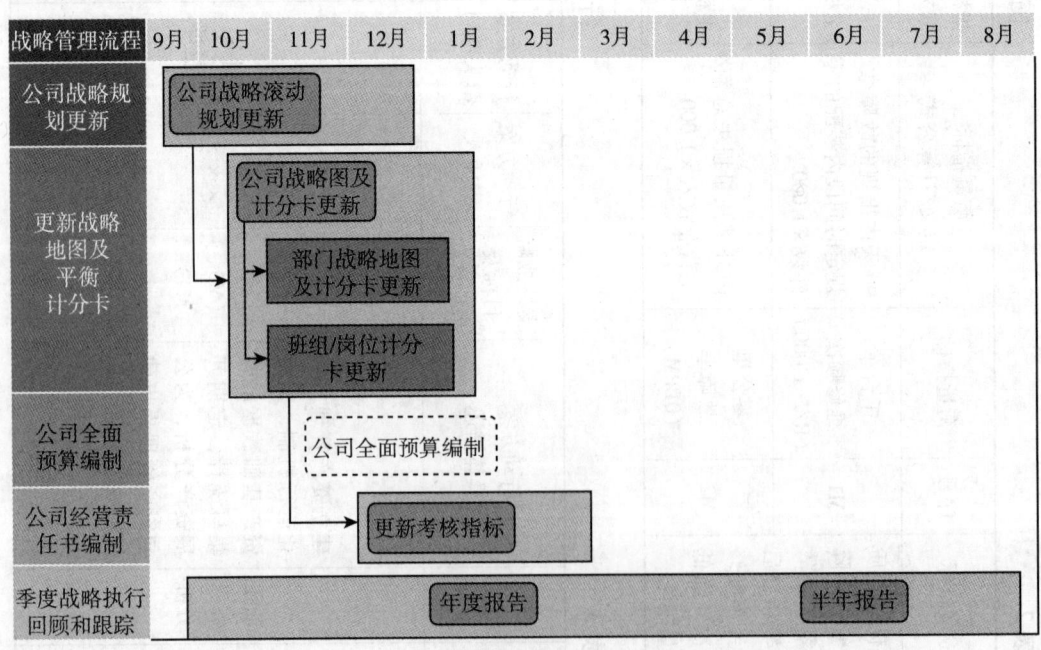

图 4　青山公司平衡计分卡体系运行管理流程

(三) 制度保障

建立平衡计分卡定期诊断汇报机制，系统反映战略执行情况，使平衡计分卡的应用常态化、标准化。公司为此召开季度、半年和年度分析会，季度、半年度分析会重点对当期经营和战略执行情况进行回顾，与"季度经济活动分析会"相结合召开；年度分析会与公司年度工作会议相结合召开。

三、平衡计分卡的应用效果及启示

(一) 建立了四级战略目标管理体系

青山公司根据战略制定、战略地图、计分卡、KPI、行动计划五条业务主线编制公司、部门、班组、岗位四级战略目标管理体系，为了确保平衡计分卡能有效运行，公司从组织、流程、制度等方面提供了有力的保障，并将平衡计分卡的建设融入业务工作，通过业务流程、工作标准来推进平衡计分卡的常态化管理。

(二) 持续优化、动态管理平衡计分卡，充分发挥其"管理表盘"作用

平衡计分卡"管理表盘"作用主要从三个方面体现：问题改进、绩效应用和战略修订。在问题改进方面，针对评价结果中存在的问题，建立自上而下的问题改进机制，对于影响战略目标的重要问题进行改进和监控。改进后的问题，需要在下个回顾周期对其进行重新评价，并采用通报或督办的形式进行。在部门及员工绩效的应用方面，将平衡计分卡与公司现有经营责任 KPI 指标及 GS 重点工作考核相融合，逐步运用平衡计分卡的绩效管理与考核方式。在战略修订方面，根据平衡计分卡计分及其体系的运行情况，公司制定了半年回顾、年度修订的机制，以公司战略为导向，以公司重点工作为拉动，强化战略图和平衡计分卡（指标、目标值及行动方案）的动态管理，确保平衡计分卡对业务工作的指导性。

(三) 加强日常管控，确保平衡计分卡的落地

公司建立了战略预算、业务预算、月度滚动预算一体化管理机制，并不断将精益工具引入平衡计分卡的管理中，将 KTM、QTM、OPEN 三张表管理引入工作的跟踪管理中，实现了平衡计分卡与日常工作的有效衔接，确保平衡计分卡分解的各项工作能够执行到位。

（资料来源：林莉、孔祥忠、叶虹麟、李长穗，《平衡计分卡在青山公司的应用》，载于《财务与会计》2015 年第 2 期。）

第四节 绩效管理流程

企业绩效管理流程主要包括绩效计划的制定、绩效计划的执行、绩效评价与绩效管理报告。

一、绩效计划的制定

企业应当根据战略目标，综合考虑绩效评价期间宏观经济政策、外部市场环境、内部管理需要等因素，结合业务计划与预算，按照上下结合、分级编制、逐级分解的程序，在沟通反馈的基础上，编制各层级的绩效计划。

绩效计划是企业开展绩效评价工作的行动方案，包括构建指标体系、分配指标权重、确定绩效目标值、选择计分方法和评价周期、拟定绩效责任书等一系列管理活动。制定绩效计划通常从企业级开始，层层分解到所属单位（部门），最终落实到具体岗位和员工。具体地说，绩效计划包括以下六个方面。

（一）构建绩效评价的指标体系

企业构建绩效评价指标体系的方法主要包括关键绩效指标法、经济增加值法和平衡计分卡，企业可以单独或综合使用。绩效评价指标体系应当反映企业战略目标实现的关键成功因素，具体指标应当含义明确、可度量。

（二）分配指标权重

企业可以单独或综合运用主观赋权法和客观赋权法确定指标权重。

所谓主观赋权法是利用专家或个人的知识与经验确定指标权重的方法如德尔菲法[1]和层次分析法[2]。所谓客观赋权法是从指标的统计性质入手，由调查数据确定指标权重的方法如主成分分析法[3]和均方差法[4]。

（三）确定绩效目标值

绩效目标值的确定可以参考内部标准与外部标准。内部标准主要包括预算标准、历史标准和经验标准，而外部标准主要包括行业标准、竞争对手标准和标杆标准。

---

[1] 德尔菲法，也称专家调查法，是指邀请专家对各项指标进行权重设置，将汇总平均后的结果反馈给专家，再次征询意见，经过多次反复，逐步取得比较一致结果的方法。

[2] 层次分析法，是指将绩效指标分解成多个层次，通过下层元素对于上层元素相对重要性的两两比较，构成两两比较的判断矩阵，求出判断矩阵最大特征值所对应的特征向量作为指标权重值的方法。

[3] 主成分分析法，是指将多个变量重新组合成一组新的相互无关的综合变量，根据实际需要从中挑选出尽可能多地反映原来变量信息的少数综合变量，进一步求出各变量的方差贡献率，以确定指标权重的方法。

[4] 均方差法，是指将各项指标定为随机变量，指标在不同方案下的数值为该随机变量的取值，首先求出这些随机变量（各指标）的均方差，然后根据不同随机变量的离散程度确定指标权重的方法。

（四）绩效评价计分方法

绩效评价计分方法可以分为定量法和定性法。定量法主要包括功效系数法[①]和综合指数法[②]，而定性法主要包括素质法[③]和行为法[④]。

（五）绩效评价周期

绩效评价周期一般可以分为月度、季度、半年度、年度、任期。月度、季度绩效评价一般适用于企业基层员工和管理人员，半年度绩效评价一般适用于企业中高层管理人员，年度绩效评价适用于企业所有被评价对象，任期绩效评价主要适用于企业负责人。

（六）绩效责任书

绩效责任书可以明确评价主体和被评价对象各自的权利和义务，并作为绩效评价与激励管理的依据，其主要内容包括绩效指标、目标值及权重、评价计分方法、特别约定事项、有效期限、签订日期等。绩效责任书通常按年度或任期签订。

二、绩效计划的执行

绩效管理重在执行，知易行难，"行"是目的，是绩效管理的落脚点，没有有效的

[①] 功效系数法，是指根据多目标规划原理，将所要评价的各项指标分别对照各自的标准，并根据各项指标的权重，通过功效函数转化为可以度量的评价分数，再对各项指标的单项评价分数进行加总，得出综合评价分数的一种方法。该方法的优点是从不同侧面对评价对象进行计算评分，满足了企业多目标、多层次、多因素的绩效评价要求，缺点是标准值确定难度较大，比较复杂。功效系数法的计算公式为：

$$绩效指标总得分 = \sum 单项指标得分$$
$$单项指标得分 = 本档基础分 + 调整分$$
$$本档基础分 = 指标权重 \times 本档标准系数$$
$$调整分 = 功效系数 \times (上档基础分 - 本档基础分)$$
$$上档基础分 = 指标权重 \times 上档标准系数$$
$$功效系数 = (本档标准值 - 上档标准值)/(本档标准值 - 实际值)$$

对评价标准值的选用，应结合评价的目的、范围、企业所处行业、企业规模等具体情况，参考国家相关部门或研究机构发布的标准值确定。

[②] 综合指数法，是指根据指数分析的基本原理，计算各项绩效指标的单项评价指数和加权评价指数，据以进行综合评价的方法。该方法的优点是操作简单、容易理解，缺点是标准值存在异常时影响结果的准确性。综合指数法的计算公式为：

$$绩效指标总得分 = \sum (单项指标评价指数 \times 该项评价指标的权重)$$

[③] 素质法，是指评估员工个人或团队在多大程度上具有组织所要求的某种基本素质、关键技能和主要特质的方法。

[④] 行为法，是指专注于描述与绩效有关的行为状态，考核员工在多大程度上采取了管理者所期望或工作角色所要求的组织行为的方法。

执行方案，再完善的绩效计划也只能是纸上谈兵。绩效管理只有真正下达和落实执行才能收到实际的效果，才能得到检验，执行是成败的关键。

（一）下达绩效计划

企业应当以正式文件的形式下达执行绩效计划，确保与绩效计划相关的被评价对象能够了解绩效计划的具体内容和要求。

（二）落实绩效计划

绩效计划下达之后，各个执行单位（部门）应当认真组织实施，从横向和纵向两方面落实到各所属单位（部门）、各岗位员工，形成全方位的绩效计划执行责任体系。

（三）建立配套监督控制机制

在绩效计划执行过程中，企业应当建立配套的监督控制机制，及时记录执行情况，进行差异分析与纠偏，持续优化业务流程，确保绩效计划的有效执行。

建立配套监督控制机制的主要内容如下。

1. 监控与记录。企业可以借助信息系统或其他信息支持手段，监控和记录指标完成情况、重大事项、员工的工作表现、激励措施执行情况等内容。

2. 分析与纠偏。根据监控与记录的结果，重点分析指标完成值与目标值的偏差、激励效果与预期目标的偏差，提出相应整改建议并采取必要的改进措施。

3. 编制分析报告。分析报告主要反映绩效计划的执行情况及分析结果，其频率可以是月度、季度、年度，也可以根据需要编制。

（四）绩效计划执行过程的沟通与辅导

在绩效计划执行过程中，绩效管理工作机构应当通过会议、培训、网络、公告栏等形式，进行多渠道、多样化、持续不断的沟通与辅导，使绩效计划得到充分理解和有效执行。

三、绩效评价

绩效管理流程应该是一个完整的系统，绩效评价是其中重要的一环，是对绩效计划及其执行情况的总结。

绩效管理工作机构应当根据绩效计划的执行情况定期实施绩效评价，按照绩效计划的约定，对被评价对象的绩效表现进行系统、全面、公正、客观的评价。

（一）绩效评价过程

评价主体应当按照绩效计划收集相关信息，获取被评价对象的绩效指标实际值，对照目标值，应用选定的绩效计分方法，计算评价分值，并进一步形成对被评价对象的综合评价结果。

（二）评价过程记录和结果公示

绩效评价过程及结果应当有完整的记录，结果应当得到评价主体和被评价对象的确认，并公开发布或非公开告知。公开发布的主要方式包括召开绩效发布会、企业网站绩效公示、面板绩效公告等，而非公开发布通常可以采用一对一的书面、电子邮件函告或面谈告知的方式。

（三）绩效反馈

绩效评价并不是绩效管理的终点，及时反馈、总结、改进和提高才是目的。因此，评价主体应当及时向被评价对象反馈绩效。绩效反馈的内容包括评价结果、差距分析、改进建议及措施。绩效反馈的形式包括反馈报告、反馈面谈和反馈报告会。

四、绩效管理报告

绩效管理报告是企业管理会计报告的重要组成部分。绩效管理工作机构应当定期或根据需要编制绩效管理报告，反映绩效评价与激励管理的结果。绩效管理报告应当确保内容真实、数据可靠、分析客观、结论清楚，为报告使用者提供满足决策需求的相关信息。

（一）绩效管理报告的内容

企业根据绩效评价结果编制绩效管理报告，反映被评价对象的绩效计划完成情况。绩效管理报告通常由报告正文和附件构成。

报告正文主要包括两部分。

1. 评价情况说明，包括评价对象、评价依据、评价过程、评价结果、需要说明的重大事项等。

2. 管理建议。报告附件包括评价计分表、问卷调查结果分析、专家咨询意见等报告正文的支持性文档。

（二）绩效管理报告的种类

根据企业管理工作的需要，绩效管理报告可以分为定期报告与不定期报告。定期报告主要反映一定期间被评价对象的绩效评价情况。每个会计年度至少出具一份定期报告。不定期报告则根据需要编制，反映部分特殊事项或特定项目的绩效评价情况。

（三）绩效管理报告的审批

绩效管理报告应当根据需要及时报送薪酬与考核委员会或类似机构审批。

（四）回顾与分析

企业应当定期通过回顾和分析的方式，检查和评估绩效评价的实施效果，不断优化绩效计划，改进未来绩效管理工作。

参考文献

[1] 财政部：《管理会计应用指引第600号——绩效管理》，2017。

[2] 财政部：《管理会计应用指引第601号——关键绩效指标法》，2017。

[3] 财政部：《管理会计应用指引第602号——经济增加值法》，2017。

[4] 财政部：《管理会计应用指引第603号——平衡计分卡》，2017。

[5] 胡玉明主编：《管理会计应用指引详解与实务》（最新版），经济科学出版社2019年版。

[6] 刘运国：《管理会计学》（第3版），中国人民大学出版社2018年版。

[7] 胡玉明：《高级管理会计》（第4版），厦门大学出版社2016年版。

第八章

管理会计报告

企业管理会计报告,是企业运用管理会计理论或方法,基于外部宏观、行业信息以及内部财务、业务等数据加工整理形成的,为企业各层级开展规划、决策、控制和评价等管理活动提供有用信息的内部报告。企业管理会计报告按其使用者所处的管理层级可分为战略层管理会计报告、经营层管理会计报告和业务层管理会计报告。业务层管理会计报告主要体现为管理会计方法在业务层面的具体应用。[①] 本章主要讨论企业实践中经常呈现的战略层管理会计报告。战略层管理会计报告的报告对象是企业的战略层,包括股东大会、董事会、监事会以及外部利益相关者等,主要为其开展战略规划、决策、控制和评价以及其他方面的管理活动提供相关信息。

第一节 行业分析报告

一、行业分析报告概述

行业分析报告是根据发展战略的需要,对企业所处的或者准备投资的行业的技术、生产、销售、市场竞争格局、行业政策等要素进行深入分析,了解影响行业发展的各种因素以及判断对行业的影响,预测行业的未来发展趋势,揭示行业存在的机会或风险,为战略管理层提供决策依据。

行业是由许多同类企业构成的群体,是企业经营所处的最重要的外部环境之一。行业分析是介于宏观经济与企业微观经营活动分析之间的中观层次的分析,对指导企业的经营规划和发展具有决定性的意义。行业分析报告可以支持企业的以下决策。

1. 当企业需要决定加大或减少产业投资时(通常伴随着经营与财务杠杆的调整),

---

① 广东省管理会计师协会初级管理会计师能力认证考试用书《管理基础》(经济科学出版社 2019 年版)已经比较详细地讨论过"经营层管理会计报告"。

需要结合行业特征判断其未来的发展趋势。比如，行业所处生命周期的阶段制约或决定着企业的生存和发展，如果行业已处于衰退期，则企业必须考虑收缩投资，或者谋求转型。如果企业属于周期性行业，则需要判断当前的市场是处于周期的上行或下行趋势，避免在行业发展的顶峰盲目扩大投资，也争取在行业的底部寻求迅速扩大规模的机会。

2. 为了增强企业在行业内的竞争优势，通过行业分析了解同行业竞争对手的经营、融资、投资策略。如果经理人只进行内部分析，虽然可以知道自身的经营和财务状况，但无法通过比较知道企业在同行业所处的地位，也无法快速地学习或借鉴其他企业的先进经验。基于充满着高度竞争的市场经济环境，这种情景对企业非常不利。

3. 企业希望通过投资或并购等手段进入某一新的行业时，为了规避投资的风险，需要对可能进入的行业进行深入的分析和了解。行业特征是直接决定投资成功与失败的重要因素之一。行业分析旨在界定行业本身所处的发展阶段及其在国民经济中的地位，同时对不同的行业进行横向比较，为最终确定投资提供准确的行业背景。借助于行业分析，经理人才能更加明确地知道某个行业的发展状况及其所处的行业生命周期阶段，从而挖掘最具发展潜力的行业，并据此作出正确的投资决策。

二、行业分析报告的主要内容

行业分析报告的主要内容如下。

（一）引言

"引言"部分需要介绍行业分析的主要背景，明确提出报告需要回答的主要问题。

（二）行业的基本状况

"行业的基本状况"部分的主要内容包括行业的界定分类、行业发展的历史回顾、行业规模、发展速度、平均利润水平、主要厂商等。

（三）环境分析

"环境分析"部分可以采用 PEST 模型从政治（P）、经济（E）、社会（S）以及技术（T）等方面分别论述，也可以结合行业特点重点论述如国内对行业的管理性政策法规、国内外行业管理模式、行业促进政策、技术发展趋势等。

（四）行业特征

"行业特征"部分可以从多个维度分析，比如行业的市场类型（完全竞争、垄断竞争、寡头垄断、完全垄断）、行业对经济周期的反应方式（增长型、周期型、防守型）、行业生命周期（幼稚期、成长期、成熟期、衰退期）等。

（五）市场结构

根据产业组织分析的结构—行为—绩效（SCP）理论，市场结构是决定市场行为和市场绩效的关键因素，市场结构决定企业在市场的行为，企业市场行为又决定经济绩效。因此，通过行业结构的分析，可以识别行业内各个组成组分的变化情况，揭示变化背后所蕴含的机会与威胁。"市场结构"部分的具体分析内容主要包括行业供给与需求的分析，比如行业整体供给情况、增长速度、产业进入/退出壁垒、行业集中度、利润来源、对行业产品的需求规模及增长率、行业替代品的种类及规模等。另外，也可以就行业内细分市场的容量及结构变化进行分析。

（六）商业模式

彼得·德鲁克说："当今企业之间的竞争，不是产品之间的竞争，而是商业模式之间的竞争。"成功的商业模式不一定是技术上的创新，也可能是对企业经营某个环节的改造，或是对原有经营模式的重组、创新，甚至是对整个游戏规则的颠覆。因此，行业内部各个企业为了取得自己的竞争优势，可能选择不同的商业模式。"商业模式"部分可以根据主要企业在价值主张、顾客细分、渠道、客户关系、核心资源、关键业务、重要合作、收入来源、成本结构等维度上的差异，对行业内的主要商业模式进行归纳、描述与分析。

（七）产业链

"产业链"部分主要分析所属行业的上下游情况，比如供应商的行业集中度、本行业对供应商的依赖度、顾客行业的集中度、本行业对顾客行业的依赖度等。通过这些分析，经理人可以了解本行业相对于供应商、顾客的讨价能力，从而更好地评估行业的竞争结构。对于一些平台型行业，可能还需要对有助于整个平台生态系统形成的相关行业（比如共同提供服务）进行分析。产业链的分析对于企业的纵向整合尤其具有参考意义。

（八）业内主要企业

"业内主要企业"部分的主要内容包括行业主要厂商的基本情况、管理层、组织结构、近几年的主要财务数据及指标、核心业务及竞争力、管理上的经验教训等。

（九）未来发展趋势

一切的分析都必须落实到关于未来的预判上。"未来发展趋势"部分就是基于前面的行业当前特征、供需状况、竞争结构等方面的分析，预测行业的发展趋势、速度，指出可能的机会与风险。

（十）结论

根据全面的行业分析，针对分析目标，"结论"部分就企业该如何采用适当的战略来迎合市场、选择转型路径、进行细分领域或新行业的投资等方面的问题，提出具体的建议或方案，并讨论方案的实施基础及可能的障碍。

三、撰写行业分析报告需要注意的主要事项

撰写行业分析报告需要注意以下主要事项。

（一）目标明确，问题清晰

管理会计师撰写任何管理会计报告，第一要素就是把目标搞清楚，这样才能够有的放矢。为什么要分析这个行业？想通过这个行业报告达到什么效果和目的？这份行业报告的顾客或读者是谁？明确了这些问题，管理会计师就可以根据不同的顾客或读者需求以及关注点，比较容易地找到分析的切入点。因为行业信息非常多，不可能面面俱到，所以需要通过界定目标顾客或读者及其最关注的问题，抓住主要分析方面，把复杂模糊的大问题拆分成一个个具体的小问题，逐个击破。

（二）数据充分，质量可靠

行业分析报告主要依赖于外部信息来源，因此，搜集信息是非常重要的基础性工作，只有进行大量的资料搜集，获得足够的事实资料，分析才有可能细致深入，研究的结论才踏实可信。一般获取信息来源的方法主要包括：（1）通过企业走访、专家面谈、问卷调查等方式获取相对一手的资料；（2）通过网络检索、咨询公司报告、政府公开数据库、行业协会公开信息等，从专业的数据库里搜集二手资料。所有来源的数据资料要尽量准确而且具有一定的可靠性。事实上，不同来源的数据资料甚至可能存在一定的冲突，因此，在收集大量的资料之后，要进行一定的整理归纳、分析鉴别。

（三）分析严密，结论清晰

对于行业的分析评价要以数据和事实为依据，尽量客观、公正、逻辑严密、前后一致，分析由表及里、层层深入。行业分析报告不应该是数据或资料的罗列，一定要围绕分析的目的，得到清楚的结论。

（四）内容简洁，格式规范

行业分析报告题目应该体现整个行业分析报告所涉及的总体内容，能概括体现出整个行业分析报告的主题内容，要引人注目，力求简短。摘要也是行业报告不可缺少的重要组成部分。摘要须用简单、明确、易懂、精辟的语言概括全文内容，提取全文的主要信息，体现行业分析报告的研究目的和范围、主要方法和过程、主要内容和成果、研究结论和独到的见解。行业分析报告在引用文献、资料、数据及其他人的观点时必须注明出处。对于不便编入正文的材料可列入附录，包括放在正文内过于冗长的公式推导、复杂的数据图表、图表目录、行业分析报告使用的符号意义、单位缩写、程序全文及有关说明等。

第二节 管理层讨论与分析

一、概述

"管理层讨论与分析"（management discussion and analysis，MD&A）是定期财务报告的重要组成部分，是董事会就上市公司的经营及财务情况向股东做的一次全面汇报。在"管理层讨论与分析"中，管理层应当对财务报告数据与其他必要的统计数据，以及报告期内发生和未来将要发生的重大事项，从宏观、行业、经营等的角度进行讨论与分析，以有助于投资者了解其经营成果、财务状况及未来可能的变化。

自美国证券交易委员会（SEC）1968年在年度报告编制要求中对管理层讨论与分析做出规定以来，"管理层讨论与分析"就构成了上市公司定期报告中相对独立且最为核心的信息之一。2002年11月，加拿大注册会计师协会绩效报告委员会发布《管理层讨论与分析：编制和披露指南》用以帮助公司编制管理层讨论与分析；美国证券交易委员会关于"管理层讨论与分析"的有关规定也被英国、新西兰和IOSCO（证监会国际组织）逐渐采纳。我国上市公司的定期报告早期以"经营情况的回顾与展望"形式进行相关内容的列示，2002年在中报中首次使用"管理层讨论与分析"，2016年度报告更名为"经营情况讨论与分析"。该部分内容置于"董事会报告"的第一节，是投资者深入理解财务报告有益的、必要的、不可或缺的补充，可以帮助投资者把握上市公司未来发展方向，满足其对信息相关性和前瞻性的要求，也是上市公司管理层向投资者传递自身关于战略、行业、业务理解的重要信息沟通渠道。

对于各国上市公司而言，虽然"管理层讨论与分析"具有很强的强制性信息披露特点，但其形式及内容均不同于标准的财务报告，比如其虽然涉及大量财务数据，但重点在于数据的重大变化及其解释，同时以大量叙述说明的方式披露对上市公司可能影响重大的前瞻性信息。

二、"管理层讨论与分析"的主要内容

根据中国证监会发布的《公开发行证券的公司信息披露内容与格式准则第2号》的相关规定，"管理层讨论与分析"的主要内容如下。

（一）报告期间经营回顾与解释

报告期间经营回顾与解释主要说明以下四个方面。

1. 经营绩效。

（1）收入与成本。上市公司应当结合行业特征和自身实际情况，分别按行业、产品及地区说明报告期内上市公司营业收入构成情况。对于占上市公司营业收入或营业利润10%以上的行业、产品或地区，应当分项列示其营业收入、营业成本、毛利率，并分析其变动情况。对实物销售收入大于劳务收入的上市公司，应当按行业口径，披露报告期内的生产量、销售量和库存量情况。若相关数据同比变动在30%以上的，应当说明原因。上市公司应当披露已签订的重大销售合同截至本报告期的履行情况。

上市公司应当披露本年度营业成本的主要构成项目，如原材料、人工工资、折旧、能源和动力等在成本总额中的占比情况。如果涉及商业秘密的，上市公司可以仅披露占比最高或最主要的单个项目。

如果因子公司股权变动导致合并范围变化的，应当提供上年同口径的数据供投资者参考。若报告期内业务、产品或服务发生重大变化或调整，上市公司应当介绍已推出或宣布推出的新产品及服务，并说明对上市公司经营及绩效的影响。

上市公司应当披露主要销售客户和主要供应商的情况，以汇总方式披露公司向前5名客户销售额占年度销售总额的比例，向前5名供应商采购额占年度采购总额的比例，以及前5名客户销售额中关联方销售额占年度销售总额的比例和前5名供应商采购额中关联方采购额占年度采购总额的比例。

（2）费用。若报告期内上市公司销售费用、管理费用、财务费用等财务数据同比发生重大变动的，应当结合业务模式和费用构成，说明产生变化的主要驱动因素。

（3）盈利来源的重大变化。若本期上市公司利润构成或利润来源的重大变化源自非主要经营业务，比如投资收益、公允价值变动损益、资产减值、营业外收支等，应当详细说明涉及金额、形成原因、是否具有可持续性。

2. 现金流状况。结合现金流量表相关数据，说明上市公司经营活动、投资活动和筹资活动产生的现金流量的构成情况，若相关数据同比发生重大变动，上市公司应当分析主要影响因素。若报告期上市公司经营活动产生的现金净流量与报告期净利润存在重大差异的，上市公司应当解释原因。

3. 研发投入。上市公司应当说明本年度所进行研发项目的目的、项目进展和拟达到的目标，并预计对上市公司未来发展的影响。上市公司应当披露研发人员的数量、占比及其变动情况；说明本年度研发投入总额及占营业收入的比重，如数据较上年发生显著变化，还应当解释变化的原因；应当披露研发投入资本化的比重及变化情况，并对其合理性进行分析。

4. 资产及负债状况。若报告期内上市公司资产及负债构成（货币资金、应收款项、存货、投资性房地产、长期股权投资、固定资产、在建工程、短期借款、长期借款等占总资产的比重）同比发生重大变动的，应当说明产生变化的主要影响因素。

上市公司应当披露截至报告期末的主要资产被查封、扣押、冻结或者被抵押、质押，必须具备一定条件才能变现、无法变现、无法用于抵偿债务的情况，以及该等资产占有、使用、受益和处分权利受到限制的情况和安排。

（二）对外投资及其变动

对外投资及其变动主要说明以下四个方面。

1. 对外投资结构及其变动。上市公司应当介绍本年度投资情况，包括报告期内获取的重大的股权投资、正在进行的重大的非股权投资以及持有的以公允价值计量的金融资产投资等，分析报告期内上市公司投资额同比变化情况。

2. 重大资产和股权出售。上市公司应当简要分析重大资产和股权出售事项对上市公司业务连续性、管理层稳定性的影响。

3. 主要控股参股公司分析。上市公司应当详细介绍主要子公司的主要业务、注册资本、总资产、净资产、净利润，本年度取得和处置子公司的情况，包括取得和处置的方式及对上市公司整体生产经营和绩效的影响。如来源于单个子公司的净利润或单个参股公司的投资收益对上市公司净利润影响达到10%以上，还应当介绍该子公司或参股公司主营业务收入、主营业务利润等数据。若单个子公司或参股公司的经营绩效同比出现大幅波动，且对上市公司合并经营绩效造成重大影响的，上市公司应当对其绩效波动情况及其变动原因进行分析。对于与上市公司主业关联较小的子公司，应当披露持有目的和未来经营计划；对本年度内投资收益占净利润比例达50%以上的上市公司，应当披露投资收益中占比在10%以上的股权投资项目。若主要子公司或参股公司的经营绩效未出现大幅波动，但其资产规模、构成或其他主要财务指标出现显著变化，并可能在将来对上市公司绩效造成影响,也应当对变化情况和原因予以说明。

4. 上市公司控制的结构化主体情况。上市公司存在其控制下的结构化主体时,应当说明上市公司对其控制权方式和控制权内容,并说明上市公司从中可以获取的利益和对其所承担的风险。另外,上市公司还应当说明结构化主体对其提供融资、商品或劳务以支持自身主要经营活动的相关情况。

(三) 未来发展展望

未来发展展望主要说明以下四个方面。

1. 行业格局和趋势。上市公司应当结合自身的业务规模、经营区域、产品类别以及竞争对手等情况,说明与上市公司业务关联的宏观经济层面或行业环境层面的发展趋势,以及上市公司的行业地位或区域市场地位的变动趋势。上市公司应当结合主要业务的市场变化情况、营业成本构成的变化情况、市场份额变化情况等因素,分析上市公司的主要行业优势和困难,并说明变化对上市公司未来经营绩效和盈利能力的影响。

2. 上市公司发展战略。上市公司应当围绕行业壁垒、核心技术替代或扩散、产业链整合、价格竞争、成本波动等方面向投资者提示未来上市公司发展机遇和挑战,披露上市公司发展战略,以及拟开展的新业务、拟开发的新产品、拟投资的新项目等。若上市公司存在多种业务,还应当说明各项业务的发展规划。当然,分析和讨论应当提供数据支持,并说明数据来源。

上市公司对未来发展战略的披露,应当结合投资者关注较多的问题,以及上市公司现阶段所面临的特定环境、上市公司所处行业及所从事业务特征来进行。重点对上市公司未来主要经营模式或业务模式是否会发生重大变化,新技术、新产品的开发计划及进展,产能扩张、资产收购等重大投资计划,投资者回报安排等发展战略、发展步骤进行有针对性的描述,以帮助投资者了解上市公司未来发展方向及经营风格。

3. 经营计划。上市公司应当回顾总结前期披露的发展战略和经营计划在报告期内的进展,对未达到计划目标的情况进行解释。若上市公司实际经营绩效低于或高于曾公开披露过的本年度盈利预测的20%以上,还应当从收入、成本、费用、税负等相关方面说明造成差异的原因。上市公司应当披露下一年度的经营计划,包括(但不限于)收入、费用、成本计划,及下一年度的经营目标,如销售额的提升、市场份额的扩大、成本下降、研发计划等,为达到上述经营目标拟采取的策略和行动。上市公司应当同时说明该经营计划并不构成上市公司对投资者的绩效承诺,提示投资者对此保持足够的风险意识,并且应当理解经营计划与绩效承诺之间的差异。上市公司应当披露维持上市公司当前业务并完成在建投资项目所需的资金需求,并简要说明上市公司经营计划涉及的投资金的来源、成本及使用情况。

4. 可能面对的风险。上市公司应当针对自身特点，遵循关联性原则和重要性原则披露可能对上市公司未来发展战略和经营目标的实现产生不利影响的风险因素，披露的内容应当充分、准确、具体，应当尽量采取定量的方式分析各风险因素对上市公司当期及未来经营绩效的影响，并说明已经或计划采取的应对措施。

对于本年度较上一年度的新增风险因素，上市公司应当对其产生的原因、对上市公司的影响以及已经采取或拟采取的措施及效果等进行分析。若分析表明相关变化趋势已经、正在或将要对上市公司的财务状况和经营成果产生重大影响的，上市公司应当提供管理层对相关变化的基本判断，尽可能定量分析对上市公司的影响程度。

上述内容主要反映了我国证监会关于上市公司定期报告中"管理层讨论与分析"的相关强制性规定。事实上，不同国家、地区由于监管机构要求不一样，"管理层讨论与分析"的具体内容存在一定的差别。作为最早颁布"管理层讨论与分析"规定的国家，美国证券交易委员会多年来一直致力于对"管理层讨论与分析"信息披露质量的改进，比如其特别强调分行业的"管理层讨论与分析"披露规则制定，以帮助投资者更好地比较和分析同行业公司的盈利能力与运营状况。

2014年9月欧盟委员会、欧洲议会正式通过《会计指令》中的《欧盟披露非财务和多元化信息的修正指令》，要求欧洲经济区的大型企业在财政年度期间，如果资产负债表上的员工人数超过了500人，其年报的"管理层讨论与分析"部分必须包含非财务信息报告，内容主要包括公司在环境保护、社会责任和员工待遇、反贪污和贿赂问题、董事会构成的多样性等方面所执行的政策、绩效、现状和后果等。

英国在其相关的规定中要求，上市公司必须披露关键绩效指标，包括财务指标和非财务绩效指标，以增强行业内公司间的可比性。同时，为增强股东对指标的可理解性，上市公司需披露和指标相关的信息，包括指标的定义和计算方法、数据来源、假设前提、计算方法的改变等（这一方面在我国上市公司属于鼓励披露的内容）。除此之外，还需要提供对上市公司经营有重要影响的利益相关者的信息，包括员工利益、与顾客及供应商的关系、经营活动对社区及环境的影响、上市公司的声誉和商业道德等。

三、撰写"管理层讨论与分析"需要注意的主要事项

撰写"管理层讨论与分析"需要注意以下主要事项。

1. 讨论与分析所引用的数据、资料应当有充分的依据，应确保"管理层讨论与分析"披露的信息与财务报表和其他信息保持一致。如果引用第三方的数据、资料作为

讨论与分析的依据，应当注明来源，并判断第三方的数据、资料是否具有足够的权威性。

2. "管理层讨论与分析"部分应当具有明确的未来导向，重视未来相关信息的披露。"管理层讨论与分析"的对象指向上市公司的股东或投资者，上市公司应当充分考虑并尊重投资者的投资需要，"管理层讨论与分析"的内容应当能够帮助投资者更加充分地理解上市公司未来变化的趋势。

3. 披露内容应当与报告的会计期间、主体具有充分的关联性。应当避免在上年董事会报告的基础上仅作简单修改，导致各年度的信息千篇一律。分析与讨论上市公司的外部环境、市场格局、风险因素等内容时，所述内容应当与上市公司当期的经营成果、财务状况具有足够的关联度，应当充分考虑上市公司的外部经营环境和内部资源条件，结合上市公司的战略以及上市公司所从事的业务特征，进行有针对性的讨论与分析，并且保持逻辑的连贯性。

4. 讨论与分析应当从业务层面充分解释导致财务数据变动的根本原因及其反映的可能趋势，确保分析的深度，而不能只是重复财务报告的内容或者进行数据的简单罗列。

5. 上市公司应当保持业务数据统计口径的一致性、可比性，如确需调整的，上市公司应当披露变更口径的理由，并同时提供调整后的过去一年的对比数据。

6. 报告不能只报喜不报忧，而应该平等地处理正面和负面消息。实际上，披露负面消息不一定就是坏事，没有任何上市公司是完美的，也没有任何上市公司可以避免外部事件的不利冲击，投资者更关注的是上市公司面对负面事件的积极态度和应对措施。

7. 语言表述平实，通俗易懂，对行业术语应提供解释，形式上可以考虑用表格或饼状图、柱状图等来列示多年的比较数据，或按重要性程度"分级"列报，以帮助投资者识别出最重要的信息。

第三节 商业计划书

一、商业计划书概述

商业计划书（business plan，BP）是企业或项目发起人为了实现某个商业方案的融资和其他发展目标需求，根据一定的格式和内容要求而撰写完成的向受众全面展示企业或项目目前状况、未来发展潜力的书面材料。一般商业计划书都是以投资者或相关利益载体为目标阅读者,从而说服其投资或合作。可以说,商业计划书是创业者寻找风险资本或私募基金投资的敲门砖。

商业计划书首先是一个有效的沟通工具,可以用于向投资者、员工、战略合作伙伴呈现企业的价值,甚至吸引包括政府在内的其他利益相关者。一份成熟的商业计划书不但能够描述出企业或项目的历史与现状,展现出未来的发展方向,还将量化出潜在的盈利前景。

商业计划书同样是创业者管控项目未来的一个重要工具。撰写商业计划书需要对企业或项目的过去与未来有一个通盘的了解,对所有存在的问题都有所思考,对可能存在的风险或挑战做好预案,并能够提出行之有效的工作计划。这样的计划既是经理人推动企业或项目未来顺利发展的必要准备,也是在融资沟通过程中,回应投资者的疑问或担忧,帮助投资者树立信心,从而成功实现融资的重要条件。在反复讨论和仔细推敲商业计划书的过程中,经理人可以进一步确定企业未来的行动纲要和不同阶段的行动计划,并让团队更深刻地理解自己的业务到底走向何方。

商业计划书也是一份承诺函。这一点在企业利用商业计划书进行融资的时候体现最为明显。在企业和投资者签署融资合同的同时,商业计划书的财务目标很可能构成对赌条款中的绩效承诺:当融资人没有完成计划中所约定的目标时,投资者可能要求进行估值的调整或者股权的回购。企业这一次在商业计划书中给出的财务目标也可能成为下一轮融资时投资者检视企业承诺可信度的基准。

二、商业计划书的主要内容

虽然企业的商业计划书不一定存在固定的模式,但其编写格式还是相对标准化的。大致而言,任何一个商业计划都必须仔细审视并分析描述企业的目标,所处的产业和市场,所能够提供的产品和服务,可能遇到的竞争及竞争对手的优势,以及企业的基本财务状况和财务预测等。其具体内容如下。

(一) 企业说明或项目定位

如果是已经进行一定时间的持续经营的企业,首先需要说明企业的主营业务、所处阶段、历史绩效,阐述企业的经营宗旨、经营目标、价值观和远景规划等基本问题。如果是一个才起步的商业项目,需要简明扼要地说明项目所要实现的目标和需要解决的问题:现有的顾客需求哪些没有被满足,市场痛点在哪里。市场需求是企业经营或创业的基础,如果项目提出的需求为伪需求、非刚性需求或者市场需求的规模有限,就很难获得投资者的青睐。

（二）产品与服务

企业的产品或服务代表了企业解决市场痛点的具体方法和手段，因此，需要比较详细地说明主要产品的概念、性能及特性，说明既要准确，又要通俗易懂，让不是专业人员的投资者也能明白。产品说明必须要回答以下问题。

1. 产品能为顾客解决什么问题，即顾客能从企业的产品中获得什么好处？
2. 企业的产品与竞争对手的产品相比有哪些优缺点，顾客为什么会选择企业的产品？
3. 产品的研究和开发过程如何（如已经有产品原型，即将进入批量化）？产品是否采取了必要的保护措施，拥有哪些专利、许可证，或与已申请专利的厂家或个人达成了哪些协议？
4. 什么时候企业的产品能够顺利通过各种测试推向市场？
5. 采用何种方式去改进产品的质量、性能？发展新产品有哪些计划？

（三）市场分析（市场容量）

该部分需要回答市场的需求是否真实存在。如果存在，总的市场容量有多大（是否存在比较明显的行业天花板）？具体分析的内容包括但不限于以下问题。

1. 该行业发展程度如何？现在的发展动态如何？
2. 创新和技术进步在该行业扮演着一个怎样的角色？
3. 该行业总的销售量及收入有多少？发展趋势怎样？价格呈现怎样的变动趋势？
4. 社会、经济发展对该行业的影响程度如何？政府的法律法规以及管制政策如何影响该行业？
5. 进入该行业的障碍是什么？企业将如何克服这些障碍？该行业常规的收益率有多少？

（四）营销策略

能否有效而快速地启动市场是很多项目成功与失败的关键。因此，需要对目标市场制定出营销计划，包括产品或服务的定价和分销、广告和提升、规划和开发计划、开发状态和目标、困难和风险等。虽然很多时候营销计划有赖于融资的支持，但在融资启动前创业者也需要做好准备或者能够启动行动，让投资者看到决心与效果。

（五）竞争优势

大部分企业或项目在其发展过程中都不得不面对竞争对手的挑战，越是市场前景广阔的项目面临的竞争对手可能越多越强。该部分主要说明目前以及潜在的竞争对手，客观地评价竞争对手,并通过对比,突出项目本身的核心竞争力(如技术、专利、团队等)。不要为了吸引投资者的兴趣,低估竞争对手的实力,或干脆认为没有竞争对手。投资者可能已经看过很多类似的项目,所以需要项目团队务必认真地去体验各个竞争对手的产品或服务,掌握其发展动向,否则很难让投资者相信项目的竞争优势。

(六)核心团队

越是企业或项目发展的早期,其不确定性越大,团队的作用就越明显。对于核心团队的介绍包括:创始人及联合创始人、核心成员及其背景履历(比如学历、是否具有成功的创业经历或在其他知名企业工作的经验等)、目前团队的分工情况(团队成员的完整性与互补性等)。对于投资者来说,一个强大的核心团队既意味着项目本身具有一定的吸引力,也预示着项目更高的成功概率。

(七)股权结构

股权结构是最为重要的公司治理机制之一,也是导致很多项目失败的关键因素之一,其需要说明的主要问题如下。
1. 股权结构的历史演变及其背景如何?
2. 股权构成中,创始人及核心团队的股权比例如何?如果核心团队尚未持股,未来的安排如何?
3. 存在哪些前期进入的财务投资者?知名度如何?前期的估值如何?

(八)商业模式

商业模式的本质是告诉投资者,企业如何通过提供产品或服务实现持续不断的盈利。因此,商业模式必须清楚地说明项目的收入结构及成本结构在时间序列上是如何展开和延伸的。清晰的商业模式是编制财务预测的前提与基础。

(九)财务预测及融资计划

财务预测是商业计划书中最重要的部分之一,但却是最容易被忽视或者编制质量比较弱的部分。对于投资者来说,财务预测可以通过清晰的数据列示什么时候企业开始实现收入,什么时候可以达到盈亏持平,什么时候实现盈利。虽然这些数据的得出基于强烈的假设基础,但投资者可以根据项目的其他信息以及自身的经验判断这些假设的合理性,在假设不合理的情况下,提出相应的修正意见。一旦企业与投资者就这些数据达成了共识,就可以以这些数据为基础进行估值的讨论。而估值又决定了企业可能释放的股权比例及融资金额。

一份细致的财务预测将会形成未来3~5年的预计资产负债表、预计利润表、预计现金流量表。流动资金是企业的生命线,因此,企业在初创或扩张时,对流动资金需要有预先周详的计划和严格的控制。这些预计报表有利于企业合理规划未来的融资时点、规模,未雨绸缪,保证企业业务的顺利发展。

预计报表也为最后的融资计划提供了一个合理的数据支持。融资计划是一份精心策划的商业计划书的终极目标,其内容包括:融资的规模是多少?打算出让或稀释多少股份?融资来的钱的主要投向?资金的预计使用时间?下一轮融资什么时候启动?

三、撰写商业计划书需要注意的主要事项

撰写商业计划书需要注意以下主要事项。

1. 不要为了获得风险投资而隐瞒或者缩小风险,这可能会使得投资者认为创业者缺乏对风险的足够准备或缺乏诚信而失去对其个人的信任。商业计划书应向投资者说明项目的风险因素及应对风险的措施。

2. 在行业分析部分,不要用大的行业市场容量代替细分行业市场容量。商业计划书中最常见的错误之一是用大的行业来代替细分行业,比如,用整个游戏软件行业的分析代替手机游戏行业。如果业务具有比较强的地域性,也要尽量避免用全国的市场容量代替本地区的市场规模。

3. 商业计划书不宜过长,尽量采用PPT形式(发送给投资者时,可以采用PDF格式,有利于投资者查看)。据统计,投资者平均每天收到50~100份商业计划书,而只有5~8份会受到重视。为节省投资者的阅读时间,商业计划书长度一般建议不超过20页。在这短短的篇幅中,如何容纳前面所述的丰富内容呢?这就要求商业计划书浓缩精炼,反映项目最相关的核心信息。

4. 商业计划书的所有表述必须有完整而丰富的材料支撑,比如财务预测在商业计划书中只是一张简表,但这张表的背后可能是大量的EXCEL表格与计算。这些材料在与投资者后续的深入接触中将是重点关注的内容。关于企业或项目历史的信息必须真实,一旦投资者通过外部或相关信息来源核实商业计划书的某些信息不可靠,则整个商业计划书很可能都会被否定。

5. 形式简洁大方,文字叙述和图表相结合。在撰写商业计划书过程中,不要过于迷信模板,也不要过于依赖财务顾问(FA),虽然可以在财务预测的编制等方面借助财务顾问的协助。财务顾问很熟悉商业计划书的形式,但却很难深入理解项目的真正商业逻辑。创业者亲自撰写与修改商业计划书事实上是对自己项目逻辑的一次次梳理,毕竟最终面对投资者的也将是创业者自己。

6. 不要过于以保护自己的商业理念为由，有意略过核心关键点。如果一个好的商业模式仅仅因为写入了商业计划书而被人轻易抄袭和模仿，那么这种商业模式显然缺乏壁垒，投资者自然也会敬而远之。

7. 不要过多地强调过往的成绩，对未来的风险预测不够，或者对未来的市场和项目盈利估计缺乏合理性，比如过于乐观或依据不足。

8. 需要提出比较明确的投资退出方式和期限。对于投资者来说，无论采用什么样形式的投资，最终都希望通过资金最大化增值的方式实现退出。商业计划书为了争取投资方的资金支持，需在合理预计未来财务数据的基础上，估算出企业在若干年后的价值，提供各利益相关方都能够接受的方式，如上市、回购、再出售等让投资者实现获利退出。

第四节　社会责任报告

一、社会责任报告概述

作为社会中的成员之一，企业在追求经济效益、实现企业自我发展的同时必须履行对利益相关方、环境和社会可持续发展的责任，这就是企业的社会责任。企业社会责任报告（social responsibility report，CSR）就是对企业所承担的社会责任在行动、绩效方面的综合反映，是企业就其决策和活动产生的经济、社会与环境影响所进行的系统性信息披露，是企业与利益相关者（任何可能受到企业决策与活动的影响，同时又可以影响企业决策与活动的各利益群体，包括股东、员工、债权人、供应商、顾客、消费者、社会团体和社区等，以及资源、环境、安全等与社会公众密切相关的方面）进行全面沟通交流的重要过程和载体，也是企业履行社会责任的理念、未来计划的一份宣示与承诺。总而言之，社会责任报告就是向社会表明：企业对社会承担什么责任，今天企业就社会责任已经做了什么，明天企业就社会责任还将做什么。

企业之所以选择以发布社会责任报告的方式披露非财务信息，是因为以货币的方式对企业的历史经营活动进行计量的财务信息主要反映了企业对于股东的经济责任，体现了股东利润最大化的传统企业目标，然而这个目标所主导的运营方式所带来的员工工作环境与福利问题、环境污染问题、产品质量问题等越来越引起社会各方面的关注，由此带来的压力要求企业对除股东之外的更广大利益相关方负责，以实现可持续发展。企业社会责任报告所披露的非财务信息弥补了财务报告信息的不足，两者的结合可以更好地反映企业未来的发展前景。

对企业来说，切实履行的社会责任，有助于企业促进经营、防范风险、提升价值，实现持续稳定发展。

企业的社会责任要求其以更具战略意义的方式将研发、采购、生产和营销等职能部门联系起来，改善管理。比如，从技术进步的角度讲，采用新技术、开发环境友好型产品等是保持产品和技术不断创新的动力，也是提升企业品牌、吸引顾客的核心竞争力；顾客对企业社会责任的期望不仅要求企业自身做好，而且延伸到对其供应链的控制。为了避免供应商的社会责任不利事件影响终端市场的声誉，目前大型跨国企业都把社会责任评价作为上游企业进入供应链体系的必要条件之一。这也就是说，良好的社会责任有利于上游供应商获取下游客户的信任和认可，促进市场份额的扩大。

同时，企业履行社会责任的过程实际上就是一个建立预警机制的过程，它促使企业发现员工、顾客、社区等管理过程中存在的风险和问题，有助于管理层防患于未然，在可能产生危险的因素演变成为负面突发事件之前就对其进行控制。

社会责任要求企业把经营目标提升到一个更高的层次。创立了两家世界500强企业的稻盛和夫先生在阐述自己的经营哲学时说："企业经营要有明确的目的和意义，而且要尽可能以高层次、高水准为好，换句话说必须树立光明正大的经营目的。"这个经营目的就是稻盛和夫所理解的社会责任。如果工作没有如此崇高意义的责任与义务，人很难从内心深处产生必须持续努力工作的欲望。同时，随着经营的扩大、人员的增多，难免会有思想不端的人，作出有违企业规章制度或者不利于企业长远发展的事情。在企业内确立社会责任的共识，就能防患于未然。

稻盛和夫的另一经营哲学是，在经营中遇到难以判断的问题时，不以是否对自己有利作为标准，也不以是否对企业有利作为标准，而是问自己："作为人，何谓正确"，然后做出决定。如果企业家缺乏这样一种高度的良知感与社会责任意识，就会片面追求效率与利润的增加，最终导致管理者及员工为了一己之利而在经营中不择手段，对社会造成极大的损失，最终企业也可能因为信誉扫地而倒闭，典型的案例如在三聚氰胺事件中负有责任的大型乳制品企业三鹿集团。

因此，越来越多的企业在外部压力与内部运营的驱动下，选择发布企业社会责任报告。根据《中国企业社会责任研究报告（2018）》提供的数据，2018年，中国企业社会责任报告数量继续增长，由2017年的1 913份增至2018年的2 097份，其中1 779家为上市公司，占比84.8%，民营企业报告数量占报告总数比例首次超过50%，成为报告发布的主力军。

二、社会责任报告的主要内容

社会责任报告主要包括以下五个方面的内容。

1. 企业社会责任的内容，即企业对社会承担哪些责任。企业社会责任报告对企业社会责任内容的披露通常包括三类：(1) 从角色定位出发确定的责任或义务。企业在经济社会乃至全球发展中扮演的角色和可能发挥的作用，决定了企业应该和必须担负的使命与责任。譬如，华为2018年的报告基于把数字世界带入每个人、每个家庭、每个组织，构建万物互联的智能世界的愿景和使命，从数字包容、安全可信、绿色环保、和谐生态四个维度介绍了社会责任践行情况。(2) 对利益相关方的具体责任。比如格力电器2018年分别按照股东及投资者、消费者、员工、供应商与经销商、环境等利益相关方披露了自己所担负的具体责任。(3) 按不同性质划分的具体责任，如政治责任（比如精准扶贫）、经济责任、法律责任、道德责任等。

2. 企业履行社会责任的动力，即企业为什么应该而且愿意对社会承担责任。企业履行社会责任，既是政府和社会对企业的期望、要求与约束，也是企业提升核心竞争力、实现持续健康发展的内在需要。企业社会责任报告一般会从企业价值观和追求企业成功的角度对企业积极履行社会责任的动力作出回答。比如，格力电器在2018年的社会责任报告中提到，"格力电器历来重视企业社会责任意识的培养和树立，并着力将其内化为企业文化，自上而下、自始至终地传承下来，格力人深知企业的壮大决不能仅靠行业内的技术领先和管理经验上的先进高效，高度的社会责任感更能激发高尚的企业人格，在潜移默化中使企业在良性轨道上行稳走远"。

3. 企业履行社会责任的方式，即企业以何种方式和过程落实责任。履行社会责任要求企业在战略上与日常运营中要认真了解和回应利益相关各方的期望，充分考虑企业发展对社会和环境的影响，统筹兼顾社会可接受性与可持续发展要求，实现经济、社会和环境价值的综合平衡。履行社会责任的方式，是企业社会责任报告信息披露的最重要内容，一般包括企业价值观与企业文化的保障、企业战略保障、企业治理机制、利益相关方参与机制、企业社会责任指标和绩效考核等。表8-1列示了万科如何与利益相关者沟通，并保护其权益的具体机制。

表8-1　　　　　万科利益相关者沟通与权益防护

利益相关者	期望与要求	沟通回应方式
政府	• 遵纪守法 • 依法纳税 • 支持经济发展	• 合规管理 • 主动纳税 • 执行国家政策
股东	• 收益与增长 • 控制风险 • 公司治理	• 定期披露经营信息 • 股东大会、报告与通报 • 持续增长，保证股东收益

续表

利益相关者	期望与要求	沟通回应方式
员工	• 工资及福利保障 • 健康与安全 • 顺畅沟通 • 公平晋升与发展机会	• 及时足额发放工资、缴纳社保 • 建立职业健康安全管理体系、员工体检与体质测试、万科阳光灿烂协会 • 十二条沟通渠道 • 职业发展通道、员工培训
顾客	• 保证产品质量 • 优质的管理服务	• "5+2"工业化建造体系、天网行动、两个工具一张表、工程管理App • 优质服务、顾客满意度、顾客隐私保护
合作伙伴	• 保守承诺 • 公平、公正、公开采购 • 经验分享	• 依法履行合同 • 公开招标、发布《合格供应商名录》、成立"采筑"电商平台 • 开展项目合作 • 带动行业健康发展
环境	• 有效使用资源 • 减少排放 • 应对气候变化 • 生物多样性保护	• 住宅产业化、绿色建筑 • 能源管理、水资源管理、废弃物管理（包括社区废弃物管理） • 参加联合国气候大会 • 植被保育、雪豹保护、江豚保护、红树林湿地保护、珊瑚保护
社会和公众	• 扶贫济困 • 支持社会发展 • 关注弱势群体 • 健康文化	• 精准扶贫、乡村振兴 • 公益慈善事业 • 志愿者服务 • 乐跑、赛艇

资料来源：《万科2018年企业社会责任报告》。

4. 企业履行社会责任的绩效。企业社会责任绩效，既反映了企业履行社会责任的结果，也反映了企业履行社会责任的行为、过程的有效性，是利益相关方考核企业社会责任工作成效的重要依据。企业社会责任绩效有助于形成有效的履行社会责任的激励和约束机制，调动全员履行社会责任的积极性，推动企业社会责任工作融入企业的日常管理和经营中，实现企业社会责任绩效的持续改进，促进员工行为与企业责任目标相一致，促进企业责任目标符合利益相关者的期望与要求。通常，企业履行社会责任的绩效表现在经济、社会和环境三个方面，既可以定性描述，也可以定量描述。定量绩效的披露如果基于一套标准化的绩效指标，将有利于利益相关者对企业履行社会责任的情况进行纵向和横向的对比。目前，万科、南方航空等社会责任绩效指标上主要参照了香港交易及结算所（港交所）2015年所发布的《环境、社会及管治报告指引》（以下简称ESG指引）。该套指引体系，总共包括了排放物、资源使用、环境与天然资源、雇佣、健康与安全、发展与培训、劳工准则、供应链管理、产品责任、反贪污及社区投资八个层面，每个层面下面除了一般披露内容外，还涵盖了2~6项细化指标。2019年6月，联合国环境署金融倡议组织等编制了《中国的ESG数据披露：关键ESG指标建议》，为中国金融监管机构正在编制和将实施的强制性环境、社会和公司治理（ESG）信息披露框架给出了建议指标。这一建议如果得到实施，一方面可以向投资者提供可靠且可比较的"环境、社会和公司治理"数据，改进投资决策，另一方面可以改善上市公司对关键"环境、社会和公司治理"问题的管理，促进企业增加在绿色、可持续资产上的投资。

5. 企业社会责任的未来计划，即企业在原有绩效的基础上，为更好地实现履行社会责任的愿景而制定的未来目标和行动方案。一个带有中长期企业社会责任发展计划，并配之以可测性目标的企业社会责任年度计划以及实施情况的报告，能较好地体现企业履行社会责任的程度。南方电网2018年的社会责任报告就分别列出了企业2019年在电力供应、绿色环保、经营效率和社会和谐四个方面的八个具体目标，比如非化石能源占比50%以上、农村电网供电可靠性不低于99.8%等。在这方面，一些日本企业的报告显示出独到的特色，比如有的日本公司的报告列出公司中长期社会责任计划和目标，并根据中长期的目标来确定相应年度的具体目标。

企业的行业不同、所有制类型不同、产品不同、区域不同、规模不同、信息披露要求不同，企业社会责任也会各有侧重，社会责任报告的具体形式及内容安排上也会各有特点。企业可以根据自身的发展现状、价值观、企业文化和可持续发展战略，制定、发布并不断更新社会责任报告。其中，上市公司作为公众公司，面临的社会责任压力比较大，信息披露要求比较高，因此构成了我国社会责任报告披露的主力军，而且其形式也更为规范。从最近已发布的社会责任报告来看，上市公司社会责任报告在内容体系上存在以下特点。

（1）在报告之前通常会简单地说明报告主要内容、时间范围、发布周期、报告范围、编制依据、数据来源与可靠性保证、获取途径。

（2）在具体说明企业社会责任的内容之前，还包括了董事长致辞、企业介绍、战略治理、责任管理以及精准扶贫专题等内容。其中，战略治理主要反映企业的战略及治理机制，包括内部控制与风险管理、反腐败与反舞弊等内容，责任管理即反映企业以何种机制和方式履行自己的社会责任。

(3) 在报告最后提供环境、社会和公司治理指标索引,从而方便阅读者查询、比较。

(4) 已发布的企业社会责任报告主要反映当年的社会责任履行事项,整体缺乏未来计划。

三、撰写社会责任报告需要注意的主要事项

撰写社会责任报告需要注意以下主要事项。

1. 企业社会责任报告既要反映企业社会责任实践良好的一面,也要反映企业运营对社会和环境的消极影响及企业社会责任实践不足的一面。出于对来自各方压力的回应,越来越多的企业开始发布企业社会责任报告。很多企业仅仅将企业社会责任报告当做宣传的手册,通过罗列企业在公益慈善、环境保护以及员工关系等方面的良好表现来粉饰企业形象,从而把企业社会责任报告当成了一个公关宣传工具。如果企业仅仅将企业社会责任报告当成一本宣传册,而没能促进经营方面的改革,那么,一旦信息的使用者意识到这个问题,社会责任报告将变得毫无价值,反而白耗编制的人力与物力,企业社会责任报告也可能成为增加企业风险的重要因素。

2. 企业社会责任报告必须进行持续的创新。企业社会责任报告提供了由外而内地全面理解企业角色和使命的崭新视角,从利益相关者的期望和参与的角度,体现企业的价值,寻找企业存在的问题、改进的方向与动力。企业社会责任报告并不以报告的发布为终点,而是将报告的编制视为一个持续改进的过程,在编制的过程中不断完善与改进。

3. 由于企业社会责任报告的资料采集涉及众多的部门,因此,在准备阶段,要建立起一个明确的组织管理体系。企业可以成立专门的"企业社会责任报告"部门,也可以选择设立"企业社会责任报告"项目小组的方式从事此项工作,但必须确保各部门全力参与和配合。在明确组织管理体系后,企业可选择聘请专业人员对企业进行内部培训,通过培训,一方面进一步明确"企业社会责任报告"的战略和目标,另一方面也确保项目团队了解工作流程,按时保质地完成资料的收集和加工工作。

4. 在报告内容的选择上,既要注意信息披露的完整性和全面性,又要充分结合行业特点和企业自身的特点,抓住重点,突出亮点。为了避免文字的平铺直叙,增加报告的可读性,可以在报告中以数字、图表以及一些小的案例或故事来传递相关信息。

5. 目前有不少企业将社会责任报告与年报一起发布,但独立的"企业社会责任报告"是发展的趋势。企业可以考虑将"企业社会责任报告"的发布和其他责任报告的行动结合起来,以达到更好的沟通及宣传效果。

第八章 管理会计报告

财眼看问题

管理会计报告是管理会计师的"最终产品",也是管理会计师提供管理会计信息的基本载体。但是,与财务会计的财务报表不同,管理会计报告具有鲜明的个性化特征,没有也不可能有固定格式或模板。管理会计师务必以"管理会计的思维打破财务会计的算盘",针对信息需求者的具体需求,以恰当的方式(文字、图表或口头表述)撰写管理会计报告。

参考文献

[1] 财政部:《管理会计应用指引第801号——企业管理会计报告》,2017。

[2] 中国证监会:《公开发行证券的公司信息披露内容与格式准则第2号》,2017。

[3] 李燕媛:《如何编好年报中的"管理层讨论与分析"》,载于《财会月刊》2008年第11期。

[4] 高晨:《国外"管理层讨论与分析"信息披露规则分析与借鉴》,载于《财会月刊》2019年第16期。

[5] 中国工业经济联合会等:《中国工业企业及工业协会社会责任指南》,2009。

[6] 香港联合交易所有限公司:《环境、社会及管治报告指引》,2015。

[7] 胡玉明主编:《管理会计应用指引详解与实务》(最新版),经济科学出版社2019年版。